Thomas Schmidt

Konfliktmanagement-Trainings erfolgreich leiten

Der Seminarfahrplan

managerSeminare Verlags GmbH

Thomas Schmidt
Konfliktmanagement-Trainings erfolgreich leiten
– Der Seminarfahrplan –
© 2009 managerSeminare Verlags GmbH
2. überarbeitete Auflage 2010
Endenicher Str. 282, D-53121 Bonn
Tel: 0228 – 977 91-0, Fax: 0228 – 977 91-99
info@managerseminare.de
www.managerseminare.de

Alle Rechte, insbesondere das Recht der Vervielfältigung und der Verbreitung sowie der Übersetzung vorbehalten.

ISBN: 978-3-936075-90-8

Lektorat: Ralf Muskatewitz
Cover: istockphoto
Druck: Kösel GmbH und Co. KG, Krugzell

Inhalt

Ihr Reiseantritt

Was Sie von diesem Buch erwarten können 7
An wen sich dieses Buch richtet... 8
Welche Inhalte Sie hier finden 9
Welche Methoden Sie hier finden 10
Wie Sie sich zurechtfinden 11
Wie Sie dieses Buch am besten nutzen – und wie nicht 12
Ein paar Anmerkungen zum Seminarthema 14

I. Seminarfahrplan: Konflikte konstruktiv bewältigen

Der Seminarfahrplan auf einen Blick 18
Vor dem Seminarbeginn 20

Der erste Seminartag 23
09.00 Uhr: Begrüßung 23
09.05 Uhr: Kennenlernen mit Postkarten – Aktivierung 26
09.25 Uhr: Überblick über das Seminar 30
09.40 Uhr: Soziometrische Einstiegsübung – Warm-up 35
10.20 Uhr: Pause 45
10.30 Uhr: Reflexion des Konfliktverhaltens und Formulierung
           von Lernzielen – Übung 46
11.30 Uhr: Kurze Pause 53
11.35 Uhr: Konfliktdefinition – Einstieg... 54
11.45 Uhr: Konfliktdefinition – Input 57
11.55 Uhr: Konfliktarten – Input 63
12.10 Uhr: Konfliktarten und -lösungen – Kleingruppenarbeit 69
12.30 Uhr: Mittagessen 72
13.30 Uhr: Chancen von Konflikten – Kleingruppenarbeit 73
13.50 Uhr: Konfliktdynamik: „Rohrbombe" – Übung 76

14.10 Uhr: Konfliktdynamik – Input 85
14.25 Uhr: Kurze Pause 91
14.30 Uhr: Reflecting Team – Praxisberatung 92
15.35 Uhr: Pause 110
15.45 Uhr: Hintergründe von Konflikten: Das
 Persönlichkeitsmodell von Riemann und Thomann – Input 111
16.00 Uhr: Selbstreflexion zum Persönlichkeitsmodell – Übung 121
16.20 Uhr: Konfliktmanagement und Persönlichkeitsstile –
 Kleingruppenarbeit 126
16.40 Uhr: Metakommunikation/Abschlussrunde 129
17.00 Uhr: Die Geschichte „Der Mann mit dem Hammer" 132

Der zweite Seminartag 135
09.00 Uhr: Überblick über den Tag 135
09.05 Uhr: Eskalationsstufen von Konflikten – Input 137
09.25 Uhr: Konflikte ansprechen – Einstiegsübung 147
10.15 Uhr: Pause 155
10.30 Uhr: Konflikte konstruktiv ansprechen – Input 156
10.45 Uhr: Konflikte konstruktiv ansprechen –
 Fallstudien in Kleingruppen 164
11.20 Uhr: Kurze Pause 170
11.25 Uhr: Actstorming – Praxisberatung 171
12.30 Uhr: Mittagessen 180
13.30 Uhr: Stühlekippen – Warm-up 181
13.45 Uhr: Identifikation mit dem Konfliktpartner – Übung 185
14.30 Uhr: Umgang mit Kritik – Input 190
14.50 Uhr: Pause 196
15.05 Uhr: Umgang mit Kritik – Übung 197
15.55 Uhr: Das Ampel-Modell des Umgangs mit Kritik – Input 203
16.00 Uhr: Konfliktstile – Selbsteinschätzungsbogen 205
16.15 Uhr: Konfliktstile – Input 210
16.25 Uhr: Vor- und Nachteile der Konfliktstile –
 Kleingruppenarbeit 213
16.45 Uhr: Abschlussrunde 215
17.00 Uhr: Ende des zweiten Tages 216

Der dritte Seminartag 219
09.00 Uhr: Überblick über den Tag 219
09.05 Uhr: Standpunkt vertreten – Warm-up 220
09.15 Uhr: Das Harvard-Konzept – Input 222
09.30 Uhr: Konfliktgespräche führen – Input 232
09.45 Uhr: Führen von Konfliktgesprächen – Rollenspiel 240

10.45 Uhr: Pause 246
10.55 Uhr: Stuhlarbeit – Praxisberatung 247
11.55 Uhr: Kurze Pause 264
12.00 Uhr: Umgang mit Emotionen – Input 265
12.15 Uhr: Emotionen benennen – Übung 274
12.25 Uhr: Umgang mit inneren Konflikten: Das innere Team –
  Input... 277
12.40 Uhr: Inneres Team – Übung 283
13.00 Uhr: Mittagspause 284
13.45 Uhr: Jagd – Warm-up 285
14.00 Uhr: Kollegiale Beratung in Kleingruppen – Praxisberatung ... 287
15.00 Uhr: Letzte Fragen klären 289
15.15 Uhr: Pause 289
15.25 Uhr: McConflict – Transferübung 290
16.00 Uhr: Transfer und Abschlussrunde 292
16:30 Uhr: Abschluss des Seminars 293

II. Seminarfahrplan: Konfliktmanagement für Führungskräfte

Der Seminarfahrplan für Führungskräfte auf einen Blick 296
Der Seminarfahrplan für Führungskräfte im Detail 298
1. Konflikte erkennen und verstehen – Szenische Erarbeitung...... 300
2. Die Führungskraft als Konfliktmanager:
   Intervenieren bei Konflikten – Übung... 311
3. Kritisches Feedback geben – Improvisationstheater 318
4. Kritik äußern – Übung 327
5. Aktives Zuhören – Input und Übung... 329
6. Konfliktgespräche führen – Rollenspiel 335
7. Die Führungskraft als Konfliktmoderator – Warm-up 342
8. Konfliktmoderation – Input 346
9. Übung zur Konfliktmoderation mit Elementen
   des Forumtheaters 355
10. Die Führungskraft als Prozessbegleiter: Gruppendynamik
    – Input 369

III. Zusätzliche Seminarbausteine

Transaktionsanalyse 381
1. Einführung in die Transaktionsanalyse – Input 381
2. Ich-Zustände – Input 385
3. Ich-Zustände erkennen – Übung 392
4. Transaktionen analysieren – Input 402

5. Transaktionen erkennen – Übung	410
6. Eigene Transaktionen analysieren – Übung	415
7. Psychologische Spiele – Input	419
8. Psychologische Spiele – Kleingruppenarbeit	428
9. Auswege aus psychologischen Spielen – Input	435
10. Drama-Dreieck – Input	438

Weitere Inhalte und Übungen	441
1. Konfliktanalyse – Paarübung	441
2. Prisoner's Dilemma – Übung	444
3. Umgang mit emotionalen Konfliktpartnern – Übung	457
4. Konflikten vorbeugen, Reizformulierungen vermeiden – Input und Übung	465
5. Gewaltfreie Kommunikation – Input	472
6. Ein Stuhl zu wenig – Warm-up	476
7. „Alle, die ..." – Warm-up	479
8. Die Geschichte „Die Schwierigkeit, es allen recht zu machen"	481
9. Die Geschichte „Die Blinden und der Elefant"	482
10. Die Geschichte „Die Säge ist stumpf"	484

Anhang

Danksagung	485
Stichwortverzeichnis	486

Ich verwende in diesem Buch meistens die herkömmliche, männlich geprägte Sprachform, um den Text lesbar zu gestalten. Es sind jedoch stets beide Geschlechter gemeint.

Ihr Reiseantritt

Was Sie von diesem Buch erwarten können

Dieses Buch möchte Sie dabei unterstützen, Konfliktmanagement-Seminare erfolgreich zu leiten.

Wie in meinem vorangegangenen Buch „Kommunikationstrainings erfolgreich leiten" (managerSeminare 2008, 4. Auflage), finden Sie auch hier einen „Fahrplan", einen roten Faden zur Seminargestaltung. Sie finden zahlreiche Inhalte und Methoden, die in chronologischer Reihenfolge angeordnet sind und die sich in dieser Zusammensetzung bewährt haben, um Mitarbeiter-Seminare zum Thema „Konfliktmanagement" zu leiten. Der Fahrplan soll Sie auf dem Weg begleiten und Ihnen das Know-how vermitteln, um Konflikt-Trainings professionell zu gestalten.

Seminarfahrplan für Mitarbeiter-Seminare

Darüber hinaus finden Sie in diesem Buch einen weiteren Fahrplan, der Ihnen – für eine andere Zusammensetzung der „Reisegruppe" – eine etwas andere „Route" vorschlägt: Hierbei handelt es sich um einen Seminarfahrplan für ein Konfliktmanagement-Training für Führungskräfte. Dieser zweite Fahrplan deckt sich teilweise mit dem ersten, aber es gibt auch ein paar ergänzende „Reiseziele" und manche Station wird mit einem anderen Erkenntnisinteresse oder auf einem anderen Hintergrund besucht. Denn die Zielgruppe der Führungskräfte hat spezielle Bedürfnisse und muss teilweise andere Orte erkunden, um ihrer Rolle in Konflikten gerecht werden zu können.

Seminarfahrplan für Führungskräfte-Trainings

Auf Ihrer Reise soll Sie ein voll gepackter „Methodenkoffer" begleiten, in dem Sie zahlreiche Vorgehensweisen für die Gestaltung von Konfliktmanagement-Trainings finden. Der Koffer ist ordentlich sortiert, ein „Kleidungsstück" passt zum anderen. Gleichzeitig können die unterschiedlichen Teile auch einzeln herausgeholt und in unterschiedlichen Kombinationen „getragen" werden. Um Abwechslung und

Vielfalt zu gewährleisten, finden Sie im dritten Kapitel zusätzliche Seminarbausteine. Auch sie sind durchweg von hoher Qualität. Welche Elemente Sie auch auswählen, sie sind alle in einer Vielzahl von Konflikt-Trainings erfolgreich erprobt worden.

Detaillierte Methodenbeschreibung

Es finden sich also ausschließlich bewährte Vorgehensweisen in diesem Buch. Die einzelnen Schritte werden exakt beschrieben, teilweise mit minutiöser Genauigkeit – denn es sind oft Feinheiten, die über Erfolg und Misserfolg eines Seminarbausteins entscheiden. Alle Inputs werden deshalb en détail mit realen Formulierungen aus der Praxis mitsamt der dazugehörigen Visualisierung beschrieben. Die passenden Übungen werden Schritt für Schritt geschildert, so dass unmittelbar nachvollziehbar ist, wie sie umgesetzt werden können.

An wen sich dieses Buch richtet

Dieses Buch richtet sich an:

- ▶ *Erfahrene Konfliktmanagement-Trainer*, die ihr Methodenrepertoire erweitern möchten.
- ▶ *Junge Trainer und Referenten*, die nach einem Leitfaden zur Durchführung ihrer ersten Konfliktmanagement-Seminare suchen.
- ▶ *Trainer mit anderen Themenschwerpunkten*, die Bausteine aus dem Thema „Konfliktmanagement" in ihre Seminare einfließen lassen wollen.
- ▶ *Interne Personalentwickler*, die sich zur Konzeption oder Durchführung von Konfliktmanagement-Trainings Anregungen wünschen.
- ▶ *Coachs und Supervisoren*, die ihre Arbeit durch Übungen zur Verbesserung des Umgangs mit Konflikten anreichern wollen.
- ▶ *Lehrer, Ausbilder, Pädagogen*, die in ihrem Unterricht einzelne Sequenzen zum Thema „Konfliktbewältigung" einsetzen möchten.
- ▶ *Führungskräfte und Projektmanager*, die einzelne Methoden aus einem Konflikt-Training herausgreifen und mit ihrem Team durchführen wollen, um bestimmte Konfliktmanagement-Skills zu trainieren und Leitlinien zum Umgang mit Konflikten innerhalb des Teams zu vereinbaren.

Welche Inhalte Sie hier finden

„It's not rocket science", pflegen meine englischen Trainerkollegen zu sagen, wenn sie einen Input zum Thema „Konfliktmanagement" oder „Kommunikation" einleiten.

Viele Theorien aus diesen Themenbereichen sind in der Tat nicht dazu geeignet, ungläubiges Staunen in die Gesichter der Teilnehmer zu zaubern. Zu selbstverständlich und zu nah am „gesunden Menschenverstand" sind manche Inputs angesiedelt. Natürlich ist aktives Zuhören in Konflikten hilfreich. Selbstverständlich ist konkret geäußerte Kritik konstruktiver als pauschale Vorwürfe. Das überrascht niemanden. Aber: Warum ist die Abweichung zwischen dem scheinbar Selbstverständlichen und der gelebten Realität so groß? Warum gelingt es den Menschen im „echten Leben" eben nicht, unnötigen Konflikten vorzubeugen und notwendige Konflikte offen und konstruktiv zu bewältigen?

Ein Grund liegt sicher darin, dass wir das, was wir wissen und begreifen, nicht immer auch umsetzen können. Eine weitere Ursache scheint mir aber auch darin zu liegen, dass das Thema „Konfliktmanagement" eben doch um vieles komplexer ist, als viele Menschen zunächst glauben. Zwischenmenschliches Konfliktverhalten hat viele Facetten. Zwar ist es im Rahmen dieses Buches nur möglich, einen Teil davon angemessen zu beleuchten. Aber aus meiner Erfahrung sind die folgenden Inhalte für die meisten Menschen wertvoll und hilfreich, um Konflikte besser verstehen und lösen zu können:

- Reflexion des eigenen Konfliktverhaltens
- Konfliktdefinition
- Konfliktarten und -lösungen
- Chancen von Konflikten
- Konfliktdynamik
- Zirkularität von Konflikten
- Persönlichkeitsstile
- Metakommunikation
- Werte- und Entwicklungsquadrat
- Eskalationsstufen von Konflikten
- Konflikte konstruktiv ansprechen
- Identifikation mit dem Konfliktpartner
- Umgang mit Kritik
- Aktives Zuhören

- Konfliktstile
- Harvard-Konzept
- Konfliktgespräche führen
- Emotionale Intelligenz
- Das Innere Team
- Intervenieren bei Konflikten
- Konfliktmoderation
- Konfliktdiagnostik: Konflikte erkennen
- Transaktionsanalyse
- Konfliktanalyse
- Konfliktprävention
- Gewaltfreie Kommunikation

Welche Methoden Sie hier finden

„Sage es mir und ich vergesse es; zeige es mir und ich erinnere mich; lass es mich tun und ich behalte es."
(Konfuzius)

Die Methoden, die ich Ihnen in diesem Buch vorstelle, möchten bewegen. Sie wollen die Seminarteilnehmer dazu bewegen, ihre Wahrnehmungen, Denk- und Handlungsmuster zu reflektieren und zu erweitern.

Nur wenn die Teilnehmer aktiv werden und Verantwortung für das eigene Lernen übernehmen, kann das Seminar gelingen. Deshalb sind viele Methoden darauf ausgerichtet, die Teilnehmer zu „verführen", in Aktion zu treten: Erfahrungen auszutauschen, Ideen zu sammeln und Handlungsstrategien zu erproben. Dazu bedarf es eines Klimas, das von Wertschätzung, Vertrauen und Experimentierfreude geprägt ist. Gelingt es dem Trainer, eine solche Atmosphäre zu etablieren, so lassen sich die meisten Menschen gerne motivieren, etwas von sich preiszugeben, die eigenen Themen und Anliegen einzubringen und an ihnen zu arbeiten. Denn sie spüren, dass es sich lohnt, die eigene „Komfortzone" zu verlassen und Neues zu wagen, um anschließend gestärkt und bereichert aus dem Seminar in den Alltag zurückzukehren. Mit Steve de Shazer gesprochen, können sie dann die Rollen des „Besuchers" oder des „Klagenden" hinter sich lassen und die Haltung des „Kunden" einnehmen, der Zeit und Geld (wenn auch meist das Geld des Unternehmens) investiert, um die eigenen Kompetenzen gezielt weiterzuentwickeln.

Um dies zu erreichen, wird unter anderem mit folgenden Methoden gearbeitet:
- Soziometrie
- Arbeit mit Metaphern
- Moderationsmethoden
- Kleingruppenarbeit
- Reflexionsübungen
- Erlebnisorientierte Lernprojekte
- Reflecting Team
- Actstorming
- Stuhlarbeit
- Inneres Team
- Kollegiale Beratung
- Storytelling
- Case-Studies
- Psychodramatische Techniken wie Rollenwechsel
- Selbsteinschätzungstests
- Gruppendynamische Übungen
- Aktivierungsübungen und Warm-ups
- Rollenspiele
- Metakommunikation
- Improvisationstheater
- Forumtheater

Wie Sie sich zurechtfinden

Das vorliegende Buch bietet Ihnen zwei Seminarfahrpläne und einen zusätzlichen Methodenkoffer mit ergänzenden Seminarbausteinen an. Das erste Seminarkonzept ist konzipiert für Mitarbeiterinnen und Mitarbeiter eines Unternehmens, die keine Führungsverantwortung tragen. Der zweite Seminarfahrplan ist auf die Bedürfnisse von Führungskräften zugeschnitten. Hier kommt eine zentrale Anforderung und damit ein wichtiges Thema hinzu, das in Mitarbeiterseminaren nicht notwendigerweise bearbeitet werden muss: Führungskräfte müssen nicht nur in der Lage sein, eigene Konflikte zu bewältigen. Darüber hinaus sind sie auch gefordert, Konflikte unter ihren Mitarbeitern erkennen und lösen zu können. Damit kommt das Thema der Konfliktdiagnostik und der Konfliktmoderation hinzu. Gleichzeitig gibt es aber auch zahlreiche Überschneidungen zwischen den beiden Seminarfahrplänen. Jene

Sequenzen, die in beiden Seminaren vorkommen, werden jeweils im ersten Seminarfahrplan detailliert beschrieben. Im Fahrplan für das Führungskräfte-Training werden dann nur jene Bausteine vorgestellt, die zuvor noch nicht erläutert wurden.

Im abschließenden Methodenkoffer finden Sie weitere Inhalte und Übungen, die sich in meiner Trainingspraxis bewährt haben.

Die meisten der Seminarbausteine werden, sofern sinnvoll, nach dem folgenden Muster beschrieben:

Ziele: Was sind die Ziele dieses Seminarbausteins?
Zeit: Wie lange dauert der Baustein ungefähr? Wie viel Puffer sollte man einplanen?
Material: Welche Materialien werden benötigt? Was muss vorbereitet werden?
Überblick: Welche sind die wichtigsten Schritte beim Vorgehen?
Erläuterungen: Warum wird genau dieses Thema zu genau diesem Zeitpunkt mit genau dieser Vorgehensweise behandelt?
Vorgehen: Wie kann der Trainer konkret vorgehen? Welche Methode kann er nutzen? Mit welchen Worten kann er den Input präsentieren bzw. die Übung anleiten?
Hinweise: Worauf muss der Trainer achten? Was sind häufige Reaktionen der Teilnehmer? Welche typischen Stolpersteine gibt es?
Varianten: Welche methodischen oder inhaltlichen Alternativen gibt es?
Literatur: Welche Bücher sind zur vertiefenden Lektüre empfehlenswert?

Wie Sie dieses Buch am besten nutzen – und wie nicht ...

Zunächst einmal: Sie müssen dieses Buch nicht von vorne bis hinten durchlesen. Sie können dies natürlich tun – und ich bin durchaus optimistisch, dass es Ihnen eine interessante und nützliche Lektüre bietet. Wahrscheinlich aber werden Sie es nicht wie einen Roman lesen, sondern eher als Nachschlagewerk verwenden.

Das vorliegende Buch lässt sich mit einem Kochbuch vergleichen. Mit einem Kochbuch, in dem Sie – so hoffe ich – nahrhafte und gut bekömmliche Rezepte finden. Die Rezepte sind klar und übersichtlich strukturiert und die Zubereitung so detailliert formuliert, dass Sie das Gericht anschließend selbst zubereiten können. Natürlich sind Sie herzlich eingeladen, die eine oder andere Zutat wegzulassen oder hinzuzufügen – ganz wie es Ihnen und Ihren Gästen beliebt.

Damit Sie nicht immer die gesamte Kochanleitung durchlesen müssen, gebe ich Ihnen am Anfang stets einen Überblick mit den wichtigsten Schritten, so dass Sie gleich erkennen können, ob das Gericht Ihnen und Ihren Gästen schmecken könnte. Wenn dies der Fall ist, überfliegen Sie als Nächstes am besten die einzelnen Überschriften, Seitenkommentare und Abbildungen – dann haben Sie bereits einen guten Überblick über die erforderlichen Schritte.

Und wenn Sie dann Appetit bekommen haben? Dann empfehle ich Ihnen, die ausführliche Anleitung inklusive der Variationsmöglichkeiten und Hinweise durchzulesen, um zu sehen, wie es der Autor macht, um dann zu entscheiden, was Sie übernehmen möchten und an welcher Stelle Sie sich dazu inspirieren lassen, das Rezept zu Ihrer eigenen Kreation weiterzuentwickeln.

Entwickeln Sie die Seminar-Rezepte zu Ihrer eigenen Kreation weiter

Denn eins möchte ich auch klar und deutlich sagen: Das Lesen dieses Buches alleine ermöglicht es nicht, Konfliktmanagement-Trainings zu leiten. Es kann und will eine entsprechende Ausbildung nicht ersetzen. Es kann nicht die eigene Selbstreflexion und Selbsterfahrung ermöglichen, die unerlässlich ist, um sich den eigenen Konfliktmustern und -themen zu stellen und auf dieser Basis – unbeeinflusst von eigenen Übertragungen und Projektionen – an den Themen der Teilnehmer arbeiten zu können. Und: Das Buch kann die eigene Auseinandersetzung mit dem Thema und die Suche nach eigenen Zugängen und Herangehensweisen nicht ersetzen.

Insofern liegt im größten Vorteil des Buches, nämlich seiner Praxisnähe, auch seine größte Gefahr, nämlich, das Gelesene eins zu eins umsetzen zu wollen. Das ist möglich und – bezogen auf einzelne Bausteine – auch völlig in Ordnung. Allerdings muss der Trainer nicht nur die Lernziele und den geplanten methodischen Ablauf im Kopf haben, sondern immer auch absolut offen und wachsam für den Prozess der Gruppe und des einzelnen Teilnehmers sein. Er muss sich darauf einstellen, mit welchen Lernwünschen und Vorkenntnissen die Teilnehmer ins Seminar kommen und welche Themen bei ihnen im Laufe des Seminars angestoßen werden. Und er ist gefordert, darauf flexibel und situativ angemessen zu reagieren. Denn das Seminar soll lebendig sein. Es soll frisch zubereitet werden, und nicht aus der Konserve kommen.

Es liegt in der Natur der Sache, dass ein Buch die Lebendigkeit und Komplexität des Seminargeschehens nur unzureichend abdecken kann. Diese lassen sich nicht zwischen zwei Buchdeckeln einfangen. Wenn man dies jedoch als Rahmenbedingung akzeptiert, so werden Ihnen die Seminarfahrpläne und -bausteine in diesem Buch bei der Gestaltung Ihrer Trainings eine wertvolle und nützliche Hilfe sein.

Wenn Sie Interesse an einer fundierten Weiterbildung zum Leiten von Konfliktmanagement-Trainings haben, sind Sie herzlich zum „Train-the-Trainer"-Seminar eingeladen, welches ich als Lehrtrainer am „Moreno-Institut Stuttgart" anbiete. Weitere Informationen finden Sie auf den folgenden Websites:
www.tsbt.de
www.morenoinstitut.de

Ein paar Anmerkungen zum Seminarthema

„Das Gleiche lässt uns in Ruhe, aber der Widerspruch ist es, der uns produktiv macht."
(Johann Wolfgang von Goethe)

Mögen Sie Konflikte? Wenn nicht, dann sind Sie nicht alleine. Wer tut das schon, wenn er ehrlich ist? Kaum jemand – von einer Handvoll Adrenalin-Junkies mal abgesehen.

Andererseits: Was wäre das Leben ohne Konflikte? Langweilig. Öde. Ein Leben ohne Konflikte wäre ein Leben ohne Reibung, ohne Spannung, ohne Gegensätze. Ein solches Leben ist schlicht nicht vorstellbar. Denn das Leben lebt von Gegensätzen. Es lebt von den Spannungen in den Menschen und zwischen ihnen. Sonst wäre es leblos. Tot. Denn die Aufhebung von inneren und äußeren Spannungen erreichen wir – vermutlich – erst mit dem Tod. Und um nicht schon zu Lebzeiten leblos zu sein, lohnt es sich, Konflikte anzugehen. Sie zu erkennen, auszutragen und zu bewältigen.

Wer es erlebt hat, wie befreiend es sein kann, einen Konflikt anzusprechen und zu bereinigen, weiß, wie wertvoll und bereichernd Konflikte sein können – wenn es gelingt, sie konstruktiv zu bearbeiten. Es entsteht Klarheit, Energie und – durch den Umweg der Auseinandersetzung – Nähe und Vertrauen.

Konflikte sind immer auch Entwicklungschancen. Für den Einzelnen, für Teams und Organisationen. Oft entwickeln Menschen sich selbst und ihre Beziehungen zueinander erst dann weiter, wenn sie in der Lage sind, ihre Konflikte zu lösen. Wenn wir dies akzeptieren und Konflikte als Motor der menschlichen Entwicklung begreifen, wird deutlich, dass die Fähigkeit, Konflikte konstruktiv zu bewältigen, zu den wichtigsten und elementarsten Kompetenzen des Menschen gehört.

Dennoch vermeiden wir Konflikte. Das ist kein Wunder, denn wir alle wissen, wie zerstörerisch sie sein können. Ein Blick in die Geschichtsbücher genügt als Beweis hierfür ebenso wie das Einschalten jeder beliebigen Nachrichtensendung an jedem beliebigen Tag. Und die Destruktivität menschlicher Konflikte offenbart sich nicht nur im Makrokosmos der Historie und Politik, sondern ebenso im Mikrokosmos jedes einzelnen Menschen. Jeder von uns hat die Erfahrung gemacht, wie schmerzhaft und verletzend Konflikte sein können. Deshalb wollen wir ihnen aus dem Weg gehen. Damit wir um den Schmerz, die Verletzungen, um die Aggressionen herumkommen.

Allein: Es hilft nichts. *„Wo Menschen miteinander schaffen, machen sie sich zu schaffen"*, sagt Schulz von Thun. Und so kommen wir nicht darum herum, uns mit Konflikten zu beschäftigen. Denn wenn wir sie ignorieren und vermeiden, wachsen sie gleich Krebsgeschwülsten und eskalieren. Bis die Barrieren zwischen den Menschen unüberwindlich werden. Konfliktvermeidung hat einen hohen Preis. Für Individuen ebenso wie für Organisationen. Wenn in Unternehmen Konflikte schwelen und nicht aufgelöst werden, kommt es zu einer Hemmung der Produktivität, welche den Erfolg der Organisation massiv beeinträchtig. Deshalb lohnt es sich für Unternehmen, Mitarbeiter und Führungskräfte darin auszubilden, Konflikten vorzubeugen, sie zu erkennen, zu verstehen und konstruktiv zu bewältigen.

I.

Seminarfahrplan:
Konflikte konstruktiv bewältigen

Der folgende Seminarfahrplan ist zugeschnitten auf Teilnehmer, die als Mitarbeiter ohne Führungsverantwortung in unterschiedlichen Bereichen eines Unternehmens arbeiten und mit unterschiedlichen Lernwünschen und Erwartungen in das Seminar kommen. Das Training, so wie es hier beschrieben wird, geht von den folgenden Rahmenbedingungen aus, die ich als Trainer in der Praxis häufig vorfinde:

- Die Teilnehmer sind Mitarbeiter eines Wirtschaftsunternehmens.
- Das Seminar dauert drei Tage, jeweils von 9 bis 17 Uhr. Es gibt eine Stunde Mittagspause sowie mehrere kürzere Pausen.
- Es nehmen 12 Teilnehmer an dem Seminar teil, die sich alle vor Seminarbeginn noch nicht kannten oder die sich nur teilweise kennen.
- Das Seminar wird von einem Trainer geleitet.

Wenn Sie in Ihrer Praxis andere Bedingungen vorfinden, können Sie Ihr Vorgehen und Ihre Planung entsprechend variieren. Die meisten Seminarbausteine sind leicht auf andere Rahmenbedingungen übertragbar.

Wenn Sie die Möglichkeit haben, ein Konfliktseminar zu zweit zu leiten, ist dies auf jeden Fall die bessere Variante. Denn so kann ein Trainer sich jeweils auf die inhaltliche und methodische Leitung konzentrieren, während der andere den Prozess der Gruppe und der einzelnen Teilnehmer im Blick hat. Außerdem sind Trainer stets auch Modelle für die Teilnehmer, weshalb es günstiger ist, wenn zwei Trainer/innen, mit – idealerweise auch geschlechtsspezifisch – unterschiedlichen Persönlichkeits- und Konfliktstilen zur Verfügung stehen.

Auf einen Blick

Erster Tag	Zweiter Tag
▶ Begrüßung ▶ Kennenlernen mit Postkarten – Aktivierung ▶ Überblick über das Seminar ▶ Soziometrischer Einstieg – Warm-up ▶ Reflexion des eigenen Konfliktverhaltens – Übung ▶ Lernziele der Teilnehmer ▶ Konfliktdefinition – Input ▶ Konfliktarten und -lösungen – Gruppenarbeit	▶ Überblick ▶ Eskalationsstufen von Konflikten – Input ▶ Konflikte ansprechen – Einstiegsübung ▶ Konflikte konstruktiv ansprechen – Input ▶ Konflikte konstruktiv ansprechen – Fallstudien ▶ Actstorming – 2. Praxisberatung
▶ Chancen von Konflikten – Gruppenarbeit ▶ „Rohrbombe" – Übung ▶ Konfliktdynamik – Input ▶ Reflecting Team – 1. Praxisberatung ▶ Persönlichkeitsmodell Riemann-Thomann – Input ▶ Metakommunikation ▶ Abschlussrunde ▶ Geschichte: Mann mit dem Hammer	▶ Stühle kippen – Warm-up ▶ Identifikation m.d. Konfliktpartner – Übung ▶ Umgang mit Kritik – Input ▶ Umgang mit Kritik – Übung in Kleingruppen + abschließende Reflexion ▶ Konfliktstile – Selbsteinschätzungsbogen und Input ▶ Vor- und Nachteile der Konfliktstile – Kleingruppenarbeit ▶ Abschlussrunde

I. Der Seminarfahrplan

zum Thema
Konflikte konstruktiv bewältigen

Dritter Tag	Start/Stopp
▶ Überblick ▶ Standpunkt vertreten – Warm-up ▶ Harvard-Konzept – Input ▶ Konfliktgespräche führen – Input ▶ Führen von Konfliktgesprächen – Rollenspiel ▶ Stuhlarbeit – 3. Praxisberatung ▶ Umgang mit Emotionen – Input und Übung ▶ Inneres Team – Input und Übung	9.00 12.30
▶ Jagd – Warm-up ▶ Kollegiale Beratung in Kleingruppen – 4. Praxisberatung ▶ Letzte Fragen ▶ McConflict –Transferübung ▶ Abschluss des Seminars 	13.30 17.00

Vor dem Seminarbeginn

Ein wesentlicher Teil der Seminararbeit findet im Vorfeld statt. Eine gewissenhafte Vorbereitung ist ein zentraler Faktor für den erfolgreichen Verlauf eines Trainings. In der Literatur gibt es dazu zahlreiche Hinweise (siehe unten).

Vor dem Seminarbeginn sollte der Trainer alle Inhalte, Übungen und Materialen so gut vorbereitet haben, dass er offen ist für die Begegnung mit den Teilnehmern, ihren Wünschen, Erwartungen und Themen.

Den Seminarraum hat der Trainer einladend gestaltet. Ein Plakat heißt die Teilnehmerinnen und Teilnehmer willkommen.

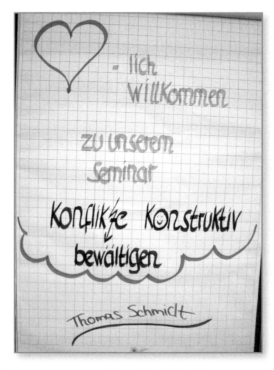

Abb.: Das Flipchart zur Begrüßung der Teilnehmer hat der Trainer vor dem Seminarbeginn aufgehängt.

Wie der Trainer die Zeit unmittelbar vor dem Beginn des Trainings gestaltet, kommt auf seine individuellen Bedürfnisse an. Während der eine gedanklich noch einmal den Ablauf durchgeht, um Sicherheit zu gewinnen oder sich zurückzieht, um Ruhe zu finden, sucht der andere von sich aus den Kontakt zu den Teilnehmern, die meistens nach und nach im Seminarraum eintreffen. Grundsätzlich gilt, dass es für jeden Trainer wichtig ist, vor Seminarbeginn in guten Kontakt zu sich selbst und – spätestens im Seminar – in guten Kontakt zu den Teilnehmern zu kommen.

Literatur
- Birkenbihl, Michael: Train the Trainer. Verlag Moderne Industrie, 2008, 19. Aufl.
- Geißler, Karlheinz: Lernprozesse steuern – Übergänge zwischen Willkommen und Abschied. Beltz, 1999, 2. Aufl.
- Langmaack, Barbara/Braune-Krickau, Michael: Wie die Gruppe laufen lernt. Beltz, 2007, 7. Aufl.
- Wendorff, Jörg: Das LEHRbuch. Trainerwissen auf den Punkt gebracht. managerSeminare, 2009.

Am ersten Seminartag wird der Grundstein für die weitere Zusammenarbeit gelegt. Zunächst stehen das Kennenlernen, die Orientierung über den weiteren Seminarverlauf und das Schließen eines Arbeitskontraktes im Vordergrund. Anschließend werden einige theoretische Grundlagen zum Seminarthema vermittelt. Am Nachmittag steht dann eine Übung auf dem Programm, bei der ein leichter Konflikt in der Seminargruppe provoziert und ausgewertet wird. Danach wird in der ersten Praxisberatung an einem konkreten Anliegen eines Seminarteilnehmers gearbeitet. Gegen Ende steht noch das Thema „Persönlichkeitstypen" an, bevor der Tag mit einer „metakommunikativen „Abschlussrunde" beendet wird.

Auf einen Blick

09.00 Uhr: Begrüßung 23
09.05 Uhr: Kennenlernen mit Postkarten – Aktivierung 26
09.25 Uhr: Überblick über das Seminar 30
09.40 Uhr: Soziometrische Einstiegsübung – Warm-up 35
10.20 Uhr: Pause 45
10.30 Uhr: Reflexion des Konfliktverhaltens und Formulierung
          von Lernzielen – Übung 46
11.30 Uhr: Kurze Pause 53
11.35 Uhr: Konfliktdefinition – Einstieg 54
11.45 Uhr: Konfliktdefinition – Input 57
11.55 Uhr: Konfliktarten – Input 63
12.10 Uhr: Konfliktarten und -lösungen – Kleingruppenarbeit 69
12.30 Uhr: Mittagessen 72
13.30 Uhr: Chancen von Konflikten – Kleingruppenarbeit 73
13.50 Uhr: Konfliktdynamik: „Rohrbombe" – Übung 76
14.10 Uhr: Konfliktdynamik – Input 85
14.25 Uhr: Kurze Pause 91
14.30 Uhr: Reflecting Team – Praxisberatung 92
15.35 Uhr: Pause 110
15.45 Uhr: Hintergründe von Konflikten: Das
          Persönlichkeitsmodell von Riemann und Thomann – Input 111
16.00 Uhr: Selbstreflexion zum Persönlichkeitsmodell – Übung 121
16.20 Uhr: Konfliktmanagement und Persönlichkeitsstile –
          Kleingruppenarbeit 126
16.40 Uhr: Metakommunikation/Abschlussrunde 129
17.00 Uhr: Die Geschichte „Der Mann mit dem Hammer" 132

Der erste Seminartag

Begrüßung　　　　　　　　　　　　　　　　　　　　09.00 Uhr

Orientierung

Ziele:
- Die Teilnehmer willkommen heißen
- Neugier auf das Seminarthema wecken
- Den Teilnehmern Orientierung geben

Zeit:
- 5 Minuten (3 Min., 2 Min. Puffer[1])

Material:
- Flipchart „Begrüßung"

Überblick:
- Der Trainer heißt die Teilnehmer willkommen
- Er zeigt den Nutzen des Seminars auf
- Er nennt die Seminarzeiten

Erläuterungen

Die einleitenden Worte zum Seminarbeginn sind vergleichbar mit dem Klappentext eines Buches. So wie sich bei jenem entscheidet, ob das Buch mit Interesse begonnen oder gleich wieder zur Seite gelegt wird, entscheidet sich bei der Einleitung des Trainers, ob sich das Interesse der Teilnehmer an seinen Worten entzündet oder ob es sofort gelöscht wird. Hier werden die Weichen gestellt für den weiteren Verlauf, sowohl auf der Sach- als auch auf der Beziehungsebene.

Wecken Sie das Interesse Ihrer Teilnehmer

---

[1] Bei der Zeitangabe lasse ich bei jedem Baustein etwas Zeitpuffer, weil dieser erfahrungsgemäß früher oder später im Laufe des Seminars immer gebraucht wird.

Unsicherheiten der Teilnehmer beachten

Die Teilnehmer kommen gerade beim Thema „Konflikte" mit Gefühlen der Unsicherheit und Ängstlichkeit auf der einen und Neugier auf der anderen Seite ins Seminar. Die Anspannung ist groß und die Fokussierung auf den Seminarleiter hoch. Entscheidend ist es deshalb, einen guten Kontakt zu den Teilnehmern herzustellen und Interesse für das Seminar zu wecken. Dies gelingt am besten, wenn ein Bezug zu ihrer Lebenswelt geknüpft wird und sich ein Nutzen des Seminarbesuchs für die Teilnehmer erkennen lässt. Hilfreich ist es auch, auf das „Hier und Jetzt" Bezug zu nehmen, indem der Trainer etwas aufgreift und thematisiert, was gerade vorgefallen ist und alle Anwesenden betrifft oder interessiert, seien es Staus bei der Anreise, besonders schönes oder schlechtes Wetter, der Ort der Veranstaltung oder ein aktuelles Ereignis. Auch Anekdoten, Sprichwörter, Zitate oder Metaphern sind wirkungsvolle Möglichkeiten, die Teilnehmer emotional zu erreichen. Um bei der Gruppe emotional „anzudocken", ist es ebenfalls hilfreich, wenn der Trainer eigene Gefühle ausdrückt, z.B. Neugier, Freude, Aufregung etc.

Wenn man den Überblick über das Seminar erst nach der Phase des Kennenlernens gibt, so wie ich es in diesem Seminarfahrplan vorschlage, dann ist es an dieser Stelle angezeigt, zumindest die Zeiten für den Beginn und den Schluss des Seminartages und für die Mittagspause zu nennen.

Beziehen Sie die Teilnehmer rasch aktiv ein

Gleichzeitig muss die Einleitung kurz sein. Sie darf nicht dazu führen, dass die Teilnehmer sich zurücklehnen und das aus früheren Lernsituationen altbekannte Gefühl der Passivität vermittelt bekommen. Wichtig ist, dass sie rasch selbst aktiv werden können – und müssen.

Natürlich ist es nicht möglich, einen Standard-Einleitungstext zu formulieren, der für alle Gelegenheiten passt. Schließlich müssen die einleitenden Worte zum Trainer, zu den Teilnehmern und zur Situation passen. Eine mögliche Einleitung ist die folgende:

Vorgehen
Der Trainer eröffnet das Seminar:
„Guten Morgen und herzlich willkommen zu unserem Seminar ‚Konflikte erfolgreich bewältigen'. Das Thema des Umgangs mit Konflikten ist eines, das uns unser gesamtes Leben begleitet, beruflich wie privat. Konflikte lassen sich nicht vermeiden. Sie gehören zum Leben dazu, weil Menschen unterschiedlich sind, unterschiedliche Interessen, Meinungen und Charaktereigenschaften haben.

Oft gelingt es gut, mit diesen Unterschieden umzugehen. Manchmal jedoch führen sie zu Spannungen und eskalieren. Dann kann es laut und emotional werden und hoch hergehen. Oft werden Konflikte aber, gerade im Beruf, wo es immer sachlich und nüchtern zugehen soll, umgangen, verdrängt und unter den Teppich gekehrt. Allerdings kehren sie dann meistens wie ein Bumerang umso heftiger zurück: als Gereiztheit, als Verhärtung oder als kalter Krieg. Wenn das passiert, bedeutet das hohe Kosten, menschlich wie wirtschaftlich.

Deshalb ist es von enormer Wichtigkeit, die eigene Konfliktfähigkeit und damit auch die Konfliktfähigkeit des gesamten Unternehmens weiterzuentwickeln. Und deshalb nehmen wir uns drei Tage Zeit, um an diesem Thema zu arbeiten. Weil es ein Thema ist, das für jeden von zentraler Bedeutung ist. Im Beruf wie auch im sonstigen Leben.

Deswegen freue ich mich sehr auf unser gemeinsames Seminar, weil mir das Thema wichtig ist und weil ich in meinen Seminaren immer wieder das Gefühl habe, selbst von den Erfahrungen anderer profitieren zu können. Denn im Unterschied zu fachlichen oder methodischen Seminaren ist es nicht alleine so, dass ich als Seminarleiter Ihnen etwas vermittele. Natürlich werde ich Ihnen immer wieder Inputs präsentieren, Übungen anleiten und Ihnen Feedback geben. Genauso wichtig ist es aber, dass Sie gemeinsam Ihre Erfahrungen und Ideen einbringen und wir an konkreten Fällen aus Ihrem beruflichen Alltag arbeiten, damit Sie den größtmöglichen Nutzen aus dem Seminar ziehen können.

Wir werden jeweils von 9 bis 12.30 Uhr und von 13.30 Uhr bis 17 Uhr arbeiten und zwischendurch mehrere kurze Pausen haben."

Hinweise
- Während der Trainer seine einleitenden Worte sagt, nimmt er sich bewusst Zeit und nimmt Blickkontakt zu allen Teilnehmern auf. *Kontakt herstellen*

Literatur
Empfehlungen für die Gestaltung der Anfangsphase des Seminars:
- Geißler, Karlheinz: Anfangssituationen. Was man tun und besser lassen sollte. Beltz, 2005, 10. Aufl.
- Langmaack, Barbara/Braune-Krickau, Michael: Wie die Gruppe laufen lernt. Beltz, 2007, 7. Aufl.

09.05 Uhr   Kennenlernen mit Postkarten – Aktivierung

Orientierung

Ziele:
- Die Teilnehmer lernen sich kennen
- Der Trainer erfährt etwas über die Motivation der Teilnehmer zum Seminar
- Der Bezug zum Seminarthema wird hergestellt

Zeit:
- 20 Minuten (15 Min., 5 Min. Puffer)

Material:
- Mindestens 40 Postkarten mit unterschiedlichen Motiven
- Flipchart „Kennenlernen"

Überblick:
- Der Trainer hat zahlreiche Postkarten in der Mitte des Stuhlkreises zurechtgelegt
- Jeder Teilnehmer wählt eine Postkarte, die er mit dem Thema „Konflikte" in Verbindung bringt
- Die Teilnehmer stellen sich anhand einiger Leitfragen reihum vor

Erläuterungen

Das Kennenlernen mit der Postkarten-Methode ist ein lebendiger, aktivierender Einstieg ins Seminar. Die Teilnehmer erhalten die Gelegenheit, ihre Assoziationen zum Thema „Konflikte" zu reflektieren und auf ein Bild zu projizieren. Dadurch findet ein erster Austausch zu den Erfahrungen und Bezügen der Teilnehmer zum Seminarthema statt.

Vorgehen

Der Trainer verweist auf die Postkarten, die er bereits vor Seminarbeginn in der Mitte des Stuhlkreises bereitgelegt hat (siehe Abbildung).

Der erste Seminartag

Abb.: Der Trainer hat zahlreiche Postkarten in der Mitte des Raumes platziert. Die Postkarten werden als projektives Medium verwendet, um über das Seminarthema ins Gespräch zu kommen.

„Sie haben sich vielleicht schon gefragt, was es mit den Postkarten auf sich hat, die hier in der Mitte liegen. Schauen Sie sich die Postkarten mal an und wählen Sie eine davon aus, die für Sie etwas mit dem Thema ‚Konflikte' zu tun hat."

Jeder Teilnehmer wählt eine zum Thema passende Karte

Es kann nun einen Moment dauern, bis jeder Teilnehmer eine passende Karte gefunden hat. Wenn alle so weit sind, deckt der Trainer das Flipchart „Kennenlernen" auf und instruiert die Vorstellungsrunde:

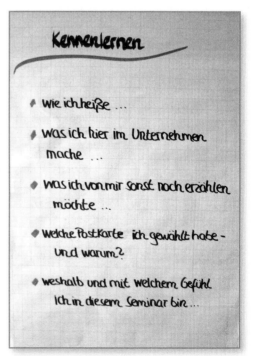

Abb.: Das Flipchart „Kennenlernen".

Vorstellungsrunde „*Ich möchte Sie bitten, sich einander anhand der folgenden Leitfragen vorzustellen:*
- *wie ich heiße,*
- *was ich hier im Unternehmen mache,*
- *welches Bild ich gewählt habe und was ich mit ihm verbinde,*
- *weshalb und mit welchem Gefühl ich an diesem Seminar teilnehme*
- *und was ich sonst noch zu mir sagen möchte.*

Wer möchte anfangen?"

Während sich die Teilnehmer vorstellen, hört der Trainer aufmerksam zu, fragt gegebenenfalls nach und versucht, einen guten Kontakt zu jeder einzelnen Person herzustellen.

Hinweise
- Der Trainer kann die Vorstellungsrunde auch beginnen und sich selbst als Erster anhand der Leitfragen vorstellen. Damit fungiert er als Modell und kann beeinflussen, wie ausführlich sich die Vorstellungsrunde gestaltet. Alternativ kann er die Runde mit der Vorstellung der eigenen Person abschließen. In jedem Fall hat auch er eine Postkarte gewählt und erläutert seine Postkartenwahl.
- Der Trainer benötigt für diese Übung viele Postkarten mit unterschiedlichen Motiven. Bei zwölf Teilnehmern sollte er mindestens 40 Karten dabeihaben, damit die Teilnehmer genügend Motive zur Auswahl haben.
- Für die Postkarten muss man nicht viel Geld ausgeben. In vielen Kneipen liegen Postkarten zu Werbezwecken gratis aus, die sich ohne Weiteres für die beschriebene Übung einsetzen lassen.
- Die Frage „*Weshalb und mit welchem Gefühl ich an diesem Seminar teilnehme"* ist aufschlussreich, um etwas über die Motivation und mögliche Widerstände der Teilnehmer herauszufinden. Noch offener wird sie dann beantwortet, wenn der Vorstellungsrunde ein Paarinterview, eventuell mit anschließendem Vorstellen im Rollentausch, vorangeht (siehe „Varianten").

Selbstvorstellung des Trainers
- Wenn der Trainer sich selbst vorstellt, ist es hilfreich, wenn er auch etwas Persönliches von sich erzählt. Dadurch bekommen die Teilnehmer einen persönlichen Bezug zu ihm. So erzähle ich häufig von aktuellen Erlebnissen, die ich etwa in meiner Rolle als Vater gemacht habe. Im Verlaufe des Seminars oder in den Seminarpausen kommt es dann regelmäßig vor, dass sich einige Teilnehmer darauf beziehen. Zu diesem positiven Effekt auf den Kontakt zu den Teilneh-

mern trägt auch bei, dass der Seminarleiter als Person transparenter und greifbarer wird und dadurch Übertragungen und Projektionen der Teilnehmer abgebaut werden.

Varianten
Kennenlernen mit Paarinterview: Statt direkt nach der Bildwahl zur Vorstellungsrunde überzugehen, kann noch ein Paarinterview eingeschoben werden (worauf hier verzichtet wird, da später bei der Reflexion des Konfliktverhaltens ein Zweiergespräch eingesetzt wird). Dabei interviewen sich jeweils zwei Seminarteilnehmer in Bezug auf die Leitfragen, bevor sich die Teilnehmer dann im Plenum vorstellen. Dadurch entsteht aufgrund der Intimität des Zweiergesprächs ein höheres Maß an Offenheit, andererseits dauert die Übung dadurch 20 bis 30 Minuten länger.

Bei der Vorstellung im Plenum nach dem Paarinterview gibt es dann drei Möglichkeiten:
- Jeder stellt sich im Plenum noch einmal – in der Kurzfassung – selbst vor.
- Die Interviewpartner stellen einander vor.
- Die Interviewpartner stellen einander vor, indem sie sich hinter ihren Partner stellen und aus der Ich-Perspektive den anderen vorstellen (Vorstellen im Rollentausch). Diese Variante wähle ich gerne und leite sie mit folgender Begründung ein: *„Wenn wir Konflikte konstruktiv bewältigen wollen, ist es entscheidend, sich in den anderen hineinversetzen zu können. Deshalb geht es nun darum, die Fähigkeit, sich in andere hineinzuversetzen, zu trainieren. Bitte stellen Sie deshalb Ihren Interviewpartner jetzt vor, indem Sie sich hinter ihn stellen und in der Ich-Form sprechen."*

Literatur
Weitere Kennenlern-Übungen finden Sie in folgenden Büchern:
- Dürrschmidt, Peter u.a.: Methodensammlung für Trainerinnen und Trainer. managerSeminare, 2009, 5. Aufl.
- Rachow, Axel (Hrsg.): Spielbar. managerSeminare, 2006, 2. Aufl.
- Rachow, Axel (Hrsg.): Spielbar II. managerSeminare, 2005, 3. Aufl.
- Seifert, Josef: Games. Spiele für Moderatoren und Gruppenleiter. Gabal, 2004

I. Seminarfahrplan: Konflikte konstruktiv lösen

09.25 Uhr   Überblick über das Seminar

Orientierung

Ziele:
- Den Teilnehmern Orientierung geben

Zeit:
- Ca. 15 Minuten (10 Min., 5 Min. Puffer)

Material:
- Flipchart „Seminarziele"
- Pinnwand „Ablaufplan" und Moderationskarten, auf denen die Seminarthemen und -methoden stehen, Pins

Überblick:
- Der Trainer stellt die Seminarziele, den Ablaufplan und die Methoden des Seminars vor
- Er klärt alle organisatorischen Fragen

Abb.: Das Flipchart „Seminarziele".

Seminarziele
- Die Dynamik von Konflikten besser verstehen
- Eigene und fremde Konfliktmuster reflektieren
- Das eigene Handlungsrepertoire im Umgang mit Konflikten erweitern

Erläuterungen

Nachdem die Teilnehmer Gelegenheit hatten, sich kennenzulernen und einen ersten Bezug zum Thema herzustellen, geht es im nächsten Schritt darum, für Transparenz und Orientierung zu sorgen.

Vorgehen

Der Trainer geht zum Flipchart-Ständer und schlägt das Plakat „Seminarziele" auf.
„Ich möchte Ihnen nun einen Überblick darüber geben, was in den folgenden drei Tagen auf Sie zukommt. Als Erstes möchte ich Ihnen vorstellen, welche Ziele dieses Seminar hat.

Die Ziele des Seminars sind es, Ihnen zu ermöglichen,
- *die Dynamik von Konflikten und die Prozesse, die bei Konflikten ablaufen, besser zu verstehen,*
- *eigene und fremde Konfliktmuster zu reflektieren und*
- *das eigene Handlungsrepertoire im Umgang mit Konflikten zu erweitern."*

Anschließend stellt der Seminarleiter den Ablaufplan an der Pinnwand vor, auf der anfangs nur die Seminarzeiten zu sehen sind. Die Karten, auf denen die Themen des Seminars stehen, hält er in der Hand, um sie während der Präsentation anzupinnen.

Abb.: Pinnwand „Ablaufplan" – Die Karten mit den Seminarthemen werden während der Präsentation angepinnt.

„Konkret ist der Ablauf des Seminars folgendermaßen geplant: Wir arbeiten jeweils von 9 Uhr bis 12.30 Uhr und nachmittags von 13.30 Uhr bis 17 Uhr. Die Mittagspause ist von 12.30 Uhr bis 13.30 Uhr.

__Heute__ werden Sie nach dem Kennenlernen Gelegenheit haben, Ihre eigenen Lernziele für das Seminar genauer zu definieren. Schließlich geben die allgemeinen Seminarziele und die einzelnen inhaltlichen Bestandteile nur den Rahmen für das Seminar vor. Wichtig ist mir aber, dass dies Ihr Seminar ist und ich es so gestalten werde, dass Sie den größtmöglichen Nutzen daraus ziehen können und die Inhalte auf Ihren

Erster Seminartag

Bedarf abgestimmt sind. Deshalb sehen Sie auf diesem Plan auch vier Mal den Begriff ‚Praxisberatung': Hier wird es um Ihre individuellen Fragen und Themen aus dem betrieblichen Alltag gehen.

Zunächst aber werden wir in das Thema einsteigen, indem wir den Begriff ‚Konflikte' erst einmal definieren, um ein gemeinsames Verständnis von Konflikten sicherzustellen. Danach werden wir uns mit der Frage beschäftigen, wie sich Konflikte klassifizieren und diagnostizieren können. Schließlich setzt die Lösung eines Konflikts voraus, dass ich in der Lage bin, ihn richtig einzuordnen und einzuschätzen. Beim Thema ‚Konfliktdynamik' geht es um die Frage, wie Konflikte entstehen und welche Faktoren dazu beitragen, dass sie sich verschärfen. Und schließlich geht es am Ende des Tages um die Frage, welche unterschiedlichen Persönlichkeitsstile es gibt und wie wir mit diesen in Konflikten konstruktiv umgehen können.

Zweiter Seminartag

Am zweiten Seminartag *stelle ich Ihnen Untersuchungsergebnisse zum Verlauf und der Eskalation von Konflikten vor, bevor wir uns mit der Frage beschäftigen, wie man Konflikte klar und gleichzeitig konstruktiv ansprechen kann. Am Nachmittag geht es umgekehrt um die Frage, wie wir idealerweise auf Kritik reagieren und in Konflikten auf andere eingehen können. Schließlich geht es um unterschiedliche Stile und Methoden des Umgangs mit Konflikten. Sie haben die Gelegenheit, den eigenen Konfliktstil zu reflektieren, und sich mit anderen Konfliktlösungsmethoden auseinanderzusetzen.*

Dritter Seminartag

Am dritten Seminartag *stelle ich Ihnen einen Leitfaden zum Führen von Konfliktgesprächen vor, den Sie dann anhand von Fallstudien erproben können. Außerdem geht es um die Frage, wie man mit Emotionen – den eigenen und den Emotionen anderer – in Konflikten optimal umgehen kann. Am Nachmittag geht es dann – nach einer weiteren Praxisberatung – um den Transfer in den Alltag und den Abschluss des Seminars."*

Der Trainer blickt in die Runde und wartet, ob es Fragen gibt.

Er macht deutlich, dass Fragen, Feedback und Kritik – gemäß der bekannten TZI-Regel „Störungen haben Vorrang" – jederzeit willkommen sind: „Die Themen, die hier auf dem Plan stehen, werden alle drankommen, wir müssen uns aber nicht sklavisch an diese Reihenfolge halten. Es ist Ihr Seminar. Das heißt, es ist möglich, ein Thema vorzuziehen, wenn sich das für Sie gerade anbietet oder Themen zu ergänzen, die nicht auf dem

Plan stehen, die Ihnen aber wichtig sind. Deshalb freue ich mich, wenn Sie Ihre Fragen und Anregungen ins Seminar einbringen. Diese sind jederzeit willkommen. Auch wenn Ihnen etwas auf dem Herzen liegt oder wenn Sie mit etwas unzufrieden sind, bin ich froh, wenn Sie das offen ansprechen."

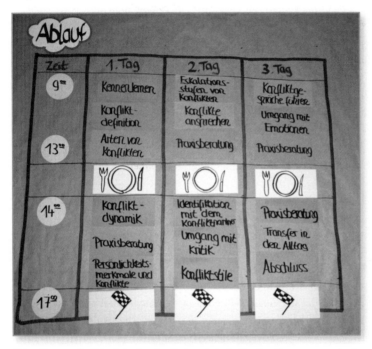

Abb.: Pinnwand „Ablaufplan" – Der Trainer hat die Seminarthemen angepinnt und erläutert.

Anschließend nimmt er zur Art der Zusammenarbeit und zu den Seminarmethoden Stellung.

„Ich möchte noch ein paar Worte dazu sagen, wie ich hier mit Ihnen zusammenarbeiten möchte. Wie Sie sehen, haben wir hier keine Tische. Sie sehen, dass es hier anders zugeht als in vielen anderen Umgebungen, in denen man lernt. Anders als in Schule, Universität, Akademien oder in fachlichen Schulungen. Das hängt damit zusammen, dass hier kein Frontalunterricht stattfindet, in dem ich Ihnen erzähle, wie Sie Ihre Konflikte zu lösen haben. Das würde auch nicht funktionieren.

Ich werde Ihnen natürlich die eine oder andere Anregung in Form eines ‚Inputs' geben. Aber nur Sie können entscheiden, was für Sie und für Ihre Praxis stimmig und passend ist.

Art der Zusammenarbeit und Seminarmethoden klären

Deshalb wird es Gelegenheit zu Diskussionen geben und viele Übungen – etwa in Form von Fallstudien – um diese Anregungen umzusetzen. Und wir werden uns Zeit nehmen für Ihre Fragen und Konfliktsituationen, die Sie in Ihrer Praxis beschäftigen.

Damit das funktioniert, ist es wichtig, dass alles, was hier besprochen wird, auch hier im Raum und bei den Teilnehmern hier bleibt. Voraussetzung unserer Arbeit ist also die Vertraulichkeit hier im Seminar. Sind damit alle einverstanden?"

Organisatorische Fragen klären

Schließlich können alle weiteren organisatorischen Fragen geklärt werden, zum Beispiel:
- Pausen
- Toiletten
- Verpflegung
- Handys
- Rauchen
- Termine außerhalb des Seminars

Hinweise
- Bei der Beschreibung der Seminarmethoden vermeidet der Trainer Begriffe, die bei vielen Teilnehmern negativ besetzt sind und leicht Widerstand hervorrufen können. Dazu gehören etwa die Worte *„Rollenspiel"* und *„Spiel"*. Hier spricht der Trainer lieber von *„Fallstudien"* und *„Übungen"*.
- Bei der Präsentation des Ablaufplans an der Pinnwand beachtet der Trainer die Präsentationsregel *„touch, turn, talk"*. Er pinnt jeweils die Karte erst an, dreht sich zu den Teilnehmern um und erläutert dann das Thema.
- Alternativ kann der Trainer die Pinnwand natürlich auch schon vor Seminarbeginn fertig vorbereiten, so dass alle Karten bereits angepinnt sind. Das ist, präsentationstechnisch gesehen, weniger elegant, aber auch einfacher.

Der erste Seminartag

Soziometrische Einstiegsübung – Warm-up 09.40 Uhr

> Orientierung

Ziele:
- Die Teilnehmer lernen sich besser kennen
- Die Gruppe wird für das Thema angewärmt
- Wichtige Aspekte bezüglich der Gruppenstruktur werden deutlich

Zeit:
- 40 Minuten (30 Min., 10 Min. Puffer)

Material:
- Einige Moderationskarten und genügend Platz im Raum

Überblick:
- Der Trainer fordert die Teilnehmer auf, Stühle und andere Gegenstände an den Rand zu räumen
- Die Teilnehmer stellen sich im Raum nach folgenden Kriterien auf und werden vom Seminarleiter interviewt:
  1. Name
  2. Bekanntheit untereinander
  3. Wohnort
  4. Häufigkeit von Konflikten
  5. Stärken im Umgang mit Konflikten

Erläuterungen

Die Soziometrie ist eine von Jakob Levy Moreno (1890-1974), dem Begründer des Psychodramas, entwickelte Methode zur Erfassung von Gruppenstrukturen. Ziel der Soziometrie ist es, psychosoziale Realitäten und insbesondere zwischenmenschliche Beziehungen zu diagnostizieren und gegebenenfalls zu verändern, indem sie räumlich abgebildet und dadurch transparent gemacht werden.

Im Zusammenhang dieses Seminars wird die Soziometrie eingesetzt, um relevante Aspekte der Gruppenstruktur im Raum abzubilden. Dadurch werden wichtige Faktoren der Gruppenzusammensetzung, die sich sonst nur mühsam erschließen lassen, wie etwa die Frage, welche Seminarteilnehmer sich bereits untereinander kennen, konkret sichtbar. Durch die räumliche Nähe wird eine inhaltliche und emotionale Verbindung der Teilnehmer untereinander ausgedrückt und bekräftigt.

Die Gruppenstruktur im Raum abbilden

© managerSeminare

Diese Verbindungen fördern die Kohäsion der Gruppe. Außerdem kommen die Teilnehmer „in Bewegung", indem sie sich jeweils in anderen Konstellationen zusammenstellen.

Entscheidend ist die Auswahl der passenden Kriterien. Hier kommt es auf das Thema und die Zusammensetzung der Teilnehmer an.

Klärung der Anrede   Da es unter anderem darum geht, die Namen zu lernen, steht hier die Klärung der Anrede an. Auch der Trainer sollte sich vor Seminarbeginn überlegt haben, welche Anrede er bevorzugt.

Ich selbst mache die Entscheidung von der jeweiligen Zielgruppe und von der Rolle abhängig, in der ich den Teilnehmern begegne. Bin ich etwa als externer Trainer tätig und habe es mit einer Zielgruppe zu tun, in der eher eine „Du-Kultur" herrscht, so lasse ich mich ebenfalls gerne auf das „Du" ein. Wenn ich jedoch davon ausgehe, dass ich den Teilnehmern später noch in einer anderen Rolle, etwa als Beobachter in einem Assessment-Center, begegne, dann bleibe ich beim „Sie".

Vorgehen
Der Trainer muss zunächst dafür sorgen, dass für die folgende soziometrische Übung genügend Platz zur Verfügung steht:
„Als Nächstes möchte ich Sie zu einer Übung einladen, bei der es zum einen darum geht, sich noch besser kennenzulernen und zum anderen, ins Thema einzusteigen. Dazu möchte ich Sie bitten, aufzustehen und Ihren Stuhl und eventuell Ihre Taschen, Kaffeetassen usw. an die Wand zu schieben."

Der Trainer erhebt sich, schiebt seinen Stuhl und seine Sachen an die Wand und wartet, bis alle Teilnehmer seinem Beispiel gefolgt sind. Dann leitet er die erste Soziometrie zu den Namen der Teilnehmer an:
„Ich vermute, dass sich noch nicht jeder alle Namen merken kann. Deshalb geht es jetzt darum, alle Namen zu lernen. Bevor wir damit beginnen, möchte ich gerne klären, wie Sie es mit der Anrede halten möchten. Ist Ihnen das ‚Du' lieber oder möchten Sie beim ‚Sie' bleiben?"

Dann holt der Trainer möglichst von allen Teilnehmern die Meinung ein und sorgt dafür, dass die gewählte Form der Anrede für alle Teilnehmer stimmig ist (in unserem Beispiel bleiben wir bei der „Sie"-Form).
„Nun möchte ich Sie bitten, dass Sie sich im Halbkreis in alphabetischer Ordnung aufstellen. A wie Antons wäre am Anfang des Halbkreises ..."

Er zeigt, wo der Anfang ist und macht dann deutlich, wo sich das Ende befindet:
„Und hier wäre das Z, hier ist also das Ende des Halbkreises. Sprechen Sie miteinander, damit die Reihenfolge stimmt."

Abb.: Der Trainer instruiert die erste Soziometrie zu den Namen der Teilnehmer.

Auch der Trainer sucht sich „seinen" Platz im alphabetisch geordneten Halbkreis. Dann leitet er die Vorstellung an.
„Ich möchte Sie bitten, sich kurz in alphabetischer Reihenfolge namentlich vorzustellen."

Oft neigen die Teilnehmer dazu, ihre Namen so schnell hintereinander zu sagen, dass es kaum möglich ist, sich die Namen einzuprägen. Deshalb leitet der Trainer anschließend noch eine zweite Runde an, die nach dem Prinzip des Spiels „Koffer packen" aufgebaut ist:
„Das ging jetzt sehr schnell. Damit wir uns die Namen noch besser merken können, machen wir deshalb noch eine zweite Runde. Dieses Mal kommt eine Anforderung hinzu: Sie sagen nicht nur den eigenen Namen, sondern wiederholen auch alle Namen der Personen, die sich vor Ihnen vorgestellt haben.

Herr Antons, fangen Sie bitte wieder an. Sie haben es am einfachsten, Sie brauchen nur Ihren Namen zu sagen."

Die Teilnehmer prägen sich die Namen ein

Falls der Trainer eher am Anfang der Reihe dran ist, kann er zum Schluss noch einmal alle Namen wiederholen, um sich die Namen gut einzuprägen.

Anschließend geht er zum zweiten Aspekt der Soziometrie über. Wenn davon auszugehen ist, dass sich die Teilnehmer teilweise untereinander bereits kennen, ist es hilfreich, dieses soziale Netzwerk offenzulegen. Sowohl für den Trainer als auch für die Teilnehmer ist dies eine interessante Information zur Struktur der Gruppe.

Deshalb fragt der Trainer nun die sozialen Verknüpfungen der Teilnehmer untereinander ab. Dazu legt er Moderationskarten mit den Zahlen von „0" bis „6" oder mehr aus.

Abb.: Der Trainer instruiert die zweite Soziometrie zu der Frage, wie viele Teilnehmer sich bereits untereinander kennen.

„Als Nächstes interessiert mich, wie viele Personen in diesem Seminar Sie schon kennen, oder besser gesagt, vor Seminarbeginn schon gekannt haben. Stellen Sie sich bitte zu ‚0', wenn Sie noch niemand kannten, zur ‚1', wenn Sie eine Person kannten usw."

Oft wird nun gefragt, wie der Trainer „kennen" definiert, ob es etwa ausreiche, wenn man sich schon einmal in der Kantine begegnet sei

oder sich eventuell am Telefon gesprochen habe. Hier gibt es unterschiedliche Definitionsmöglichkeiten, zum Beispiel:
„Unter ‚kennen' verstehe ich, dass Sie schon miteinander gesprochen haben, Ihre Namen kennen und mindestens einmal schon mehr miteinander zu tun hatten, als ein kurzes geschäftliches Telefonat zu führen."

Wenn einige Teilnehmer den Trainer bereits kennen, taucht meistens die Frage auf, ob der Trainer auch mitgezählt werden soll. Die Antwort liegt im Ermessen des Trainers. Meine Antwort lautet in der Regel:
„Ja, ich zähle auch mit dazu."

Die Teilnehmer stellen sich zu den entsprechenden Moderationskarten. Der Trainer interviewt die Teilnehmer kurz und beginnt bei den Personen mit den wenigsten sozialen Kontakten:
„Frau Meier, Sie kannten vor dem Seminar noch niemand. Wie Sie sehen, sind Sie nicht alleine. Auch für Sie, Herr Schulz und für Sie, Frau Fischer, waren am Anfang des Seminars alle anderen unbekannt. Stimmt das?"

Anschließend wendet er sich den Teilnehmern zu, die bereits jemand kennen.
„Herr Schröder und Frau Schreiner, Sie kennen jeweils zwei Personen. Nämlich wen und woher?"

Bei Gruppen mit vielen sozialen Kontakten muss der Trainer darauf achten, dass die Ausführungen nicht zu ausführlich gehalten werden.

Wenn die Teilnehmer aus unterschiedlichen Regionen kommen, kann der Trainer als dritten Aspekt der Soziometrie eine „Landkarte" im Raum aufbauen.
„Sie alle kommen ja aus ganz unterschiedlichen Gebieten und hatten eine unterschiedlich lange Anreise. Mich interessiert, wer woher kommt. Stellen Sie sich dazu vor, dieser Raum wäre eine Landkarte: Dort oben ist Norden."

Der Trainer zeigt in die Richtung, die er als Norden definiert.
„Links ist Westen, rechts Osten und dort unten ist Süden. Und hier in der Mitte ist Frankfurt." – Das Beispiel-Seminar findet in Frankfurt statt.

I. Seminarfahrplan: Konflikte konstruktiv lösen

Der Trainer kann Moderationskarten, auf denen die Himmelsrichtungen stehen, zur Orientierung auf den Boden legen.
„Bitte stellen Sie sich dort hin, wo Sie wohnen."

Abb.: Der Trainer instruiert die dritte Soziometrie zu der Frage, aus welchen Regionen die Teilnehmer kommen.

Meistens dauert es einen Moment, bis jeder seinen Platz gefunden hat. Dann fordert der Trainer die Teilnehmer auf, ihren Wohnort zu nennen. Damit sich die Gruppenmitglieder noch besser kennenlernen, kann er zusätzlich dazu einladen, etwas über die Lebenssituation und über Freizeitinteressen und Hobbys zu sagen:
„Fangen wir im Norden an. Sagen Sie, wo Sie wohnen und wenn Sie mögen, sagen Sie noch etwas dazu, wie Sie dort leben und was Sie in Ihrer Freizeit gerne machen."

Die Wahrnehmung der Häufigkeit von Konflikten

Mit der vierten soziometrischen Frage leitet der Trainer nun zum Thema über. Es geht um die Wahrnehmung zur Häufigkeit von Konflikten am Arbeitsplatz:
„Nun möchte ich gerne überleiten zu unserem Seminarthema. Ich möchte gerne wissen, wie häufig Sie mit Konflikten in Ihrem Beruf konfrontiert werden. Deshalb lautet die Frage: Wie häufig erleben Sie Konflikte am Arbeitsplatz? Wenn Sie sich eine Skala vorstellen, auf der hier der eine Pol ist …"

Nun legt der Trainer eine Moderationskarte, auf der „Keine" steht, an das eine Ende des Raums.
„*Dieser Pol bedeutet, es gibt keine Konflikte an Ihrem Arbeitsplatz.*"

Dann geht er zum anderen Ende des Raums und platziert hier eine zweite, mit einem „Viele" beschriftete Moderationskarte.
„*Und dieser Pol bedeutet, dass es sehr viele Konflikte am Arbeitsplatz gibt.*"

Schließlich legt er eine Karte in die Mitte des Raums, die mit „Mittel" beschriftet ist.
„*Hier würden Sie stehen, wenn Sie der Meinung sind, dass Sie eine mittlere Anzahl von Konflikten am Arbeitsplatz erleben.*"

Abb.: Der Trainer instruiert die vierte soziometrische Frage zur Wahrnehmung der Häufigkeit von beruflichen Konflikten.

Oft tauchen hier Nachfragen dazu auf, wie ein „Konflikt" definiert wird. Hier kann der Trainer ergänzen:
„*Es geht jetzt rein um Ihre subjektive Wahrnehmung. Entscheidend ist, was Sie als Konflikt ansehen und ob Sie sagen, aus meiner Sicht sind das eher viele oder eher wenig Konflikte.*"

Anschließend interviewt der Trainer die Teilnehmer. Dabei kann er der Skala entlang vorgehen und bei den Teilnehmern mit wenigen Konflikten beginnen. Dabei ist es hilfreich, wenn der Trainer das Interview strukturiert, indem er einen Satzanfang anbietet:
„*Bitte sagen Sie kurz etwas dazu, warum Sie sich so positioniert haben. Ergänzen Sie dazu bitte den Satzanfang ‚Ich stehe hier, weil …'. Frau Meier, würden Sie bitte anfangen?*"

Mit der fünften und abschließenden soziometrischen Frage vertieft der Trainer den Einstieg ins Thema und leitet gleichzeitig eine erste kurze Selbstreflexion an. Dabei setzt er an den Stärken und Ressourcen der Teilnehmer an.

„Abschließend möchte ich gerne wissen, was Sie als eine persönliche Stärke im Umgang mit Konflikten ansehen. Ich möchte Ihnen ein paar mögliche Fähigkeiten anbieten und Sie bitten, eine davon auszuwählen oder einen neuen Aspekt hinzuzufügen."

Der Trainer verteilt Moderationskarten, auf denen die entsprechenden Punkte stehen, beispielsweise die Begriffe „Konflikte ansprechen", „Mich durchsetzen", „Auf den anderen eingehen", „Ruhe bewahren" und „Fünfe gerade sein lassen", auf dem Boden. Er erläutert die Aspekte:

„Was sehen Sie als eine wesentliche Stärke in Ihrem Umgang mit Konflikten an:

- ▶ *Konflikte ansprechen – wenn es Ihnen gut gelingt, Konflikte zu thematisieren und offen anzusprechen.*
- ▶ *Den eigenen Standpunkt vertreten – wenn es Ihnen leicht fällt, klar und deutlich Ihre Position zu vertreten und sich zu behaupten.*
- ▶ *Auf den Konfliktpartner eingehen – wenn Sie auch in Konfliktsituationen noch gut auf den anderen eingehen können und Lösungen finden, die für die andere Person akzeptabel sind.*
- ▶ *Ruhe bewahren – wenn Sie auch in spannungsgeladenen Situationen noch kühlen Kopf bewahren und ruhig und gelassen handeln können.*
- ▶ *Fünfe gerade sein lassen – wenn Sie kleinere Konflikte auch mal auf sich beruhen lassen können."*

Dann legt der Trainer noch ein paar unbeschriebene Moderationskarten und ein paar Stifte auf den Boden und ergänzt:

„Falls es andere Punkte gibt, die noch nicht genannt wurden, die besser zu Ihnen passen, dann nehmen Sie sich bitte eine Karte und einen Stift und schreiben Sie ein Stichwort für Ihre Stärke auf."

Der erste Seminartag

Abb.: Der Trainer instruiert die abschließende Soziometrie zu den Stärken der Teilnehmer in Konfliktsituationen.

Dann fordert er die Teilnehmer auf:
„Bitte sagen Sie wieder kurz in einem Satz, weshalb Sie dort stehen: ‚Ich stehe hier, weil ...'"

Falls die Soziometrie noch nicht zu lange gedauert hat und die Teilnehmer weiterhin mit Energie und Interesse bei der Sache sind, eröffnet der Trainer die Möglichkeit, einander weitere Fragen zu stellen:
„Was möchten Sie noch voneinander wissen?"

Auch hier versucht der Trainer, die Fragen der Teilnehmer soziometrisch zu erfassen, indem er sie im Raum abbildet.

Hinweise
▶ Bei der Klärung der Anrede achtet der Trainer darauf, dass die gewählte Form wirklich für alle Teilnehmer stimmig ist. Häufig ist es so, dass die Mehrzahl der Teilnehmer das „Du" bevorzugen. Dann kann es passieren, dass jene Teilnehmer, denen diese Anrede nicht recht ist, sich nicht mehr trauen, zu sagen, dass sie lieber beim „Sie" bleiben möchten. Deshalb kann der Trainer gezielt nachhaken,

wenn er den Eindruck hat, dass das „Du" nicht allen behagt:
„Wer möchte lieber beim ‚Sie' bleiben? Mir ist wichtig, dass die Anrede für alle stimmig ist. Falls also jemand das ‚Sie' bevorzugt, ist das absolut in Ordnung."

▶ Um sich die Namen der Teilnehmer besser einzuprägen, kann der Trainer bei den Interviews jeden Einzelnen mit Namen ansprechen. Dadurch erreicht er zusätzlich, dass die Teilnehmer sich persönlich angesprochen und wahrgenommen fühlen. Außerdem prägen sich die Namen auch bei den anderen Gruppenmitgliedern dadurch noch besser ein.

▶ Die Soziometrie sollte nicht zu lange dauern, da das lange Stehen und Zuhören die Teilnehmer nach einer Weile ermüden. Der Trainer dagegen ist durch seine Anleitungen und Interviews die gesamte Zeit aktiv, so dass die Gefahr besteht, dass er die Ermüdung der Teilnehmer nicht bemerkt. Die Interviews sind daher möglichst kurz und prägnant zu halten. Die Übung sollte nicht länger als 45 Minuten dauern.

Varianten

▶ Es sind zahlreiche weitere soziometrische Fragen denkbar:
  – Interessant ist etwa die Frage nach den Konfliktpartnern im beruflichen Alltag: *„Nun ist die Frage, mit wem Sie im Beruf die meisten Konflikte haben."*
  Der Trainer legt die entsprechenden Moderationskarten auf den Boden. *„Mit Kunden, Kollegen, Vorgesetzten oder Geschäftspartnern? Fehlt noch eine Personengruppe?"*

  – Relevant ist nicht nur die Häufigkeit, sondern auch die Qualität der Konflikte. Darauf zielt die folgende Frage ab:
  „Die nächste Frage ist: Mit wem sind die Konflikte am stärksten belastend?"
  Oft verändert sich hier das Bild. Während in der Regel Konflikte mit Kunden oder Geschäftspartnern am häufigsten sind, werden die Konflikte mit Kollegen oder Vorgesetzten meistens als belastender erlebt.
  – Weitere mögliche Fragen sind:
    – Geburtsort, Studienort oder Ort des Arbeitsplatzes
      (im Anschluss an die Frage nach dem Wohnort)
    – Häufigkeit von bisherigen Seminarteilnahmen im Unternehmen

- Betriebszugehörigkeit
- Zuordnung nach Abteilungen oder Berufsgruppen
- Hobbys und Interessen – hier tauschen sich die Teilnehmer aus und stellen sich, sortiert nach ähnlichen Vorlieben, zusammen
- Motivation zur Seminarteilnahme

▶ Einige Fragen, wie etwa die nach der Häufigkeit von Konflikten, können statt mit der soziometrischen Methode auch mit einer Punktabfrage am Flipchart beantwortet werden. Hier wird eine Skala auf dem Flipchart abgebildet und jedes Gruppenmitglied klebt einen Punkt auf der Skala auf. Dieses Vorgehen erlaubt den Teilnehmern eine größere Distanz zur eigenen Wahrnehmung herzustellen – im positiven wie im negativen Sinne. Bei der Einpunktfrage können alle bequem auf ihren Stühlen sitzen und über ihre Erfahrungen berichten. Bei der Soziometrie bezieht jeder – auch im physischen Sinne – seinen Standpunkt und ist dadurch auch emotional stärker involviert.

Literatur
▶ Bosselmann, Rainer, Lüffe-Leonhardt, Eva/Gellert, Manfred: Variationen des Psychodramas. Limmer Verlag 2006, 3. Aufl.

Pause 10.20 Uhr

10.30 Uhr Reflexion des Konfliktverhaltens und Formulierung von Lernzielen – Übung

> **Orientierung**
>
> **Ziele:**
> - Die Teilnehmer reflektieren ihr Konfliktverhalten im beruflichen Kontext
> - Sie erarbeiten ihre individuellen Lernziele
> - Der Trainer gewinnt einen Überblick über mögliche Anliegen für die Praxisberatung.
>
> **Zeit:**
> - 60 Minuten (5 Min. Instruktion, 20 Min. Paaraustausch, 10 Min. Bild malen, 20 Min. Bericht im Plenum, 5 Min. Puffer)
>
> **Material:**
> - Flipchart „Meine Konflikte"
> - Ein leeres Flipchart-Papier für jeden Teilnehmer
> - Moderationsstifte und eventuell Wachsmalkreide, Klebeband zum Aufhängen der Plakate
>
> **Überblick:**
> - Die Teilnehmer tauschen sich zu zweit zu ihrem Umgang mit Konfliktsituationen aus
> - Sie schreiben ihre individuellen Lernziele auf das Flipchart-Papier und illustrieren ihre Anliegen mit einem Bild
> - Sie präsentieren ihre Lernziele und Anliegen im Plenum
> - Die Bilder werden im Seminarraum aufgehängt

Erläuterungen

Durch die Soziometrie sind die Teilnehmer bereits für das Thema des Seminars angewärmt und haben begonnen, Konfliktsituationen aus ihrem beruflichen Alltag zu reflektieren. Dies wird in der folgenden Übung vertieft. Anhand einiger zielführender Fragen werden die Teilnehmer angeleitet, im Rahmen eines Zweiergesprächs berufliche Konflikte zu besprechen, eigene Anteile an Konflikten herauszuarbeiten und sich ein Bild der eigenen Stärken und Schwächen im Umgang mit Konflikten zu machen.

Auf dieser Basis erarbeiten die Teilnehmer ihre individuellen Lernziele. Das Formulieren und Abklären der persönlichen Lernziele ist eine zentrale Grundlage für die weitere Zusammenarbeit. Gemeinsam mit den allgemeinen Seminarzielen bilden sie den Kontrakt, auf dessen Basis Teilnehmer und Trainer zusammenarbeiten.

Beim Formulieren der Lernziele wählt der Trainer hier ein Vorgehen, das darauf abzielt, möglichst viele praxisnahe Anliegen und Fallsituationen zu generieren, die dann in den Phasen der Praxisberatung bearbeitet werden können. Dahinter steht die Annahme, dass die Teilnehmer umso mehr von dem Seminar profitieren, je näher an ihren konkreten Themen und Fragestellungen gearbeitet wird. Beim Vorgehen zur Erhebung der Anliegen habe ich mich an Schulz von Thuns empfehlenswerten Leitfaden zur Fallarbeit „Praxisberatung in Gruppen" (2006) orientiert.

Vorgehen
Der Trainer hat für die folgende Übung einen Bogen Flipchart-Papier pro Teilnehmer sowie ausreichend bunte Moderationsstifte und idealerweise auch Wachsmalkreide zum Bemalen der Plakate bereitgelegt.

Er leitet die Übung zur Reflexion des eigenen Konfliktverhaltens und zur Definition individueller Lernziele an:
„Bei der folgenden Übung geht es um zweierlei. Zum einen möchte ich Sie einladen, sich darüber auszutauschen, welchen Bezug Sie zum Seminarthema haben, welche Erfahrungen Sie mit Konflikten im Beruf gemacht haben und wie Sie mit diesen umgegangen sind. Es geht darum, dass Sie sich ein Bild machen, was Ihnen im Umgang mit Konflikten gut gelingt und was Sie vielleicht dazulernen möchten.

Damit sind wir beim zweiten Punkt. Denn es geht auch darum, dass Sie Ihre persönlichen Lernziele formulieren. Dass Sie sich überlegen, welche Fragen, Themen und Anliegen Sie in dieses Seminar einbringen möchten."

Der Trainer deckt das Flipchart „Meine Konflikte" auf, wobei die letzten beiden Fragen nach den Lernzielen zunächst zugedeckt werden.
„Ich möchte Sie bitten, sich zu den folgenden Fragen zu zweit auszutauschen:
▶ ‚Welche beruflichen Konflikte hatte ich in der zurückliegenden Zeit?'
  Welche Situationen fallen Ihnen spontan ein? Vielleicht sind das Situ-

I. Seminarfahrplan: Konflikte konstruktiv lösen

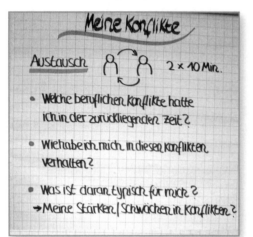

Abb.: Flipchart „Meine Konflikte" – Die beiden letzten Fragen sind zunächst verdeckt.

ationen, die schon länger zurückliegen, vielleicht gibt es auch Konflikte, die andauern. Es kann auch sein, dass Ihnen kein konkretes Beispiel einfällt, das Sie als ‚echten' Konflikt bezeichnen würden. Vielleicht gibt es aber Situationen, wo eher unterschwellig Spannungen zu spüren waren oder in denen Sie etwas gestört oder geärgert hat.

▶ ‚Wie sind die Konflikte abgelaufen und wie habe ich mich in diesen Konflikten verhalten?' Hier ist die Frage, wie Sie möglicherweise auch selbst dazu beigetragen haben, dass der Konflikt entstanden und vielleicht auch eskaliert ist? Was würden eventuell andere dazu sagen, was Ihr Anteil an den Konflikten war?

▶ ‚Was ist daran typisch für mich?' Was betrachten Sie als Ihre Stärken und Schwächen im Umgang mit Konflikten?

Dafür haben Sie zehn Minuten pro Person Zeit."

Wenn es hier keine Rückfragen gibt, deckt der Trainer die beiden Fragen zu den Lernzielen auf und fährt fort:
„Anschließend geht es darum, die eigenen Lernziele zu formulieren:
▶ Was möchten Sie in diesem Seminar lernen, erfahren oder üben?
▶ Welche Fragen und Anliegen möchten Sie für sich klären?

Die Teilnehmer zeichnen ein Bild ihres Anliegens

Mit ‚Anliegen' sind Themen oder Situationen gemeint, die Sie persönlich beschäftigen und mit denen eine Frage verbunden ist. Wichtig ist dabei, dass es sich um eine offene Frage handelt, die von Ihnen persönlich beeinflusst werden kann. Eine solche Frage könnte beispielsweise sein:
▶ Wie kann ich besser mit meinem schwierigen Kollegen oder Vorgesetzten klarkommen?
▶ Wie kann ich gelassener mit Beschwerden umgehen?
▶ Was kann ich tun, damit die unangenehmen Aufgaben im Team nicht immer an mir hängen bleiben?
▶ Wie kann ich lernen, besser ‚Nein' zu sagen?

Es kann also bei den Anliegen um bestimmte schwierige Situationen und Beziehungen gehen. Es kann auch sein, dass Sie mit sich selbst in Bezug auf den Umgang mit Konflikten hinsichtlich eines bestimmten Aspekts weiterkommen wollen. Ist das verständlich?"

Wenn dies der Fall ist, erläutert der Trainer die Rahmenbedingungen:
„Diese Lernziele und Anliegen schreiben Sie auf ein Flipchart-Papier. Stifte und Blätter habe ich für Sie bereitgelegt. Außerdem möchte ich Sie bitten, zu Ihrem wichtigsten Anliegen ein Bild zu zeichnen. Es soll kein großes Kunstwerk sein. Vielmehr geht es darum, mit einfachen Symbolen wie zum Beispiel Wolken, Sonne oder Blitzen und mit Strichmännchen und Sprechblasen das Thema deutlich zu machen, damit sich die anderen im wahrsten Sinne des Wortes ein Bild davon machen und es sich besser vorstellen können.

Abb.: Das Flipchart „Meine Konflikte" – Der Trainer stellt nun die Fragen zur Formulierung von Lernzielen vor.

Bitte denken Sie auch daran, Ihren Namen auf das Plakat zu schreiben. Sie haben für diese Übung insgesamt eine halbe Stunde Zeit. Am besten machen Sie es so, dass Sie sich jeweils 10 Minuten lang interviewen, so dass Sie am Ende noch weitere 10 Minuten haben, um die Lernziele aufzuschreiben und das Bild zu malen.

Zur Partnerwahl möchte ich Sie bitten, aufzustehen und mit jemandem zusammenzugehen, den Sie bislang noch nicht kennen."

Zum Austausch können sich die Teilnehmer im Raum oder auch außerhalb des Seminarraumes verteilen. Der Trainer gibt jeweils nach Ablauf von 10 Minuten Bescheid, dass nun der nächste Arbeitsschritt ansteht. Er achtet darauf, dass genügend Zeit zum Malen der Bilder bleibt.

Schließlich leitet der Trainer die Runde im Plenum an. Jeder Teilnehmer erhält Gelegenheit, sein Plakat vorzustellen und seine Lernwünsche zu erläutern. Dazu kann der Trainer ein oder zwei Pinnwände in die Mitte stellen, an welche die Plakate gepinnt werden. Oder er lässt die Teilnehmer ihre Plakate einfach vor sich auf den Boden legen:

„Bitte legen Sie Ihr Plakat einfach vor sich auf den Boden. Sie können es zunächst umdrehen, so dass es die anderen noch nicht sehen, dann ist die Spannung größer. Wer sein Bild vorstellt, kann es dann umdrehen und es den anderen erläutern. Wer möchte anfangen?"

Lernziele konkretisieren

Während der Präsentation der Plakate hört der Trainer aufmerksam zu und fragt bei Bedarf nach, wenn die Lernziele unklar oder schwammig sind. Er hilft, sie zu konkretisieren. Zum Beispiel:

- *„Was genau meinen Sie damit, wenn Sie sagen ‚souveräner mit Konflikten umgehen'? Woran würden Sie das merken, dass Sie souveräner geworden sind?"*
- *„Sie möchten wissen, wie man besser mit Konflikten mit Vorgesetzten umgehen kann. Haben Sie dazu eine konkrete Situation?"*

Falls der Trainer unsicher ist, ob der jeweilige Teilnehmer sein Anliegen für die Praxisberatung einbringen möchte, fragt er nach:

- *„Möchten Sie diesen Fall hier ins Seminar einbringen?"*
- *„Das ist ein Fall, an dem wir alle etwas lernen könnten. Möchten Sie die Situation für die Praxisberatung einbringen und sich Anregungen von den anderen einholen?"*

Nachdem alle Teilnehmer ihre Bilder vorgestellt haben, fasst der Trainer die Lernziele zusammen und gleicht diese mit dem Ablaufplan ab. Er macht auch klar, welche Lernziele nicht oder nur am Rande bearbeitet werden können.

Zum Schluss werden die Plakate der Teilnehmer im Seminarraum aufgehängt, so dass die Anliegen und Lernziele der Teilnehmer während des gesamten Seminars sichtbar sind:
„Bitte hängen Sie Ihr Plakat im Seminarraum auf. Im Moderationskoffer finden Sie hierzu Klebestreifen."

Die Teilnehmer können angehalten werden, die Postkarten, die sie in der ersten Übung als Assoziation zum Thema „Konflikte" ausgewählt haben, daneben zu platzieren. Denn auch die Postkarte kann wertvolle Informationen liefern, so dass es hilfreich ist, wenn der Trainer diese im Blick behalten kann.

Hinweise

- Bei der Aufforderung, ein Bild zu malen, reagieren oft einige Teilnehmer skeptisch oder ablehnend, verbunden mit einem Einwand

nach der Devise „*Muss das sein? Ich kann nicht malen!*". Auf solche Bedenken kann der Trainer etwa folgendermaßen eingehen:
„Es macht nichts, wenn Sie nicht malen können. Es reichen einfache Mittel aus, um Ihr Anliegen zu verdeutlichen: Der schwierige Chef kann als Strichmännchen dargestellt werden. Der Ärger auf den Kollegen kann durch einen Blitz und die unausgesprochene Spannung durch eine schwarze Wolke illustriert werden. Das Bild muss auch nicht selbsterklärend sein. Selbst wenn das Telefon, das Sie malen wollen, eher wie eine Wurst aussieht, können Sie ja anschließend noch erläutern, dass es sich um den Telefonhörer handelt und Sie nicht ans Essen gedacht haben. Es geht einfach darum, dass wir ein plastisches Bild von den Anliegen bekommen, denn bekanntlich sagt ein Bild mehr als tausend Worte."

▶ Vielen Teilnehmern behagt es überhaupt nicht, dass ihre persönlichen Anliegen und Themen in den Fokus der Aufmerksamkeit gerückt werden. Um diese Skepsis zu verringern, ist es ungemein wichtig, einen guten Kontakt zu den Teilnehmern und Vertrauen innerhalb der Seminargruppe herzustellen. Dies wird durch die Offenheit und wertschätzende Haltung des Seminarleiters, aber auch durch die Gelegenheit zum Austausch im Rahmen von Zweiergesprächen gefördert. Darüber hinaus ist wichtig, dass der Trainer Widerstand und Zurückhaltung akzeptiert und niemanden drängt, sich „offenbaren" zu müssen.

▶ Dadurch, dass die Reflexion zunächst im geschützten Rahmen des Zweiergesprächs geschieht, sind die Teilnehmer dort in der Regel sehr offen. Das überträgt sich auch auf den Bericht im Plenum. Auch hier geben die Teilnehmer dann mehr von sich preis. Dies fördert wiederum das wechselseitige Vertrauen und eine offene, positive Atmosphäre im Seminar.

▶ Bei der Runde im Plenum überlässt der Trainer die Reihenfolge bewusst den Teilnehmern, damit diejenigen, die gerne und offen über sich und ihr Konfliktverhalten sprechen, anfangen können und damit auch als Modell für die weiteren Teilnehmer fungieren.

▶ Manchen Teilnehmern ist es unangenehm, wenn sie bereits zu diesem frühen Zeitpunkt gefragt werden, ob sie einen konkreten Praxisfall ins Seminar einbringen möchten. Der Trainer muss deshalb an dieser Stelle mit viel Fingerspitzengefühl vorgehen. Wenn er den Eindruck hat, dass das Vertrauen in der Gruppe noch gering ist, sollte er es vermeiden, den Teilnehmer „festzunageln". Auf keinen Fall sollte er Druck ausüben, nach dem Motto *„Wir wollen doch offen miteinander umgehen".* Dies würde den Widerstand nur verstärken.

▶ Und wenn es keine echten „Anliegen" gibt? Es kommt durchaus vor, dass die Teilnehmer sich mit persönlichen Fragestellungen zurückhalten. Dann kann es sein, dass diese erst im Laufe des Seminars eingebracht werden, wenn die Teilnehmer genügend Vertrauen gefasst haben. Oder aber die Themen bleiben eher allgemeiner Natur. Dann verzichtet der Trainer auf die Praxisberatung und bringt dafür andere passende Inputs und Übungen ein (siehe das Kapitel über „Zusätzliche Seminarbausteine" ab Seite 381).

▶ Manchmal kann es für den Trainer auch erschlagend wirken, wie vielfältig und anspruchsvoll die Ziele und Erwartungen der Teilnehmer sind. Der Trainer braucht sich dadurch jedoch nicht aus der Ruhe bringen zu lassen. Er kann sich in der Regel darauf verlassen, dass durch das „Standardprogramm" bereits ein großer Teil der Lernziele abgedeckt wird. Noch wichtiger ist, dass sich der Trainer immer darüber im Klaren ist, dass er nicht für die Erfüllung der Lernziele verantwortlich ist. Er kann und muss nicht alle Fragen beantworten. Er muss lediglich einen Rahmen schaffen, in dem die Lernziele bearbeitet werden können.

Varianten

▶ Die Reflexion des Konfliktverhaltens kann auch von der Formulierung der Lernziele getrennt werden. Dann würde im Plenum an dieser Stelle jeder Teilnehmer lediglich von den eigenen Stärken und Schwächen berichten. Erst in der nächsten Sequenz würden die Teilnehmer dann ihre Lernziele und Anliegen erarbeiten. Allerdings muss dann mehr Zeit eingeplant werden, weil zweimal hintereinander eine Runde durchgeführt wird, in der alle zu Wort kommen.

▶ Man kann selbstverständlich auch auf das Malen der Bilder verzichten und die Teilnehmer auffordern, ihre Lernziele auf Moderationskarten zu schreiben. Dadurch erhalten die Lernziele eher einen distanzierteren, sachlichen Charakter. Dieses Vorgehen zielt weniger auf die Sammlung von „ich-nahen" Anliegen für die Praxisberatung ab. Andererseits riskiert man durch dieses Vorgehen auch weniger Widerstand und ist als Seminarleiter auf der „sicheren Seite".

Literatur
- Kalnins, Monika/Röschmann, Doris: Icebreaker. Wege bahnen für Lernprozesse. Windmühle, 2008, 4. Aufl.
- Schulz von Thun, Friedemann: Praxisberatung in Gruppen. Beltz Verlag, 2006, 6. Aufl.

Kurze Pause   11.30 Uhr

11.35 Uhr   Konfliktdefinition – Einstieg

> **Orientierung**
>
> **Ziele:**
> - Die eigene Einstellung zu Konflikten reflektieren
> - Den Zusammenhang zwischen der Einstellung zu Konflikten und dem Verhalten in Konfliktsituationen erkennen
>
> **Zeit:**
> - 10 Minuten
>
> **Material:**
> - 1-2 Pinnwände, Moderationskarten und -stifte, Pins
>
> **Überblick:**
> - Die Teilnehmer schreiben die fünf ersten Begriffe, die ihnen zum Wort „Konflikt" einfallen, auf Kärtchen
> - Positive Begriffe werden auf die eine Seite der Pinnwand gehängt, negative auf die andere
> - Das Verhältnis positiver und negativer Begriffe wird verglichen
> - Es wird diskutiert, was dieses Verhältnis aussagt und welche Auswirkungen es hat

Erläuterungen

Nach der Definition der Lernziele werden nun die theoretischen Grundlagen erarbeitet. Dazu gehört zunächst die Klärung des Konfliktbegriffs, um eine gemeinsame Grundlage für die thematische Arbeit herzustellen. Als Einstieg in die Begriffsklärung hat sich die folgende Übung bewährt, die ich bei Berkel (1999) gefunden habe. Hierbei werden die verschiedenen Assoziationen zu Konflikten gesammelt. Dadurch wird beleuchtet, welche Emotionen mit dem Thema verbunden sind: ob Konflikte vorwiegend positiv oder – wie es meistens der Fall ist – negativ besetzt sind. Daran anschließend kann thematisiert werden, welche Auswirkungen die eigene Haltung von Konflikten auf den Umgang mit ihnen hat. Dies ist die Basis, um später – bei der Thematisierung der „Chancen von Konflikten" – die eigene Einstellung zu Konflikten zu verändern.

Vorgehen

Der Trainer hat einen Moderationskoffer bereitgestellt und leitet die Übung an:
„Wir kommen jetzt zu den Grundlagen des Konfliktmanagements. Lassen Sie uns mit einem kleinen gedanklichen Experiment beginnen. Bitte nehmen Sie sich dazu fünf Moderationskarten und einen Moderationsstift."

Wenn sich alle Gruppenmitglieder mit Material versorgt haben, fährt der Trainer fort:
„Was fällt Ihnen spontan zum Wort ‚Konflikt' ein? Schreiben Sie die ersten fünf Begriffe, die Ihnen einfallen, jeweils auf ein Moderationskärtchen."

Wenn einige Teilnehmer lange überlegen, ermuntert er sie:
„Es müssen keine besonderen Worte sein, schreiben Sie einfach das auf, was Ihnen gerade einfällt."

Wenn alle fertig sind, stellt der Trainer eine Pinnwand, an der mindestens zwei Nadelkissen mit ausreichend vielen Pins befestigt sind, bereit und fährt fort:

„Schauen Sie sich jetzt die Begriffe an und überlegen Sie jeweils, ob der Begriff positiv negativ oder neutral ist.

„Hängen Sie bitte die positiven Begriffe nach links, die negativen nach rechts und die neutralen in die Mitte."

Abb.: An der Pinnwand werden die Moderationskarten gesammelt, auf denen jene Begriffe stehen, welche die Teilnehmer mit dem Wort „Konflikte" assoziieren. Sie werden unterteilt in positive, neutrale und negative Begriffe.

Wenn alle Karten angepinnt sind und die Teilnehmer wieder sitzen, fragt er:
„Was fällt Ihnen auf?"

Meistens werden weitaus mehr negative als positive Begriffe angepinnt. Der Trainer kann dann nachhaken und fragen, wie die Teilnehmer dies interpretieren:
- *„Was denken Sie, wodurch das kommt?"*
- *„Welche Folgen hat es, dass der Begriff negativ besetzt ist?"*

Anschließend kann er ergänzen:
„Die eigene Einstellung zu Konflikten ist insofern wichtig, als sie zum einen unsere Wahrnehmung beeinflusst, das heißt, ob ich Konflikte rechtzeitig erkenne oder ob ich sie verdränge, verleugne und Signale übersehe. Unsere Einstellung beeinflusst auch unsere Gefühle und unser Verhalten: ob ich Konflikten ängstlich aus dem Weg gehe bzw. aggressiv reagiere oder ob ich in der Lage bin, Konflikte aktiv und offen anzugehen.

Deshalb ist es wichtig, die eigene Einstellung zu Konflikten zu überdenken und eventuell zu verändern, sie auch positiv, als Chance zu neuen Lösungen sehen zu können. Ein erster Schritt ist es, Konflikte neutral zu betrachten. Dazu schauen wir uns eine wissenschaftliche Definition von Konflikten an."

Hinweise
- Auf eine Pinnwand passen insgesamt maximal 60 Moderationskarten, wenn man sie sehr nah aneinander pinnt. Deshalb sollte der Trainer bei mehr als zehn Teilnehmern zwei Pinnwände verwenden.

Literatur
- Berkel, Karl: Konflikttraining. Arbeitshefte Führungspsychologie Bd. 15. Sauer, 1999, 5. Aufl.

Der erste Seminartag

Konfliktdefinition – Input   11.45 Uhr

> **Orientierung**

Ziele:
- Der Begriff „Konflikt" wird geklärt

Zeit:
- 10 Minuten

Material:
- Flipchart „Konfliktdefinition"
- Pinnwand „Ebenen von Konflikten"

Überblick:
- Der Trainer erläutert: Konflikt stammt ab von lat. „confligere" = zusammenstoßen, aufeinanderprallen
- Anhand des Beispiels von Frau Früh und Herrn Späth wird der Begriff im Dialog mit den Teilnehmern geklärt
- Der Trainer stellt die Definition des sozialen Konflikts von Glasl am Flipchart und die Ebenen von Konflikten an der Pinnwand vor

Erläuterungen

Es gibt zahlreiche unterschiedlich Definitionen des Begriffs „Konflikt". Im Folgenden versuche ich zum einen, das Wort ethymologisch zu klären, indem ich auf den lateinischen Ursprung des Begriffs zurückgreife. Zum anderen lehne ich mich an Glasl an, der den Begriff des sozialen Konflikts als eine Interaktion definiert, bei der es Unvereinbarkeiten gibt, die bei mindestens einer Partei zu einer Beeinträchtigung führt. Wichtig erscheint mir daran, den Begriff „Konflikt" gegenüber dem des sachlichen Problems oder der sachlichen Diskussion abzugrenzen. Aus meiner Sicht handelt es sich bei einem echten Konflikt stets auch um eine Verletzung auf der Beziehungsebene, wie im Input abschließend erläutert wird.

Vorgehen

„Was bedeutet nun eigentlich das Wort ‚Konflikt'? Es stammt vom lateinischen ‚confligere' ab, das bedeutet „zusammenstoßen oder aufeinanderprallen". Das heißt, es stößt etwas zusammen oder prallt aufeinander, nämlich die Unterschiede zwischen Menschen.

Nehmen wir dazu ein Beispiel: Stellen Sie sich vor, es gibt zwei Kollegen innerhalb eines Teams, die sich gegenseitig vertreten und von denen mindestens einer von beiden stets präsent sein muss, um für die Kunden erreichbar zu sein. Herr Späth macht oft Überstunden und bleibt lange im Büro, Frau Früh dagegen geht stets pünktlich um 16 Uhr nach Hause. Hier gibt es also einen Unterschied zwischen den beiden. Handelt es sich damit um einen Konflikt?"

Der Trainer holt eine oder zwei Stimmen ein und ergänzt dann:
„Es gibt zwar unterschiedliche Bedürfnisse der beiden, hinzu kommt eine gegenseitige Abhängigkeit. Dennoch handelt es sich nicht um einen Konflikt, so lange beide mit der Situation zufrieden sind.

Nehmen wir nun weiter an, Herr Späth möchte ab und an auch früh nach Hause gehen. Er kann dies aber nur dann tun, wenn Frau Früh an diesen Tagen länger auf der Arbeit bleibt. Darauf angesprochen, entgegnet sie: ‚Das geht nicht! Ich muss wegen meiner Kinder um 16.30 Uhr zu Hause sein.' Handelt es sich nun um einen Konflikt?"

Nachdem einige Teilnehmer zu Wort gekommen sind, ergänzt der Seminarleiter:
„Nun haben wir definitiv gegensätzliche Interessen, die einander ausschließen. Allerdings haben wir immer noch keinen Konflikt, sofern Herr Späth diese Begründung akzeptiert und seine Interessen zurückstellt.

Nehmen wir jedoch an, Herr Späth möchte seine Interessen nicht zurückstellen und ärgert sich über die Antwort von Frau Früh. Er denkt: ‚So eine Unverschämtheit. Frau Früh ist wirklich eine Egoistin. Immer verfolgt sie nur ihre eigenen Interessen. Was mit mir ist, interessiert sie nicht. Die denkt wohl, mit mir kann sie es machen. Na warte, das werde ich ihr heimzahlen!' Haben wir jetzt einen Konflikt?"

Der Trainer moderiert die Diskussion in der Gruppe und stellt anschließend klar:
„Jetzt gibt es nicht nur unterschiedliche Interessen, die miteinander unvereinbar sind, sondern es kommt auch eine emotionale Beeinträchtigung hinzu. Damit handelt es sich um einen Konflikt, wenn wir von der Definition des führenden Konfliktforschers Friedrich Glasl ausgehen."

Der Trainer präsentiert das Flipchart „Konfliktdefinition".

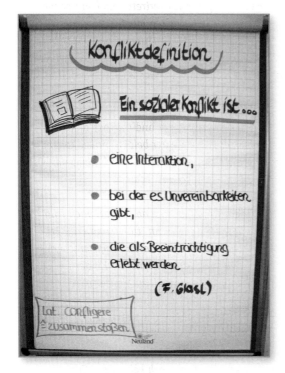

Abb.: Das Flipchart „Konfliktdefinition".

„Laut Glasl ist ein zwischenmenschlicher Konflikt,
- eine Interaktion – d.h., die Beteiligten haben miteinander zu tun und sind in der Regel voneinander in irgendeiner Weise abhängig,
- bei der es Unvereinbarkeiten gibt – bei Frau Früh und Herrn Spät sind es die unvereinbaren Wünsche, was den Feierabend angeht,
- die mindestens von einem Beteiligten als emotionale Beeinträchtigung erlebt werden – hier von Herrn Spät, der sich massiv ärgert.

Welche Anmerkungen oder Fragen gibt es?"

Nun fährt der Trainer fort:
„Auf den Aspekt der emotionalen Beeinträchtigung möchte ich besonders eingehen. Denn darum geht es in Konflikten: um Gefühle, um Emotionen."

Der Trainer präsentiert das Flipchart: „Ebenen von Konflikten"

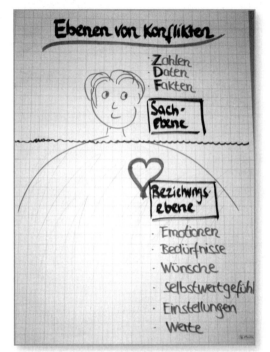

Abb.: Das Flipchart „Ebenen von Konflikten".

„Normalerweise kommunizieren wir im Beruf vorwiegend auf der Sachebene. Auf der Sachebene bewegen wir uns immer dann, wenn es um den reinen Austausch von Informationen, Fakten oder Daten geht. Gleichzeitig gibt es immer noch weitere Ebenen, die in der Kommunikation – oft unbewusst – mitschwingen. Eine besonders wichtige Rolle kommt dabei der Beziehungsebene zu.

Die Beziehungsebene sagt aus, wie der eine zum anderen steht, was er von ihm hält. Oft geht dies nur indirekt, aus der Art, wie einer etwas sagt, über Mimik, Gestik, die Körperhaltung oder aus dem Tonfall hervor. So lange diese impliziten Beziehungsbotschaften von beiden Seiten als neutral oder positiv erlebt werden, gibt es in aller Regel keinen Konflikt. Sobald sich jedoch eine Person schlecht behandelt fühlt, so wie in unserem Beispiel, als Herr Späth denkt, dass Frau Früh nur ihre eigenen Interessen verfolgt und sich nicht für seine Bedürfnisse interessiert, kommt es zu einer Störung auf der Beziehungsebene.
Auf der Beziehungsebene geht es um Gefühle, Bedürfnisse, Wünsche, Erwartungen, Einstellungen und grundlegende Werte der Personen.

Ein Konflikt entsteht dann, wenn es eine Differenz zwischen einem Wunsch, einer Erwartung, einem Anspruch und der erlebten Wirklichkeit gibt. Diese Differenz geht meistens mit der Verletzung des Selbstwertgefühls einher."

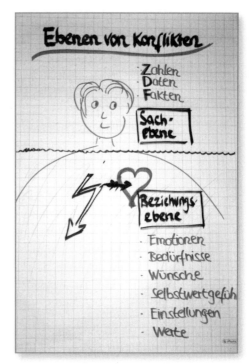

Abb.: Der Trainer zeichnet die „Störungen auf der Beziehungsebene" ein.

„Häufig werden diese Verletzungen jedoch nicht thematisiert. Insbesondere im Berufsleben ist dies eher tabuisiert. Die Gefühle werden dann eher ‚unter Verschluss' gehalten – bildlich gesprochen, werden sie unter der Krawatte, der Fliege oder dem Make-up versteckt."

Abb.: Der Trainer visualisiert am Flipchart, dass Konflikte im Beruf oft „unter Verschluss gehalten" und auf der Sachebene ausgetragen werden.

„Auch Emotionen, die unterdrückt werden, wirken sich selbstverständlich aus. Emotionen lösen neuronale Impulse aus, die an den Neocortex – unser Großhirn – weitergeleitet werden. In der Regel versuchen Menschen dann, rationale Begründungen und Argumente zu finden, die mit diesen Emotionen im Einklang stehen. Worum es eigentlich geht, um den Ärger, die Kränkung, die Gefühle, wird meist nicht thematisiert – gleichwohl ist dies das Charakteristische am Konflikt: die emotionale Beeinträchtigung. Welche Fragen und Anmerkungen haben Sie?"

Hinweise
▶ An dieser Stelle wird nun häufig bereits diskutiert, ob es sinnvoll ist, die Beziehungsebene zu thematisieren, um Konflikte zu lösen. Der Trainer sollte sich m.E. zu diesem Zeitpunkt auf die Moderation der Diskussion beschränken und später auf das Thema – etwa im Seminarbaustein zum Ansprechen von Konflikten oder zur Metakommunikation – zurückkommen.

Varianten
▶ Der Trainer kann zum Einstieg die Gruppenmitglieder fragen, wie sie den Begriff definieren würden. Später kann die Gruppe abgleichen, welche Überschneidungen es mit der anschließend präsentierten Definition von Glasl gibt. Oft sind die intuitiven Begriffsbestimmungen der Teilnehmer der Definition des Konfliktforschers erstaunlich ähnlich.

Literatur
▶ Glasl, Friedrich: Konfliktmanagement. Ein Handbuch für Führungskräfte, Beraterinnen und Berater. Verlag Freies Geistesleben, 2004, 8. Aufl.
▶ Glasl, Friedrich: Selbsthilfe in Konflikten. Verlag Freies Geistesleben, 2007, 5. Aufl.

Konfliktarten – Input   11.55 Uhr

> **Orientierung**
>
> **Ziele:**
> ▶ Die Teilnehmer kennen die wichtigsten Arten von Konflikten
>
> **Zeit:**
> ▶ 15 Minuten (10 Min., 5 Min. Puffer)
>
> **Material:**
> ▶ Pinnwand „Konfliktarten"
>
> **Überblick:**
> ▶ Der Trainer erläutert an der Pinnwand die drei Grundarten von Konflikten: den sozialen (zwischenmenschlichen), den strukturellen (organisationsbedingten) und den inneren Konflikt (unvereinbare innere Impulse)
> ▶ Weitere Konfliktarten sind: Verteilungskonflikte (als ungerecht erlebte Verteilung von Ressourcen), Zielkonflikte (unterschiedliche Ziele und Interessen), Beurteilungskonflikte (unterschiedliche Wahrnehmungen), Rollenkonflikte (unvereinbare Anforderungen)

Erläuterungen

Um die Vielzahl möglicher Konfliktformen und -konstellationen systematisch zu erfassen, gibt es zahlreiche Bemühungen, Konflikte in verschiedene Typen zu differenzieren. Diese Bestimmung von Konfliktarten ist ein hilfreicher Schritt zur Diagnose von Konflikten und damit für die Anwendung möglicher Lösungsstrategien. Die wichtigsten Arten von Konflikten werden im Folgenden vorgestellt.

Vorgehen

Der Trainer stellt die Pinnwand „Konfliktarten" bereit, auf der er die Moderationskarten für die drei Grundarten von Konflikten bereits angepinnt hat.

I. Seminarfahrplan: Konflikte konstruktiv lösen

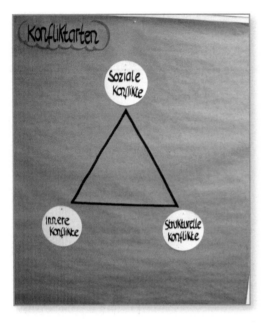

Abb.: Das Plakat „Konfliktarten".

„Um Konflikte zu lösen, ist es wichtig, sie richtig einordnen und einschätzen zu können, um sie anschließend zu bewältigen. So wie ein Arzt sich zunächst um eine Diagnose bemüht, bevor er sich für eine Therapie entscheidet, ist die Konfliktdiagnose ein erster Schritt auf dem Weg zur Konfliktlösung. Zur Konfliktdiagnose gehört die Einschätzung, mit welcher Art von Konflikten ich es zu tun habe.

Grundlegend kann man drei Arten von Konflikten danach unterscheiden, wo sie herrühren und wo sie sich in erster Linie abspielen: zwischen Personen, innerhalb einer Person oder durch den Aufbau einer Organisation bedingt.

Der soziale Konflikt   Wir haben uns vorhin bereits den zwischenmenschlichen bzw. sozialen Konflikt näher angeschaut."

Der Trainer pinnt die Moderationskarte mit der Zeichnung, welche den sozialen Konflikt illustriert, an.
„Ein sozialer Konflikt ist durch Unvereinbarkeiten im Denken, Fühlen, Wollen und Handeln von Menschen oder Gruppen gekennzeichnet, die von mindestens einer Partei als Beeinträchtigung erlebt wird."

Der innere Konflikt   Er deutet auf das Flipchart „Konfliktdefinition".
„Davon abzugrenzen ist der innere Konflikt. Beim inneren Konflikt gibt es keine Unvereinbarkeit zwischen Menschen, sondern innerhalb einer Person. Es gibt zwei unterschiedliche Impulse, die miteinander im Konflikt stehen. Nehmen wir als Beispiel einen Familienvater, dem gerade eine interessante neue Stelle angeboten wurde, die ihn beruflich weiterbringt, aber einen Umzug bedeutet, den er seiner Familie ungern zumuten möchte. Dieses Dilemma belastet den Mann schwer, zumal er befürchtet, seine Chancen auf eine berufliche Weiterentwicklung zu verspielen, wenn er das Angebot nicht annimmt. Andererseits weiß er, wie schwer es seiner Familie fallen würde, aus der vertrauten Umgebung wegzuziehen. Diesen inneren Zwiespalt erlebt er als emotional belastend, als inneren Konflikt.

Der erste Seminartag

Die dritte Grundart von Konflikten ist der strukturelle Konflikt. Ein struktureller Konflikt ist durch den Aufbau und die Abläufe einer Organisation verursacht und wird deshalb auch als organisationsbedingter Konflikt bezeichnet.

Ein klassisches Beispiel ist die Aufteilung eines Unternehmens in einen Innen- und einen Außendienst. Während der Außendienst die Aufgabe hat, zu verkaufen und einen hohen Umsatz zu erzielen, ist es die Funktion des Innendienstes, auf den Ertrag zu achten, Risiken und Ausgaben zu minimieren. Zwangsläufig ergeben sich daraus Konflikte zwischen Innen- und Außendienst-Mitarbeitern. Oft gelingt es gut, mit diesen unterschiedlichen Interessen umzugehen, aber leicht eskalieren die unterschiedlichen Sichtweisen, so dass es aussieht, als gäbe es einen einfachen sozialen Konflikt. Dahinter steckt jedoch ein struktureller, organisationsbedingter Konflikt.

Das zu erkennen, bedeutet zwar nicht, dass der Konflikt verschwindet, aber die Erkenntnis hilft doch zu verstehen, dass der Konflikt weniger mit den handelnden Personen, sondern mit den Strukturen zusammenhängt. Das kann ermöglichen, den Konflikt weniger persönlich zu nehmen und daher auch leichter lösen zu können. Wenn die Beteiligten den Konflikt nicht lösen können, kann es Sinn machen, den Konflikt zu eskalieren, das heißt, den Konflikt an die Stelle in der Organisation weiterzugeben, die befugt ist, eine Entscheidung zu treffen.

Dies sind die drei Hauptarten von Konflikten. Gibt es hierzu Fragen oder Anmerkungen?"

Nun geht der Trainer auf Mischformen und Interdependenzen der unterschiedlichen Konfliktarten ein:
„In der Realität lassen sich die unterschiedlichen Arten nicht immer eindeutig unterscheiden. So kann ein Konflikt strukturellen Ursprung haben, sich aber auf der sozialen Ebene abspielen und gleichzeitig innere Konflikte zur Folge haben. Wenn beispielsweise ein IT-Mitarbeiter

Der strukturelle Konflikt

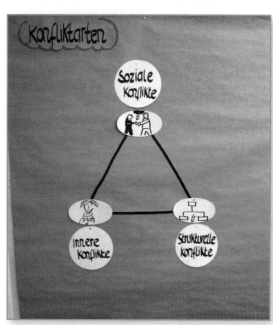

Abb.: Die Pinnwand „Konfliktarten" – Der Trainer hat die drei Grundarten von Konflikten erläutert und die entsprechenden Illustrationen angepinnt.

aufgrund einer Umstrukturierung Fragen von Mitarbeitern nicht mehr beantworten darf, so wie er es bisher getan hat, so kann er leicht mit einem bestimmten Mitarbeiter persönlich aneinandergeraten und gleichzeitig einen intensiven inneren Zwiespalt empfinden, weil er selbst die Umstrukturierung nicht gutheißt, sich ihr aber fügen muss. Dennoch ist es wichtig, zu erkennen, wo hier der Ursprung des Konfliktes liegt: nämlich auf der strukturellen Ebene, die sich dann auf alle anderen Ebenen auswirkt."

Anschließend erläutert er weitere zentrale Konflikttypen:
„Es gibt eine Vielzahl von weiteren Konfliktarten, die man unterscheiden kann. Die fünf, die aus meiner Sicht am wichtigsten sind, möchte ich Ihnen noch vorstellen. Sie lassen sich danach unterscheiden, aus welchen Gründen es zu Konflikten kommen kann und geben dadurch Hinweise darauf, wie sie sich lösen lassen."

Der Trainer pinnt die Moderationskarten mit den weiteren Konfliktarten und die Bilder, durch die sie illustriert werden, an die Pinnwand:

Der Verteilungskonflikt

„Konflikte ergeben sich häufig aufgrund der als ungerecht empfundenen Verteilung von Ressourcen. Dann spricht man von einem Verteilungskonflikt. Zum Beispiel: Die Abteilung A hat den Eindruck, sie wird immer wieder schlechter mit Mitteln versorgt als Abteilung B. Die Mitarbeiter von Abteilung B, so heißt es, verdienen mehr Geld, sie haben höhere Titel, dürfen auf Geschäftsreisen mit der ersten Klasse fahren, während die Mitarbeiter von Abteilung A mit der zweiten Klasse vorliebnehmen müssen. Aus diesem Gefühl der Benachteiligung und Ungerechtigkeit kann es dann immer wieder zu Spannungen und Ärger kommen, die sich dann beispielsweise so äußern, dass Mitarbeiter von A die Mitarbeiter von B als arrogant einschätzen, Informationen nicht an sie weiterleiten und es zu Störungen in der Zusammenarbeit kommt. Ursachen für solche Verteilungskonflikte liegen also in der wahrgenommenen Benachteiligung, die in der Regel auch als ein Mangel an Anerkennung und Wertschätzung erlebt wird.

Der Zielkonflikt

Ebenso wie Verteilungskonflikte haben auch die so genannten Zielkonflikte oder Interessenskonflikte meist strukturelle Hintergründe. Deshalb hänge ich diese beiden Konfliktarten in die Nähe des strukturellen Konflikts."

Der Trainer pinnt die zusätzlichen Konfliktarten jeweils in die Nähe der jeweiligen Grundarten von Konflikten, zu denen sie am besten passen (siehe Abbildung Seite 65).

„Ein Zielkonflikt ist dann gegeben, wenn zwei voneinander abhängige Parteien gegensätzliche Ziele verfolgen. Das hängt im Betrieb oft mit unterschiedlichen Rollen zusammen, die unterschiedliche Interessen mit sich bringen, wie wir im Beispiel der Innen- und Außendienstmitarbeiter gesehen haben. Ein anderes Beispiel für einen Zielkonflikt ist es, wenn der Chef einer Stabsabteilung das Ziel hat, möglichst viele Aufträge vom Vorstand zu bekommen, weil er dies als Maßstab seines Erfolgs ansieht, während seine Mitarbeiter möchten, dass keine weiteren Aufgaben hinzukommen, weil sie sich ohnehin schon überlastet fühlen.

Im Unterschied zu reinen Zielkonflikten sind sich bei Beurteilungskonflikten die Parteien zwar über das Ziel einig, streiten sich aber über den Weg, wie das Ziel erreicht werden soll. Zum Beispiel hat eine Marketing-Abteilung das Ziel, ein neues Produkt bekannter zu machen, streitet sich aber verbissen darüber, welcher Weg am erfolgversprechendsten ist.

Der Beurteilungskonflikt

Schließlich gibt es den Beziehungskonflikt, bei dem sich die Spannungen aufgrund von Antipathien und persönlichen Abneigungen ergeben. Zum Beispiel: Der ruhige, erfahrene Abteilungsleiter Herr Alt kann den aufstrebenden, dynamischen Teamleiter Herrn Jung nicht ausstehen, weil er dessen forsches Auftreten unangenehm und unangemessen findet. Die Ursachen für solche Antipathien können in der unterschiedlichen Persönlichkeitsstruktur und ihren Werten liegen. Es kann etwa so sein, dass Herr Alt sich selbst ein so forsches und selbstbewusstes Auftreten, wie es Herr Jung an den Tag legt, niemals gestatten würde und es deshalb nicht ausstehen kann. Antipathien können auch das Ergebnis früherer Konflikterfahrungen sein. Vielleicht erinnert Herrn Alt das Verhalten von Herrn Jung an einen früheren, ungelösten Konflikt mit jemand, der sich ähnlich verhalten hat, auch wenn ihm dies nicht bewusst ist. In einem solchen Fall spricht man in der Psychologie von ‚Übertragungen‘.

Der Beziehungskonflikt

In Rollenkonflikten dagegen haben wir es mit unterschiedlichen Erwartungen zu tun, die in einer Funktion begründet liegen, die wir einnehmen. So kann es beispielsweise sein, dass ein Chef in einem Konflikt zwischen zwei Mitarbeitern zum einen die Rolle des Schlichters einnehmen soll, also fair und neutral bleiben muss. Gleichzeitig ist er jedoch auch Vorgesetzter und muss etwa zu einem Fehlverhalten eines Mitarbeiters als Chef Stellung beziehen. Durch diese unterschiedlichen Rollen, Schlichter und Vorgesetzter, kommt er in einen Konflikt, den er als inneren Konflikt erlebt, der aber gleichzeitig in den Strukturen des Unternehmens und der Rollen, die es vorgibt, angelegt ist.“

Der Rollenkonflikt

Hinweise

▶ Der Trainer muss bei dem Input zu den Konfliktarten die Balance finden zwischen einer hinreichend differenzierten Darstellung und der gleichzeitig erforderlichen Prägnanz des Inputs. Weitere Differenzierungsmöglichkeiten von Konfliktarten, die hier zugunsten der Kürze und Prägnanz des Vortrags nicht aufgeführt werden, sind:
  - Intergruppenkonflikte vs. Intragruppenkonflikte
  - Anzahl der Konfliktbeteiligten
  - Einseitig vs. wechselseitig
  - Offen vs. verdeckt
  - Heiß vs. kalt
  - Symmetrisch vs. asymmetrisch

Variante

Um die Teilnehmer zwischen den eher theoretischen Sequenzen zur Konfliktdefinition und zu den Konfliktarten zu aktivieren, kann der Trainer eine Bewegungsübung einsetzen, in der ein „Verteilungskonflikt" simuliert wird. Hierfür sind die Übungen „Ein Stuhl zu wenig" und „Alle, die ..." geeignet, die Sie im Abschnitt zu den zusätzlichen Seminarbausteinen ab Seite 476 bzw. Seite 479 finden.

Literatur

▶ Glasl, Friedrich: Konfliktmanagement. Ein Handbuch für Führungskräfte, Beraterinnen und Berater. Verlag Freies Geistesleben, 2004, 8. Aufl.
▶ Hugo-Becker, Annegret/Becker, Henning: Psychologisches Konfliktmanagement. Menschenkenntnis – Konfliktfähigkeit – Kooperation. DTV-Beck, 2004, 4. Aufl.
▶ Schwarz, Gerhard: Konfliktmanagement. Konflikte erkennen, analysieren, lösen. Gabler, 2005, 7. Aufl.

Konfliktarten und -lösungen – Kleingruppenarbeit

12.10 Uhr

> **Orientierung**

Ziele:
▶ Die Teilnehmer erkennen, wie unterschiedliche Arten von Konflikten gelöst werden können

Zeit:
▶ 20 Minuten (10 Min. Kleingruppenarbeit, 10 Min. Präsentation, evtl. Puffer)

Material:
▶ Pinnwand „Konfliktarten"; Moderationskarten und -stifte

Überblick:
▶ Der Trainer stellt am Beispiel des Verteilungskonflikts spezifische Lösungsmöglichkeiten vor
▶ Die Teilnehmer erarbeiten in Kleingruppen Lösungen für die unterschiedlichen Konfliktarten

Erläuterungen

Im bisherigen Seminarverlauf standen das Kennenlernen, Reflexion und Theorie im Mittelpunkt. Dies ist notwendig, um ein Fundament zu legen für die Erweiterung der Konfliktlösungskompetenzen. Dennoch entsteht so leicht das Gefühl bei den Teilnehmern, noch immer nichts konkret Umsetzbares gelernt zu haben. Deshalb ist es wichtig, noch vor der Mittagspause etwas zu erarbeiten, was sie bei künftigen Konflikten praktisch umsetzen können.

Vorgehen

Der Trainer leitet vom Input zu den Konfliktarten über zur Frage, wie die unterschiedlichen Arten von Konflikten gelöst werden können. *„Nun ist die Frage: Was bedeutet diese Unterscheidung in die verschiedenen Konfliktarten für unser Thema ‚Konflikte konstruktiv bewältigen'? Wie können die unterschiedlichen Konfliktarten nun gelöst werden? Zwar gibt es dafür keine Standardrezepte. Aber so wie es bei einem strukturellen Konflikt hilfreich ist, ihn auf der strukturellen und*

I. Seminarfahrplan: Konflikte konstruktiv lösen

nicht auf der persönlichen Ebene zu bewältigen, so gibt es auch für die speziellen Konfliktarten wie Verteilungskonflikte, Ziel-, Beurteilungs- und Rollenkonflikte jeweils spezielle Lösungsansätze.

Ich möchte das am Beispiel eines Verteilungskonflikts erläutern. Vielleicht haben Sie mal den Film ‚Deutschland – ein Sommermärchen' über die Fußballweltmeisterschaft 2006 gesehen. Wie in jeder Fußballmannschaft gibt es den Verteilungskonflikt um die elf begehrten Stammplätze und stets gibt es jene, die leer ausgehen. Interessant ist nun, wie der damalige Teamchef Jürgen Klinsmann damit umgegangen ist. In dem Film sieht man, wie er mehrfach die Bedeutung derjenigen Spieler für das Team heraushebt, die auf der Ersatzbank sitzen müssen – wie etwa von Oliver Kahn, für den diese Situation besonders bitter war. Klinsmann geht intensiv auf die emotionalen Verletzungen, die durch den Verteilungskonflikt entstehen, ein. Und in dem weniger bedeutenden Spiel um den dritten Platz lässt er gerade die ‚Verlierer des Verteilungskonfliktes' spielen, was diese ihm durch eine hervorragende Leistung danken. Sowohl auf der emotionalen Seite, als auch auf der sachlichen Ebene – der Mannschaftsaufstellung – tut er also einiges dafür, dass der Verteilungskonflikt konstruktiv bewältigt werden kann."

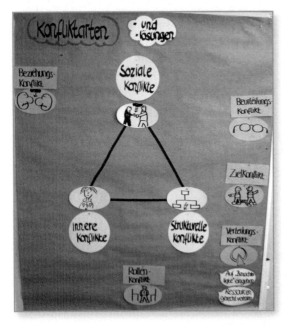

Abb.: Das Plakat „Konfliktarten und -lösungen" – Der Trainer präsentiert seine Hinweise für die Lösung von Verteilungskonflikten.

Der Trainer pinnt die Moderationskarten „Ressourcen möglichst gerecht verteilen" und „Auf Benachteiligte emotional eingehen" zum Verteilungskonflikt an die Pinnwand.

Dann leitet er die Kleingruppenarbeit an: „Ich möchte Sie nun einladen, sich in Dreiergruppen zu jeweils einer Konfliktart auszutauschen und sich – ebenfalls anhand von Beispielen – zu überlegen, worauf bei der Bewältigung der jeweiligen Konfliktart zu achten ist. Die Dreiergruppen bilden wir am einfachsten so, dass Sie sich mit Ihren jeweiligen Nachbarn austauschen. Bitte wählen Sie eine Konfliktart aus, indem Sie sich die entsprechende Moderationskarte von der Pinnwand nehmen und schreiben Sie Ihre Empfehlungen für die Lösung dieser Art von Konflikten auf Karten auf."

Nun verteilt er Karten und Stifte an die Gruppen. Bei den Karten wählt er solche, die sich durch ihre Farbe oder Form von den bislang verwendeten Moderationskarten abheben.

Die Kleingruppen bleiben im Raum und besprechen sich für fünf bis maximal zehn Minuten. Oft fällt es den Teilnehmern zunächst nicht ganz leicht, Beispiele und Lösungsmöglichkeiten für die verschiedenen Konfliktarten zu finden. Deshalb unterstützt der Seminarleiter die Teilnehmer bei Bedarf.

Anschließend präsentieren die Kleingruppen ihre Ergebnisse: *„Bitte stellen Sie Ihre Ergebnisse vor und pinnen Ihre Moderationskarten an."*

Der Trainer kann folgende Punkte gegebenenfalls ergänzen:

▶ **Zielkonflikte**: Hier ist es wichtig, dass die Ziele und Bedürfnisse der Konfliktparteien möglichst transparent gemacht werden, so dass eine Lösung gefunden werden kann, welche die Interessen aller Seiten berücksichtigt.

▶ **Beurteilungskonflikte**: Entscheidend ist es, dass die jeweiligen Beobachtungen und Wahrnehmungen, die zur unterschiedlichen Beurteilungen führen, ausführlich und differenziert ausgetauscht werden. So kann aufgrund möglichst detaillierter Informationen eine sachgerechte Entscheidung, möglichst anhand gemeinsam vereinbarter Entscheidungskriterien, herbeigeführt werden.

▶ **Beziehungskonflikte**: Hier ist die Bereitschaft und Fähigkeit zur Selbstreflexion dafür maßgeblich, ob es gelingt, den Konflikt aufzulösen. In Beziehungskonflikten muss ich zum einen überprüfen, ob ich beispielsweise den anderen deshalb so unsympathisch finde, weil dieser Verhaltensweisen zeigt, die ich an mir nicht leiden kann und deshalb bei ihm verurteile – ob es sich also um eine „Projektion" handelt. Beispiel: Wenn ich mir nicht zugestehen kann, auch „weiche" Seiten zu zeigen, werde ich vielleicht jemand, der Gefühle

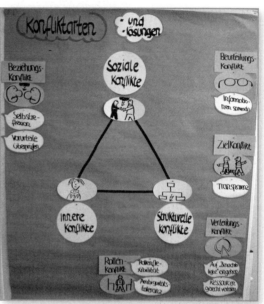

Abb.: Die Pinnwand „Konfliktarten und -lösungen". Die Teilnehmer haben Empfehlungen für die Lösung der verschiedenen Konfliktarten erarbeitet. Der Trainer ergänzt bei Bedarf.

Projektion

Übertragung zeigt, leicht als „Weichei" abwerten. Es kann auch sein, dass ich einer Übertragung „aufsitze", also alte Gefühle gegenüber früheren Konfliktpartnern auf jemand übertrage. In jedem Fall ist es entscheidend, zu überprüfen, inwiefern ich Vorurteile gegenüber einer vermeintlich unsympathischen Person pflege. Es geht darum, zu versuchen, sich wieder neu gegenüber diesem Mensch zu öffnen.

▶ **Rollenkonflikte**: Bei Rollenkonflikten geht es darum, sich die unterschiedlichen Anforderungen bewusst zu machen und Prioritäten zu setzen. In dem Intra-Rollenkonflikt der Führungskraft, die als Schlichter und gleichzeitig als Vorgesetzter gefordert ist, muss sie Transparenz darüber herstellen, dass sie beide Rollen ausüben wird und in der Lage sein muss, sich je nach Situation beide „Hüte" aufsetzen zu können. Sie braucht also die Fähigkeit zur Rollenflexibilität. Außerdem kann es sein, dass sich nicht alle Rollenkonflikte lösen lassen, etwa wenn sowohl die Familie als auch der Job einen voll fordern. Hier ist es notwendig, eine gewisse Ambiguitätstoleranz, also die Fähigkeit, mit Widersprüchen leben zu können, zu entwickeln oder eine klare Entscheidung zu treffen („Love it, change it or leave it").

Hinweise

▶ Die Zeit für diese Übung ist – zugegebenermaßen – etwas knapp berechnet. Hier kann es daher sein, dass die Gruppe fünf bis zehn Minuten später zum Mittagessen kommt.

12.30 Uhr   Mittagessen

Der erste Seminartag

Chancen von Konflikten – Kleingruppenarbeit 13.30 Uhr

> **Orientierung**

Ziele:
- Die Teilnehmer werden sich der vielfältigen Chancen von Konflikten bewusst
- Sie gewinnen eine positivere Sicht auf Konflikte, was sich auf ihr Konfliktverhalten konstruktiv auswirkt

Zeit:
- 20 Minuten (10 Min. Kleingruppenarbeit, 10 Min. Präsentation)

Material:
- Pinnwand, Moderationskoffer

Überblick:
- Die Teilnehmer sammeln in Vierergruppen auf Moderationskarten die positiven Funktionen und Chancen von Konflikten
- Sie präsentieren ihre Punkte
- Der Trainer ergänzt bei Bedarf

Erläuterungen

Wie bereits bei der Übung zu den Assoziationen zu Konflikten ausgeführt wurde, beeinflusst die eigene Einstellung zu Konflikten maßgeblich den Umgang mit ihnen. Wer Konflikte vorwiegend negativ sieht, wird eher dazu neigen, Konflikte zu vermeiden und dadurch weniger in der Lage sein, sie konstruktiv zu bewältigen. Daher geht es in der folgenden Übung darum, sich der Chancen und Vorteile von Konflikten bewusst zu werden. Damit möglichst alle Teilnehmer aktiv beteiligt sind, werden in kleinen Gruppen die positiven Aspekte von Konflikten gesammelt, die dann anschließend im Plenum zusammengetragen werden.

Vorgehen

„Wenn wir davon ausgehen, dass eine negative Haltung gegenüber Konflikten eher dazu führt, Konflikte zu vermeiden und Lösungen verhindert, heißt das umgekehrt, dass es hilfreich ist, eine positivere Sichtweise auf Konflikte zu entwickeln. Das bedeutet nicht, die Gefahren und Risiken zu verleugnen. Das könnte dazu führen, blauäugig und leichtsinnig einen Konflikt zu verursachen. Aber es erfordert, sich neben

den Risiken auch die Chancen von Konflikten bewusst zu machen. Nur wenn ich ein Gefühl dafür habe, dass es mir etwas bringt, einen Konflikt einzugehen, werde ich es auch tun.

Deshalb stellen sich nun die Fragen:
- ▶ Welche Chancen liegen in Konflikten?
- ▶ Was ist der Nutzen davon, dass Konflikte zwischen Menschen und Gruppen entstehen?
- ▶ Was hat man davon, Konflikte einzugehen und zu lösen?

Setzen Sie sich dazu jeweils zu viert zusammen und sammeln Sie alle Aspekte, die Ihnen einfallen, auf Moderationskarten. Die Gruppen bilden wir dieses Mal, indem Sie bis vier durchzählen."

Die Kleingruppen haben hierfür etwa 10 Minuten Zeit. Anschließend präsentieren sie wiederum ihre Ergebnisse.

Bei Bedarf kann der Trainer unter anderem folgende Aspekte ergänzen:

Chancen von Konflikten

„Wenn zwei Menschen immer die gleiche Meinung haben, ist einer von ihnen überflüssig."
(Winston Churchill)

- ▶ Weiterentwicklung – wenn Konflikte vermieden werden, kommt es oft zu Stillstand. Teams oder Organisationen machen es sich bequem, was im Wettbewerb zu gravierenden Nachteilen führt. Differenzen und Konflikte dagegen sind der Motor jeder Weiterentwicklung und Veränderung.
- ▶ Abbau von Spannungen – solange ein Konflikt ungelöst ist, beschäftigt er die Beteiligten und bindet Energie. Erst wenn der Konflikt bewältigt wurde, sind die betroffenen Personen wieder frei von inneren Spannungen und Beeinträchtigungen.
- ▶ Grenzen setzen – wenn ich Konflikte anspreche, setze ich Grenzen gegenüber meinen Mitmenschen und mache deutlich, was ich akzeptiere und was nicht.
- ▶ Sich besser kennenlernen – wenn ich die Grenzen des anderen kennenlerne, wird er für mich greifbarer. Deshalb ist es gerade durch die „Auseinandersetzung" möglich, die Barrieren zwischen einander auszuräumen und sich näher zu kommen.
- ▶ Wahrung eigener Interessen – nur wenn ich Konflikte eingehe, kann ich mich durchsetzen und meine Interessen wahrnehmen; was nicht heißen muss, dass ich auf die Interessen anderer keine Rücksicht nehme.

- ▶ Selbstreflexion – wenn andere mit mir in einen Konflikt treten, ist dies eine Chance zur eigenen Weiterentwicklung, wenn ich beispielsweise dazu neige, zu spät zu kommen, kann ich mein Verhalten überdenken und – hoffentlich – ändern.
- ▶ Selbstvertrauen gewinnen – wenn ich Konflikte erfolgreich meistere, steigere ich mein Selbstvertrauen.
- ▶ Beseitigung von Missständen – wie sich am drastischsten anhand von Aufständen gegenüber Unrechtsregimen zeigen lässt, wie etwa am Kampf gegen den Faschismus. Das Beispiel der Appeasement-Politik gegenüber dem Hitler-Regime dagegen zeigt, wie gefährlich es sein kann, Konflikte zu vermeiden.
- ▶ Konflikte führen zu besserer Problemlösung – so wird beispielsweise berichtet, dass es vor dem „Elch-Test" bei Mercedes viele Ingenieure gab, die wussten, dass die neuen A-Klasse-Modelle in den Kurven umkippen könnten, dies jedoch aus Angst vor Konflikten nicht meldeten.
- ▶ Abgrenzung von Individuen und Gruppen – so ist es in der Pubertät unausweichlich, dass Jugendliche Konflikte mit ihren Eltern austragen, um sich vom Elternhaus loszulösen und eine eigene Identität zu entwickeln.
- ▶ Gesundheit – Konflikte können krank machen, wenn sie nicht gelöst werden. Deshalb ist es letztlich zur Erhaltung des eigenen Wohlbefindens und der Gesundheit wichtig, Konflikte zu bewältigen.
- ▶ Konflikte machen das Leben interessanter – sie durchbrechen die Routine des Alltags, machen Gespräche, Beziehungen und das gesamte Leben erst lebendig und interessant. Was man auch daran erkennen kann, dass es praktisch keine Bücher, Filme oder Theaterstücke gibt, in denen keine Konflikte vorkommen. Sie wären schlicht langweilig.

Hinweise
- ▶ Gerade dann, wenn das Thema „Konflikte" in der Seminargruppe negativ besetzt ist und die Teilnehmer zur Konfliktvermeidung tendieren, ist diese Übung hilfreich, um die Sichtweise auf Konflikte zu verändern.

Varianten
- ▶ Der Trainer kann auch eine einfache Kartenabfrage im Plenum durchführen oder die Punkte per Zuruf erfragen und am Flipchart sammeln. Dies geht deutlich schneller, allerdings gibt es dabei stets Teilnehmer, die sich nicht aktiv beteiligen.

Literatur
- ▶ Berkel, Karl: Konflikttraining. Arbeitshefte Führungspsychologie Bd. 15. Sauer, 2008, 9. Aufl.
- ▶ Gamber, Paul: Konflikte und Aggressionen im Betrieb. MVG, 1994.

13.50 Uhr Konfliktdynamik: „Rohrbombe" – Übung

Orientierung

Ziele:

- Die Teilnehmer erleben auf spielerische Weise eine Konfliktsituation
- Sie erleben und reflektieren typische Konfliktmechanismen
- Sie reflektieren den eigenen Umgang mit einer Konfliktsituation

Zeit:

- 20 Minuten (5 Min. Instruktion und Übung, 10 Min. Auswertung, 5 Min. Puffer)

Material:

- Einen 3-5 m langen Stab, z.B. einen Bambusstab, eine Zeltstange oder zwei zusammengerollte und ineinander geschobene Pinnwandrollen
- Für die Auswertung: Moderationskarten, auf denen „Problemlösung", „Kommunikation" und „Minus" steht, sowie zwei Moderationskarten, auf denen ein „Plus" steht.

Überblick:

- Die Teilnehmer bekommen die Aufgabe, eine „Rohrbombe" zu „entschärfen"
- Als „Rohrbombe" dient ein 3-5 m langer Stab, den die Teilnehmer, die sich in zwei Gruppen gegenüberstehen, auf ihren waagerecht gehaltenen rechten Zeigefingern balancieren müssen
- Die Teilnehmer müssen die „Bombe entschärfen", indem sie diese vorsichtig auf den Boden legen, wobei stets alle Kontakt zum Stab halten müssen und ihn nicht zwischen Daumen und Zeigefinger einklemmen dürfen
- Wider Erwarten ist diese Aufgabe schwer lösbar, der Stab „wandert" in aller Regel zunächst nach oben. Der Trainer beobachtet, wie die Gruppe mit dieser Irritation umgeht
- In der anschließenden soziometrischen Auswertung werden die Qualität der Problemlösung und der Kommunikation in der Gruppe reflektiert

Erläuterungen

Bei der Übung „Rohrbombe" handelt es sich um eine Abwandlung des von Heckmair (2005) beschriebenen Lernprojekts „Schwebender Stab". Dabei wird ein 3-5 Meter langer Stab der Gruppe als „Rohrbombe" vor-

Der erste Seminartag

gestellt. Aufgabe ist es, die „Rohrbombe zu entschärfen". Dazu müssen sich alle Teilnehmer in zwei Reihen mit dem Gesicht zueinander aufstellen, den Stab waagerecht auf den Fingerspitzen balancieren und ihn gemeinsam auf dem Boden ablegen.

Das Besondere an dieser Aufgabe ist, dass sie zwar auf den ersten Blick leicht lösbar erscheint, es jedoch keineswegs ist. Wider Erwarten bewegt sich der Stab nicht nach unten, sondern „schwebt" stattdessen stets auf scheinbar magische Weise erst einmal nach oben – weshalb die Übung im englischen Sprachraum „The magic stick" genannt wird. Dies führt natürlich zu Irritationen bei den Teilnehmern. In der Regel wird schnell nach Schuldigen dafür gesucht, dass die scheinbar „kinderleichte" Aufgabe nicht gleich gelöst wird. Mit dieser Übung werden also gezielt Irritationen ausgelöst, durch die in der Regel ein kleiner Konflikt in der Gruppe entsteht, der dann bearbeitet und reflektiert werden kann. Gleichzeitig hält sich die Dynamik des Konflikts aufgrund des spielerischen Charakters der Übung in aller Regel in überschaubaren Grenzen und kann vom Trainer gut gehandhabt werden.

Vorgehen

Vor Beginn der Übung hat der Trainer die „Rohrbombe" vorbereitet und bereitgelegt. Ideal ist eine 3-5 m lange Bambus- oder Zeltstange. Alternativ kann der Trainer zwei Pinnwandrollen verwenden, die jeweils längs zusammengerollt und dann so ineinander geschoben werden, dass eine lange, möglichst dünne Rolle entsteht. Den Übergang zwischen beiden Rollen befestigt man mit einem Klebeband (siehe Abbildung).

Vorbereitung

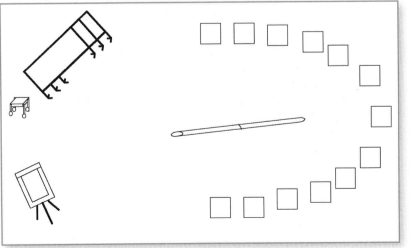

Abb.: Zwei Pinnwandrollen, die jeweils längs zusammengerollt und dann ineinandergeschoben werden, dienen als „Rohrbombe". Aufgabe der Gruppe ist es, diese zu „entschärfen", indem sie sie gemeinsam auf dem Boden ablegen.

Instruktion Der Trainer beginnt mit der Instruktion:
„Als Nächstes möchte ich Sie zu einer Übung einladen. Bitte stehen Sie dazu auf und rücken Sie die Stühle etwas nach hinten, so dass wir genügend Platz im Raum haben."

Sobald dies geschehen ist, fordert er die Teilnehmer auf:
„Bitte stellen Sie sich in zwei Reihen auf, so dass sich immer zwei von Ihnen in einem Abstand von ungefähr einem Meter gegenüberstehen. Stellen Sie sich dabei so neben Ihren Nachbarn, dass Sie Schulter an Schulter stehen. Dann strecken Sie Ihre rechte Hand nach vorne und zeigen Sie mit Ihrem Zeigefinger auf Ihr Gegenüber."

Abb.: Die Teilnehmer stehen in der „Startposition" für die Übung „Rohrbombe".

Wenn alle Akteure ihre Position eingenommen haben, nimmt der Trainer den Stab in die Hand und erläutert die Aufgabe:
„Dies ist eine Rohrbombe. Ihre Aufgabe ist es, sie zu entschärfen. Sie können diese Aufgabe nur gemeinsam bewältigen. Das heißt, alle müssen in jedem Moment Kontakt zur Bombe haben. Dabei ist es nicht erlaubt, die Bombe zwischen den Fingern einzuklemmen, mit dem Daumen nachzuhelfen oder Hilfsmittel zu verwenden."

Der erste Seminartag

Abb.: Der Trainer instruiert die Übung „Rohrbombe".

Der Trainer überreicht den Teilnehmern die „Rohrbombe" und achtet darauf, dass alle Teilnehmer Kontakt zu ihr haben. Bis dies sichergestellt ist, hält er den Stab noch fest und pariert den Druck nach oben durch sanften Gegendruck.

Durchführung

Sobald der Stab von allen Teilnehmern gehalten wird, lässt der Trainer ihn los.

Abb.: Wider Erwarten lässt sich die „Rohrbombe" nicht so ohne Weiteres entschärfen.

In aller Regel gelingt es der Gruppe zunächst nicht, den Stab nach unten zu bewegen. Meistens wird er erst einmal nach oben balanciert. Der Trainer kann nach dem ersten „Entschweben" noch einmal eingreifen, den Stab an sich nehmen und noch einmal in der Ausgangsposition beginnen.

Im Folgenden achtet der Seminarleiter darauf, dass die Regeln eingehalten werden. Er besteht darauf, dass alle ständigen Kontakt zum Stab halten und interveniert, wenn beispielsweise die „Bombe" zwischen Daumen und Zeigefinger eingeklemmt wird.

Während der Übung beobachtet der Trainer die Kommunikationsprozesse und Konfliktbewältigungsstrategien innerhalb der Gruppe, um anschließend Feedback geben zu können. Er achtet unter anderem auf folgende Aspekte:
- Wie geht die Gruppe mit dem anfänglichen „Misserfolg" um?
- Wird Einzelnen die „Schuld" dafür zugeschrieben?
- Wie wird die Aufgabe schließlich gelöst?

Meistens wird in der Gruppe bald die Frage nach der Verantwortung für die unerwarteten Schwierigkeiten bei der Problemlösung thematisiert – und in der Regel bei den Personen gesucht, die sich am jeweils anderen Ende der Rohrbombe befinden. Einige rufen dann *„Runter!! Runter!!"* oder *„Nach oben, nicht nach unten!!"*, wobei der Tonfall keinen Zweifel daran lässt, dass die jeweils anderen „schuld" sind und sich einfach „dämlich" anstellen.

In der Regel gelingt es den Teilnehmern erst nach einer Weile, die Rohrbombe erfolgreich abzulegen, wobei meistens die Koordination des Vorgehens durch die Anweisungen eines Gruppenmitglieds eine entscheidende Rolle spielen.

Wenn die Bombe „entschärft" ist, kann der Trainer dies durch einen kleinen Applaus honorieren und leitet zur Auswertung über. Dabei kann er wieder auf die Methode der Soziometrie zurückgreifen. Diese hat den Vorteil, dass jeder Teilnehmer seinen „Standpunkt" bezüglich der Kooperation beziehen muss.

Der erste Seminartag

„Mich interessiert nun, wie Sie Ihre Zusammenarbeit erlebt haben."

Soziometrische Auswertung

Der Trainer legt auf die eine Seite des Seminarraums die Moderationskarten, auf denen „Problemlösung", „Plus" und „Minus" steht, so auf den Boden, dass eine Skala angedeutet wird (siehe Abbildung).

„Stellen Sie sich vor, dass wir hier eine Skala haben, auf der Sie die Qualität Ihrer Problemlösung einschätzen können. Die Frage ist also, wie gut die Aufgabe aus Ihrer Sicht gelöst wurde. Bitte positionieren Sie sich auf der Skala."

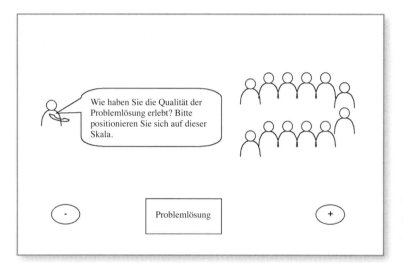

Abb.: Der Trainer leitet den ersten Schritt der soziometrischen Auswertung an.

Wenn sich die Teilnehmer positioniert haben, wird die Skala um eine weitere Dimension erweitert, und zwar um die der Kommunikation. Während es beim Kriterium „Problemlösung" um die sachliche Ebene geht, zielt die Frage nach der Qualität der Kommunikation eher auf die Beziehungsebene ab. Hier geht es um das eigentliche Thema, nämlich um die Frage, wie die Teilnehmer kooperiert haben und wie sie mit den Konflikten, die sich aus der Frustration über die anfänglichen „Misserfolge" ergeben haben, umgegangen sind.

Der Trainer legt die zusätzlichen Moderationskarten „Kommunikation" und „Plus" so auf den Boden, dass eine zweite Achse entsteht (siehe Abbildung).

I. Seminarfahrplan: Konflikte konstruktiv lösen

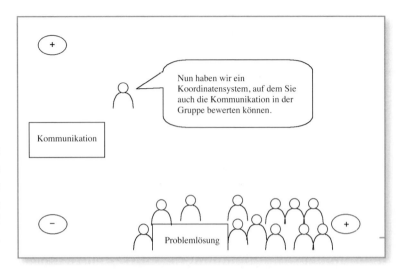

Abb.: Der Trainer leitet die soziometrische Auswertung in Bezug auf die Kriterien „Problemlösung" und „Kommunikation" an.

Der Trainer erläutert:
„Auf der zweiten Achse geht es nun darum, die Kommunikation innerhalb der Gruppe einzuschätzen. Wir haben nun also ein Koordinatensystem, auf dem Sie zusätzlich die Kommunikation bewerten können. Wie zufrieden sind Sie damit, wie der Austausch und der Umgang miteinander verlaufen sind?"

Abb.: Der Trainer gibt bei Bedarf Hilfestellung bei der Positionierung im Koordinatensystem.

Der Trainer gibt den Teilnehmern bei Bedarf Hilfestellung, um sich auf dem imaginären Koordinatensystem zu orientieren:
„Wenn Sie etwa die Qualität der Problemlösung hoch eingestuft haben, die Kommunikation dagegen mittel bewerten, stehen Sie hier" (s. Abb.).

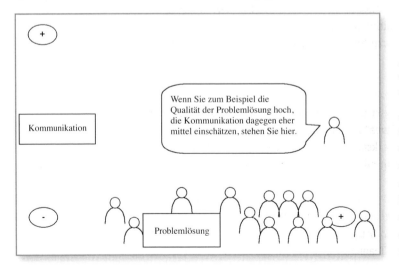

Anschließend interviewt der Trainer die Teilnehmer:
„Bitte sagen Sie ein paar Sätze dazu, warum Sie sich so positioniert haben. Mich interessiert dabei besonders, wie Sie die Kommunikation in der Gruppe

am Anfang erlebt haben, als die Rohrbombe immer weiter nach oben wanderte."

Der Trainer lässt alle Teilnehmer, die sich äußern möchten, zu Wort kommen. Anschließend kann er seine eigenen Beobachtungen ergänzen und der Gruppe ein Feedback geben.

Hinweise
- Wichtig ist, dass der Trainer darauf achtet, dass die Übung korrekt durchgeführt wird. Alle müssen die „Rohrbombe" berühren, niemand darf sie zwischen Daumen und Zeigefinger einklemmen.

- Die Dynamik, die bei dieser Übung entsteht, ist von Gruppe zu Gruppe unterschiedlich. In manchen Gruppen werden Vorwürfe und Schuldzuweisungen klar und deutlich geäußert und entsprechend beantwortet, so dass es zu offenen, wenn auch meistens durch Humor abgemilderten, Konflikten kommt. Oft werden die Spannungen eher indirekt ausgetragen und manifestieren sich dann im Tonfall einzelner Gruppenmitglieder. Manche Gruppen sind dagegen sehr „friedlich" und unterlassen den Ausdruck von Ärger und Aggression komplett. In jedem Fall liefert die Übung erste Informationen darüber, wie in der Gruppe mit Konflikten umgegangen wird.

- Bei dem Interview zur soziometrischen Auswertung ist es nach meiner Erfahrung günstiger, bei den Teilnehmern zu beginnen, die sich eher kritisch positioniert haben, damit die heiklen Punkte in der Kommunikation auch angesprochen werden. Fangen die Teilnehmer an, die eine sehr positive Einschätzung abgeben, entsteht leicht ein Gruppendruck, der dazu führt, dass negative Punkte ausgeklammert werden.

- Bei der Auswertung fokussieren sich die Teilnehmer oft stark auf den inhaltlichen Aspekt und damit auf die Frage, wie das Phänomen des „schwebenden Stabs" zu erklären ist. Der Trainer sollte hier immer wieder die Aufmerksamkeit auf die Frage nach der Kommunikation und dem Umgang miteinander zurücklenken.

- Die Übung „Rohrbombe" ist auch für den Einsatz in Führungs-Seminaren hervorragend geeignet. Denn meistens wird die Aufgabe erst dann gelöst, wenn ein Gruppenmitglied das Kommando übernimmt und sich die übrigen Teammitglieder darauf einlassen, sich von diesem Kommando „führen" zu lassen. Daher kann diese Übung auch unter dem Aspekt „Führen und geführt werden" gut ausgewertet werden.

Varianten

- Bei der Auswertung kann der Trainer alternativ zur Soziometrie einfach eine offene Runde zu der Frage anleiten, was den Teilnehmern aufgefallen ist und welchen Bezug sie zum Thema „Konflikte" sehen.
- Eine andere Auswertungsmöglichkeit besteht darin, das Koordinatensystem auf ein Flipchart zu zeichnen, die Teilnehmer punkten zu lassen und die Einschätzung dann zu besprechen.

Literatur

- Heckmair, Bernd: Konstruktiv lernen. Projekte und Szenarien für erlebnisintensive Seminare und Workshops. Beltz, 2005, 2. Aufl.

Konfliktdynamik – Input 14.10 Uhr

Orientierung

Ziele:
- Die Teilnehmer kennen die wichtigsten Konfliktmechanismen
- Sie werden sich bewusst, dass auch bei ihnen selbst diese Mechanismen ablaufen
- Sie verstehen die systemische Betrachtungsweise von Konflikten

Zeit:
- 15 Minuten (10 Min., 5 Min. Puffer)

Material:
- Pinnwand „Zirkularität von Konflikten"
- Flipchart „Konfliktmechanismen", Moderationskarten, auf denen die Konfliktmechanismen stehen, Klebstoff

Überblick:
- Der Trainer erläutert an der Pinnwand die Zirkularität von Konflikten
- Er stellt das Flipchart „Konfliktmechanismen" vor
- Er klebt die Moderationskarten, welche die Mechanismen bezeichnen, auf das Plakat und erläutert den Kreislauf: Irritation/Frustration/Ärger – Verzerrte Wahrnehmung – soziale Ansteckung – Verlust von Empathie und Flexibilität

Erläuterungen

Im Folgenden werden zwei Inputs miteinander kombiniert, die sich hervorragend ergänzen, weil sie sowohl die zwischenmenschliche als auch die intrapsychische Dynamik in Konflikten beleuchten. Der Vortrag zur Zirkularität von Konflikten wirft einen systemischen Blick auf das Thema und stellt somit die interpersonellen Faktoren in den Mittelpunkt. Die anschließend dargestellten Basismechanismen der Eskalationsdynamik von Konflikten nach Glasl (2004, 2007) dagegen rücken die intrapsychischen Aspekte in den Fokus. Die Kenntnis dieser Merkmale ist eine entscheidende Voraussetzung, um das Erleben und Verhalten in Konfliktsituationen besser verstehen und schließlich auch verändern zu können.

Mit der vorangegangenen Übung „Rohrbombe" ist in der Regel ein fruchtbarer Boden für die Aufnahme und Reflexion von Konfliktmechanismen geschaffen. Die Gruppenmitglieder haben gerade – zumindest ansatzweise – einen kleinen Konflikt und die dabei ablaufenden Mechanismen am eigenen Leib erlebt und können daher den theoretischen Input unmittelbar mit dem eigenen Erleben verbinden. Dadurch können die Inhalte besser verarbeitet und behalten werden.

Vorgehen

Wenn die Teilnehmer wieder Platz genommen haben, präsentiert der Trainer das Plakat „Zirkularität von Konflikten".

Abb.: Das Plakat „Zirkularität von Konflikten" – In Konfliktsituationen erleben alle Beteiligten ihr eigenes Verhalten als Reaktion auf das Verhalten des anderen.

Bei seinen Erläuterungen veranschaulicht der Trainer die These von der Zirkularität von Konflikten anhand der gerade erlebten Übung:
„Was wir gerade gesehen haben, ist, dass sich die Rohrbombe als Symbol des Konfliktes immer weiter nach oben geschaukelt hat. Die Ursache dafür wird in der Regel beim anderen gesehen. Denn wir erleben uns in der Regel als Reagierende und übersehen unseren eigenen Anteil am Konflikt. Unser eigenes Verhalten wird als unabänderliche, zwangsläufige Reaktion auf die Aktion des anderen erlebt. Auf die Übung bezogen:
‚Wir am einen Ende mussten ja weiter nach oben gehen, weil Ihr den Stab immer weiter nach oben bewegt habt.' Dies ist eine Grundregel der Kommunikation, die der Kommunikationswissenschaftler Paul Watzlawick herausgearbeitet hat: In der Kommunikation im Allgemeinen

und insbesondere in Konflikten erleben wir unser eigenes Verhalten als Reaktion auf den anderen.

Wenn jedoch jemand von Außen auf die Konfliktsituation sieht, kann er die Anteile beider Seiten erkennen und feststellen, dass Konflikte stets ein zirkulärer Prozess sind. Das Verhalten beider Seiten beeinflusst sich wechselseitig. Die Frage, wer nun angefangen hat, wer schuld ist an dem Konflikt, ist meistens so überflüssig, wie die Frage, wer zuerst da war: die Henne oder das Ei.

Nehmen wir zwei Beispiele aus dem Alltag. Eine Frau sagt über ihre Beziehung zu ihrem Mann: ‚Mein Mann zieht sich immer zurück. Immer geht er in den Keller und werkelt. Weil er sich immer zurückzieht, nörgele ich.' Der Mann sagt: ‚Meine Frau nörgelt immer. Das ist nicht zum Aushalten. Weil sie immer nörgelt, ziehe ich mich zurück.'

Zweites Beispiel: Der Vorgesetzte sagt: ‚Meine Mitarbeiter sind ja so unmotiviert und unselbstständig! Die anspruchsvollen Aufgaben erledige ich deshalb lieber selbst. Weil die so unselbstständig sind, nehme ich die Sachen lieber selbst in die Hand.' Die Mitarbeiter dagegen sagen: ‚Der Chef gibt uns überhaupt keine anspruchsvollen Aufgaben! Weil er alles an sich reißt, sind wir demotiviert.'

Auch hier erleben alle Beteiligten ihr Verhalten als zwangsläufige Reaktion auf den anderen und sehen sich gewissermaßen in der Opfer-Rolle. Dadurch, dass sie die Schuld an der Problematik dem jeweils anderen zuweisen, müssen sie sich selbst nicht in Frage stellen und können ihr Selbstwertgefühl dadurch stabilisieren. Dieser „blinde Fleck" der eigenen Persönlichkeit ist der eigene Anteil am Konflikt."

Anschließend schlägt der Trainer das Flipchart „Konfliktmerkmale" auf. Auf dem Plakat befindet

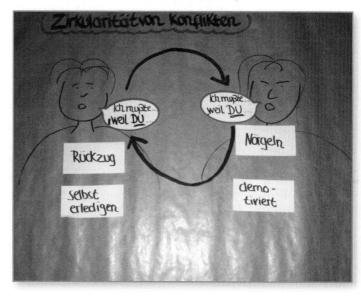

Abb.: Der Trainer erläutert die Zirkularität von Konflikten anhand zweier Beispiele aus dem Alltag.

Irritation, Frustration, Ärger sich zunächst nur die Überschrift. Die Moderationskarten, auf denen die einzelnen Mechanismen genannt werden, hat er auf der Rückseite mit Klebstoff versehen und bereitgelegt.

Nun erläutert er die einzelnen Konfliktmechanismen und klebt die entsprechenden Moderationskarten auf das Plakat. Dabei bezieht er sich weiterhin, wenn möglich, auf seine Beobachtungen aus der Übung „Rohrbombe".

„Darüber hinaus gibt es verschiedene psychologische Mechanismen, die bei allen Konflikten vorkommen. Dabei spielen Emotionen eine zentrale Rolle, wie wir schon in der Konfliktdefinition gesehen haben. Durch bestimmte Verhaltensweisen anderer, welche die eigenen Interessen und Bedürfnisse beeinträchtigen, entstehen negative Gefühle, also beispielsweise Irritation, Frustration oder Ärger. Eben, bei der Entschärfung der Rohrbombe, entstand die Irritation dadurch, dass sich die Aufgabe nicht, wie gedacht, einfach lösen ließ und die Rohrbombe auf wundersame Weise nach oben wanderte.

Nun stellt sich die Frage: Warum passiert das? Wer ist dafür verantwortlich? Wer ist schuld? Die Antwort lautet: die anderen! Dies liegt an der einseitigen, verzerrten Wahrnehmung,

Abb.: Der Trainer präsentiert das Flipchart „Konfliktmerkmale", auf dem sich zunächst nur die – in der Mitte platzierte und durch eine Bombe symbolisierte – Überschrift befindet.

die sich in Konfliktsituationen einstellt. Unsere Aufmerksamkeit wird selektiv, das heißt, wir blenden manche Dinge aus, hier etwa, dass die eigene Hand auch zittert und dadurch dazu beiträgt, dass der Stab nach oben geht. Andere Dinge nehmen wir dafür umso schärfer wahr, etwa, dass ‚die anderen' schon wieder nicht aufgepasst haben und es nicht hinkriegen, die Bombe nach unten zu bewegen. Die Ursachen aller Probleme und Frustrationen werden also auf der Gegenseite gesucht. Alles Negative wird auf ‚die anderen' projiziert, wodurch das eigene positive Selbstbild gewahrt werden kann. Diese verzerrte Wahrnehmung hängt damit zusammen, dass in Konfliktsituationen Stresshormone

Verzerrte Wahrnehmung

wie Adrenalin ausgeschüttet werden. Unser Körper wird dadurch gewissermaßen auf Flucht- oder Kampfverhalten programmiert.

Es entsteht ein Tunnelblick, eine ‚kognitive Kurzsichtigkeit', wie Konfliktforscher sagen. Menschen neigen dazu, ihre Wahrnehmungen und Gefühle mit anderen teilen zu wollen. Also suchen sie Verbündete, die sie in ihrer Sicht der Dinge bestätigen und bestärken. Es wird also häufig mehr übereinander als miteinander geredet. Es bilden sich Grüppchen und Cliquen. Dadurch breitet sich der Konflikt auf. Man spricht hier von ‚sozialer Ansteckung'.

Kognitive Kurzsichtigkeit

Soziale Ansteckung

Durch diese Grüppchenbildung wird man selbst in der eigenen Wahrnehmung bestärkt. Dadurch ist man noch weniger in der Lage, sich in den anderen hineinzuversetzen, seine Motive und Interessen nachvollziehen zu können oder zu wollen. Es kommt also zu einem Verlust von Einfühlungsvermögen bzw. Empathie.

Verlust von Empathie

Während man anfangs noch besonders empfindlich reagiert hat und sich leicht über Bemerkungen und Handlungen auf der anderen Seite ärgert, entwickelt man zunehmend einen ‚Panzer der Unempfindlichkeit' und verschärft selbst den Ton und die Gangart. Man ist nicht mehr in der Lage, flexibel mit dem anderen umzugehen, sondern neigt zu stereotypen Verhaltensweisen. Es kommt also insgesamt zu einem Verlust von Empathie und Flexibilität.

Abb.: Der Trainer hat die Moderationskarten, auf denen die Konfliktmerkmale visualisiert sind, präsentiert und auf dem Flipchart befestigt.

Durch die Verschärfung des Konflikts verstärken sich wiederum die negativen Gefühle, was dann wieder die Verzerrungen in der Wahrnehmung vergrößert und so weiter."

Der Trainer zeichnet die Pfeile, welche die Verbindungen zwischen den einzelnen Faktoren darstellen, so ein, dass der Teufelskreis der Konfliktmerkmale deutlich wird.

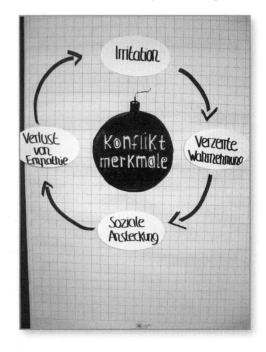

Der Trainer wartet auf Reaktionen der Teilnehmer und stellt dann die Frage, welche Konsequenzen aus dem Modell der Konfliktmechanismen zu ziehen sind:

Ansatzpunkte zur Konfliktlösung

„Wenn Sie sich diese Mechanismen und das Plakat zur Zirkularität von Konflikten anschauen, was heißt das nun für unser Thema ‚Konflikte konstruktiv bewältigen'? An welchen Faktoren kann man ansetzen, um Konflikte zu lösen?"

Der Trainer arbeitet im Dialog mit den Teilnehmern heraus, welche Ansatzpunkte zur konstruktiven Konfliktlösung bei den verschiedenen Konfliktmechanismen gefunden werden können, zum Beispiel:

▶ Zirkularität: Notwendigkeit, den eigenen Anteil zu erkennen und sich hierzu Feedback vom Gegenüber einzuholen. Bereitschaft, sich in den anderen hineinzuversetzen und seine Wahrnehmung als gleichberechtigt neben der eigenen zu akzeptieren. Den ersten Schritt machen: als Erster ausdrücken, wie die eigenen Wahrnehmungen und Gefühle sind. Gemeinsam Auswege aus dem Konflikt suchen. Überlegen, was man selbst ändern kann, statt darauf zu warten, dass der andere sich verändert.

▶ Irritation, Frustration, Ärger: Ausdrücken von negativen Gefühlen, ohne den Gegenüber unnötig zu verletzen, etwa durch das Formulieren von Ich-Botschaften.

▶ Verzerrte Wahrnehmung: Bewusstsein, dass die eigene Wahrnehmung nicht „wahr", sondern eben getrübt und verfärbt ist; Erkenntnis, dass andere Wahrnehmungen des Konfliktpartners nicht unbedingt durch bewusstes Lügen und Verdrehen, sondern durch unbewusste Wahrnehmungsunterschiede entstehen.

▶ Soziale Ansteckung: Miteinander, statt übereinander reden. Konflikte offen austragen, statt „hintenrum". Erkenntnis, dass es nur kurzfristig erleichtert, gegenüber Dritten „Dampf abzulassen", aber langfristig den Konflikt eher eskaliert. Verlust von Empathie und Flexibilität: Notwendigkeit, sich aus der Gefangenschaft der eigenen Emotionen zu befreien und einen Perspektivenwechsel vorzunehmen.

Hinweise

▶ In der Regel erleben die Teilnehmer das Modell der Konfliktmechanismen als nachvollziehbar und erhellend. Da viele Personen auf Anhieb Beispiele aus eigenen Konfliktsituationen assoziieren, kann es lohnend sein, zu fragen, welche Situationen aus dem beruflichen Alltag ihnen bei den einzelnen Mechanismen einfallen.

▶ Zur Präsentationstechnik: Für halbfertige Präsentationen auf dem Flipchart ist es empfehlenswert, Moderationskarten so vorzubereiten, dass sie auf das Plakat geklebt werden können. Natürlich kann man die Begriffe auch einfach auf das Flipchart schreiben, aber dies dauert länger, als wenn man vorbereitete Karten anklebt. Dafür gibt es etwa Klebestifte oder Sprühkleber mit so genanntem „repositionierbaren Klebematerial", mit denen man die Moderationskarten befestigen, aber auch wieder um- und abhängen kann.

Literatur

▶ Glasl, Friedrich: Konfliktmanagement: Ein Handbuch für Führungskräfte, Beraterinnen und Berater. Verlag Freies Geistesleben, 2004, 8. Aufl.
▶ Glasl, Friedrich: Selbsthilfe in Konflikten. Verlag Freies Geistesleben, 2007, 5. Aufl.

Kurze Pause   14.25 Uhr

14.30 Uhr   Reflecting Team – Praxisberatung

Orientierung

Ziele:
- Ein Teilnehmer erhält Lösungsmöglichkeiten für ein persönliches Anliegen.
- Die anderen Teilnehmer erarbeiten modellhaft Handlungsoptionen und übertragen diese auf ähnliche eigene Fälle.
- Die Seminarteilnehmer trainieren Fähigkeiten, Konflikte aus der systemischen Perspektive zu betrachten.

Zeit:
- 65 Minuten (15 Min. Erläuterung der Vorgehensweise und Themenwahl, 45 Min. Praxisberatung, 5 Min. Puffer)

Material:
- Flipchart „Praxisberatung"
- Moderationskarten, auf denen der Trainer die möglichen Themen aufgeschrieben hat (jene Themen und Anliegen, welche die Teilnehmer am Vormittag als zentrale Lernziele formuliert hatten)

Überblick:
0) Einleitung und Auswahl des Falles:
   - Die Vorgehensweise am Flipchart erläutern
   - Abklären, wer seinen Fall einbringen möchte
   - Entscheidung über die Auswahl des Falles herbeiführen
   - Praxisberatung in fünf Schritten
1) Exploration: Der Protagonist schildert die Situation, die anderen stellen Fragen.
2) Zieldefinition: Es wird geklärt, was der Protagonist mit der Fallarbeit erreichen will.
3) Methodische Bearbeitung: Das Anliegen wird erlebnisaktivierend bearbeitet.
   - Beim „Reflecting Team" sitzen die Seminarteilnehmer im Innenkreis zusammen und tragen ihre Beobachtungen zusammen.
   - Protagonist und Trainer sitzen außerhalb des Stuhlkreises und hören zu.
   - Anschließend berichtet der Protagonist, welche Rückmeldungen für ihn hilfreich sind.
   - Es gibt mehrere Durchgänge mit unterschiedlichen Fragestellungen.
4) Auswertung: Die Fallarbeit wird ausgewertet.
5) Ergebnissicherung: Es werden Lernerfahrungen aus der Fallarbeit abgeleitet.

Erläuterungen

Die Praxisberatung dient dazu, optimal auf die individuellen Fragen und Anliegen der Teilnehmer einzugehen. Während die übrigen Inputs und Übungen darauf ausgerichtet sind, für alle Teilnehmer gleichermaßen lehrreich und nützlich zu sein, zielt die Praxisberatung in erster Linie auf individuelle Themen ab. Erst im zweiten Schritt wird dafür gesorgt, dass aus der individuellen Fallbearbeitung allgemeingültige Schlüsse gezogen werden.

Für die meisten Anliegen, welche die Teilnehmer tiefergehend bewegen und berühren, braucht man Zeit und das geeignete methodische Repertoire, um ihnen wirklich weiterhelfen zu können. Hierfür gibt es eine Vielzahl möglicher Methoden zur Anliegenbearbeitung. Eine differenzierte Darstellung dieser verschiedenen Varianten würde den Rahmen dieses Buches sprengen, zumal es bereits einige Bücher gibt, die hier einen guten Überblick geben (siehe die Literaturhinweise am Ende dieses Abschnitts).

In diesem Buch möchte ich Ihnen – wie in meiner früheren Veröffentlichung „Kommunikationstrainings erfolgreich leiten" (2008) – wieder einige Beispiele zur Fallarbeit vorstellen, die sich auf eine Vielzahl von Anliegen anwenden lassen. Gleichzeitig möchte ich darauf hinweisen, dass die Fallarbeit eine hochgradig komplexe Intervention ist, für deren Ausübung eine solide Ausbildung unerlässlich ist. Entsprechende Kurse werden etwa von der IWL-Seminare GmbH oder vom Moreno-Institut Stuttgart angeboten.

Im Folgenden stelle ich Ihnen zunächst eine Methode zur Praxisberatung vor, welche auf die systemische Beratung und Therapie zurückgeht. Das Modell des „Reflektierenden Teams" wurde von dem norwegischen Familientherapeuten Tom Andersen (1996) entwickelt. Es basiert auf der Annahme, dass Veränderungen optimal dort entstehen, wo es „einen Freiraum für den Gedankenaustausch zwischen zwei oder mehreren Menschen gibt" (Andersen 1996), welcher der Person, die beraten wird, eine Vielzahl von Perspektiven und Handlungsmöglichkeiten eröffnet. Dabei geht es nicht darum, die „Wahrheit" über einen Konflikt herauszufinden, sondern unterschiedliche Wahrnehmungen und Hypothesen nebeneinander stehen und gelten zu lassen. Die Existenz einer objektiven Wahrheit und „richtigen" Sicht der Dinge wird in der konstruktivistischen Sichtweise dieses Beratungsansatzes radikal infrage gestellt. Vielmehr ist es das Ziel der Beratung, einen lebendigen Austausch zu ermöglichen und die Perspektive des Ratsuchenden zu erweitern, so dass neue Denk- und Handlungsmöglichkeiten entstehen können.

Konkret funktioniert die Arbeit mit dem Reflektierenden Team so, dass ein Beraterteam den Beratungsprozess zwischen dem „hauptverantwortlichen" Berater und dem Klienten mitverfolgt und anschließend ein Gespräch über das Wahrgenommene, das heißt ein Gespräch über das Gespräch, in Gang bringt. Dabei sprechen die Berater nicht direkt zum Klienten selbst, sondern tauschen untereinander ihre Wahrnehmungen und Hypothesen aus, während der Klient diesem Gespräch zuhört. Die Berater achten darauf, dass sie stets wertschätzend über den Klienten sprechen und ihre Aussagen als Vermutungen und nicht als Feststellungen formulieren. Anschließend hat der Klient die Möglichkeit, über das Gehörte zu sprechen.

Die Methode des „Reflektierenden Teams" wird im Folgenden in einer auf die Praxisberatung in Seminargruppen zugeschnittenen, vereinfachten Version vorgestellt. Hierbei fungieren die Seminarteilnehmer als Berater und erhalten klare Vorgaben, welche sicherstellen, dass der Protagonist von ihnen möglichst hilfreiche Rückmeldungen erhält.

Vorgehen

0. Einleitung und Auswahl des Falles

Der Seminarleiter hat zweierlei vorbereitet: Zum einen hat er das Flipchart „Praxisberatung" erstellt, anhand dessen er das Vorgehen bei der Fallarbeit erläutert. Zum anderen hat er die möglichen Themen zur Praxisberatung, die am Vormittag genannt worden waren, jeweils auf eine Moderationskarte geschrieben.

Nun erläutert er den Teilnehmern das Vorgehen:
„Wir kommen jetzt zur Praxisberatung. Es geht dabei um Ihre Fragen und Fälle aus der Praxis. Im Folgenden möchte ich auf Ihre konkreten Situationen eingehen, denn das Lernen anhand von realen Konfliktsituationen ist meistens besonders erhellend, weil es einen unmittelbaren Bezug zu Ihrer Realität hat und dann am besten im Alltag umgesetzt werden kann. Ich möchte Ihnen vorstellen, wie wir hierbei vorgehen werden."

Der Trainer präsentiert das Flipchart „Praxisberatung".

*„Folgende Struktur hat sich bewährt: Der Protagonist, das ist derjenige, dessen Thema ausgewählt wurde, berichtet zunächst einmal von der Situation, um die es geht. Wir anderen stellen Fragen und versuchen, die Situation zu verstehen. Das ist mit ‚**Exploration**' gemeint. Lösungsvorschläge sind in dieser Phase nicht erlaubt, weil sie meistens vorschnell erfolgen und daher hier noch wenig hilfreich sind.*

*Dann formuliert der Protagonist sein **Ziel** für die Beratung. Damit wissen wir, was er oder sie erreichen will.*

*Auf dieser Grundlage werde ich dann eine Form der **methodischen Bearbeitung** vorschlagen und anleiten. Hier kann es sein, dass in Kleingruppen Ideen gesammelt werden oder einige von Ihnen den Auftrag bekommen, sich in den Protagonisten oder in seine Interaktionspartner hineinzuversetzen oder es kann sein, dass wir eine schwierige Gesprächssituation hier in Form einer kurzen Szene darstellen. Die Auswahl der geeigneten Methode ist mein Job, wobei der Protagonist ein Mitspracherecht hat.*

*Anschließend erfolgt die **Auswertung**. Dann ist das Feedback der Gruppe gefragt. Es können ähnliche Erfahrungen, Beobachtungen oder Anregungen mitgeteilt werden.*

*Der fünfte Schritt ist schließlich die **Ergebnissicherung**. Da geht es um die Frage, welche allgemeinen Schlüsse wir aus dem Praxisfall ziehen können und was dieser konkrete Fall auf einer allgemeinen, theoretischen Ebene für das Thema ‚Konfliktmanagement' bedeutet."*

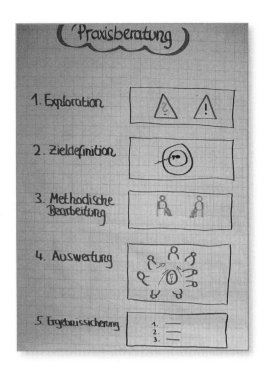

Abb.: Flipchart „Praxisberatung" – Die fünf Schritte der Fallarbeit.

Der Trainer wartet, ob es Fragen gibt und fährt dann fort. Er bezieht sich auf die Anliegen, die am Vormittag formuliert worden waren: „Sechs von Ihnen haben heute Morgen gesagt, dass Ihre Themen für eine Praxisberatung passen könnten. Frau X mit dem Thema A, Herr Y mit dem Thema B, ..."

Der Trainer nennt die möglichen Protagonisten und Themen und bezieht sich auf die jeweiligen Bilder, die zu den Themen gehören. Anschließend gibt er den möglichen Protagonisten die Gelegenheit, ihre Fragestellungen zu präzisieren. *„Bitte erklären Sie noch einmal kurz, worum es Ihnen geht und wie die Frage heißt, die Sie hier klären möchten."*

Er achtet darauf, dass die Erläuterungen kurz und prägnant bleiben. Anschließend gibt er anderen Teilnehmern die Möglichkeit, ihre Themen auch noch einzubringen. *„Sind noch weitere Fragestellungen bei Ihnen aufgetaucht?"*

Auswahl des Falles

Der nächste Schritt ist die Auswahl des Falles, der dann bearbeitet wird. Hier gibt es unterschiedliche Möglichkeiten. So kann der Trainer in die Runde fragen, wer beginnen möchte oder selbst entscheiden, welcher Fall nun am besten in den Ablauf passt oder die Entscheidung der Gruppe überlassen.

Hier lässt der Trainer die Gruppe entscheiden. Dafür verteilt er die Moderationskarten, auf denen er die unterschiedlichen Themen bzw. Fragestellungen notiert hat, im Raum und fordert die Teilnehmer zur soziometrischen Wahl auf: *„Entscheiden Sie sich nun bitte, welches Thema Sie am meisten interessiert und stellen Sie sich zu diesem Thema."*

Abb.: Die Auswahl des Falles, der im Anschluss bearbeitet wird, erfolgt durch die soziometrische Wahl der Gruppe. Die Teilnehmer stellen sich zu der Fragestellung, die sie am meisten interessiert.

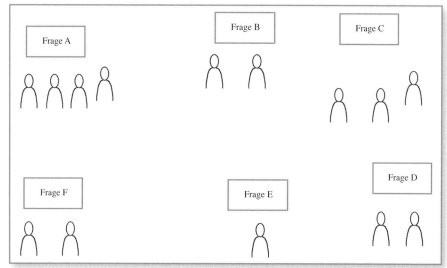

Es wird nun an dem Fall gearbeitet, der am häufigsten gewählt wird. *„Für die Frage A haben sich die meisten entschieden. Damit fangen wir jetzt an. Auf die anderen Fälle werden wir später zurückkommen."*

Die Karten, auf denen die Fragestellungen der nicht gewählten Fälle stehen, pinnt der Trainer am Rand des Ablaufplans an, so dass klar ist, dass diese Fälle noch bearbeitet werden.

Hinweise

▶ Falls es bei der soziometrischen Wahl einen Gleichstand zwischen zwei Fällen gibt, fordert der Trainer diejenigen, die bei jenen anderen Fällen stehen, die weniger oft gewählt wurden, auf, sich für einen der beiden Fälle zu entscheiden, die am häufigsten gewählt wurden. Falls auch dann noch ein Patt vorliegt, fordert er die Fallbringer auf, sich zu einigen, wer nun arbeiten möchte.

▶ Bei der Auswahl des Falles halte ich es in der Regel für die sinnvollste Lösung, die Gruppe entscheiden zu lassen, an welchem Thema sie arbeiten möchte. Denn nur dann kann der Protagonist, der das Thema einbringt, Repräsentant der Gruppe sein, der exemplarisch ein Thema bearbeitet, welches in der Gruppe ein hohes Interesse findet. Dann können die anderen Teilnehmer modellhaft von der Praxisberatung profitieren, denn zumeist wählen sie eine Situation, die sie in ähnlicher Weise kennen und können daher die anhand der Fallarbeit gewonnenen Erkenntnisse auf ihre eigenen Situationen übertragen. Zudem fühlt sich der Protagonist, dessen Fall gewählt wurde, durch die Gruppe unterstützt und „getragen".

▶ Zu dem gruppenzentrierten Vorgehen bei der Auswahl des Falles gibt es zwei Alternativen:
  – Erstens, der Trainer entscheidet, welches Anliegen an dieser Stelle des Seminars am besten passt, etwa weil es an die vorangegangenen Themen anknüpft. Dies sollte er allerdings nur dann tun, wenn sowohl das Thema, als auch die Person, die es einbringt, einen starken Rückhalt in der Gruppe haben.
  – Zweitens, der Trainer fragt diejenigen, die ihre Fälle eingebracht haben, wer von ihnen nun arbeiten möchte. Auch hier liegt die Gefahr darin, dass das Thema möglicherweise wenig Interesse in der Gruppe findet.

1. Exploration   In der Exploration wendet sich der Trainer an den Protagonisten:
„Bitte erzählen Sie uns noch etwas genauer, worum es geht. Wir anderen versuchen, die Situation zu verstehen und stellen Fragen. Lösungsvorschläge sind nicht erlaubt, auch keine Fragen, die einen Lösungsvorschlag beinhalten, wie zum Beispiel ‚Haben Sie schon mal versucht, dies oder jenes zu tun?', oder ‚Warum machen Sie nicht …?'."

Der Seminarleiter ermuntert die Teilnehmer, Fragen zu stellen und bringt selbst auch eigene Fragen ein. Wenn offene oder verdeckte Lösungsvorschläge gegeben werden, interveniert er und bittet sie, diese zurückzustellen.

In der folgenden Liste sind einige Fragen aufgeführt, die in der Explorationsphase hilfreich sein können.

Fragen zur Exploration in der Fallarbeit

I. Fragen zur Situationsklärung:
- Worum geht es?
- Wie ist die Situation genau?
- Eigenschaften und Verallgemeinerungen hinterfragen:
  – Wie äußert sich das? Welche Beispiele gibt es? Wann ist das so?
  – Welche Auswirkungen hat das?

II. Fragen zum Verlauf:
- Wie war es am Anfang? Welche Veränderungen gab es? Wie ist es aktuell?
- Wann und wodurch traten Veränderungen auf?
- Wann ist es anders? Welche Ausnahmen gibt es? Was unterscheidet diese Situationen?

III. Fragen zu den Beteiligten:
- Wer ist beteiligt? Wer ist indirekt betroffen? Wie?
- Wenn ich X fragen würde, wie würde er die Situation beschreiben?
- Wer hat welche Interessen?
- Welche Koalitionen gibt es? Gegen wen?
- Wer reagiert wie auf wen?
- Wer hat welchen Nutzen aus der Situation?
- Was haben Sie dazu beigetragen, dass die Situation so ist, wie sie ist?

> **IV. Fragen zu Lösungsmöglichkeiten:**
> ▶ Was wurde bereits unternommen, um das Problem zu lösen? Mit welchem Ergebnis?
> ▶ Was müssten Sie tun, um das Problem zu verschlimmern?
> ▶ Wenn über Nacht ein Wunder geschehen würde, wie wäre die Situation dann?
> ▶ Angenommen, das Problem ist gelöst und Sie schauen zurück, was haben Sie als Erstes getan?
> ▶ Wenn Sie später Ihren Enkeln von dem Problem erzählen, welche positiven Seiten hat es gehabt?
> ▶ Welche Lösungsansätze wurden bisher übersehen oder vermieden?
> ▶ Welches Problem könnte auftreten, wenn dieses gelöst würde?

Das weitere Vorgehen lässt sich am besten anhand eines konkreten Falles beschreiben:

Ein konkreter Fall

Die Protagonistin, Frau Sarah Sonnleitner, hat als ihr Anliegen die Frage *„Wie gehe ich mit einem Kollegen um, der mich nervt, obwohl er eigentlich sehr nett ist?"* angegeben. Dieses Thema wird von einer Mehrheit der Gruppe gewählt.

Frau Sonnleitner, genannt „Sonny", ist mit ihren 27 Jahren die jüngste Teilnehmerin des Seminars. Sie erfreut sich aufgrund ihrer offenen, freundlichen und lockeren Art rasch großer Beliebtheit innerhalb der Gruppe. Sie versteht es, auf andere Menschen zuzugehen und bringt mit ihren spontanen und oft witzigen Bemerkungen die anderen häufig zum Lachen. In den Pausen steht sie häufig im Mittelpunkt des Geschehens und unterhält sich lebhaft mit unterschiedlichen Teilnehmern, worüber sie allerdings die Zeit zu vergessen scheint und stets verspätet aus den Pausen zurückkehrt. Ins Seminar selbst bringt sie sich häufig mit Fragen ein und berichtet offen von eigenen schwierigen Situationen, wie etwa dem unterschwelligen Konflikt mit ihrem Kollegen Herrn Althaus – ihrem „Praxisfall".

Frau Sonnleitner berichtet, dass sie seit drei Monaten mit ihrem erfahrenen Kollegen Herrn Althaus in einem Büro sitzt, worüber sie sich zunächst gefreut hatte, da sie ihn als sehr nett und kollegial eingeschätzt habe. Tatsächlich sei Herr Althaus auch ungemein freundlich und hilfsbereit, was sie grundsätzlich zu schätzen wisse. Allerdings übertreibe Herr Althaus seine Hilfsbereitschaft zunehmend und würde sich mittlerweile verhalten, als sei er ihr Vater und sie selbst ein kleines Kind. So würde er jedes Mal, wenn die Chefin in den Raum komme und eine Frage an sie richte, an ihrer Stelle antworten. Auch würde er immer wieder ausführlichste Erklärungen abgeben, wenn sie mal eine kurze Frage habe. Dann würde er sich zu ihr setzen und ihr sämtliche Arbeitsschritte lang und breit am PC erklären, die sie selbst längst verstanden habe. Was sie jedoch noch viel mehr störe, sei die Pedanterie von Herrn Althaus und sein Hang zur Bevormundung. So würde kein Arbeitstag vergehen, an dem er sie nicht darauf hinweise, sie müsse noch im internen Dokumentations-System eingeben, welche Fälle sie bearbeitet habe und sie müsse noch die Akten korrekt ablegen. Sie sei zwar tatsächlich manchmal „etwas chaotisch" und vergesslich, dennoch sei es nicht notwendig, ihr „permanent vorzuschreiben", was sie zu tun und zu lassen habe. Manchmal würde er sie sogar ermahnen, dass sie ihren Schreibtisch aufzuräumen habe. Dann würde es ihr aber zu bunt werden und sie würde ihn wissen lassen, dass sie ein „großes Mädchen" sei und er ihr nichts vorzuschreiben brauche, wie sie es mit ironischem Unterton formuliert. Die Protagonistin gibt an, dass es ihr schwer falle, Herrn Althaus Grenzen zu setzen, da dieser „immer so nett" sei und sie ihn nicht verletzen wolle. Stattdessen würde sie lieber versuchen, ihm auf scherzhafte Weise zu vermitteln, dass er nicht „ihr Papa" sei und sie schon zurechtkomme. Allerdings würde dies bislang nicht dazu führen, dass Herr Althaus sein Verhalten ändere. Nun wisse sie nicht mehr weiter. Sie würde selbst bemerken, dass sie mittlerweile oft patzig zu Herrn Althaus sei, was ihr anschließend leidtäte, zumal dieser unverändert freundlich bleibe. Sie habe „keine Ahnung", warum Herr Althaus sich so „überfürsorglich" verhalte.

2. Zieldefinition   Im nächsten Schritt wird geklärt, welches Ziel die Protagonistin mit der Bearbeitung ihres Anliegens erreichen möchte. Dieses Ziel bildet die Grundlage der Zusammenarbeit von Trainer und Protagonistin. Folgende Fragen sind hierbei hilfreich:
▶ Was möchte die Teilnehmerin hier erreichen?
▶ Was ist ihr Ziel?
▶ Was möchte sie herausfinden?

Der Trainer achtet darauf, dass das Ziel ausreichend klar, konkret, realistisch und selbst-erreichbar ist. Frau Sonnleitner, die Protagonistin, definiert ihr Ziel folgendermaßen: *„Ich will herausfinden, wie ich besser mit meinem überfürsorglichen Kollegen umgehen kann, so dass er mich nicht mehr so nervt."*

Die Protagonistin schildert in der Explorationsphase, dass sie „nicht mehr weiterweiß" und das Gefühl habe, dass die Kommunikation mit ihrem Kollegen sich „im Kreis dreht" und sich bestimmte problematische Interaktionsmuster immer wiederholen. Sie selbst hat keine Idee, was sie tun kann, um die Situation zu verändern. Auch hat sie wenig konkrete Vorstellungen dazu, wie ihr Kollege die Situation erlebt und was ihn zu seinem Handeln veranlasst.

3. Methodische Bearbeitung: „Reflecting Team"

In einem solchen Fall, wenn die Protagonistin das Gefühl hat, in einer „Sackgasse" zu stecken und sich der eigenen Anteile am Konflikt wenig bewusst ist, ist die Methode des Reflektierenden Teams hilfreich. Sie bietet die Möglichkeit, „blinde Flecken" (vgl. Seite 192) und neue Perspektiven sichtbar werden zu lassen. Mögliche Ursachen und Lösungen des Problems können aus unterschiedlichen Richtungen diskutiert werden. Dies kann der Protagonistin dazu verhelfen, den eigenen Horizont zu erweitern und neue Lösungsmöglichkeiten zu finden.

Der Trainer wendet sich an die Protagonistin, um das methodische Vorgehen abzuklären:

Trainer: *„Frau Sonnleitner, was halten Sie davon, die Ideen der anderen Seminarteilnehmer zu Ihrer Frage einzuholen?"*
Protagonistin: *„Das fände ich gut."*
Trainer: *„Gut. Das würde ich gerne systematisch machen. Zum einen fände ich interessant zu wissen, was den anderen an der Situation auffällt und wie sie sie interpretieren. Außerdem würde ich gerne wissen, wie es ihnen an Ihrer Stelle bzw. an der Stelle des Kollegen gehen würde und schließlich, welche Lösungsmöglichkeiten sie für Sie sehen. Macht das für Sie Sinn?"*
Protagonistin: *„Ja, schon."*
Trainer: *„Gut. Für eine solche Beratung hat sich eine Methode bewährt, die ‚Reflecting Team' genannt wird. Das bedeutet, dass sich die anderen Seminarteilnehmer zu einem Team zusammenfinden und sich anhand bestimmter Vorgaben zu Ihrer Fragestellung austauschen. Sie, Frau Sonnleitner, hören während des Austauschs nur zu. Sie dürfen nicht mehr angesprochen werden, sondern reagieren erst nach dem Gedankenaustausch der anderen auf das Gesagte. Wir tun dabei so, als säßen Sie und ich in einem anderen Raum und hörten dem Gespräch durch die offene Tür zu. Ist das für Sie in Ordnung?"*

Protagonistin: *„Ich kann es mir noch nicht wirklich vorstellen. Aber wir können es mal probieren."*
Trainer: *„Dann möchte ich Sie bitten, sich neben mich zu setzen, während sich der Rest der Gruppe in einem Kreis zusammensetzt."*

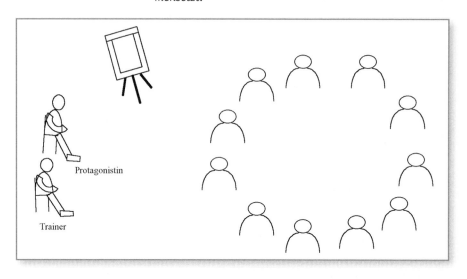

Abb.: Während die anderen Seminarteilnehmer sich im Kreis zum „Reflektierenden Team" zusammenfinden, sitzen die Protagonistin und der Trainer außerhalb des Stuhlkreises.

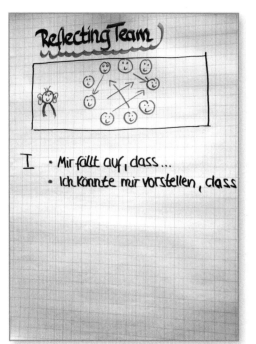

Der Trainer schreibt auf ein Flipchart die Instruktionen für die erste Runde des „Reflecting Teams".

Abb.: Die Instruktionen für die erste Runde des „Reflecting Teams".

Der erste Seminartag

Der Trainer instruiert die Gruppe:
„Ihre Aufgabe ist es, Frau Sonnleitner zu beraten. Mit Beratung ist nicht gemeint, dass Sie ihr sagen, was Sie tun und was sie lassen soll. Vielmehr hat sich herausgestellt, dass eine Beratung zu Konfliktsituationen eher dann effektiv ist, wenn sie dem ‚Kunden' der Beratung ein strukturiertes Feedback gibt und verschiedene Perspektiven anbietet, während die Verantwortung für die Entscheidung immer bei der Person bleibt, die die Frage eingebracht hat.

Im Folgenden möchte ich Sie bitten, Ihre Wahrnehmungen und Vermutungen zu dem Fall von Frau Sonnleitner zusammenzutragen. Dabei sind unterschiedliche Sichtweisen willkommen und dürfen gerne nebeneinander stehen bleiben. Ich werde Ihnen jeweils einen bzw. zwei Satzanfänge anbieten und Sie haben die Aufgabe, die Sätze fortzusetzen.

Die ersten beiden Satzanfänge sind ‚Mir fällt auf, dass ...' und ‚Ich könnte mir vorstellen, dass ...' – Sie sind also eingeladen, Ihre Wahrnehmungen und Hypothesen zu äußern. Wir machen das als Brainstorming: Jeder kann also ‚frei Schnauze' seine Eindrücke äußern.

Eine Regel gibt es allerdings zu beachten: Sie dürfen nur untereinander, nicht aber mit Frau Sonnleitner oder mir sprechen. Stellen Sie sich einfach vor, wir beide sind nicht anwesend. Ich werde mich zu Frau Sonnleitner setzen und nach ein paar Minuten Ihre Diskussion beenden, um Frau Sonnleitner Gelegenheit zu geben, auf Ihre Anregungen einzugehen. Anschließend gibt es zwei weitere Runden nach dem gleichen Schema, lediglich mit anderen Fragestellungen bzw. Satzanfängen.

Wenn Sie allerdings jetzt noch eine Frage haben, bevor wir beginnen, können Sie sie gerne noch stellen. Wenn es keine weiteren Fragen mehr gibt, möchte ich Sie bitten, loszulegen. Ich werde Ihr Gespräch etwa fünf Minuten lang laufen lassen."

Während der Diskussion kann der Trainer die verschiedenen Aspekte mitschreiben und sie anschließend der Protagonistin zur Verfügung stellen. Es ist für die Protagonisten hilfreich, die Punkte dokumentiert zu bekommen, da es unmöglich ist, alles zu behalten.

I. Seminarfahrplan: Konflikte konstruktiv lösen

Abb.: Beim „Reflecting Team" tragen die Seminarteilnehmer ihre Beobachtungen zusammen, während der Trainer außerhalb des Stuhlkreises bei der Protagonistin sitzt und die Aspekte notiert, die von der Gruppe genannt werden.

Der Seminarleiter interveniert bei verletzendem Feedback sofort

Während der Diskussion ist es wichtig, dass der Trainer auf die nonverbalen Reaktionen der Protagonistin achtet, um zu erkennen, welche Aspekte sie besonders bewegen und ob es Rückmeldungen aus der Seminargruppe gibt, die für sie problematisch sind. Wenn Gruppenmitglieder bewertendes oder gar abwertendes Feedback geben, muss der Trainer seine Schutzfunktion für die Protagonistin wahrnehmen und sofort intervenieren, wie das folgende Beispiel illustriert.

Teilnehmer: *„Mir fällt auf, dass die Sonny halt auch noch sehr jung und naiv wirkt. Ich kann mir schon vorstellen, dass das dazu führt, dass der Kollege so fürsorglich reagiert. Da muss sie einfach noch etwas selbstbewusster werden."*

Trainer: *„Entschuldigen Sie, Herr Meier, aber das ist ein problematisches Feedback, Frau Sonnleitner als ‚naiv' zu bezeichnen und ihr zu sagen, dass sie sich verändern solle. Ich möchte Sie – und alle anderen – darum bitten, darauf zu achten, dass Sie nur Ihre Wahrnehmungen und Vermutungen austauschen und diese immer wertschätzend und nicht bewertend sind. Vielleicht können Sie sagen, was Sie konkret beobachtet haben, das dazu beitragen könnte, dass Herr Althaus sich fürsorglich verhält?"*

Außerdem gilt es, zu beobachten, wann die Protagonistin vermutlich ausreichenden Input erhalten hat. Nach etwa fünf Minuten kann der Trainer die Protagonistin fragen, ob sie genug gehört hat. In diesem Fall bedankt er sich bei der Gruppe:

„Vielen Dank bis hierher. Frau Sonnleitner, was davon war für Sie besonders wichtig?"

Nachdem die Gruppe ihre Wahrnehmungen und Hypothesen geäußert hat, erhält die Protagonistin Gelegenheit, darauf zu reagieren.

Anschließend beschriftet der Trainer das Flipchart mit der Instruktion für die zweite Runde. Hier geht es darum, dass die Seminarteilnehmer sich mit beiden Konfliktparteien identifizieren. Die Identifikation mit der Protagonistin ist für diese emotional besonders wichtig, weil sie hierdurch das Gefühl erhält, von den anderen Seminarteilnehmern verstanden und akzeptiert zu werden. Andererseits ist die Identifikation der Gruppe mit dem Konfliktpartner insofern hilfreich, als in Konfliktsituationen das Empathievermögen eingeschränkt ist und es der Protagonistin erst mithilfe des Perspektivenwechsels der Gruppenmitglieder ermöglicht wird, sich selbst wieder besser in den Konfliktpartner einzufühlen. Diese Wiedergewinnung der Empathiefähigkeit ist ein entscheidender Schlüssel zur Lösung von Konflikten.

Abb.: Die Instruktionen für die zweite Runde des „Reflecting Teams".

Der Trainer wendet sich an die Gruppe:

„Als Nächstes möchte ich Sie einladen, die folgenden beiden Sätze fortzusetzen: ‚Wenn ich mich mit Frau Sonnleitner identifiziere, fühle ich mich/geht es mir …' und „Wenn ich mich Herrn Althaus identifiziere, fühle ich mich/geht es mir …'

Hier geht es darum, zu beschreiben, wie Sie sich fühlen würden, wenn Sie in der Haut von Frau Sonnleitner bzw. von Herrn Althaus stecken würden. Vielleicht gibt es ja auch ähnliche Erfahrungen, die Sie gemacht haben und die Sie teilen können."

Erneut lässt der Trainer die Diskussion etwa fünf Minuten laufen, schreibt alle wichtigen Aspekte mit und beendet die Runde in Absprache mit der Protagonistin. Dann fragt er wiederum: *„Frau Sonnleitner, was war für Sie wichtig?"*

Dann leitet der Trainer die letzte Runde des Reflektierenden Teams an und fragt die Gruppe:
„Abschließend möchte ich von Ihnen wissen, welche Lösungsmöglichkeiten Sie sehen und wovor Sie eher warnen würden. Die Satzanfänge sind: ‚Was die Situation verbessern könnte, ist …' und ‚Was die Situation verschlimmern könnte, ist …'."

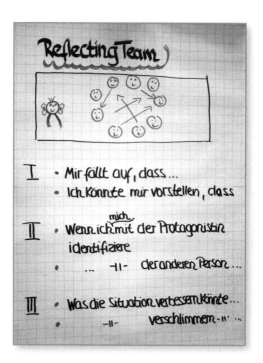

Abb.: Die Instruktionen für die dritte Runde des „Reflecting Teams".

Nach dieser dritten Runde überreicht der Trainer der Protagonistin seine Mitschriften.

Bei der Methode des Reflektierenden Teams fließen methodische Bearbeitung und Auswertung ineinander, so dass am Ende der Fallarbeit nur noch ein kurzes Fazit der Protagonistin erfolgt.

4. Auswertung

Dazu setzen sich die Protagonistin und der Seminarleiter zu den anderen Teilnehmern in den Kreis. Die Protagonistin hat das letzte Wort: *„Frau Sonnleitner, was nehmen Sie mit und was werden Ihre nächsten Schritte sein?"*

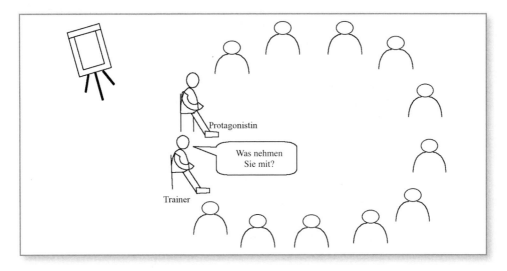

Abb.: Zum Abschluss integrieren sich die Protagonistin und der Trainer in den Kreis. Die Protagonistin hat das letzte Wort.

In der abschließenden fünften Phase geht es darum, die an dem individuellen Fall gewonnenen Erkenntnisse zu abstrahieren. Hier sollen allgemeingültige Schlüsse gezogen werden, die den Teilnehmern helfen, ähnlich gelagerte Konfliktsituationen auf der Basis der in der Praxisberatung gemachten Erfahrungen besser zu bewältigen. Dazu kann die Gruppe die gesammelten Lernerfahrungen zusammentragen, so wie dies in der zweiten Fallarbeit geschieht (siehe Seite 171 ff.). Alternativ kann der Seminarleiter einen Input einbringen, der dazu geeignet ist, die Praxisberatung aus theoretischer Perspektive zu erhellen. Dies können unterschiedliche Modelle sein, etwa aus der Kommunikations- und Konflikttheorie. In Bezug auf die vorangegangene Fallarbeit passt etwa das Werte- und Entwicklungsquadrat von Schulz von Thun (2005).

5. Ergebnissicherung/Transfer: Input „Werte- und Entwicklungsquadrat"

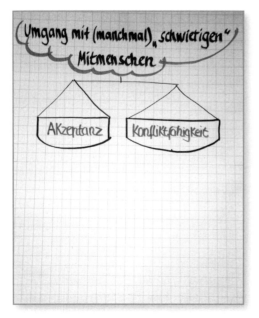

Abb.: Der Trainer visualisiert das Wertequadrat „Akzeptanz vs. Kritik" am Flipchart.

„Zum Abschluss möchte ich Ihnen gerne ein Modell anbieten, das zu der Frage passt, wie wir mit Kollegen umgehen, deren Verhalten aus unserer Sicht sowohl positive als auch negative Aspekte aufweist. Es gibt hier zwei Aspekte, die wichtig sind: Auf der einen Seite kommt es darauf an, andere Menschen so, wie sie sind, akzeptieren zu können, ihnen offen und wertschätzend zu begegnen. Gleichzeitig ist es wichtig, Konflikte und Störungen ansprechen zu können und den Mut zu finden, auch Unbequemes zu thematisieren, damit sich Ärger und Frustration nicht aufbauen und die Beziehung beeinträchtigen. Es geht also um die Balance zwischen Akzeptanz und Konfliktfähigkeit."

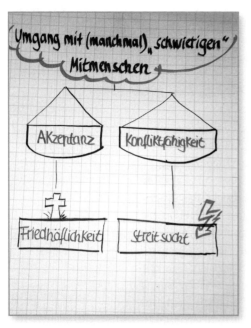

Abb.: Der Trainer visualisiert die jeweiligen Gefahren, wenn die Balance verloren geht.

„Wenn ich nicht in der Lage bin, auch Unangenehmes zu sagen, gehe ich zwar friedlich und höflich, aber letztlich unehrlich mit dem anderen um. Es herrscht gewissermaßen eine ‚Friedhöflichkeit'; und diese Pseudo-Harmonie wird mit dem Preis von Aufrichtigkeit und Lebendigkeit bezahlt. Andererseits, wenn ich nicht in der Lage bin, den anderen zu akzeptieren, laufe ich Gefahr, ständig herumzunörgeln und den anderen abzuwerten und gewissermaßen ‚streitsüchtig' zu werden. Dies kann sich in offenem Streit, aber auch in ständigem Sarkasmus, in Ironie oder Zynismus ausdrücken."

„Am gefährlichsten ist es, wenn ich zwischen friedhöflicher Angepasstheit und streitsüchtiger Nörgelei hin und her pendle. Umgekehrt erreiche ich eine besonders hohe Beziehungsqualität, wenn es mir gelingt, auf der Basis wechselseitiger Akzeptanz auch Konflikte austragen zu können. Tatsächlich belegen zahlreiche Untersuchungen, dass Kritik dann besser akzeptiert werden kann, wenn sie auf der Basis grundlegender Wertschätzung formuliert wird – was ja auch leicht nachvollziehbar ist.

Deshalb geht es darum, für sich selbst zu überprüfen, welcher Pol bei mir besser und welcher schwächer ausgeprägt ist, um diesen dann zu entwickeln."

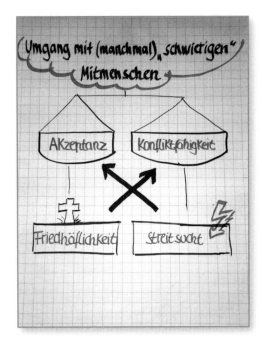

Abb.: Der Trainer deutet mit Pfeilen die Entwicklungsrichtungen an, die erforderlich sind, wenn nur einer der beiden Pole stark ausgeprägt ist.

Hinweise

▶ Wichtig bei der Praxisberatung ist, dass die Protagonistin keine „Rat-schläge", sondern lediglich Anregungen und Handlungsoptionen erhält, während die Entscheidung über die Lösung in Ihrer Verantwortung bleibt. Dies ist insbesondere bei dem Thema dieser Praxisberatung bedeutsam – es geht um Überfürsorglichkeit und Bevormundung. Die Protagonistin soll durch die Methode nicht – wie in der Alltagssituation durch den Kollegen – bevormundet werden. Es ist von zentraler Bedeutung, diese Parallele zu beachten, da sich im Hier und Jetzt der Fallarbeit häufig diejenigen psychologischen Muster wiederholen, um die es im Da und Dort der Fallsituation geht. Hier bringt die Protagonistin gewissermaßen die Einladung „Ich bin klein und hilflos – was kann ich nur tun?" mit. Wenn die Gruppe diese annimmt und im Sinne von „Wir sind stark und helfen Dir weiter" beantwortet, wiederholt sich das Muster, unter dem die Protagonistin leidet. Deshalb ist es für den Erfolg der Fallarbeit entscheidend, dass der Trainer darauf achtet, die Verantwortung für die Problemlösung bei der Protagonistin zu belassen.

▶ Es kann für den Trainer während der Fallarbeit schwierig sein, gleichzeitig auf die Inhalte der Diskussion im „Reflecting Team" zu achten, die Protagonistin im Blick zu haben und noch mitzuschreiben. Um sich die Sache zu erleichtern, kann er deshalb das Mitschreiben auch an einen Seminarteilnehmer delegieren.

▶ Die Satzanfänge, die hier beim „Reflecting Team" eingesetzt werden, können selbstverständlich durch andere Vorgaben oder Leitfragen ersetzt werden, je nachdem, was für den jeweiligen Fall passend ist.

▶ Als ergänzender Input zu dieser Fallarbeit dient auch die anschließende Session zu den unterschiedlichen Persönlichkeitsstilen, da der Konflikt zwischen Frau Sonnleitner und Herrn Althaus als Dauer-Wechsel-Konflikt begriffen werden kann.

Link-Tipp:
www.tsbt.de

▶ Seminare zu Methoden der Praxisberatung bietet der Autor am Moreno-Institut Stuttgart an. Weitere Informationen finden Sie auf *www.tsbt.de*

Literatur

▶ Andersen, Tom (Hrsg.): Das reflektierende Team. Modernes Leben, 1996, 4. Aufl.
▶ de Shazer, Steve: Der Dreh. Überraschende Wendungen und Lösungen in der Kurzzeittherapie. Carl-Auer Verlag, 2006, 10. Auflage.
▶ Schlippe, Arist von/Schweitzer, Jochen: Lehrbuch der systemischen Therapie und Beratung. Vandenhoeck & Ruprecht, 2003, 10. Aufl.
▶ Schulz von Thun, Friedemann: Miteinander reden, Band 2. Rowohlt, 2005, 25. Aufl.

15.35 Uhr   Pause

Der erste Seminartag

Hintergründe von Konflikten: Das Persönlichkeitsmodell von Riemann – Input

15.45 Uhr

Orientierung

Ziele:
- Die Teilnehmer kennen und verstehen das Persönlichkeitsmodell von Riemann und Thomann

Zeit:
- 15 Minuten (10 Min., 5 Min. Puffer)

Material:
- Pinnwand „Das Persönlichkeitsmodell von Riemann und Thomann"

Überblick:
- Der Trainer stellt an der Pinnwand die Persönlichkeitstendenzen Nähe-Distanz und Dauer-Wechsel vor
- Er erläutert die Schatten- und Sonnenseiten der unterschiedlichen Persönlichkeitstypen

Erläuterungen

Wie erwähnt, leitet sich der Begriff „Konflikt" von dem lateinischen Wort „confligere = zusammenstoßen, aufeinanderprallen" ab. In Konflikten stoßen Menschen nicht zuletzt wegen ihren unterschiedlichen Persönlichkeiten zusammen. Deshalb ist es notwendig, ein Modell der menschlichen Persönlichkeit zur Hand zu haben, um die Ursachen und Dynamiken zwischenmenschlicher Konflikte besser zu verstehen.

Der Versuch, Menschen mit ihren unterschiedlichen Wesensarten verschiedenen Typologiegruppen zuzuordnen, reicht bis in die Antike zurück. So haben bereits Hippokrates und Paracelsus versucht, die unübersehbare Fülle menschlicher Individualitäten in der so genannten Temperamentenlehre zu ordnen. In den vergangenen Jahrhunderten wurde die Typenlehre immer wieder aufgegriffen, neu belebt und weiterentwickelt. So haben auch Goethe, Schiller und Nietzsche einen Beitrag zu deren Popularität in ihrer Zeit geleistet. Vorreiter der neuzeitlichen Modelle ist insbesondere der Schweizer Psychoanalytiker C.G. Jung, auf den auch populäre Persönlichkeitstests wie der MBTI oder die Insight-Tests zurückgehen.

Das Riemann-Thomann-Modell

Für das Thema „Konfliktmanagement" ist das Riemann-Thomann-Modell besonders interessant, weil es – insbesondere in der Weiterentwicklung von Christoph Thomann – seinen Fokus auf das zwischenmenschliche Konfliktverhalten legt.

Der Psychoanalytiker Fritz Riemann (1902-1979) veröffentlichte 1961 sein Standardwerk „Grundformen der Angst". Darin postuliert er vier grundlegende Formen der Angst, mit denen jeder Mensch konfrontiert sei: Der Angst, sich anderen Menschen anzuvertrauen und sich hinzugeben auf der einen und der entgegengesetzten Angst vor Distanz, Einsamkeit und Autonomie auf der anderen Seite. Daneben gibt es zwei weitere, diametral entgegengesetzte Ängste: Die Angst vor der Veränderung, dem Wandel und der Vergänglichkeit. Und andererseits die Angst vor der Endgültigkeit, der Notwendigkeit und vor der Unfreiheit. Riemann geht davon aus, dass unsere Persönlichkeitsstruktur maßgeblich durch unsere Bewältigungsstrategien dieser Grundängste bestimmt wird. Wenn beispielsweise die Angst vor Nähe, Hingabe und Bindung übermäßig stark ausgeprägt ist, entsteht die Tendenz zu einer schizoiden, bindungsunfähigen Persönlichkeitsstruktur. Die anderen Persönlichkeitsmuster bezeichnet er als die depressive (Angst vor Distanz und Autonomie), zwanghafte (Angst vor Vergänglichkeit) bzw. hysterische (Angst vor Endgültigkeit) Persönlichkeit.

Aufgrund dieser pathologisierenden Typenbezeichnungen, die der Psychotherapeut Riemann auf dem Hintergrund seiner Erfahrung im Umgang mit neurotischen Klienten entwickelte, ist die Verwendung seines originären Persönlichkeitsmodells in der Aus- und Weiterbildung problematisch. Es ist das Verdienst des Schweizer Psychologen Christoph Thomann, Riemanns Ansatz zu einem ressourcenorientierten Persönlichkeitsmodell weiterentwickelt zu haben, welches nicht nur die Schatten-, sondern auch die Sonnenseiten der verschiedenen Persönlichkeitsstile beschreibt. Dieses Modell wird im Folgenden vorgestellt. Es bietet die Möglichkeit, sich und andere besser zu verstehen. Aufgrund dieses Verständnisses wird die Fähigkeit gefördert, mit unterschiedlichen Persönlichkeiten, insbesondere in Konfliktsituationen, besser zurechtzukommen.

Vorgehen

Wenn die Teilnehmer nach der Pause wieder Platz genommen haben, leitet der Trainer zum Thema „Persönlichkeitsstile" über.

„Eine Ursache von Konflikten liegt darin, dass Menschen unterschiedliche Bedürfnisse, Wertvorstellungen und Persönlichkeitsmerkmale haben. Um diese persönlichkeitsbedingten Differenzen besser zu verstehen, ist die Kenntnis von Persönlichkeitstheorien hilfreich. Zwar sind Menschen komplexer und vielschichtiger als alle Modelle, dennoch können Persönlichkeitsmodelle uns Orientierungspunkte geben, um Menschen und ihre Beweggründe besser einordnen und verstehen zu können.

Deshalb stelle ich Ihnen jetzt die Persönlichkeitstheorie des Psychoanalytikers Fritz Riemann vor. Er unterscheidet vier Grundstrebungen, die grundsätzlich alle Menschen haben."

Abb.: Der Trainer präsentiert das Plakat „Das Persönlichkeitsmodell von Riemann".

Er fährt fort:
„Auf der einen Achse geht es um Nähe versus Distanz. Alle Menschen haben auf der einen Seite einen **Wunsch nach Nähe**, nach Kontakt, haben die Sehnsucht, lieben zu können und geliebt zu werden, das Bedürfnis nach Freundschaft und nach Geborgenheit, ebenso nach Bestätigung, Vertrauen und Harmonie.

Gleichzeitig hat jeder auch das **Bedürfnis nach Distanz**, nach Abstand, nach Abgrenzung von anderen Menschen, um ein eigenständiges und unverwechselbares Individuum zu sein. Hier geht es um das Streben nach Unabhängigkeit und Autonomie.

Auf der anderen Achse geht es ebenfalls um zwei entgegengesetzte Tendenzen, um Dauer versus Wechsel. Auf der einen Seite geht es um den **Wunsch nach Dauerhaftem** und Bleibendem, um Sicherheit, Planung und Ordnung. Jeder von uns hat das Bedürfnis, eine gewisse Kontinuität und Beständigkeit in seinem Leben zu haben, es planen und gestalten zu können.

*Auf der anderen Seite gibt es in jedem Menschen auch das **Bedürfnis nach Wechsel** und Veränderung, den Wunsch nach dem Zauber des Neuen, dem Reiz des Unbekannten, nach Abwechslung, Spontaneität und Flexibilität.*

Diese vier Grundbedürfnisse hat jeder Mensch. Allerdings in unterschiedlichen Mengen- und Mischungsverhältnissen. Oft bewegen wir uns zwar flexibel zwischen den Polen, aber jeder von uns hat sein ‚Heimatgebiet', das durch unsere Veranlagung und durch unsere Lebensgeschichte bestimmt wird.

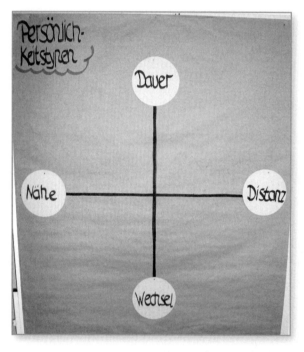

Abb.: Der Trainer hat die Grundstrebungen der Persönlichkeit nach Fritz Riemann präsentiert.

Idealtypisch lassen sich vier Persönlichkeitsstile unterscheiden, die jeweils ihre spezifischen Sonnen- und Schattenseiten haben. Diese Stile möchte ich Ihnen gerne vorstellen."

Der Trainer erläutert das Modell und pinnt jeweils die dazu passenden Moderationskarten an die Pinnwand (siehe Abbildung).

Er fährt fort:
*„Menschen, die eine hohe **Nähe-Tendenz** haben, sind kontaktfreudig, ausgleichend, verständnisvoll und akzeptierend. Im Beruf sind ihnen ein gutes Arbeitsklima und harmonische Beziehungen wichtig. Im Büro haben sie immer einen Stuhl frei, sorgen dafür, dass Geburtstagskarten unterschrieben werden und jeder ein Geschenk bekommt. Sonnenseiten des ‚Nähe-Menschen' sind, dass er sich in andere einfühlt und mehr an andere als an sich selbst denkt. Er ist freundlich, herzlich und offen, warmherzig und friedfertig. Er schenkt und genießt Vertrauen, geht gerne und schnell auf andere zu und versteht es, mit unterschiedlichsten Menschen gut auszukommen. Die Schattenseiten sind, dass er Spannungen vermeidet und Auseinandersetzungen aus dem Weg geht. Es ist ihm wichtig, gemocht zu werden und er sagt ungern ‚Nein'. Seine eigenen Bedürfnisse kommen oft zu kurz. Es fällt ihm schwer, sich abzugrenzen, Ärger und Aggression auszudrücken.*

Für Menschen mit hoher **Distanz-Orientierung** gilt das Gegenteil. Sie wirken sachlich, kühl und distanziert. Der Distanz-Mensch arbeitet am liebsten alleine. Wenn Zusammenarbeit notwendig ist, versucht er, diese möglichst so aufzuteilen, dass jeder seinen klar umrissenen Aufgabenbereich hat – um doch wieder alleine arbeiten zu können. Sitzungen mag er nicht und empfindet sie als langweiliges und unnötiges Geschwätz. Geselliges Beisammensein oder kollegiale Treffen nach Feierabend sind ihm tendenziell ein Gräuel. Die Sonnenseiten des ‚Distanzlers' liegen darin, dass er in der Lage ist, scharf zu beobachten und sachlich-kritisch zu denken. Er ist unabhängig, kann sich gut abgrenzen und ‚Nein' sagen. In Konfliktsituationen weiß er genau, was er will und kann das klar artikulieren. Es macht ihm nichts aus, auch unpopuläre Standpunkte einzunehmen. Ihm geht es dabei vorwiegend um die Sache und darum, fachlich richtige Entscheidungen zu treffen. Seine Schattenseiten bestehen darin, dass er meist kühl und distanziert wirkt. Man kommt selten an ihn heran, er wirkt unpersönlich, kalt und abweisend. Oft kann er gerade in Konflikten sehr harsch, zynisch, sarkastisch oder auch aggressiv auftreten, wodurch er sich oft unbeliebt macht.

Menschen mit hoher **Dauer-Orientierung** sind ordentlich, gewissenhaft und strukturiert. Ihr Zeitmanagement ist perfekt, sie haben ihre Termine, Fristen und Aufgaben im Blick und im Griff. Sie können gut organisieren, sind stets pünktlich und zuverlässig. Der ‚Dauer-Mensch' kann gut Ordnung halten und erwartet das auch von anderen. Schließlich ist Ordnung schon ‚die halbe Miete'. Er hat ein ausgeklügeltes und vollständiges Ablagesystem, schätzt Listen und Planungen und hält am liebsten alles schwarz auf weiß fest. Er liebt Struktur, Sicherheit und Pünktlichkeit. Andererseits steht er Veränderungen, Neuerungen und Unvorhergesehenem eher skeptisch gegenüber. Er neigt zum Konservatismus, Dogmatismus, zur Prinzipienreiterei. Zum Teil tendiert er dazu, andere zu beherrschen und zu kontrollieren. Er kann pedantisch und überkorrekt wirken.

Dazu im genauen Gegensatz steht der ‚**Wechsel-Mensch**'. Ihm ist es wichtig, in seiner Tätigkeit kreativ, fantasievoll und flexibel sein zu können. Sein Arbeitsplatz wirkt eher chaotisch, der Terminkalender ist meist durcheinander, aber das macht ihm nichts aus, schließlich ‚beherrscht das Genie ja das Chaos'. Der Wechsel-Mensch bringt mit seiner Lebendigkeit und Spontaneität ‚Farbe' in den Alltag, er ist begeisterungsfähig, liebt das Risiko, alles Neue und Unkonventionelle, er lässt sich und andere leben. Er kann sehr charmant und unterhaltsam

Abb.: Der Trainer hat die Persönlichkeitstypen nach Riemann präzisiert.

sein. Für Probleme hat er oft neuartige Lösungen. Andererseits weicht er Verpflichtungen, Spielregeln, Vorschriften und Gesetzen gerne aus. Wenn es um Konsequenzen geht, findet er stets ein Hintertürchen zum Fliehen. Er ist wenig zuverlässig. Ordnung und Pünktlichkeit vernachlässigt er gerne, nicht ohne mit diesen Untugenden zu kokettieren. Er ist zum Teil launenhaft, leicht verstimmt und oft auf der Suche nach Bestätigung.

Können Sie sich diese Persönlichkeitsstile vorstellen?"

Anschließend öffnet der Trainer den Raum für Fragen und Diskussionen: *„Welche Fragen und Anmerkungen haben Sie?"*

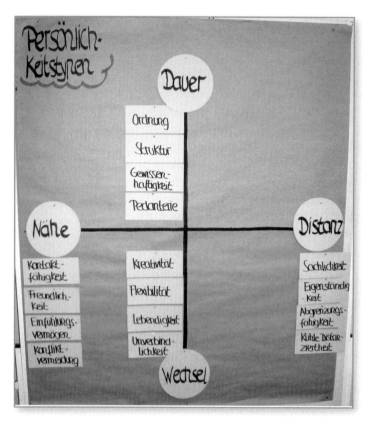

Hinweise

▶ Im Folgenden lernen Sie drei Einwände, die zuweilen gegenüber dem Modell vorgebracht werden, sowie mögliche Antworten kennen:

Teilnehmer: *„Das Modell ist doch viel zu allgemein. Es hängt doch immer von der Situation ab, wie man sich verhält und nicht nur von der Persönlichkeit."*

Trainer: *„Das Verhalten von Menschen hängt immer von zwei Faktoren ab: von der Situation und der jeweiligen Person. Untersuchungen (z.B. von Kurt Lewin) haben gezeigt, dass die meisten Menschen den Anteil der Situation am* eigenen Verhalten eher überschätzen und den Anteil der Situation am Verhalten anderer Menschen eher unterschätzen. In der Regel schieben wir die Gründe für unser Verhalten also eher auf die Situation, während wir bei anderen ihr Verhalten eher an deren Persönlichkeit festmachen. Natürlich ist es so, dass Menschen sich in verschiedenen Situationen unterschiedlich verhalten. Aber es gibt auch gravierende Unterschiede zwischen Personen in der gleichen Situation. Es gibt eben auch deutlich Unterschiede hinsichtlich der Persönlichkeiten. Und diese bildet das Modell ab."

Teilnehmer: „Bei mir gibt es große Unterschiede zwischen meinem privaten und meinem beruflichen Verhalten. Wie lässt sich das mit dem Modell vereinbaren?"

Trainer: „Das Modell geht nicht davon aus, dass wir uns in allen Situationen gleich verhalten und uns auf einen Punkt im Koordinatensystem reduzieren lassen. Vielmehr hat jeder von uns ein Heimatgebiet, das sich in dem Modell unterschiedlich vorstellen lässt, zum Beispiel, wie ein Kreis, ein Balken oder auch birnenförmig. Welches Verhalten Sie dann in einer konkreten Situation zeigen, hängt auch von der Rolle ab, die Sie einnehmen. Im Job werden Sie wahrscheinlich mit anderen Anforderungen konfrontiert sein als in Ihrer Rolle als Familienvater."

Teilnehmer: „Wie meine Persönlichkeit ausgeprägt ist, hängt doch auch vom Lebensalter ab, oder?"

Trainer: „Ja. Die Persönlichkeitstheorie ist kein statisches, sondern ein dynamisches Modell. Das heißt, wir alle verändern und entwickeln uns im Laufe unseres Lebens. Es gibt manche Lebensphasen, wie beispielsweise die Kindheit, die zum Beispiel stärker dem Pol ‚Dauer' zuzuordnen sind, wenn Sie daran denken, wie gerne Kinder es mögen, wenn sich etwas wiederholt, wie sie Rituale zum Schlafengehen etwa mögen. Dagegen ist die Jugend oft ein Alter, das mit dem Bruch von Konventionen, mit dem Ausprobieren von Grenzen und dem Wunsch nach Abenteuer und Abwechslung verbunden ist. Dennoch gibt es meistens Präferenzen, die – bei aller zeitweiligen Veränderung – relativ stabil bleiben."

▶ Besonders lebendig wird die Präsentation, wenn der Trainer nicht nur über die unterschiedlichen Persönlichkeitsstile referiert, sondern in diese Rollen „hineinschlüpft". Das kann beispielsweise so aussehen:

– *„Als Nähe-Mensch ist mir Kontakt sehr wichtig."*

Der Trainer setzt sich auf seinen Stuhl in den Teilnehmerkreis.

– *„Können wir vielleicht ein bisschen näher zusammenrücken? Wir sind so weit auseinander.*

– *Ja, so ist es schon besser. Mir ist es wichtig, dass sich alle hier auch wohl fühlen. Geht es Ihnen gut?*

– *Möchten Sie vielleicht noch ein paar Kekse oder einen Kaffee haben?*

– *Das ist ja auch nicht leicht, wenn man so viel still sitzen muss, nicht wahr? Sagen Sie mir ruhig Bescheid, wenn Sie eine Pause brauchen. Mir ist wirklich wichtig, dass es Ihnen allen gut geht und wir eine offene und vertrauensvolle Atmosphäre im Seminar haben. Und falls jemand ein Problem hat, kann er sich auch gerne an mich wenden.*

– *Wie Sie sehen, als Nähe-Mensch gehe ich sehr auf andere Menschen zu und auf sie ein ..."*

In der Rolle des „Distanzlers" kann er sich dann entsprechend entgegengesetzt verhalten:

– *„Ach wissen Sie, rücken Sie doch mal bitte wieder ein bisschen auseinander. Das ist mir hier alles viel zu nah und zu eng!*

– *Überhaupt mag ich diese Stuhlkreise nicht. Am Ende macht man dann noch irgendwelche Spiele, Ringelpietz mit Anfassen! Igitt! Können wir denn nicht Tische hinstellen? Dann kann jeder seine Sachen abstellen, mitschreiben und hat auch etwas Platz um sich herum.*

– *Wir sollten uns mehr der Theorie widmen, die kommt hier im Seminar ohnehin zu kurz. Und dieses ganze psychologische Gerede ist mir ohnehin suspekt. Da sollten wir doch lieber bei den Fakten bleiben und schauen, was denn die wissenschaftliche Forschung zu diesem Thema zu sagen hat ..."*

Beim Dauer-Menschen kann er sich beispielsweise folgendermaßen an einen Teilnehmer wenden:

- *„Herr Meier, würden Sie bitte Ihre Sachen aufräumen? Das stört mich doch etwas, wenn hier alles kreuz und quer liegt.*

- *Überhaupt, das ist ja eine Unordnung hier. Furchtbar!*

- *Außerdem möchte ich Sie darauf aufmerksam machen, dass Sie von der Pause eine Minute zu spät wiedergekommen sind. Da würde ich Sie schon um etwas mehr Pünktlichkeit bitten!"*

Und beim Wechsel-Typ:

- *„Also, als Wechsel-Mensch finde ich, dass diese Dauer-Typen einfach unerträgliche Spießer sind. Ordnung, Disziplin und tödliche Langeweile. Die sind schon tot, während sie noch atmen.*

- *Hey, lasst uns doch einfach jetzt mal was ganz anderes machen, o.k.? Vielleicht mal ein Spiel oder eine Improvisationstheater-Übung, das wäre witzig, oder?*

- *Stehen Sie doch mal alle auf, machen Sie einen Kopfstand und dann geht's weiter!*

- *Ich finde es einfach klasse, wenn's viel Abwechslung gibt im Seminar. Deswegen besuche ich ja auch Seminare so gerne. Da ist immer was los, man kommt raus, trifft andere Leute, hat einen Haufen Spaß. Das Thema ist mir eigentlich eher egal – aber nicht dem Trainer weitersagen. Übrigens, kann sein, dass ich nachher später komme, ich habe noch was Dringendes zu erledigen. Und heute abend ist noch eine Party angesagt. Ach, kommt doch einfach alle mit!"*

Natürlich birgt eine solch parodistische Präsentation die Gefahr in sich, dass der Input nicht ernst genommen wird und die Persönlichkeitsstile so überspitzt dargestellt werden, dass eine wirkliche Auseinandersetzung mit dem Modell nicht mehr stattfindet. Andererseits werden die Persönlichkeitstypen lebendiger und plastischer, wenn der Trainer diese verkörpert. Eine gute Lösung kann es deshalb sein, beide Vorgehensweisen – die Verkörperung und die kommentierende Darstellung – miteinander zu verknüpfen.

Varianten

▶ Alternativ zum Riemann-Thomann-Modell kann der Trainer auch einen wissenschaftlichen Persönlichkeitstest, wie etwa den MBTI, das Bochumer Persönlichkeitsinventar oder „Insight Discovery" einsetzen. Allerdings benötigt er dann die Zeit, die Ergebnisse in Ruhe mit den Teilnehmern zu besprechen sowie das entsprechende Zertifikat zur Testdurchführung.

Literatur

▶ Riemann, Fritz: Grundformen der Angst. Reinhardt, 2006, 26. Aufl.
▶ Thomann, Christoph: Klärungshilfe 1. Handbuch für Therapeuten, Gesprächshelfer und Moderatoren in schwierigen Gesprächen. Rowohlt, 2003.
▶ Thomann, Christoph: Klärungshilfe 2. Konflikte im Beruf. Rowohlt, 2004, 2. Aufl.
▶ Stahl, Eberhard: Dynamik in Gruppen. Beltz, 2007, 2. Aufl.
▶ Schulz von Thun, Friedemann: Miteinander reden 3. Das Innere Team und situationsgerechte Kommunikation. Rowohlt, 2005, 14. Aufl.

Selbstreflexion zum Persönlichkeitsmodell – Übung

16.00 Uhr

Orientierung

Ziele:
- Die Teilnehmer reflektieren den eigenen Persönlichkeitsstil
- Sie setzen sich mit den Persönlichkeitsstilen von Konfliktpartnern auseinander

Zeit:
- 20 Minuten (15 Min., 5 Min. Puffer)

Material:
- Moderationskarten, auf denen „Nähe", „Distanz", „Dauer" und „Wechsel" steht

Überblick:
- Die Teilnehmer ordnen sich dem auf dem Boden abgebildeten Koordinatensystem zu
- Sie werden befragt, wie sie sich selbst und einen Konfliktpartner zuordnen würden
- Im Stuhlkreis werden die Erkenntnisse besprochen

Erläuterungen

In der folgenden soziometrischen Übung werden die Teilnehmer aufgefordert, sich in Bezug auf das vorgestellte Persönlichkeitsmodell einzuordnen. Dies dient der Übertragung des Modells auf die eigene Person und damit der Selbstreflexion. Außerdem wird jedes Gruppenmitglied gebeten, etwas von der eigenen Person zu offenbaren. Durch diese Selbstoffenbarung kann sich das Vertrauen in der Gruppe vertiefen. Hilfreich ist dabei, dass das Modell keine Bewertung der unterschiedlichen Persönlichkeitstendenzen vornimmt. Alle Persönlichkeitsstile stehen gleichberechtigt nebeneinander.

Der Trainer fragt im Interview nicht nur danach, wie sie sich selbst einschätzen. Er stellt auch die Frage, wo sie einen Konfliktpartner in dem Modell verorten würden. Damit wird untersucht, inwiefern die Unterschiedlichkeit der Persönlichkeiten eine Rolle bei der Konfliktentstehung spielt.

Vorgehen

Der Trainer verteilt Moderationskarten, auf denen die Bezeichnungen der Persönlichkeitsstile stehen, so im Raum, dass ein Koordinatensystem entsteht (siehe Abbildung).

„Stellen Sie sich vor, dass wir hier ein Koordinatensystem haben. Auf der einen Achse haben wir die Nähe vs. die Distanzorientierung. Auf der anderen die Dauer vs. die Wechselorientierung. Schauen Sie mal, wo Sie sich am ehesten sehen in diesem Modell. Wenn Sie zunächst nur die Achse Nähe vs. Distanz betrachten, welcher Pol ist bei Ihnen stärker ausgeprägt?

Und wenn Sie dann Dauer und Wechsel noch berücksichtigen, welche Tendenz ist da bei Ihnen stärker?

Bitte stehen Sie auf und positionieren Sie sich."

Abb.: Der Trainer leitet die Soziometrie zum Persönlichkeitsmodell von Fritz Riemann an.

Falls es Unklarheiten gibt, demonstriert der Trainer das Vorgehen: *„Wenn bei Ihnen beispielsweise Distanz und Dauer am stärksten ausgeprägt sind, würden Sie hier stehen."*

Abb.: Der Trainer demonstriert das Vorgehen bei der Soziometrie zum Riemann-Thomann-Modell anhand eines Beispiels.

Wenn alle Teilnehmer ihren Platz eingenommen haben, stellt der Trainer die Frage:
„Bitte denken Sie jetzt an eine Person, mit der Sie einen Konflikt haben oder mit dem Sie die Zusammenarbeit als schwierig erleben. Überlegen Sie, wo Sie diese Person in dem Modell einordnen würden."

Dann geht der Trainer zum Interview über:
„Bitte sagen Sie kurz, warum Sie an diesem Platz stehen und wo Sie Ihren Konfliktpartner einordnen würden."

Nach dem Interview können die Teilnehmer Platz nehmen. Der Trainer wertet die Soziometrie aus:
„Was ist Ihnen aufgefallen?"

I. Seminarfahrplan: Konflikte konstruktiv lösen

Abb.: Im Stuhlkreis wird besprochen, was den Teilnehmern bei der Übung zur Selbstreflexion aufgefallen ist.

Der Trainer kann die Frage bei Bedarf präzisieren:
„Wo liegen Schwerpunkte in dieser Gruppe? Was ist Ihnen aufgefallen hinsichtlich der eigenen Persönlichkeit und der des Konfliktpartners?"

Hinsichtlich der letzten Frage ist es häufig so, dass die Konfliktpartner an entgegengesetzten Polen des Persönlichkeitsmodells eingeordnet werden. Hier kann der Trainer nach Thomann (1988, 1998) ergänzend erläutern:
„Häufig polarisieren sich die wahrgenommenen Unterschiede zwischen den Menschen in Konflikten, so wie beim Beispiel zwischen dem Mann, der sich immer mehr zurückzieht und der Frau, die immer meckert, weil der Mann nie da ist. Dort haben wir also eine Polarisierung des Nähe-Distanz-Verhältnisses. Es besteht die Gefahr, dass wir uns selbst differenziert wahrnehmen und in uns selbst alle Strebungen erkennen, den Konfliktpartner aber eindimensional auf eine Kategorie festlegen – so als sei dieser immer nur distanziert und zugeknöpft oder immer nur chaotisch und unzuverlässig.

Dem können wir nur entgegenwirken, indem wir den offenen Dialog mit dem Konfliktpartner suchen und versuchen, die Bedürfnisse des anderen zu verstehen. Damit dies gelingt, ist es hilfreich, die Bedürfnisse der unterschiedlichen Persönlichkeitstypen zu kennen – ohne freilich einzelne Menschen starr dem jeweiligen ‚Typ' zuzuordnen."

Hinweise

▶ Es kommt des Öfteren vor, dass es Teilnehmern schwerfällt, sich in dem Persönlichkeitsmodell einzuordnen, etwa weil sie sich in verschiedenen Situationen unterschiedlich erleben. Hierauf kann der Trainer etwa folgendermaßen eingehen:
„Es ist in der Tat nicht leicht, sich selbst zuzuordnen, weil man in unterschiedlichen Situationen verschieden handelt und alle Tendenzen irgendwie kennt. Es geht auch nicht darum, dass Sie sich auf einen Punkt endgültig festlegen müssen, sondern darum, wie Sie sich tendenziell in Ihrem beruflichen Umfeld selbst einschätzen würden."

Varianten

▶ Die Soziometrie kann erweitert werden, indem der Seminarleiter die Teilnehmer auffordert, einen Schritt in die Richtung zu machen, in die sie sich gerne entwickeln möchten. Dies hat häufig einen offenen und ergiebigen Reflexionsprozess zur Folge.

▶ Alternativ zur soziometrischen Selbstreflexion kann das Modell auch genutzt werden, um Feedback auszutauschen. Hierzu kann man die Seminarteilnehmer etwa bitten, sich zu dritt zusammenzusetzen und auf einem Blatt einzuzeichnen, wo man sich selbst und die beiden anderen einordnen würde. Anschließend tauschen sich die Mitglieder der Kleingruppe zu ihren Einschätzungen aus.

16.20 Uhr Konfliktmanagement und Persönlichkeitsstile – Kleingruppenarbeit

> **Orientierung**
>
> **Ziele:**
> ▶ Die Teilnehmer lernen, mit unterschiedlichen Persönlichkeiten in Konflikten konstruktiv umzugehen
>
> **Zeit:**
> ▶ 20 Minuten (15 Min., 5 Min. Puffer)
>
> **Material:**
> ▶ Flipchart „Konfliktmanagement und Persönlichkeitsstile"
> ▶ Pinnwand „Das Persönlichkeitsmodell von Riemann"
>
> **Überblick:**
> ▶ Die Teilnehmer teilen sich in vier Kleingruppen auf und beschäftigen sich jeweils mit einem Persönlichkeitsstil
> ▶ Sie arbeiten heraus, welche Bedürfnisse dieser Persönlichkeitstyp hat und wie man mit ihm idealerweise umgehen sollte
> ▶ Die Ergebnisse der Kleingruppen werden präsentiert

Erläuterungen

Im Folgenden geht es darum, das Gespür für die Bedürfnisse unterschiedlicher Persönlichkeiten in Konfliktsituationen zu verbessern. In Kleingruppen erarbeiten die Teilnehmer, wie man idealerweise mit den verschiedenen Persönlichkeitstypen umgehen sollte.

Vorgehen

„Als Nächstes möchte ich Sie bitten, sich mit jeweils einem Persönlichkeitsstil auseinanderzusetzen und die Frage zu beantworten, wie man mit diesem Persönlichkeitstyp in Konflikten umgehen sollte. Ziel ist es, die eigene Sensibilität für die Bedürfnisse anderer Menschen in Konfliktsituationen zu schärfen und damit in Konflikten besser mit unterschiedlichen Persönlichkeiten umgehen zu können.

Dazu möchte ich Sie bitten, sich in vier Kleingruppen aufzuteilen. Jede Kleingruppe beschäftigt sich mit einem Persönlichkeitstyp und bespricht, was dieser Typ in Konflikten braucht und was ihn noch mehr auf die Palme bringen würde. Die wichtigsten Punkte schreiben Sie bitte auf Karten auf."

Der Trainer legt Moderationskarten mit den Bezeichnungen der vier Persönlichkeitsstile auf den Boden und bittet die Teilnehmer, sich zuzuordnen.
„Bitte finden Sie sich zu Kleingruppen zusammen, indem Sie sich zu dem Persönlichkeitstyp stellen, mit dem Sie sich beschäftigen möchten. Bitte verteilen Sie sich möglichst gleichmäßig."

Sobald sich die Kleingruppen gefunden haben, teilt der Trainer ihnen Moderationskarten und -stifte aus.
„Bitte bleiben Sie im Raum. Sie haben zehn Minuten Zeit."

Anschließend präsentierten die Kleingruppen ihre Ergebnisse.

Der Trainer ergänzt bei Bedarf:

Abb.: Das Flipchart „Konfliktmanagement und Persönlichkeitsstile".

Persönlichkeitstypen und ihre Bedürfnisse in Konflikten

Nähe-Typ:
▶ braucht in Konflikten das Gefühl, dass nicht seine Person kritisiert wird, sondern es lediglich um konkrete Themen und Verhaltensweisen geht.
▶ möchte auch bei Spannungen das Gefühl erhalten, geschätzt und gemocht zu werden.
▶ ihm ist wichtig, dass das Gegenüber auf ihn, seine Gefühle und Bedürfnisse eingeht und ihm aktiv zuhört.
▶ wünscht sich, dass auch der Konfliktpartner seine Gefühle und Bedürfnisse offenbart. Dann fasst er Vertrauen und ist bereit, auf diesen einzugehen.

Distanz-Typ:
- kann Kritik dann akzeptieren, wenn diese sachlich vorgetragen wird.
- mag es nicht, wenn der andere ‚um den heißen Brei herumredet'. Er bevorzugt es, wenn der Konfliktpartner ‚Tacheles' redet und direkt auf den Punkt kommt.
- kann es nicht ertragen, wenn der andere versucht, in ihn ‚einzudringen', seine Gefühle und Bedürfnisse zu ergründen.
- möchte nach der Aussprache in Ruhe gelassen werden und benötigt Zeit, um die Situation für sich zu klären.

Dauer-Typ:
- ihm ist wichtig, dass die Konflikt-Themen strukturiert durchgesprochen werden und man nicht „vom Hundertsten aufs Tausendste" kommt.
- Vorwürfe und Kritikpunkte müssen durch konkrete Beispiele, Daten und Fakten untermauert werden, sonst sind sie nicht akzeptabel.
- braucht klare und konkrete Vereinbarungen, die dann von beiden Seiten zuverlässig eingehalten werden.

Wechsel-Typ:
- braucht Freiraum. Er möchte nicht festgenagelt werden.
- braucht Raum für seine Emotionen. Es muss möglich sein, Gefühle zu zeigen und auszuleben, ohne dafür verdammt zu werden.
- wichtig ist ihm, dass es möglich ist, nach kreativen und ungewöhnlichen Problemlösungen zu suchen und dass der andere dazu die nötige Offenheit und Flexibilität mitbringt.

Literatur
- Thomann, Christoph: Klärungshilfe 1. Handbuch für Therapeuten, Gesprächshelfer und Moderatoren in schwierigen Gesprächen. Rowohlt, 2003.
- Thomann, Christoph: Klärungshilfe 2. Konflikte im Beruf. Rowohlt, 2004, 2. Aufl.

Der erste Seminartag

Metakommunikation/Abschlussrunde   16.40 Uhr

> **Orientierung**
>
> **Ziele:**
> - Die Teilnehmer lernen Metakommunikation als Methode zur Konfliktlösung und -prävention kennen
> - Sie üben die Fähigkeit zur Metakommunikation, indem sie ihre Zusammenarbeit reflektieren
>
> **Zeit:**
> - 15 Minuten (10 Min., 5 Min. Puffer)
>
> **Material:**
> - Flipchart „Metakommunikation"
>
> **Überblick:**
> - Der Trainer stellt am Flipchart das Prinzip der Metakommunikation vor
> - Er leitet eine Abschlussrunde bezüglich des Themas, der Seminargestaltung und der Zusammenarbeit an

Erläuterungen

Die Fähigkeit, die Kommunikation selbst zum Gegenstand der Reflexion zu machen und die eigenen Wahrnehmungen und Empfindungen zu verbalisieren, ist eine Schlüsselkompetenz zur Prävention und Bewältigung von Konflikten. Daher ist es unabdingbar, den Seminarteilnehmern die Möglichkeit zu geben, offenes Feedback auszutauschen. Neben der Bereinigung von „Störungen" in der Zusammenarbeit dient dies auch zur Abstimmung und Planung des weiteren Vorgehens.

Vorgehen

„Untersuchungen zeigen, dass Konflikte immer dann eskalieren, wenn es nicht gelingt, kleinere Irritationen rechtzeitig auszuräumen. Umgekehrt ist das rechtzeitige Thematisieren von kleineren Störungen das beste Mittel, um Konflikten effektiv vorzubeugen. Dazu ist die Fähigkeit, Distanz zu dem eigenen Gespräch herzustellen und die Art der Kommunikation selbst zu thematisieren, hilfreich. Diese Fähigkeit nennt man ‚Metakommunikation'.

Abb.: Das Flipchart „Metakommunikation".

Der Trainer erläutert das Prinzip der „Metakommunikation".
„In der Metakommunikation geht es darum, gewissermaßen eine Vogelperspektive einzunehmen und von oben auf die eigene Interaktion zu schauen."

Dann leitet der Trainer über zur Abschlussrunde.
„Ich möchte Sie einladen, nun mit mir auf die Meta-Ebene zu wechseln. Die Frage ist: Wie haben Sie diesen ersten Seminartag erlebt?

Wie ist es Ihnen heute ergangen in Bezug auf das Thema, die Seminargestaltung und unsere Zusammenarbeit? Und was wünschen Sie sich für morgen?

Dabei sind sowohl jene Aspekte wichtig, die Sie positiv erlebt haben, als auch solche, die Sie sich anders gewünscht hätten."

Nun hat der Trainer die Möglichkeit, eine „Runde" zu machen, in der jeder Teilnehmer reihum seine Sichtweise schildert oder auf eine Vorgabe zur Reihenfolge zu verzichten – nach dem Motto „Wer anfängt, fängt an". Wenn die Zeit knapp ist, entscheidet sich der Trainer für die strukturierte Variante.

„Lassen Sie uns hierzu eine Runde im Uhrzeigersinn machen. Frau Meier, würden Sie beginnen?"

Hinweise

▶ Wenn der Trainer eine Runde anleitet, hat dies den Vorteil, dass es schnell und strukturiert zugeht. Der Nachteil besteht darin, dass sich die Teilnehmer nicht dann zu Wort melden, wenn sie etwas aus eigenem Antrieb sagen möchten, sondern eben in dem Moment, an dem sie an der Reihe sind.

Gerade aber bei den sehr „feinstofflichen" Themen des zwischenmenschlichen Miteinanders, um den es beim Umgang mit Spannungen und Störungen geht, kann dies verhindern, dass gerade die heiklen, aber wichtigen Themen angesprochen werden. Oft benötigt es eine gewisse „Inkubationszeit" oder auch die Anregung vonseiten anderer, um in der Lage zu sein, auch die schwierigen, nichtstromlinienförmigen Themen anzusprechen, etwa wenn man sich als Teilnehmer vom Trainer nicht immer gut behandelt fühlte. Deshalb kann es hilfreich sein, wenn jeder Teilnehmer gerade dann „drankommt", wenn er bereit ist, seine Wahrnehmungen zu schildern und es hierfür kein Korsett gibt. Allerdings nimmt dieses Vorgehen deutlich mehr Zeit in Anspruch. Und: Der Trainer und die Teilnehmer müssen bereit sein, Tacheles zu reden und sich die Zeit dafür zu nehmen. Deshalb ist ein Zeitrahmen von mindestens einer halben Stunde notwendig. Freilich: Es gibt auch bei der unstrukturierten Auswertung keine Garantie, dass die Teilnehmer dann wirklich sagen, „was Sache ist" – bzw. was auf der Beziehungsebene los ist. Gerade wenn die Seminargruppe aus einer eher verschlossenen Unternehmenskultur kommt und es nicht gewohnt ist, Konflikte zu thematisieren, passiert es schnell, dass die Seminargruppe von sich aus dazu übergeht „reihum" zu sprechen und sich nach dem dritten Teilnehmer „dem Vorredner anschließt".

Literatur
▶ Schulz von Thun, Friedemann: Miteinander reden. Bd. 1. Rowohlt, 1981.

17.00 Uhr Die Geschichte „Der Mann mit dem Hammer"

> **Orientierung**
>
> **Ziele:**
> ▶ Den Seminartag abschließen und „abrunden"
>
> **Zeit:**
> ▶ 3 Minuten
>
> **Material:**
> ▶ Die Geschichte „Der Mann mit dem Hammer"
>
> **Überblick:**
> ▶ Der Trainer schließt den Tag auf humorvolle Weise ab.

Erläuterungen

Die folgende Geschichte von Paul Watzlawick veranschaulicht auf sehr pointierte und humorvolle Weise die intrapsychische Dynamik, die sich bei Konflikten abspielen kann. Insbesondere die ‚kognitive Kurzsichtigkeit' und die Wahrnehmungsverzerrungen in Spannungssituationen werden auf drastische Weise illustriert.

Der Trainer kann diese Geschichte zum Abschluss des ersten Seminartages vorlesen, um den Tag auf humorvolle Weise abzuschießen.

Vorgehen

„Zum Abschluss möchte ich Ihnen noch eine kleine Geschichte von dem berühmten Kommunikationswissenschaftler Paul Watzlawick vorlesen."

Der Mann mit dem Hammer

Ein Mann will ein Bild aufhängen. Den Nagel hat er, nicht aber den Hammer. Der Nachbar hat einen. Also beschließt unser Mann, hinüberzugehen und ihn auszuborgen. Doch da kommt ihm ein Zweifel: Was, wenn der Nachbar mir den Hammer nicht leihen will?

Gestern schon grüßte er mich nur so flüchtig. Vielleicht war er in Eile. Aber vielleicht war die Eile nur vorgeschützt, und er hat etwas gegen mich. Und was? Ich habe ihm nichts angetan. Der bildet sich da etwas ein. Wenn jemand von mir ein Werkzeug borgen wollt, ich gäbe es ihm sofort. Und warum er nicht?

Wie kann man einem Mitmenschen einen so einfachen Gefallen abschlagen? Leute wie dieser Kerl vergiften einem das Leben. Und dann bildet er sich noch ein, ich sei auf ihn angewiesen. Bloß weil er einen Hammer hat.

Jetzt reicht's mir wirklich!

Und so stürmt er hinüber, läutet, der Nachbar öffnet, doch noch bevor er „Guten Tag" sagen kann, schreit ihn unser Mann an: *„Behalten Sie sich Ihren Hammer, Sie Rüpel!"*

Literatur
▶ Paul Watzlawick: Anleitung zum Unglücklichsein. Piper, 2008, 12. Aufl.

Ende des ersten Tages 17.05 Uhr

Am zweiten Seminartag steht das Training konkreter Handlungsstrategien zur Bewältigung von Konflikten im Mittelpunkt. Während es am Vormittag insbesondere um das Ansprechen von Konflikten geht, wird am Nachmittag der Umgang mit Kritik und das Einfühlen in den Konfliktpartner thematisiert. Beide Themenblöcke werden jeweils mit einer aktivierenden Warm-up-Übung eröffnet, worauf sich ein prägnanter Input anschließt, der dann anhand einer praktischen Übung vertieft wird. Am Anfang des Tages steht der Impulsvortrag zu den Eskalationsmechanismen von Konflikten, der deutlich macht, wie wichtig ein frühzeitiges Ansprechen von Konflikten ist. Der Vormittag schließt dann mit der zweiten Praxisberatung ab, bei der die handlungsorientierte Methode des „Actstorming" eingesetzt wird und unterschiedliche Bewältigungsstrategien im Umgang mit einer spezifischen Konfliktsituation erprobt werden können. Am späten Nachmittag schließlich stellt der Trainer die unterschiedlichen Konfliktstile nach Kenneth W. Thomas vor, womit die Teilnehmer auf die Seminarbausteine des nächsten Tages – Harvard-Konzept und Führen von Konfliktgesprächen – vorbereitet werden.

Auf einen Blick

09.00 Uhr: Überblick über den Tag 135
09.05 Uhr: Eskalationsstufen von Konflikten – Input 137
09.25 Uhr: Konflikte ansprechen – Einstiegsübung 147
10.15 Uhr: Pause 155
10.30 Uhr: Konflikte konstruktiv ansprechen – Input 156
10.45 Uhr: Konflikte konstruktiv ansprechen –
    Fallstudien in Kleingruppen 164
11.20 Uhr: Kurze Pause 170
11.25 Uhr: Actstorming – Fallarbeit 171
12.30 Uhr: Mittagessen 180
13.30 Uhr: Stühlekippen – Warm-up 181
13.45 Uhr: Identifikation mit dem Konfliktpartner – Übung 185
14.30 Uhr: Umgang mit Kritik – Input 190
14.50 Uhr: Pause 196
15.05 Uhr: Umgang mit Kritik – Übung 197
15.55 Uhr: Das Ampel-Modell des Umgangs mit Kritik – Input 203
16.00 Uhr: Konfliktstile – Selbsteinschätzungsbogen 205
16.15 Uhr: Konfliktstile – Input 210
16.25 Uhr: Vor- und Nachteile der Konfliktstile –
    Kleingruppenarbeit 213
16.45 Uhr: Abschlussrunde 215
17.00 Uhr: Ende des zweiten Tages 216

Der zweite Seminartag

Überblick über den Tag   09.00 Uhr

> **Orientierung**
>
> **Ziele:**
> - Den Teilnehmern Orientierung geben
>
> **Zeit:**
> - 5 Minuten (3 Min., 2 Min. Puffer)
>
> **Material:**
> - Pinnwand „Ablaufplan"
>
> **Überblick:**
> - Der Trainer gibt einen Überblick über den geplanten Ablauf des Tages

Vorgehen

Der Trainer gibt zum Einstieg einen Überblick über den geplanten Ablauf:

„Während es gestern um die Grundlagen des Konfliktmanagements ging, stehen heute praktische Übungen und Konfliktlösungsmethoden im Mittelpunkt. Am Anfang werden wir uns mit den Eskalationsstufen von Konflikten beschäftigen. Es gibt einige Forschungen, die zeigen, dass Konflikte stets nach den gleichen Mustern eskalieren. Dies ist insofern wichtig, als es direkte Auswirkungen dafür hat, wie man Konflikte auf der jeweiligen Eskalationsstufe lösen kann. Danach werden wir uns mit der Frage beschäftigen, wie man Konflikte konstruktiv ansprechen kann."

Wo immer es möglich ist, nimmt der Trainer Bezug zu den Äußerungen der Teilnehmer:

„Das hatten ja auch Sie, Herr X, und Sie, Frau Y, angesprochen: Wie kann ich einen Konflikt ansprechen, ohne meinen Gesprächspartner vor den Kopf zu stoßen? Daran anschließend nehmen wir uns Zeit für Ihre konkreten Fragen und Fälle aus der Praxis. Da geht es darum, gemeinsam nach Lösungen zu suchen für Fragen, die Sie mitgebracht haben.

Nach dem Mittagessen steht das Thema ‚Identifikation mit dem Konfliktpartner' auf dem Programm. Hier geht es um die Frage, wie man auf den Konfliktpartner eingehen und sich in ihn einfühlen kann. Danach beschäftigen wir uns mit dem Thema ‚Umgang mit Kritik', bevor wir zum Abschluss den Fokus auf die unterschiedlichen Konfliktstile legen. Gibt es Fragen zum Ablauf?"

Eskalationsstufen von Konflikten – Input   09.05 Uhr

> **Orientierung**

Ziele:
▶ Die Teilnehmer kennen die Eskalationsstufen von Konflikten
▶ Sie können einschätzen, bei welcher Eskalationsstufe es welche Lösungsmöglichkeiten gibt

Zeit:
▶ 20 Minuten (15 Min., 5 Min. Puffer)

Material:
▶ Pinnwand „Stufen der Konflikteskalation"

Überblick:
▶ Der Trainer präsentiert die Stufen der Konflikteskalation anhand eines Beispiels
▶ Er stellt die Lösungsmöglichkeiten in den verschiedenen Phasen vor und fragt die Teilnehmer, welche Stufen sie aus eigenem Erleben kennen

Erläuterungen

Der Konfliktforscher Friedrich Glasl (2004, 2007) hat eine Vielzahl von Konflikten untersucht und ist zu dem Ergebnis gekommen, dass es bestimmte Eskalationsstufen gibt, die sich bei Konflikten regelmäßig wiederfinden lassen, und zwar unabhängig davon, ob es sich um Konflikte zwischen Privatpersonen, zwischen Menschen in Organisationen oder um Institutionen bzw. Staaten handelt.

Glasl unterscheidet hierbei neun Stufen der Konflikteskalation. Diese neun Stufen lassen sich wiederum in drei Phasen unterteilen, die unterschiedliche Möglichkeiten der Konfliktlösung eröffnen. Die Kenntnis dieses Modells ist ein wichtiges diagnostisches Instrument, um Konflikte und ihre möglichen Bewältigungsstrategien realistisch einschätzen zu können. Damit der Input möglichst konkret und anschaulich vermittelt werden kann, empfiehlt es sich, die Stufen anhand eines konkreten Beispiels zu erläutern. Im Folgenden verwende ich daher eine reale Fallsituation, bei der ich als Konfliktmoderator hinzugezogen wurde, als der Konflikt bereits auf einer hohen Stufe eskaliert war. Ein-

I. Seminarfahrplan: Konflikte konstruktiv lösen

zelne Details habe ich verändert, um die Anonymität zu gewährleisten. Beim Input zur Konflikteskalation geht es mir weniger darum, dass die Teilnehmer im Anschluss an das Seminar alle Stufen und ihre genauen Bezeichnungen korrekt wiedergeben können. Wichtig ist mir dagegen, dass zwei Aspekte deutlich werden. Erstens: Konflikte haben grundsätzlich immer die Tendenz, zu eskalieren. Zweitens: Je weiter der Konflikt eskaliert, desto schwieriger wird es, ihn konstruktiv zu lösen. Deshalb ist es unabdingbar, Konflikte früh auf den Tisch zu bringen. Daher schließt sich an diesen Input die Sequenz zum Thema „Konflikte ansprechen" an.

Abb.: Das Plakat „Stufen der Konflikteskalation" – Die Moderationskarten, auf denen die Bezeichnungen der Stufen stehen, werden anschließend angepinnt und erläutert.

Vorgehen

Der Trainer präsentiert das Plakat „Stufen der Konflikteskalation".

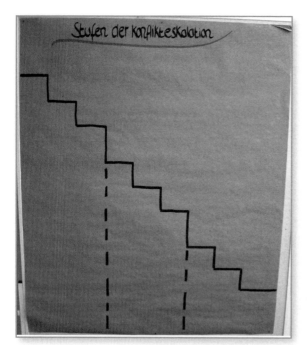

„Gestern haben wir ja bereits gesehen, wie es kommt, dass Konflikte eskalieren. Heute möchte ich Ihnen ein Modell vorstellen, das Ihnen hilft, Konflikte besser einschätzen und dadurch auch angemessener lösen zu können.

Auch dieses Modell wurde von dem Konfliktforscher Friedrich Glasl entwickelt. Er hat zahlreiche Konflikte untersucht und festgestellt, dass es bestimmte Phasen gibt, die sich in Konflikten immer wiederfinden lassen. Insgesamt hat er drei Phasen mit jeweils drei Abstufungen festgestellt. Das heißt, es gibt neun Stufen der Konflikteskalation. Diese möchte ich Ihnen anhand eines Beispiels vorstellen. Das Beispiel ist eine reale Situation aus dem betrieblichen Alltag, bei der ich als Konfliktmoderator eingeschaltet wurde."

Der Trainer pinnt die erste Karte an. Im Folgenden erläutert er die verschiedenen Eskalationsstufen, während er jeweils die passende Karte anbringt.

„Die erste Stufe der Konflikteskalation ist die Verstimmung oder Verhärtung. Aufgrund irgend eines bestimmten Anlasses kommt es zu Spannungen. Hier kommen im Grunde alle möglichen Dinge in Frage: Der Kollege raucht zu viel, telefoniert zu laut oder führt ständig Privatgespräche am Telefon. Der Vorgesetzte hält Zusagen nicht ein oder informiert seine Mitarbeiter unzureichend. Wenn diese Irritationen nicht zügig geklärt werden können, kommt es zu spürbaren Spannungen.

In meinem Beispiel gab es hier zunächst Irritationen zwischen der Abteilungsassistentin und einer Sachbearbeiterin, nennen wir sie Frau Sauer. Frau Sauer hatte sich mehrfach darüber geärgert, dass die Assistentin sie nicht gegrüßt hatte und eher distanziert behandelte, während sie sämtliche Kunden stets mit größter Freundlichkeit behandelte. Außerdem hatte sie den Eindruck, dass die Assistentin Informationen nicht weitergab.

Erste Stufe: Verstimmung/ Verhärtung

Der zweite Schritt ist die Debatte. Hier kommt der Konflikt auf den Tisch. Es kommt zu einem offenen Streit, worin auch eine Chance der Konfliktlösung liegt. Wenn es gelingt, eine konstruktive Auseinandersetzung zu führen, kann der Konflikt gemeinsam bewältigt werden. Häufig ist es jedoch so, dass die Beteiligten sich Vorwürfe machen, sarkastisch oder zynisch werden, wodurch der Konflikt weiter eskaliert. Es kann allerdings auch sein, dass diese Stufe komplett vermieden wird und die Unstimmigkeiten unter den Teppich gekehrt werden. Auch dann eskaliert der Konflikt in der Regel, sofern es den Beteiligten nicht möglich ist, sich dauerhaft aus dem Weg zu gehen.

Zweite Stufe: Debatte

In unserem Beispiel war es so, dass die Sachbearbeiterin Frau Sauer explodierte, als sie erfuhr, dass die Assistentin eine wichtige Information bezüglich eines Großkunden nicht weitergegeben hatte. Der Dialog verlief in etwa so ..."

Der Trainer demonstriert die Auseinandersetzung:
„Frau Sauer: ‚Was fällt Ihnen eigentlich ein? Weshalb haben Sie die Informationen des Kunden Groß nicht weitergegeben?'
Assistentin: ‚Jetzt stellen Sie sich doch nicht so an! Das war doch überhaupt nicht wichtig. Was sind Sie nur immer so empfindlich?!'
Frau Sauer: ‚Das ist ja wohl eine Frechheit! Sie glauben wohl, was

Besseres zu sein!' Daraufhin stürmte Frau Sauer wutentbrannt aus dem Zimmer."

Dritte Stufe: Der Trainer pinnt die dritte Karte „Taten" an.
Taten statt Worte „Nach der direkten Auseinandersetzung kommt es in der Regel zu einem Rückzug. Der Kontakt wird vorübergehend abgebrochen beziehungsweise vermieden, so gut es geht. Die Konfliktparteien sind zu dem Schluss gekommen, dass es keinen Sinn macht, miteinander zu reden. ‚Taten statt Worte' heißt deshalb die Devise der dritten Stufe. Jede Partei zieht ‚ihr Ding' durch, ohne größere Rücksicht auf die andere zu nehmen. Auch wenn eine Absprache eigentlich nötig wäre, werden Entscheidungen im Alleingang getroffen und die andere Partei wird vor vollendete Tatsachen gestellt.

In dem Beispiel sah das so aus, dass Frau Sauer nun ihrerseits darauf ‚verzichtete', zu grüßen und wichtige Mails nicht mehr, wie zuvor in Kopie an die Assistentin schickte, was diese wiederum maßlos ärgerte, weil sie ihrerseits nun wichtige Informationen nicht hatte und das Gefühl bekam, vor dem Kunden dumm dazustehen. Im Gegenzug fragte die Assistentin bei der Materialbestellung nicht mehr alle Sachbearbeiter nach ihren Wünschen, auch nicht Frau Sauer, sondern bestellte es einfach ohne Absprache."

Vierte Stufe: Der Trainer erläutert den Übergang zur vierten Phase:
Koalitionen „Bei der vierten Eskalationsstufe versuchen die Konfliktparteien, sich psychisch zu entlasten, indem sie Verbündete suchen und Koalitionen schließen. Dritte werden dann, gewollt oder ungewollt, in den Konflikt hineingezogen und ebenfalls zu Beteiligten. Hier werden nun untereinander die eigenen negativen Eindrücke ausgetauscht und bestätigt. Das negative Bild von der anderen Konfliktpartei wird immer stärker, man selbst dagegen fühlt sich bestätigt und erscheint als Opfer des Konflikts.

Während sich die Assistentin bei dem Abteilungsleiter über Frau Sauer ausließ und sich auch bei einem Großkunden abfällig äußerte, ließ Frau Sauer ihrem Ärger gegenüber den Kolleginnen und Kollegen freien Lauf.

Fünfte Stufe:
Gesichtsverlust bzw. Die fünfte Stufe ist der Gesichtsverlust beziehungsweise der
Gesichtsangriff ‚Gesichtsangriff'. Durch die Gewinnung von Verbündeten hat man sich

nun Rückendeckung geholt und das eigene Selbstbewusstsein gestärkt. Jetzt legt man es darauf an, dass alle erfahren, wie das ‚wahre Gesicht' des Gegners aussieht. Deshalb versucht man, den anderen zu demaskieren. Er wird öffentlich angegriffen, provoziert oder zur Rede gestellt. Ziel ist es, dass die Verwerflichkeit des anderen sichtbar wird. Man meint ja das ‚wahre' – negative – Wesen des anderen zu durchschauen und möchte, dass alle begreifen, mit wem man es hier zu tun hat.

Im Falle der Assistentin sah das so aus, dass sie Frau Sauer bloßstellte, als diese sich einige Pralinen nahm, die eigentlich für Kunden gedacht waren. In Anwesenheit des Abteilungsleiters und eines Großkunden sagte sie laut, als Frau Sauer sich gerade eine nehmen wollte: ‚Die Frau Sauer klaut immer die Pralinen! Da bleibt ja gar keine mehr für Sie übrig, Herr Groß!'

Frau Sauer hatte sich dagegen mit ihren Kolleginnen und Kollegen zusammengetan, die selbst Vorbehalte gegenüber der Assistentin hatten. Zunehmend wurde getratscht, gelästert und die Assistentin, die einen Sprachfehler hatte, imitiert. Auf dem Abteilungsabend wurde das dann in aller Öffentlichkeit unter großem Gelächter zelebriert. Zunächst hinter dem Rücken der Assistentin, dann ganz offen. Mehrere Kolleginnen äfften immer wieder den Sprachfehler der Assistentin nach, was zu großer Erheiterung führte. Die Assistentin fühlte sich bloßgestellt und verließ mit Tränen in den Augen die Feier.

Damit ist der Konflikt auf die sechste Stufe eskaliert, bei der die Beteiligten das Gefühl haben, es kaum noch aushalten zu können und mit aller Macht eine Veränderung herbeiführen zu müssen. Zu diesem Zweck werden Drohungen und Ultimaten gestellt. Es wird mit drastischen Konsequenzen gedroht, wenn die eigenen Forderungen nicht umgesetzt werden. Dadurch fühlt sich wiederum die Gegenpartei massiv unter Druck gesetzt und reagiert, indem sie ihrerseits mit Sanktionen droht, wenn der Gegner nicht zum Einlenken bereit ist.

Sechste Stufe: Ultimatum

Die Assistentin ließ ihren Abteilungsleiter wissen, dass sie künftig nicht mehr an Abteilungsbesprechungen teilnehmen werde, wenn Frau Sauer und ihre Verbündeten ihr Verhalten nicht änderten. Diese wiederum ließen über ihren Teamleiter durchblicken, dass die Assistentin ständig Informationen vorenthielte und deshalb nicht länger tragbar sei. Sie verlangten eine Abmahnung. Die Assistentin schaltete daraufhin den Betriebsrat ein und *sagte, dass Frau Sauer versuche, sie aus dem Betrieb zu mobben. Dies war nun der Punkt, an dem ich als Konfliktmoderator eingeschaltet wurde. Es fand ein Workshop mit allen Beteiligten und einige Folgetreffen statt. So konnte verhindert werden, dass der Konflikt weiter eskalierte."*

Es handelte sich hier um einen schwierigen Prozess, da der Konflikt bereits relativ weit eskaliert war. Dies ist im Übrigen aus meiner Erfahrung fast immer der Fall, wenn externe Hilfe in Anspruch genommen wird. Hier konnte der Konflikt zwar nicht vollständig ausgeräumt, aber doch so weit geklärt werden, dass Vereinbarungen getroffen wurden, die es den Beteiligten ermöglichten, auf einer sachlichen Ebene zusammenzuarbeiten. Zur Methode der Konfliktmoderation und Klärungshilfe: siehe Thomann (2004).

Siebte Stufe: Begrenzte Vernichtungsschläge

Der Trainer fährt fort:
„Wäre der Konflikt weiter eskaliert, wären noch folgende Stufen durchlaufen worden: Die siebte Eskalationsstufe ist die der begrenzten Vernichtungsschläge: Da die Konfliktparteien ihre Forderungen auch durch Drohungen und Ultimaten nicht durchsetzen können, werden die Wut und der Ärger über den Gegner immer heftiger. Dem anderen werden immer bösartigere Absichten unterstellt, egal was dieser tut. Beide Seiten neigen also zu paranoiden Wahrnehmungsmustern und betrachten deshalb jedes Mittel als berechtigt, die eigenen Interessen durchzusetzen. Die normalen Regeln des zwischenmenschlichen Umgangs werden außer Kraft gesetzt. Das kann dazu führen, dass auf einer physischen Ebene Gewalt angewendet wird, zunächst gegen Sachen: Unterlagen und Dokumente werden vernichtet, Reifen aufgeschlitzt etc. Die Vernichtungsschläge können aber auch in Form von Worten geschehen: Es werden gezielt Gerüchte in die Welt gesetzt, etwa, dass die Assistentin ein Verhältnis mit dem Abteilungsleiter hätte oder dass Frau Sauer Geld unterschlagen habe. Der Schaden des anderen wird mit großer Genugtuung und Freude zur Kenntnis genommen. Ein Unrechtsbewusstsein existiert nicht mehr.

In unserem Beispiel ist es so weit – zum Glück – nicht gekommen.

Achte Stufe: Zerstörung des gegnerischen Systems

Die achte Stufe ist das Zerstören des gegnerischen Systems. Hier wird nun mit aller Macht versucht, den Gegner und seine Verbündeten ‚fertig zu machen', ihm den ‚Garaus zu machen'. Während sich der Schaden auf der siebten Stufe noch einigermaßen in Grenzen gehalten hat, sind die Beteiligten jetzt davon besessen, den anderen zu ‚erledigen'. Dabei richtet sich die Aggression auch gegen Freunde und Verbündete des Gegners. Hier kommt es zu Behinderungen, zu offener Sabotage, zu gezielten und frontalen Angriffen. Beispiele sind, dass eine systematische und gezielte Rufmordkampagne durchgeführt und das Umfeld des anderen systematisch über die Bösartigkeit und Unannehmbarkeit des anderen informiert wird. Es kann hier sein, dass auf Biegen und Brechen die Kündigung des anderen vorangetrieben wird. Andere Beispiele sind Telefonterror, Drohbriefe und gezielte Einschüchterung.

Auf der neunten Stufe geht es dann Gemeinsam in den Abgrund. Hier ist alles Bestreben der Konfliktparteien daraufhin ausgerichtet, den Gegner, wenn nicht physisch, so doch psychisch, beruflich oder materiell zu zerstören, auch auf die Gefahr hin, selbst massive Nachteile und Schäden davonzutragen. Beispielsweise werden Gerichtsprozesse angestrebt, selbst wenn die voraussichtlichen Kosten immens sind. Oder die Grenze zur Strafbarkeit wird überschritten, das Risiko selbst dafür haftbar gemacht zu werden, wird vor blinder Wut und Aggression nicht mehr wahrgenommen oder in Kauf genommen.

Neunte Stufe: Gemeinsam in den Abgrund

Ein eindrucksvolles Beispiel dafür bietet der Film „Der Rosenkrieg". Kennen Sie den?"

Meistens kann sich der eine oder andere Teilnehmer an Szenen des Films erinnern. Der Trainer kann dann die Schluss-Szenen ergänzen, welche die neunte Phase der Konflikteskalation plastisch illustrieren: „*Hier steigert sich die Abneigung des Ehepaars bis zum Töten und Servieren der geliebten Haustiere des Partners, dem Zerstören der Einrichtung oder einer Verfolgungsjagd im Haus. Am Ende liegen beide sterbend in der Eingangshalle ihres Hauses, nachdem sie beim Kampf im Treppenhaus mit dem Kronleuchter abgestürzt sind."*

Zum Abschluss des Inputs geht der Trainer auf die Bedeutung der drei Phasen ein, in die sich die neun Stufen aufteilen. Er pinnt die Moderationskarten an, die auf die Lösungsmöglichkeiten Bezug nehmen: „*Die neun Stufen lassen sich in drei Phasen unterteilen. Während der ersten drei Stufen ist es nach den Untersuchungen Glasls in der Regel möglich, dass die Beteiligten eine Lösung gemeinsam erreichen, bei der die Interessen beider Seiten berücksichtigt werden, also so genannte ‚Win-win'-Lösungen.*

Die Bedeutung der drei Phasen

Win-win-Lösungen

Win-lose-Lösungen   In der zweiten Phase, den Stufen vier bis sechs, ist eine einvernehmliche Lösung durch die Beteiligten nur noch schwer möglich. Wenn der Konflikt gelöst wird, dann meistens dadurch, dass sich eine Partei auf Kosten der anderen durchsetzt. Hier ist also häufig nur eine ‚Win-lose'-Lösung möglich. Es sei denn, es wird ein neutraler Vermittler eingeschaltet, dem es gelingt, die Verletzungen aufzuarbeiten und nach Lösungen zu suchen, welche die Interessen beider Parteien berücksichtigen.

Lose-lose-Lösungen   In der dritten Phase, von Stufe sieben bis neun, kommt es meistens nur noch zu Konfliktlösungen, bei der beide Parteien Federn lassen, also zu ‚Lose-lose'-Lösungen. Auch ein neutraler Vermittler kann hier in der Regel nur noch wenig ausrichten, weil die Konfliktparteien nicht mehr an einer gemeinsamen Lösung interessiert sind. Die einzige Lösungsmöglichkeit liegt in der Regel darin, dass eine Macht von außen eine Klärung herbeiführt. Das kann ein Gericht sein, oder aber im Betrieb beispielsweise ein Vorgesetzter, der möglicherweise eine arbeitsorganisatorische Trennung, etwa die Versetzung in einen anderen Bereich, herbeiführt."

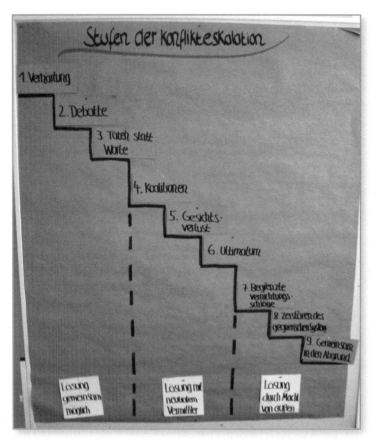

Abb.: Das Plakat „Eskalation von Konflikten" – Der Trainer hat die Moderationskarten angepinnt und erläutert.

Im Anschluss an den Input lässt der Trainer die Teilnehmer zu Wort kommen:
„Welche Fragen haben Sie?"

Auf folgende Aspekte sollte der Trainer hinweisen, auch wenn dazu keine Fragen gestellt werden:

- *„Selbstverständlich werden nicht bei allen Konflikten alle Phasen durchlaufen. Es ist grundsätzlich auf jeder Stufe möglich, dass der Konflikt – unter den oben genannten Bedingungen – beendet wird.*
- *Die einzelnen Stufen lassen sich in der Realität nicht immer sauber voneinander trennen. So können beispielsweise Elemente der Phase „Ultimatum", wie Drohungen und die Ankündigungen von Sanktionen, bereits in früheren Phasen, etwa während der Eskalationsstufe ‚Debatte', vorkommen.*
- *Die Elemente der früheren Phasen kommen auch in den späteren Eskalationsstufen weiterhin vor. So kommt es auch in fortgeschrittenen Konflikten immer wieder zu Phasen der Kontaktvermeidung, die grundsätzlich für die dritte Phase charakteristisch ist.*
- *Es ist nicht in allen Konflikten so, dass alle Stufen durchlaufen werden. So können auch Stufen übersprungen werden. Es kann durchaus sein, dass direkt nach der Phase der Verhärtung ‚Taten statt Worte' gewählt oder direkt Koalitionen geschlossen werden.*
- *Die Konfliktparteien können sich auf unterschiedlichen Eskalationsstufen befinden. Es ist gut möglich, dass sich Partei A bereits auf Stufe 4 (Koalitionen) befindet, während sich Partei B kaum bewusst ist, dass überhaupt ein Konflikt existiert."*

Nachdem der Trainer die Fragen der Teilnehmer geklärt hat – oder in der Diskussion von den Teilnehmern untereinander hat klären lassen, leitet er die Gruppe an, das Modell auf eigene Erfahrungen zu beziehen:
„Welche Stufen kennen Sie aus eigener Erfahrung? Welche Beispiele und Situationen sind Ihnen eingefallen?"

Schließlich fragt der Trainer, welche Konsequenzen sich aus dem Modell ableiten lassen:
„Was bedeutet dieses Modell der Konflikteskalation für unser Seminarthema ‚Konflikte konstruktiv bewältigen'? Welche Schlüsse ziehen Sie daraus?"

Im Anschluss an die Diskussion der Gruppe leitet der Trainer zum nächsten Thema über:
„Das Modell führt uns vor Augen, dass Konflikte in aller Regel eskalieren, wenn es nicht gelingt, sie rechtzeitig zu lösen. Und sie sind mit fortschreitender Eskalation immer schwieriger zu bewältigen. Deshalb ist es entscheidend, Konflikte anzugehen und rechtzeitig zu thematisieren. Darum geht es im nächsten Abschnitt."

Variante
- Zum Abschluss können Sequenzen aus dem Film „Der Rosenkrieg" gezeigt werden, sofern genug Zeit zur Verfügung steht. Die Szenen führen die höchsten Eskalationsstufen ebenso eindrucksvoll wie unterhaltsam vor Augen.

Literatur
- Glasl, Friedrich: Konfliktmanagement. Ein Handbuch für Führungskräfte und Berater. Freies Geistesleben, 2004, 8. Aufl.
- Glasl, Friedrich: Selbsthilfe in Konflikten. Konzepte – Übungen – Praktische Methoden. 2007, 5. Aufl.
- Gamber, Paul: Konflikte und Aggressionen im Betrieb. 1995, 2. Aufl.
- Thomann, Christoph: Klärungshilfe, Band 2. Rowohlt, 2004, 2. Aufl.

Konflikte ansprechen – Einstiegsübung   09.25 Uhr

Orientierung

Ziele:
- Die Teilnehmer erleben, wie sich unterschiedliche Arten, Konflikte anzusprechen, auswirken
- Sie erleben und reflektieren, welche Kriterien für eine konstruktive Konfliktäußerung entscheidend sind

Zeit:
- 50 Minuten (25 Min. Übung, 15 Min. Sammeln auf Pinnwand, 10 Min. Puffer)

Material:
- Drei Stühle
- Zettel mit den Nummern 1-12 (bei zwölf Teilnehmern)
- Flipchart „Konflikte ansprechen"

Überblick:
- Jeder Teilnehmer zieht ein Los, auf dem eine Zahl zwischen 1 und 12 steht
- Im ersten Durchgang kommen die Personen mit den Nummern 1-3 nach vorne.
- Nummer 1 erhält eine Fallbeschreibung mit einer Konfliktsituation. Ihre Aufgabe ist es, den Konflikt anzusprechen
- Nummer 2 und 3 versetzen sich in die Situation des Konfliktpartners und werden befragt, wie die Ansprache des Konfliktes auf sie gewirkt hat
- Es gibt bei 12 Teilnehmern insgesamt vier Durchgänge
- Im Anschluss wird ausgewertet, wie verschiedene Arten, Konflikte anzusprechen, wirken

Erläuterungen

„Konflikte ansprechen" ist in Konfliktmanagement-Seminaren eines der am meisten nachgefragten Themen. Kein Wunder, fällt es doch den meisten Menschen schwer, über „den eigenen Schatten zu springen" und einen existierenden Konflikt zu thematisieren. Ein Grund für die Vermeidung von Konflikten ist die Unsicherheit, wie ein Konflikt angesprochen werden sollte. Und da mit dem Ansprechen des Konflikts die Weichen für den Gesprächsverlauf gestellt werden, ist dieses Thema umso wichtiger. Daher empfehle ich, sich entsprechend Zeit dafür zu nehmen.

Bei der folgenden Übung geht es darum, den Teilnehmern Gelegenheit zu geben, die eigenen Handlungsmuster und ihre Wirkung zu erleben und auf ihre Wirkung zu überprüfen. Für den Trainer hat die Übung hierdurch eine diagnostische Funktion. Er kann den Ist-Zustand bezüglich der Konfliktbewältigungsmechanismen der Teilnehmer besser einschätzen und dadurch im Folgenden entsprechend darauf aufbauen.

Vorgehen

Der Trainer hat drei Stühle nach vorne gestellt, die zu einem Dreieck gestellt sind (siehe Abbildung).

Abb.: Raumaufbau für die Übung „Konflikte ansprechen".

Der Trainer lässt jeden Teilnehmer einen Zettel ziehen. Auf den Zetteln stehen verdeckt die Nummern 1-12 (bei zwölf Teilnehmern; bei zehn Teilnehmern beispielsweise entsprechend 1-10). Danach leitet er die Übung an:
„*Es geht um das Thema ‚Konflikte ansprechen'. Das ist ja auch als Lernziel von Ihnen genannt worden, die Frage, wie ich Kritik formulieren kann, so dass ich den Konflikt angehe und gleichzeitig den anderen nicht unnötig verletze oder vor den Kopf stoße.*

*Zu dieser Frage möchte ich Ihnen ein Experiment anbieten. Ich
habe verschiedene kleine Fallstudien vorbereitet, die jeweils aus der
betrieblichen Praxis stammen.*

*Ziel ist es, anhand dieser verschiedenen Situationen unterschiedliche
Arten, Konflikte anzusprechen, auszuprobieren und gemeinsam zu
erarbeiten, was dabei eher hilfreich ist und was eher nicht.
Dazu möchte ich diejenigen, die die Nummern eins, zwei und drei
gezogen haben, nach vorne bitten. Wer hat die Nummer eins? Bitte auf
den einzelnen Stuhl hier, Nummer zwei bitte auf den Stuhl gegenüber
und Nummer drei daneben."*

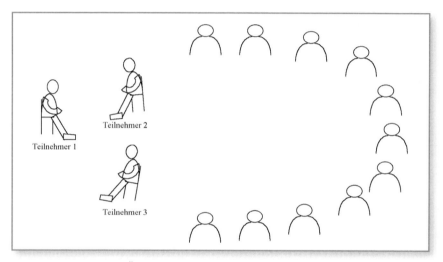

Abb.: Sitzordnung bei der Übung „Konflikte ansprechen".

Der Trainer wendet sich an den Teilnehmer, der die Nummer 1 gezogen
hat:
„Herr Maier, Ihnen gebe ich die Fallsituation und möchte Sie bitten, sie
den anderen laut vorzulesen. Dann haben Sie einen Moment Zeit, sich zu
überlegen, wie Sie den beschriebenen Konflikt ansprechen möchten. Ihr
Gegenüber, Ihr ‚Konfliktpartner', wird Frau Sauer (die Teilnehmerin, die
die Nummer 2 gezogen hat) sein.

Sie können den Konflikt so ansprechen, wie Sie das im Alltag auch tun
würden. Sie können es aber auch anders machen und etwas anderes
ausprobieren. Auf jeden Fall muss es nicht besonders ‚vorbildlich' oder
‚korrekt' sein. Es geht einfach darum, herauszufinden, wie verschiedene
Arten, Konflikte anzusprechen, wirken."

Der Trainer gibt dem Teilnehmer, der die Nummer 1 gezogen hat, die erste Fallsituation (siehe Seite 153).

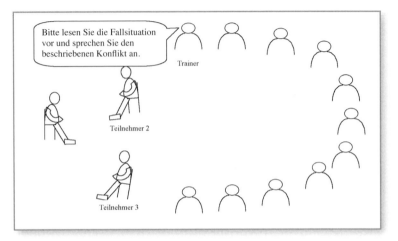

Abb.: Der Trainer instruiert die Übung „Konflikte ansprechen" und wendet sich an den Teilnehmer 1, welcher die Aufgabe hat, die Fallsituation vorzulesen und den Konflikt anzusprechen.

Dann wendet er sich den Teilnehmern mit der Nummer 2 (Frau Sauer) und anschließend Nummer 3 (Herr Horch) zu:
„Frau Sauer, Sie versetzen sich in die Rolle des Gegenüber und hören sich an, wie die Art, wie der Konflikt angesprochen wird, auf Sie wirkt. Sie entgegnen jedoch nichts, sondern berichten uns anschließend, wie es bei Ihnen angekommen ist.

Und Sie, Herr Horch, versetzen sich ebenfalls in die Situation des Konfliktpartners und berichten anschließend, wie die Art, wie der Konflikt angesprochen wurde, bei Ihnen angekommen wäre. Denn es kann ja sein, dass die gleiche Art bei zwei unterschiedlichen Personen ganz unterschiedlich ankommt."

Falls keine Fragen aufkommen, bittet der Trainer den Teilnehmer mit der Nummer 1:
„Herr Maier, sind Sie bitte so gut, uns die Situation vorzulesen?"

Nachdem der Teilnehmer die Situation vorgelesen hat, lässt der Trainer ihm etwas Zeit, sich eine Formulierung zurechtzulegen.

Falls dies allzu lange dauert, ermuntert der Trainer den Teilnehmer:
„Versuchen Sie es einfach mal. Wie gesagt, es geht nicht darum, dass es

‚gut' oder ‚richtig' sein soll, von daher können Sie es einfach so sagen, wie es Ihnen gerade einfällt."

Wenn der Teilnehmer 1 zu Ende formuliert hat, dann interviewt der Trainer die Teilnehmerin, welche die Nummer 2 gezogen hat:
„Frau Sauer, wie ist das bei Ihnen angekommen?"

Bei Bedarf fragt der Trainer weiter nach:
„Wie hätten Sie reagiert?"

Schließlich wendet sich der Trainer an Teilnehmer 3:
„Wie wäre es bei Ihnen angekommen?"

Und:
„Wie hätten Sie reagiert?"

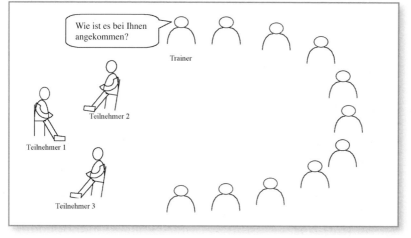

Abb.: Der Trainer wertet die Fallsituation aus, indem er die Teilnehmer 2 und 3 interviewt, wie die Ansprache von Teilnehmer 1 bei ihnen angekommen ist.

Schließlich bedankt er sich bei den drei Teilnehmern:
„Vielen Dank an Sie drei, besonders an Sie, Herr Maier, dass Sie für unser erstes Beispiel gesorgt haben. Sie können jetzt gerne wieder in der Runde Platz nehmen."

Nach der Reflexion des ersten Durchgangs bittet der Trainer die nächsten drei Teilnehmer nach vorne.
„Als Nächstes kommen bitte diejenigen, die die Nummern vier bis sechs gezogen haben, nach vorne."

Nun bekommt die Person mit der Nummer 4 eine Fallsituation und soll den skizzierten Konflikt ansprechen. Die Person mit der Nummer 5 setzt sich gegenüber und wird interviewt, wie die Aussage angekommen ist, während anschließend der Teilnehmer mit der Nummer 6 befragt wird.

Gleiches gilt in den weiteren beiden Durchgängen für die Teilnehmer mit den Nummern sieben bis neun und zehn bis zwölf.

Nachdem alle vier Durchgänge abgeschlossen sind, leitet der Seminarleiter zur Auswertung der Übung über und geht dazu zum Flipchart. Er wendet sich nun an alle Teilnehmer:

„Herzlichen Dank, dass Sie alle mitgemacht haben, insbesondere an die von Ihnen, die spontan eine fiktive Konfliktsituation ansprechen mussten.

Lassen Sie uns nun zusammentragen, was wir aus diesen Beispielen lernen können. Wir wollen ja herausfinden, welche Wirkungen unterschiedliche Arten, Konflikte anzusprechen, haben. Was haben Sie als hilfreich und konstruktiv erlebt, und was weniger?"

Der Trainer hält auf dem Plakat fest, was in der Auswertung zusammengetragen wird. Konstruktive Verhaltensweisen kann er mit einem „+" und negative mit einem „-" oder einem Blitz-Symbol markieren.

Abb.: Das Flipchart „Konflikte ansprechen".

Konflikte ansprechen – Einstiegsübung im Plenum

Die folgenden Fallsituationen erhalten die Teilnehmer für die Mini-Rollenspiele in der Einstiegsübung zum Thema „Konflikte ansprechen".

Fall 1: Abwesenheitsvertretung

Ihre Kollegin (Ihr Kollege) war im Urlaub. Da sie noch einige Arbeitsrückstände hatte, hatten Sie während ihrer Abwesenheit einige Arbeitsvorgänge von ihr übernommen. Dabei fiel Ihnen auf, dass die Arbeit, welche die Kollegin abgab, vor allem aus älteren und komplizierten Vorgängen besteht. Das bedeutete für Sie einen hohen Arbeitsaufwand. Und da die Vorgänge bereits älter waren, mussten einige Kunden lange warten, wodurch sie mehrfach mit verärgerten Kunden konfrontiert waren.

Da sie heute wiedergekommen ist und Ihnen gegenüber sitzt, wollen Sie sie darauf ansprechen.

Fall 2: Der redselige Kollege

Sie haben kürzlich Ihrem Kollegen erzählt, dass Sie in vier Monaten das Unternehmen verlassen werden. Mit Ihrem Kollegen verbindet Sie ein vertrauensvolles Verhältnis, deshalb haben Sie nur ihm diese Neuigkeit anvertraut – außer Ihrem Chef, der selbstverständlich informiert ist. Sie waren fest davon ausgegangen, dass diese Information von Ihrem Kollegen vertraulich behandelt wird. Schließlich möchten Sie den Kollegen, mit denen Sie eng zusammengearbeitet haben, selbst Bescheid geben. Da Sie momentan ein wichtiges Projekt zum Abschluss bringen müssen, wäre es Ihnen nicht recht, wenn sich Ihr baldiger Abschied herumspricht. Schließlich könnte es dann leicht passieren, dass Sie an Autorität einbüßen und Ihre Anweisungen nicht mehr ohne Weiteres befolgt werden.

Nun sprach Sie jedoch heute morgen Frau Schwatz darauf an, dass Sie ja einen neuen Job gefunden hätten. Sie waren völlig perplex, zumal Frau Schwatz dafür bekannt ist, dass sie nichts für sich behalten kann. Sie sind enttäuscht, dass Ihr Kollege seinen Mund offensichtlich nicht halten konnte.

Fall 3: Früher Feierabend

Ihre Kollegin (Ihr Kollege), die mit Ihnen im Büro sitzt, kommt immer sehr früh und geht bereits um 16 Uhr nach Hause. Das ist ärgerlich für Sie, weil es zwischen 16 und 18 Uhr die meisten telefonischen Kundenanfragen gibt. Viele Fragen, die sich auf das Aufgabengebiet der Kollegin beziehen, können Sie dann nicht beantworten, weil Sie sich in ihrem Bereich nicht auskennen. Das ist etwas, was nicht nur Sie ärgert. Auch die Kollegen sind von diesem Verhalten wenig begeistert.

Fall 4: Fenster auf – Fenster zu

Sie sitzen in einem Zweier-Büro mit einem Kollegen (einer Kollegin), der vor drei Monaten neu in Ihre Abteilung gekommen ist. Der Kollege hat die Angewohnheit, immer wieder das Fenster aufzureißen. Das finden Sie sehr unangenehm. Schließlich ist es Herbst und draußen ziemlich kühl. Ihnen ist ohnehin schon kalt und wenn das Fenster häufiger offen ist, holen Sie sich wohl bald eine Erkältung. Sie haben ihn deshalb stets aufgefordert, das Fenster wieder zu schließen. Das macht der Kollege dann auch. Aber obwohl Sie ihm deutlich zu verstehen gegeben haben, dass Sie das offene Fenster stört, macht er es nach einer Weile immer wieder auf.

Hinweise

▶ Diese Übung wird von den Teilnehmern, die den Konflikt ansprechen sollen, teilweise als stresserzeugend erlebt. Sie müssen sehr spontan auf eine konstruierte, ihnen fremde Situation reagieren – und dies vor den Augen (und Ohren) der gesamten Gruppe und des Trainers. Dadurch kann leicht der Druck entstehen, es besonders „gut" und „vorbildlich" machen zu wollen. Ein kritisches Feedback kann auf diesem Hintergrund als Kränkung und Bloßstellung erlebt werden. Um dieser Gefahr entgegenzuwirken und den Teilnehmern das Gefühl zu geben, dass sie tatsächlich experimentieren dürfen, ist es wichtig, dass der Trainer einen geschützten Rahmen garantiert, etwa indem er den Hinweis gibt, dass die Teilnehmer ihre Ansprache nicht besonders „vorbildlich" oder „korrekt" formulieren müssen.

Manchmal kommt es vor, dass die Teilnehmer, die sich in die Rolle des Konfliktpartners versetzen sollen, direkt „mitspielen" und der anderen Person ins Wort fallen. Dann interveniert der Trainer: *„Lassen Sie Herrn Maier bitte gerade aussprechen. Sie können gleich anschließend sagen, wie das bei Ihnen angekommen ist."*

Varianten

▶ Statt mit der Auswertung der Übung bis zum Schluss zu warten, kann der Trainer auch nach jeder Fallsituation – nach dem Ansprechen des Konfliktes und dem Befragen der „Konfliktpartner" – auf der Pinnwand sammeln, was beim Ansprechen von Konflikten hilfreich ist. In der Tat habe ich die Übung zunächst so durchgeführt. Allerdings findet dann ein ständiger Wechsel zwischen Aktion und Abstraktion statt, wodurch die Übung leicht langwierig und zäh werden kann.

▶ Wenn viele Punkte zusammengetragen wurden und der Trainer das Thema nach dieser Sequenz abschließt, kann er das Vorgehen abrunden, indem er die Teilnehmer zu einer Fokussierung anleitet: *„Jetzt haben wir eine Menge von Punkten zusammengetragen. Tauschen Sie sich zum Abschluss bitte aus, welche Punkte Ihnen am wichtigsten sind. Setzen Sie sich dazu bitte zu dritt mit den Kollegen, die neben Ihnen sitzen, zusammen. Und schreiben Sie die drei Aspekte, die Ihnen am wichtigsten sind, auf Karten. Sie haben dafür fünf Minuten Zeit."*
Schließlich fordert der Trainer die Kleingruppen auf, die Aspekte vorzustellen.

Pause 10.15 Uhr

10.30 Uhr Konflikte konstruktiv ansprechen – Input

> **Orientierung**

Ziele:
- Die Teilnehmer verstehen, welche Faktoren für das konstruktive Ansprechen von Konflikten entscheidend sind
- Sie kennen und verstehen das Konzept der Ich- und Du-Botschaft
- Sie lernen die Formel „SAG ES!" kennen

Zeit:
- 15 Minuten (10 Min., 5 Min. Puffer)

Material:
- Pinnwand „Konflikte eskalieren"
- Flipchart „SAG ES!"

Überblick:
- An der Pinnwand erläutert der Trainer folgende Aspekte und ihre Relevanz für das Thema:
  - Wahrnehmungen – Interpretationen – Emotionen
  - Du-/Sie-Botschaften
  - Wege zur Konflikteskalation (bewerten, belehren, befehlen etc.)
  - Ich-Botschaften
- Der Trainer erklärt am Flipchart den Leitfaden zur konstruktiven Konfliktansprache „SAG ES!"

Erläuterungen

Der folgende Input schließt an die von den Teilnehmern erarbeiteten Aspekte zum konstruktiven Ansprechen von Konflikten an. Ziel ist es, den Teilnehmern einen möglichst prägnanten und einprägsamen Leitfaden zum konstruktiven Ansprechen von Konflikten an die Hand zu geben.

Vorgehen

Der Trainer leitet von der Übung über zum Input:
„Sie haben eine Reihe wichtiger Aspekte herausgearbeitet, die darüber entscheiden, wie Konflikte konstruktiv angesprochen werden können. Ich möchte jetzt noch einige Punkte ergänzen."

Eskalierend wirkt kritisches Feedback meistens dann, wenn wir verallgemeinerte negative Aussagen über den anderen machen, wie zum Beispiel: ‚Sie sind ganz schön dominant' oder ‚Sie denken immer nur an sich' oder ‚Sie übernehmen nie irgendwelche Zusatzaufgaben'.

Bei all diesen Beispielen richtet sich der Fokus auf den anderen, deshalb wird diese Art, kritisches Feedback zu geben, auch Du-Botschaft bzw. Sie-Botschaft genannt. Du-Botschaften sind gewissermaßen wie ein ausgestreckter Zeigefinger, der dem anderen die Schuld an dem Konflikt zuweist. Dem anderen werden Vorwürfe und Unterstellungen gemacht, er wird mit bestimmten Eigenschaften und Etikettierungen belegt."

Du-Botschaften

Abb.: Der Trainer präsentiert das Plakat „Konflikte eskalieren" und pinnt die Karten „Du-/Sie-Botschaften" und „Verallgemeinerungen" an.

„Weitere bewährte Methoden, um negative Beziehungs-Botschaften zu senden und dadurch den Konflikt zu eskalieren, sind ..."

Der Trainer pinnt die Moderationskarten an und erläutert sie.
- *„Die drei Bs: bewerten, belehren, befehlen:*
  - *Bewerten, z.B.: ‚Das sehen Sie falsch' oder ‚Sie übertreiben aber ganz schön'*
  - *Belehren, z.B.: ‚Da hätten Sie halt mal zuhören müssen'*
  - *Befehlen, z.B.: ‚Sie müssen halt einfach mehr mitdenken'*

Bewerten, belehren, befehlen

- *Unterstellungen zum Beispiel von negativen Motiven oder Persönlichkeitseigenschaften, zum Beispiel ‚Das ist ja wieder typisch für Sie,*

Unterstellungen

mich dauernd zu unterbrechen, immer müssen Sie im Mittelpunkt stehen' oder ‚Sie regen sich ja nur auf, weil Sie zu dünnhäutig für dieses Geschäft sind'.

Ironie, Sarkasmus
▶ Ironie/Sarkasmus: ‚Wie schön, dass Sie heute mal fast pünktlich gekommen wären", ‚Interessante Idee – wenn man bedenkt, dass Sie von Ihnen stammt' oder ‚Schön, dass ich mal wieder vor vollendete Tatsachen gestellt werde, da muss ich mir wenigstens meinen Kopf nicht zerbrechen.' Ironie und Sarkasmus verkomplizieren die Situation dadurch, dass sie wenig Angriffsfläche bieten und immer die Hintertür lassen, man habe es ja nicht so gemeint – es sei ja nur ein Scherz gewesen.

Den anderen ausfragen
▶ Den anderen ausfragen und dadurch in die Ecke treiben, ohne selbst Stellung zu nehmen, idealerweise mit ‚Warum'-Fragen: ‚Warum haben Sie mich nicht eher darauf angesprochen?' oder ‚Warum haben Sie eigentlich diese Informationen weitergegeben?' Wenn ‚Warum'-Fragen gestellt werden, ohne die eigene Sichtweise transparent zu machen, führt dies dazu, dass der andere in Rechtfertigungszwang gerät. Wenn ich den anderen in die Defensive treiben möchte, ist dies also ein probates Mittel. Wenn ich den Konflikt deeskalieren will, allerdings nicht."

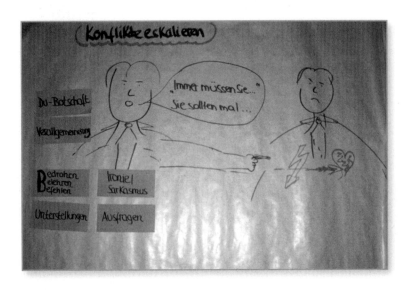

Abb.: Der Trainer hat jene Karten angepinnt, auf denen steht, wie Konflikte eskalieren können.

"All diesen Methoden ist gemein, dass sie im Grunde Spielarten der Du-Botschaft sind, indem sie den Fokus auf den anderen legen, während ich selbst mit meinen Wahrnehmungen und Gefühlen ‚in der Deckung' bleibe. Die beliebtesten Methoden zur Konflikteskalation haben wir damit zusammengetragen.

Nehmen wir jedoch an, Sie möchten Ihre Konflikte konstruktiv ansprechen. Auch hierzu haben Sie viele wichtige Aspekte bereits genannt. Der Schlüssel zum konstruktiven Ansprechen von Konflikten liegt darin, die eigene Sichtweise zu beschreiben, statt den anderen zu bewerten. Statt Aussagen über den anderen zu machen, beleuchte ich meine Sichtweise, meine Wahrnehmungen, Interpretationen und Gefühle. Das wird auch als Ich-Botschaft bezeichnet, weil ich den Fokus auf mich selbst und meine Sichtweise lege, statt auf den anderen.

Ich-Botschaften

Nehmen wir zwei Beispiele aus dem Alltag:

Eine klassische Du-Botschaft wäre: ‚Das sehen Sie falsch.'
Die Ich-Botschaft: ‚Das sehe ich anders.'
Eine andere Du-Botschaft ist: ‚Da haben Sie sich unklar ausgedrückt.'
Die Ich-Botschaft: ‚Das habe ich anders verstanden.'

Abb.: Flipchart Konflikte konstruktiv ansprechen – SAG ES!"

*Nun möchte ich Ihnen noch einen Leitfaden zum konstruktiven Ansprechen von Konflikten vorstellen. Der Leitfaden lässt sich mit der Formel **SAG ES!** abkürzen – und diese Aufforderung soll daran erinnern, wie leicht wir es vermeiden, Konflikte anzusprechen – und wie wichtig es ist, dies dennoch zu tun! Jeder Buchstabe steht für einen Schritt, Konflikte konstruktiv anzusprechen."*

Der Trainer präsentiert das Flipchart „Konflikte konstruktiv ansprechen – SAG ES!".

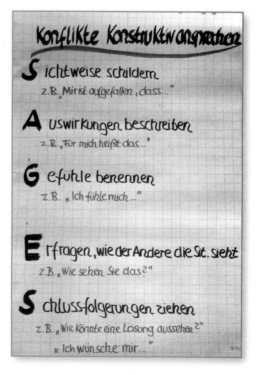

Sichtweise schildern „Das **‚S'** steht für ‚Sichtweise schildern'.

Wenn Sie einen Konflikt ansprechen, ist es hilfreich, mit der eigenen Wahrnehmung, der eigenen Sichtweise, zu beginnen. Sie beschreiben konkret – ohne Verallgemeinerungen und ohne Bewertungen – was Sie gesehen und gehört haben. Ein möglicher Einstieg kann sein: ‚Mir ist aufgefallen, dass ...'

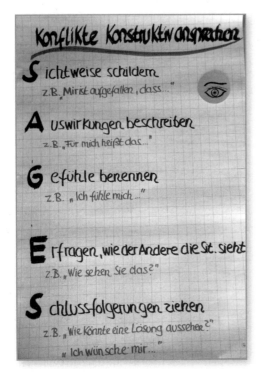

Vielleicht gehen wir das anhand des Beispiels mit dem Kollegen, der immer um 16 Uhr nach Hause geht, durch: ‚Mir ist aufgefallen, dass Sie meistens um 16 Uhr nach Hause gehen.'"

Der Trainer klebt Moderationskarten mit Symbolen, welche die einzelnen Schritte symbolisieren, auf das Flipchart. Zusammen mit der einprägsamen „SAG-ES!"-Formel soll dadurch erreicht werden, dass der Input von den Teilnehmern möglichst gut behalten wird. Als Symbol für das Schildern der Sichtweise dient die Zeichnung eines Auges.

Abb.: Das Flipchart „Konflikte konstruktiv ansprechen – SAG ES!" Der Kuller mit dem Auge symbolisiert, dass es hilfreich ist, mit der Schilderung der eigenen Sichtweise ins Konfliktgespräch einzusteigen.

Auswirkungen beschreiben „Das **‚A'** steht für ‚Auswirkungen beschreiben'.

Hier beschreibe ich die Auswirkungen auf mich und andere: ‚Für mich heißt das, dass ich praktisch doppelt so viele Anrufe bekomme. Und da um diese Uhrzeit sehr viele Kunden anrufen, schaffe ich meine Arbeit dann nicht mehr.'

Gefühle benennen Das **‚G'** steht für ‚Gefühle benennen'.

Um dem anderen deutlich zu machen, was der Konflikt auch ganz persönlich für mich bedeutet, kann ich meine Gefühle benennen, zum Beispiel: ‚Ich fühle mich damit überfordert' oder ‚Das ärgert mich!'

Die eigenen Gefühle auszudrücken, ist im betrieblichen Kontext eher ungewöhnlich und wird in der Regel vermieden. Andererseits hat es den Vorteil, dass ich dadurch deutlich mache, wie belastend die Situation für mich ist. Außerdem stelle ich durch das Ausdrücken meiner Gefühle Distanz zu ihnen her und bin ihnen weniger ausgeliefert. Ansonsten kommen die Gefühle ohnehin auf nonverbaler Ebene zum Ausdruck. Daher ist es – gerade wenn der Konflikt mich wirklich emotional beeinträchtigt – oft sinnvoll, die Gefühle zu benennen, damit der andere versteht, wie wichtig das Thema mir persönlich ist.

Erfragen der Situation, Schlussfolgerungen treffen

Mit diesen drei Schritten ist der Konflikt klar und gleichzeitig konstruktiv angesprochen. Danach geht es darum, in einen Dialog zu treten: Wie sieht der andere die Situation? Welche Wahrnehmungen, Einschätzungen und Empfindungen hat er?

Deshalb steht das ‚E' für ‚Erfragen, wie der andere die Situation sieht'.

Abb.: Das Flipchart „Konflikte konstruktiv ansprechen – SAG ES!" Die Kuller mit den Symbolen veranschaulichen die einzelnen Schritte.

Hier geht es darum, die Sichtweise des anderen wirklich zu verstehen, nachzufragen, mich von meinen Wahrnehmungen zu lösen und die des anderen gleichberechtigt danebenzustellen. Das fällt uns in Konflikten nicht leicht. Umso wichtiger ist es, sich hier zurückzunehmen und den Kern des Gesagten zusammenzufassen, damit der andere spürt, dass ich um eine ehrliche Klärung bemüht bin und versuchen will, ihn zu verstehen.

Abschließend geht es darum, nach Lösungen zu suchen und Schlussfolgerungen für die Zukunft zu ziehen. Deshalb steht das ‚S' für ‚Schlussfolgerungen'.

In unserem Beispiel könnte es so sein, dass ich mit dem Kollegen verschiedene Lösungsmöglichkeiten diskutiere: Kann er länger bleiben? Kann er vielleicht zumindest an zwei oder drei Tagen bis 18 Uhr bleiben? Kann das Telefon auf andere Kollegen umgestellt werden usw. Welche Fragen oder Anmerkungen haben Sie?"

Anschließend kann der Trainer den Leitfaden eventuell noch anhand eines weiteren Beispiels illustrieren:

„Gehen wir das Schema noch anhand des Beispiels vom redseligen Kollegen durch:
S für Sichtweise schildern: ‚Frau Schwatz hat mich heute darauf angesprochen, dass ich das Unternehmen verlassen werde.'
A für Auswirkungen beschreiben: ‚Ich befürchte, dass sich das nun herumspricht; dabei wollte ich davon eigentlich erst in einigen Wochen erzählen.'
G für Gefühle: ‚Mir ist es unangenehm, dass das nun alle wissen. Ich hatte es eigentlich Dir im Vertrauen erzählt und bin – offen gestanden – enttäuscht, dass es Frau Schwatz erfahren hat.'
E für Erfragen: ‚Wie kam es denn dazu?'
S für Schlussfolgerungen: Das ist natürlich abhängig vom Gesprächsverlauf – könnte zum Beispiel sein: ‚Bitte sprich mit Frau Schwatz, dass sie es für sich behält.'"

Hinweise

▶ Wenn der Trainer die Frage nach der Umsetzbarkeit seiner Konzepte zur Diskussion stellt, besteht die Gefahr, dass er Zweifel und Kritik als persönliche Angriffe erlebt. Es kann durchaus passieren, dass einzelne Teilnehmer etwa das Konzept der Ich-Botschaften in Frage stellen oder abwerten. In der Regel gibt es immer auch andere Teilnehmer, die eine andere Einschätzung haben. Daher tut der Trainer gut daran, kritische Äußerungen offen entgegenzunehmen und in die Runde fragen, wie die anderen dies sehen. Abschließend kann – und sollte – er auch seine eigene Einschätzung zum Nutzen und zu den Grenzen der Konzepte transparent machen.

Variante

WWW – Wahrnehmung, Wirkung, Wunsch

▶ Das hier vorstellte Vorgehen ist sehr ausführlich. Der Trainer kann auch versuchen, seinen Input stärker zu fokussieren. Als kürzere Alternative zur „SAG ES!"-Formel bietet sich die Abkürzung „WWW" an, die für Wahrnehmung-Wirkung-Wunsch steht. Mit dieser prägnanten Formel habe ich ebenfalls sehr positive Erfahrungen gesammelt.

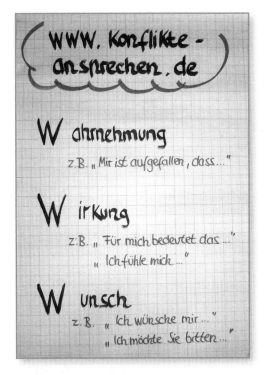

Abb.: Das Flipchart „www.Konflikte-ansprechen.de".

Die Erläuterungen decken sich im Grunde mit der „SAG ES!"-Formel. Die Unterschiede liegen darin, dass die Wirkungen auf die eigene Person nicht weiter differenziert und die Gefühle hierunter subsummiert werden. Außerdem taucht das Erfragen der Sichtweise des Konfliktpartners nicht in dem Kürzel auf. Trotz oder gerade wegen dieser stärkeren Vereinfachung hat die „WWW"-Formel durchaus Vorteile: Sie wird in der Regel besser behalten.

Literatur
- Gordon, Thomas: Managerkonferenz: Effektives Führungstraining. Heyne, 2005.
- Schmidt, Thomas: Kommunikationstrainings erfolgreich leiten. Der Seminarfahrplan. managerSeminare, 2008, 4. Aufl.
- Weisbach, Rainer: Professionelle Gesprächsführung. Ein praxisnahes Lese- und Übungsbuch. DTV-Beck-Verlag, 2008, 7. Aufl.

10.45 Uhr Konflikte konstruktiv ansprechen – Fallstudien in Kleingruppen

> **Orientierung**
>
> **Ziele:**
> ▶ Die Teilnehmer trainieren ihre Fähigkeit, Konflikte konstruktiv anzusprechen
>
> **Zeit:**
> ▶ 35 Minuten (5 Min. Instruktion, 15 Min. Kleingruppenarbeit, 10 Min. Präsentation, 5 Min. Puffer)
>
> **Material:**
> ▶ 3 Fallstudien
> ▶ 3 Flipchart-Papiere, auf denen das ‚SAG ES!'-Schema steht
> ▶ Moderationsstifte
>
> **Überblick:**
> ▶ Die Teilnehmer erproben entlang des ‚SAG ES!'-Schemas das konstruktive Ansprechen von Konflikten. Hierzu zieht der Trainer praktische Fallsituationen heran

Erläuterungen

Der Input zum konstruktiven Ansprechen von Konflikten ist den Teilnehmern zwar meistens unmittelbar einleuchtend, dennoch tauchen bei der Umsetzung der Grundprinzipien oft Schwierigkeiten auf. Deshalb ist es sinnvoll, den Leitfaden zur konstruktiven Konfliktansprache anhand einiger praktischer Fallsituationen zu erproben.

Vorgehen

„Das Schema ‚SAG ES!' kann hilfreich sein, um Konflikte strukturiert, klar und konstruktiv anzusprechen. Deshalb möchte ich Ihnen jetzt die Gelegenheit geben, es anhand von konkreten Fallsituationen auszuprobieren.

Dazu möchte ich Sie bitten, sich in drei Kleingruppen aufzuteilen. Jede Kleingruppe erhält einen Fall und hat 15 Minuten Zeit, auf ein Flipchart zu schreiben, wie sie den beschriebenen Konflikt anhand des

Leitfadens ansprechen würde. Wichtig ist mir dabei vor allem, dass es eine stimmige Botschaft ist, das heißt, es sollen Worte sein, die Sie auch in der Realität so sagen könnten.

Zur Aufteilung in die Kleingruppen möchte ich Sie der Einfachheit halber bitten, bis drei durchzuzählen und dann jeweils nach den Nummern zusammenzugehen."

Nachdem die Teilnehmer durchgezählt haben, fordert der Trainer die Teilnehmer auf: *"Stellen Sie sich bitte mit ihrer Kleingruppe zusammen. Sie bekommen dann ein Arbeitsblatt, ein Blatt Flipchart-Papier und einen Stift."*

Der Trainer verteilt die Arbeitsblätter (siehe Folgeseiten) und Flipchart-Bögen, auf denen jeweils das Schema ‚SAG ES!' steht.

Abb.: Für die Kleingruppenarbeit hat der Trainer Flipchart-Bögen vorbereitet, auf denen das Schema ‚SAG ES!' steht, welches den Teilnehmern zur Strukturierung dient.

Während der Übung geht der Trainer zu den Kleingruppen und schaut, ob sie mit den Formulierungen klarkommen und unterstützt sie bei Bedarf. Dadurch kann er sicherstellen, dass die Botschaften adäquat formuliert sind. Anschließend werden die Fälle und die dazugehörigen Botschaften im Plenum präsentiert.

Abschließend kann der Trainer zur Diskussion stellen, ob das „SAG ES!"-Schema einen brauchbaren Leitfaden zum Ansprechen von Konflikten darstellt:
"Nun haben Sie alle das Schema zum Ansprechen von Konflikten anhand konkreter Praxisfälle ausprobiert. Wie würden Sie die Praxistauglichkeit einstufen? Was finden Sie gut umsetzbar und wo sehen Sie Grenzen?"

Fallstudie „Konflikte konstruktiv ansprechen"

Bitte lesen Sie den folgenden Fall durch und erarbeiten Sie, wie Sie diesen Konflikt anhand des folgenden Schemas konstruktiv ansprechen könnten:

Sichtweise schildern
Auswirkungen beschreiben
Gefühle benennen

Erfragen, wie der andere die Situation sieht
Schlussfolgerungen vereinbaren

Fall 1: Herr Späth

Sie leiten seit einem halben Jahr ein wichtiges strategisches Projekt, bei dem Sie direkt an die Unternehmensleitung berichten. Alle zwei Wochen treffen Sie sich mit dem Kern-Projektteam, um den Projektverlauf abzustimmen und zu steuern. Einer der Projektmitarbeiter, Stefan Späth, ist heute zum wiederholten Male zu spät zur Besprechung gekommen.

Sie hatten schon in der Vergangenheit in allgemeiner Form darauf hingewiesen, dass alle pünktlich kommen sollen, weil Sie Stefan Späth nicht bloßstellen wollten. Doch das hat offensichtlich nichts gefruchtet. Bei den beiden letzten Sitzungen kam er – wie auch heute – zehn Minuten zu spät. Seine Verspätung lenkt jedes Mal die anderen ab, weil eine Kollegin ihm dann erklärt, was bislang besprochen wurde. Dadurch entsteht Unruhe und Unaufmerksamkeit in der Runde. Das ist insbesondere im Moment ärgerlich, weil dringend wichtige Themen geklärt werden müssen und das Projekt, bei dem auch für Sie persönlich viel auf dem Spiel steht, in die entscheidende Phase geht. Außerdem hätten Sie sich gerade von Stefan Späth mehr Zuverlässigkeit gewünscht, da Sie sich von einigen Seminaren gut kennen, zuweilen zusammen Mittag essen gehen und sich stets gut verstanden haben. Daher haben Sie seine häufigen Verspätungen umso mehr enttäuscht.

Nach dem Ende der Sitzung sprechen Sie Stefan Späth unter vier Augen an.

Fallstudie „Konflikte konstruktiv ansprechen"

Bitte lesen Sie den folgenden Fall durch und erarbeiten Sie, wie Sie diesen Konflikt anhand des folgenden Schemas konstruktiv ansprechen könnten:

Sichtweise schildern
Auswirkungen beschreiben
Gefühle benennen

Erfragen, wie der andere die Situation sieht
Schlussfolgerungen vereinbaren

Fall 2: Der unordentliche Schreibtisch

Sie haben gerade einen Trainee, Herrn Emil Einstein, im Büro sitzen, der für die nächsten drei Monate in Ihrer Abteilung mitarbeitet. Gestern Nachmittag sind Sie früh nach Hause gegangen und haben ihm gesagt, dass er sich bei Ihnen an den Schreibtisch setzen kann, weil er ansonsten momentan noch keinen festen Arbeitsplatz hat. Das hat er dann auch getan.

Als Sie heute Morgen wieder ins Büro kommen, finden Sie Ihren Schreibtisch nicht so vor, wie Sie sich das wünschen. Im Gegenteil: Eine halb volle Kaffeetasse steht herum, Ordner und mehrere Stifte liegen kreuz und quer auf dem Tisch. Sie ärgern sich über dieses Chaos. Bevor Sie anfangen können zu arbeiten, müssen Sie zunächst die verschiedenen Gegenstände aufräumen. Das ist ärgerlich, zumal Sie heute viel zu erledigen haben. Außerdem finden Sie es respektlos. Sie selbst würden niemals den Schreibtisch eines Kollegen so unordentlich hinterlassen.

Nun kommt Emil Einstein ins Büro. Sie sprechen ihn auf die Situation an.

Fallstudie „Konflikte konstruktiv ansprechen"

Bitte lesen Sie den folgenden Fall durch und erarbeiten Sie, wie Sie diesen Konflikt anhand des folgenden Schemas konstruktiv ansprechen könnten:

Sichtweise schildern
Auswirkungen beschreiben
Gefühle benennen

Erfragen, wie der andere die Situation sieht
Schlussfolgerungen vereinbaren

Fall 3: Warten auf die Chefin

In Ihrer aktuellen Tätigkeit stimmen Sie sich regelmäßig mit Ihrer Chefin, Frau Heike Hoch, ab. Grundsätzlich kommen Sie auch sehr gut mit ihr klar, zumal sie einen kooperativen Führungsstil pflegt. In letzter Zeit ärgert Sie jedoch zunehmend, dass Ihre Chefin bei den Gesprächen nie ganz bei der Sache zu sein scheint. Häufig ist es so, dass sie Sie um eine Rücksprache in ihr Büro bittet. Wenn Sie dann kommen, arbeitet sie häufig noch am PC oder telefoniert, so dass Sie zunächst einmal einige Minuten warten müssen. Hinzu kommt, dass sie es immer wieder versäumt, das Telefon umzustellen. Dabei wäre es kein Problem, auf ihren Stellvertreter umzustellen. So aber werden Sie immer wieder im Gespräch unterbrochen und sitzen untätig herum. Das ist gerade bei dem enormen Arbeitsdruck, der im Moment herrscht, problematisch. Sie haben ohnehin schon viele Überstunden und möchten nicht noch zusätzliche Zeit durch Warten vergeuden. Außerdem haben Sie den Eindruck, dass Ihre Arbeit wohl aus Sicht Ihrer Chefin nicht so wichtig ist. Sie sind darüber enttäuscht, da sie früher immer betont hatte, wie bedeutend Ihre Funktion für die Abteilung sei.

Sie sprechen sie auf die Situation an.

Hinweise

▶ Damit der Trainer die Arbeitsblätter wiederverwenden kann, empfiehlt es sich, diese zu laminieren. Dadurch wirken sie auch deutlich hochwertiger.

▶ Bei dieser Übung ist es als Seminarleiter sinnvoll, in die Kleingruppen zu gehen und Unterstützung anzubieten, um sicherzustellen, dass die Botschaften, die im Plenum präsentiert werden, tatsächlich den Anforderungen an eine konstruktive Konfliktansprache entsprechen. Sonst kann es durchaus vorkommen, dass etwa verdeckte Du-Botschaften im Plenum vorgestellt werden – zum Beispiel: „Ich habe das Gefühl, dass Du immer Deine Sachen rumstehen lässt." Diese – im Sinne der konstruktiven Konfliktansprache – „falschen" Beispiele dann korrigieren zu müssen, erhält leicht den Charakter des „Oberlehrerhaften" und kann bei der Kleingruppe das negative Empfinden auslösen, vor den anderen kritisiert zu werden.

Varianten

▶ Der Trainer kann die Teilnehmer auch auffordern, zusätzlich zur konstruktiven Konfliktansprache eine „kernige" Du-Botschaft zu formulieren. Oft macht es den Teilnehmern Spaß, nicht nur vorbildlich-konstruktiv, sondern auch deftig-destruktiv Kritik ausdrücken zu dürfen.

▶ Um den Teilnehmern mehr Gelegenheit zur Übung zu geben, kann der Trainer auch sämtlichen Gruppen alle Fallsituationen austeilen. Im Plenum präsentiert wird auch hier wieder jeweils nur ein Fall von jeder Kleingruppe.

▶ Um die Übung handlungsorientierter durchzuführen, kann der Trainer Kleingruppen à drei Personen bilden und jedem Kleingruppenteilnehmer einen unterschiedlichen Fall austeilen. Jeder erhält die Aufgabe, den Konflikt in seiner Fallsituation anzusprechen, während die anderen Teilnehmer ihm Feedback geben, wie die Konfliktansprache angekommen ist.

Hierbei haben sich folgende Instruktionen bewährt:
„Bitte klären Sie in Ihrer Kleingruppe zunächst, wer welche Rolle übernimmt:
A spricht den Konflikt anhand des ‚SAG ES!'-Schemas an. B und C versetzen sich in die Lage des Konfliktpartners und geben A anschließend ein Feedback, wie die Äußerung von A bei Ihnen ‚angekommen'

ist. Anschließend wechseln Sie die Rollen und spielen die zweite und dann die dritte Situation durch."

▶ Eine Variante zur Arbeit mit vorgegebenen Fallsituationen ist es, die Teilnehmer aufzufordern, eigene Situationen aus der Praxis zu nehmen und anhand dieser zu üben, Konflikte konstruktiv anzusprechen. Dies dauert zwar länger, stellt aber den Transfer in die Praxis in höherem Maße sicher. Dieses Vorgehen habe ich in meinem Buch „Kommunikationstrainings erfolgreich leiten" auf S. 135 ff. beschrieben.

11.20 Uhr   Kurze Pause

Der zweite Seminartag

Actstorming – Praxisberatung   11.25 Uhr

> **Orientierung**

Ziele:
- Der Protagonist kann durch „Lernen am Modell" sein Handlungsrepertoire im Umgang mit einer für ihn schwierigen sozialen Situation erweitern
- Die anderen Teilnehmer können in einem geschützten Rahmen unterschiedliche Bewältigungsstrategien im Umgang mit einer Konfliktsituation erproben

Zeit:
- 65 Minuten (5 Min. Themenwahl, 50 Min. Praxisberatung, 10 Min. Puffer)

Material:
- Flipchart „Praxisberatung"

Überblick:
- 0. Auswahl des Anliegens
- 1. Exploration
- 2. Zieldefinition
- 3. Methodische Bearbeitung:
  – Aufbau der Szene
  – Der Protagonist demonstriert das Verhalten des Konfliktpartners
  – Ein Teilnehmer übernimmt die Rolle des Konfliktpartners
  – Mehrere Seminarteilnehmer übernehmen abwechselnd die Rolle des Protagonisten und reagieren jeweils unterschiedlich auf die Konfliktsituation
  – Der Protagonist kann die Szene beobachten und sich von den unterschiedlichen Handlungsoptionen anregen lassen
  – Der Protagonist berichtet, wie er künftig in der Konfliktsituation agieren möchte
- 4. Auswertung: Sharing
- 5. Ergebnissicherung

Erläuterungen

Die Methode des „Actstormings" geht zurück auf das Forumtheater von Augusto Boal (2007). Methodisch ähnelt es dem Brainstorming, mit dem Unterschied, dass Ideen und Lösungsvorschläge nicht nur gesagt, sondern direkt in Handlungen umgesetzt werden (Redlich 1994). Es eignet sich immer dann, wenn der Protagonist Ideen sucht, wie er sich in einer bestimmten Situation konkret verhalten soll, beispielsweise: *„Wie gehe ich mit unfreundlichen Kunden um?"* oder *„Wie soll ich künftig auf die unsachlichen Kommentare des Vorstands reagieren?"*

Vorgehen

Auswahl des Falles Die Auswahl des Falles, welcher nun bearbeitet wird, geschieht wie bei der ersten Praxisberatung: Der Trainer verteilt die Moderationskarten, auf denen die unterschiedlichen offenen Fragestellungen der Teilnehmer stehen, im Raum und fordert die Gruppenmitglieder auf, sich zu dem Thema zu stellen, das sie am meisten interessiert. Der Fall mit den meisten Stimmen wird bearbeitet.

„Entscheiden Sie sich nun bitte, welches Thema Sie jetzt am meisten interessiert und stellen Sie sich zu diesem Thema dazu."

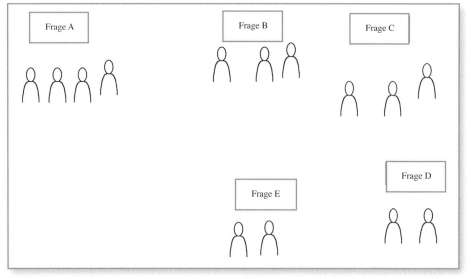

Abb.: Auch die Auswahl des zweiten Falles erfolgt durch die soziometrische Wahl der Gruppe.

Beispiel In unserem Beispiel wird das Anliegen von Frau Zucker gewählt: *„Nie wieder Hiwi – wie kann ich verhindern, dass eine dominante Kollegin ständig Aufgaben an mich delegiert?"*

1. Exploration

Frau Zucker arbeitet seit einem Jahr im Marketing-Bereich eines mittelständischen Unternehmens. Sie berichtet von Schwierigkeiten mit einer älteren Kollegin, Frau Krauel, die sehr dominant sei und stets ihren Kopf durchsetzen müsse. Jüngere Kolleginnen wie Frau Zucker behandele sie, als sei sie deren Chefin. So würde sie des Öfteren ihre Arbeit weiterdelegieren, obwohl ihr das überhaupt nicht zustünde. Gleichzeitig würde sie sich bei unangenehmen Aufgaben, wie etwa der Protokollführung oder der Übernahme von Telefondiensten, meistens zurückhalten und dies dadurch rechtfertigen, dass sie dies ja in der Vergangenheit oft genug übernommen habe. Frau Zucker ärgert sich darüber, dass Ihr Chef dagegen nichts unternimmt, obwohl sie und andere Kollegen sich bereits beschwert haben.

Außerdem hat sie das Gefühl, immer wieder von Frau Krauel „überrumpelt" zu werden und sich nicht ausreichend zur Wehr zu setzen. So würde Frau Krauel immer, wenn sie am Büro von Frau Zucker vorbeikommt, diese dazu auffordern, irgendwelche lästigen Aufgaben zu übernehmen. Ein typisches Beispiel sei es etwa, dass sie frage, ob sie ‚mal eben die Telefonnummer von Herrn X raussuchen' könne. Frau Zucker mache das dann stets, obwohl sie überhaupt keine Zeit habe und es nicht einsieht, immer wieder ‚Hiwi-Arbeiten' zu übernehmen.

2. Zieldefinition

Trainer: *„Was ist Ihr Ziel?"*
Protagonistin: *„Ich will mich nicht mehr von Frau Krauel überrumpeln lassen. Ich habe es satt, immer brav ‚Ja' zu sagen und mich hinterher über meine Gutmütigkeit zu ärgern."*
Trainer: *„O.K. Dann versuchen Sie mal, dieses Ziel positiv zu formulieren, und zwar beginnend mit dem Satz: Ich will herausfinden ..."*
Protagonistin: *„Ich will herausfinden, wie ich mit den unverschämten Forderungen meiner Kollegin umgehen kann."*
Trainer: *„Was ist aus Ihrer Sicht eine unverschämte Forderung?"*
Protagonistin: *„Zum Beispiel, wenn sie sagt, ich solle das Protokoll übernehmen oder ich soll ihr wieder etwas heraussuchen, wenn sie an meinem Büro vorbeikommt."*
Trainer: *„Welche Situation ist Ihnen wichtiger?"*
Protagonistin: *„Wenn Sie mir wieder sagt, ich soll was für sie heraussuchen. Das macht sie ständig."*
Trainer: *„Ihr Ziel ist es also herauszufinden, wie Sie damit umgehen können, wenn Ihre Kollegin Sie auffordert,*

etwas für sie herauszusuchen, zum Beispiel eine Telefonnummer, stimmt das?"
Protagonistin: *„Genau."*

3. Methodische Bearbeitung: Actstorming

An dieser Fragestellung könnte man mit der Methode des psychodramatischen Rollenspiels arbeiten, die ich in meinem Buch „Kommunikationstrainings erfolgreich leiten" (2008, S. 139 ff.) ausführlich beschrieben habe. Bei dieser Methode ist die Protagonistin gefordert, im Rahmen eines Rollenspiels selbst eine Lösung zu entwickeln, indem sie abwechselnd die eigene und die Perspektive der Konfliktpartnerin einnimmt. Im Gegensatz dazu hat sie beim Actstorming die Möglichkeit, Handlungsalternativen, die andere Seminarteilnehmer demonstrieren, zu beobachten und jene Aspekte zu übernehmen, die sie als stimmig zur Situation und zur eigenen Person erlebt.

Der Trainer stimmt die **Wahl der Methode** mit der Protagonistin ab:

Trainer: *„Ich schlage vor, dass wir uns die Situation, die Sie genannt haben, hier anschauen und sie nachstellen. Wir brauchen dazu gleich eine Person, die die Rolle von Frau Krauel übernimmt.*
Dann gibt es zwei Möglichkeiten. Die eine ist, dass Sie selbst Ihre eigene Rolle übernehmen und versuchen, eine passende Reaktion zu finden. Oder wir lassen die anderen Seminarteilnehmer abwechselnd Ihre Rolle übernehmen und an Ihrer Stelle reagieren, wobei Sie zuschauen und auswählen können, was Ihnen am passendsten erscheint. Welche Variante ist Ihnen lieber?"

Protagonistin: *„Offen gestanden, habe ich momentan noch keine Idee, wie ich mit Frau Krauel umgehen kann. Deshalb wäre es mir lieber, zuschauen zu können."*

Trainer: *„Gut. Dann möchte ich Sie bitten, hier vorne Ihr Büro mit einfachen Mitteln aufzubauen, so dass wir uns die Situation vorstellen können. Was brauchen Sie dazu?"*

Protagonistin: *„Einen Stuhl, einen Schreibtisch und einen Computer."*

Trainer: *„Dann nehmen Sie gerade Ihren Stuhl mit nach vorne. Für den Computer können Sie den Moderationskoffer nehmen. Und vielleicht kann Ihnen jemand helfen, einen Tisch nach vorne zu stellen."*

Zu den anderen Teilnehmern sagt er:

Trainer: *„Rücken Sie alle bitte etwas nach hinten, so dass wir hier vorne genügend Platz haben."*

Abb.: Beim Actstorming wird als Erstes der Raum so aufgebaut, dass sich die Protagonistin und die Gruppenteilnehmer die Situation gut vorstellen können.

Nachdem die räumliche Situation aufgebaut ist, wird die Rolle der Konfliktpartnerin besetzt. Der Trainer kann hier in die Runde fragen:
„Wer hat Lust, die Rolle der Kollegin zu übernehmen."

Falls sich niemand freiwillig meldet, kann der Trainer die Protagonistin bitten, eine Person auszuwählen. Alternativ kann er mit dem Argument werben, dass nur der Rollenspieler von der Aufgabe entbunden wird, Handlungsalternativen für die Protagonistin zu entwickeln und vorzuspielen. Meistens erklärt sich dann jemand bereit, die Rolle zu übernehmen. In unserem Beispiel übernimmt die Seminarteilnehmerin Frau Rollmann die Rolle von Frau Krauel.

Im nächsten Schritt muss die Rollenspielerin in ihre Rolle eingeführt werden. Dies geht am einfachsten, wenn die Protagonistin kurz in diese Rolle schlüpft und das Verhalten der Konfliktpartnerin demonstriert.

Trainer: „Danke, Frau Rollmann, dass Sie die Rolle übernehmen. Damit Sie wissen, wie Sie die Rolle von Frau Krauel spielen müssen, möchte ich Sie, Frau Zucker, bitten, kurz das Verhalten von Frau Krauel zu demonstrieren. Können Sie uns das bitte kurz zeigen?"

Protagonistin: „Ich kann's versuchen."

Abb.: Die Protagonistin schlüpft kurz in die Rolle ihrer Konfliktpartnerin, um deren Verhalten zu demonstrieren. Anschließend übernimmt eine Rollenspielerin diese Aufgabe, so dass die Protagonistin die Szene von außen beobachten kann.

Nachdem die Protagonistin das Verhalten der Konfliktpartnerin vorgespielt hat, bittet der Seminarleiter die Rollenspielerin:
„Frau Rollmann, würden Sie die Rolle bitte direkt mal übernehmen und nachspielen, damit Frau Zucker schauen kann, ob das passt?"

Wenn die Rollenspielerin in der Lage ist, ihre Rolle adäquat darzustellen, kann das eigentliche Actstorming beginnen. Hierzu wendet sich der Trainer an die Gruppe:
„Ich möchte Sie einladen, anstelle von Frau Zucker abwechselnd auf Frau Krauel zu reagieren. Dabei können Sie entweder genauso reagieren, wie Sie es im Alltag tun würden. Sie können aber auch etwas komplett anderes ausprobieren, was sie im echten Leben niemals machen würden. Jedes Verhalten ist erwünscht. Wir sammeln also Handlungsideen.

Ähnlich wie beim Brainstorming, wo jede Idee erwünscht ist, ist hier jede Handlungsalternative willkommen.

Wir werden die Szene dann jeweils kurz laufen lassen, so dass wir noch sehen, wie Frau Krauel reagiert. Anschließend gebe ich ein Signal und beende die Szene. Die Person, die in der Rolle von Frau Zucker war, gibt gewissermaßen die Staffel an die nächste Person weiter.

Als Symbol habe ich hier einen Moderationsstift, den der jeweilige Akteur an die nächste Person weitergibt. Wer eine Idee hat, kann sich gerne melden. Ansonsten kann es – wie im echten Leben – sein, dass Sie mit der schwierigen Kollegin konfrontiert werden, auch wenn Sie sich das nicht ausgesucht haben ;-)."

Um die verschiedenen Handlungsalternativen mit ihren unterschiedlichen Wortlauten zu dokumentieren, kann der Trainer fragen, ob jemand auf Flipchart mitschreibt:
„Damit wir die unterschiedlichen Herangehensweisen festhalten können, wäre es prima, wenn jemand in Stichworten mitschreibt, was diejenigen, die in Frau Zuckers Rolle schlüpfen, entgegnen. Wer würde das übernehmen?"

Da diese Person im Actstorming keine Rolle übernehmen muss, findet sich meist schnell ein Teilnehmer, der diese Funktion übernimmt.

Anschließend kann es losgehen.
„Wer mag anfangen?"

Meldet sich kein Teilnehmer, so gibt der Trainer der Rollenspielerin den Moderationsstift:
„Frau ‚Krauel', bitte suchen Sie sich jemand aus."

Abb.: Auf dem Flipchart werden die unterschiedlichen Herangehensweisen beim „Actstorming" festgehalten.

Abb.: Beim Actstorming schlüpfen unterschiedliche Seminarteilnehmer in die Rolle der Protagonistin und reagieren auf die Situation, die diese eingebracht hat.

Der Seminarleiter lässt die Szene nur kurz laufen, so dass beide Interaktionspartner zwei bis drei Mal die Möglichkeit haben, zu Wort zu kommen. Anschließend bricht er die Szene ab. Die Interaktion wird beim Actstorming nicht direkt reflektiert. Vielmehr schließt sich direkt die nächste Sequenz an. Wie beim Brainstorming ist die Bewertung strikt von der Generierung von Lösungsmöglichkeiten getrennt, um den Fluss von Ideen nicht zu beeinträchtigen.
„Herzlichen Dank! Bitte geben Sie die Staffel an die nächste Person weiter."

Der Trainer lässt nun mehrere Durchgänge laufen. Wenn er den Eindruck hat, dass die Protagonistin genügend Anregungen bekommen hat oder sich die Handlungsalternativen zunehmend ähneln, kann er das Ende des Actstormings einleiten.
„Hat noch jemand eine ganz andere Idee?"

4. Auswertung Wenn der letzte Durchgang beendet ist, richtet er das Wort an die Protagonistin:
„Frau Zucker, welche Reaktionen haben Ihnen besonders gefallen?"

Der Trainer unterstützt die Protagonistin dabei, eine für sie stimmige Handlungsmöglichkeit zu finden, etwa mit folgenden Fragen:
▶ *„Was könnten Sie sich vorstellen zu übernehmen?*
▶ *Wie würden Sie das in Ihren eigenen Worten formulieren?*
▶ *Auf welche Gegenargumente müssen Sie sich einstellen und wie würden Sie damit umgehen?"*

Abschließend gibt der Trainer das letzte Wort an die Protagonistin:
„Wie lautet Ihr Fazit?"

Schließlich erhält die Protagonistin das Flipchart bzw. ein Foto des Flipcharts, auf dem die unterschiedlichen Handlungsalternativen festgehalten wurden.

5. Ergebnissicherung

Sofern von den Teilnehmern ausreichend Anregungen und Erkenntnisse zusammengetragen wurden, können sie nun zusammenfassend besprechen, welche Lernerfahrungen sie aus diesem Praxisfall mitnehmen möchten.

„Ich möchte gerne noch einen Schritt weitergehen. Die Frage ist: Was haben wir nun aus diesem Fall gelernt? Welche Schlüsse können wir aus diesem konkreten Praxisfall ziehen, die wir dann in ähnlichen eigenen Situationen anwenden können? Das möchte ich gerne mit Ihnen zusammentragen."

Der Trainer stellt sich ans Flipchart und schreibt die Überschrift „Praxisberatung – Lessons learned" aufs Papier. Die Antworten notiert der Trainer, ein Foto des Plakates wird dem Protokoll beigefügt.

Abb.: Zur Ergebnissicherung sammelt der Trainer die Lernerfahrungen, welche die Teilnehmer aus der Praxisberatung ableiten.

Hinweise

▶ Normalerweise wird es den Gruppenmitgliedern beim Actstorming freigestellt, ob und wann sie sich einbringen möchten. Allerdings habe ich die Erfahrung gemacht, dass es dann passieren kann, dass der „Handlungssturm" ein „laues Lüftchen" bleibt, weil sich viele Seminarteilnehmer lieber zurückhalten. Deshalb halte ich es für zielführend, einen „sanften Zwang" anzuwenden und die Teilnehmer dazu zu bringen, sich der Situation zu stellen. Dabei bietet das Seminar einen deutlich geschützteren Rahmen als das „echte Leben".

▶ Wichtig ist auch hier – wie bei der Übung „Konflikte konstruktiv ansprechen" am Vormittag – der Hinweis, dass die Reaktionen nicht „perfekt" oder vorbildlich sein müssen, um die Hemmschwelle für die Teilnehmer zu senken und den Druck von ihnen zu nehmen.

Link-Tipp:
www.tsbt.de

▶ Seminare zu Methoden der Praxisberatung bietet der Autor am Moreno-Institut, Stuttgart, an. Infos unter: *www.tsbt.de*.

Variante

▶ Vor dem eigentlichen Actstorming kann der Trainer die Teilnehmer zuerst in einem Brainstorming Ideen sammeln und auf Flipchart schreiben lassen, bevor diese dann „durchgespielt" werden. Dadurch können sich die Teilnehmer besser auf ihren Einsatz vorbereiten. Dies ist gewissermaßen die „sanftere Variante", weil die Teilnehmer sich so besser vorbereiten können. Allerdings hat dies den Nachteil, dass die Übung dann nicht mehr so realitätsnah ist – schließlich müssen sie im Alltag ja auch spontan auf bestimmte Situationen reagieren, ohne sich vorher Gedanken machen zu können.

Literatur

▶ Boal, Augusto: Theater der Unterdrückten. Suhrkamp, 2007, 11. Aufl.
▶ Redlich, Alexander: Berufsbezogene Supervision in Gruppen. Band 19 der Materialien aus der Arbeitsgruppe Beratung und Training. Fachbereich Psychologie der Universität Hamburg, 1994.
▶ Schmidt, Thomas: Kommunikationstrainings erfolgreich leiten. Der Seminarfahrplan. managerSeminare, 2008, 4. Aufl.
▶ Schulz von Thun, Friedemann: Praxisberatung in Gruppen. Beltz, 2006.
▶ Tietze, Kim-Oliver/Schulz von Thun, Friedemann: Kollegiale Beratung: Problemlösungen gemeinsam entwickeln. Rowohlt, 2003.

12.30 Uhr   Mittagessen

Der zweite Seminartag

Stühle kippen – Warm-up 13.30 Uhr

Orientierung

Ziele:
- Aktivierung der Gruppe nach dem Mittagessen
- Reflexion der Zusammenarbeit

Zeit:
- 15 Minuten (10 Min., 5 Min. Puffer)

Material:
- Pro Teilnehmer ein Stuhl. Die Stühle werden im Kreis angeordnet
- Ausreichend Platz

Überblick:
- Die Seminarteilnehmer stellen sich im Kreis hinter ihren Stühlen auf
- Aufgabe ist, den Stuhl mit einer Hand auf den vorderen Beinen zu balancieren und dann den Stuhl des Nachbarn zu übernehmen, ohne dass ein Stuhl umkippt

Erläuterungen

Die Übung „Stühle kippen" nach Heckmair (2005) hat hier zweierlei Ziele: zum einen dient sie schlicht dem „Warm-up", der Aktivierung der Seminarteilnehmer im physiologischen Tief nach der Mittagspause. Zum anderen geht es darum, den Teilnehmern Gelegenheit zur Interaktion zu geben, damit sie anschließend die eigene Zusammenarbeit reflektieren können. Dadurch gibt es die Gelegenheit, möglicherweise aufgetretene Spannungen offenzulegen und zu thematisieren.

Vorgehen

Wenn alle Seminarteilnehmer wieder in den Raum zurückgekehrt sind, startet die Übung „Stühle kippen".
„*Wir starten mit einer Teamübung. Dazu möchte ich Sie bitten, Ihre Unterlagen, Gläser und Tassen an die Wand zu räumen und sich dann im Stuhlkreis hinter ihre Stühle zu stellen. Die Stühle sollten dabei in gleichmäßigem Abstand, ungefähr einen halben bis einen Meter auseinander stehen.*"

© managerSeminare

I. Seminarfahrplan: Konflikte konstruktiv lösen

Abb.: Bei der Übung „Stühle kippen" stellen sich die Seminarteilnehmer hinter ihren Stühlen auf. Die Aufgabe ist, den Stuhl mit einer Hand auf den vorderen Beinen zu balancieren, ihn dann loszulassen und den Stuhl des Nachbarn zu übernehmen, ohne dass ein Stuhl umkippt.

„Sie fassen Ihren Stuhl mit einer Hand an der Lehne und kippen ihn nach vorne, so dass er auf den vorderen Füßen steht. Ihre Aufgabe ist es, Ihren Stuhl jeweils loszulassen und mit der gleichen Hand den Stuhl Ihres Nachbarn zu greifen, ohne dass ein Stuhl umfällt. Sie haben Ihr Ziel erreicht, wenn Sie einmal den Stuhlkreis im Uhrzeigersinn umrundet haben, ohne dass ein Stuhl umfällt.

Wenn allerdings ein Stuhl umkippt oder mit den hinteren Füßen den Boden berührt, so müssen Sie alle wieder in die Ausgangsposition zurückkehren. Es darf stets nur eine Hand benutzt und nur ein Stuhl berührt werden, außerdem müssen die Stühle in der gleichen Position bleiben. Alles klar? Dann geht es los!"

Der Trainer lässt die Übung nun laufen und interveniert nur, wenn eine Regelverletzung auftritt und die Gruppe nicht von selbst zur Ausgangsposition zurückkehrt. In der Regel schafft es die Gruppe nach einigen Fehlversuchen, einen erfolgreichen Durchgang zu absolvieren.

Anschließend leitet der Trainer die Auswertung an. Diese kann im Stuhlkreis stattfinden, indem die Teilnehmer gefragt werden, wie sie die Zusammenarbeit erlebt haben.

Alternativ kann der Trainer die schon bekannte Form der soziometrischen Auswertung – wie bei der Übung „Rohrbombe" – einsetzen. Hierdurch werden Veränderungen in der Qualität der Zusammenarbeit der Seminargruppe besonders deutlich und können offen reflektiert werden.
„Mich interessiert nun, wie Sie Ihre Zusammenarbeit erlebt haben. Ich möchte Sie dazu bitten, die Stühle an den Rand zu räumen, damit wir wieder das gleiche Auswertungsschema auf dem Boden abbilden können wie bei der Übung mit der Rohrbombe gestern."

Der Trainer baut mit den Moderationskarten, auf denen „Problemlösung", „Kommunikation", sowie „+" und „-"steht, ein Koordinatensystem auf dem Boden auf (siehe Abbildung).
„Bitte positionieren Sie sich wieder so in dem Koordinatensystem, dass Sie deutlich machen, wie Sie die Zusammenarbeit hinsichtlich der Problemlösung und der Kommunikation erlebt haben."

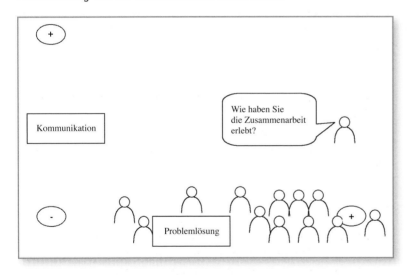

Abb.: Der Trainer leitet auch bei der Übung „Stühle kippen" eine soziometrische Auswertung an.

Anschließend interviewt der Trainer die Teilnehmer:
„Bitte sagen Sie wieder kurz etwas dazu, warum Sie sich so positioniert haben."

Der Trainer lässt alle Teilnehmer, die sich äußern möchten, zu Wort kommen.

Anschließend kann er seine eigenen Beobachtungen ergänzen und der Gruppe ein Feedback geben.

Hinweise

▶ Ich habe schon erlebt, dass es Stühle gibt, bei denen diese Übung nicht funktioniert – entweder weil diese so stabil standen, dass die Übung zu leicht war oder die Stühle so leicht umfielen, dass es nicht möglich war, sie loszulassen und weiterzugeben. Deshalb sollte unbedingt vorher getestet werden, ob die Stühle für die Übung geeignet sind.
▶ Es kommt nicht selten vor, dass die Gruppe den Stuhlkreis fast komplett umrundet hat und dann doch noch ein Stuhl umkippt, so dass die Übung von vorne begonnen werden muss. Der Trainer bleibt in einem solchen Fall „hart". Interessant ist, zu sehen und anschließend zu reflektieren, wie das Team mit einem solch ärgerlichen Fehler umgeht.

Variante

▶ Der Schwierigkeitsgrad kann erhöht werden, indem der Gruppe ein Zeitlimit vorgegeben wird. So kann etwa verlangt werden, dass die Aufgabe innerhalb von sieben Minuten gelöst werden muss. Dadurch erhält die Übung einen deutlich stärkeren „Drive". Allerdings kann dies auch zu einem Mißerfolgserlebnis führen, welches dann mit der Gruppe aufgearbeitet werden muss.

Literatur

▶ Heckmair, Bernd: Konstruktiv lernen. Projekte und Szenarien für erlebnisintensive Seminare und Workshops. Beltz, 2005, 2. Aufl.

Der zweite Seminartag

Identifikation mit dem Konfliktpartner – Übung

13.45 Uhr

> **Orientierung**

Ziele:
▶ Schulung des Empathievermögens

Zeit:
▶ 45 Minuten (5 Min. Instruktion, 5 Min. Einzelarbeit, 20 Min. Paararbeit, 10 Min. Reflexion im Plenum, 5 Min. Puffer)

Material:
▶ Flipchart „Identifikation mit dem Konfliktpartner"

Überblick:
▶ Die Teilnehmer werden aufgefordert, sich in einen Konfliktpartner hineinzuversetzen und sich hierzu zunächst in Einzelarbeit Notizen zu machen
▶ In der Paararbeit interviewt jeweils einer den anderen im Rollenwechsel
▶ Im Plenum tauschen die Teilnehmer ihre Erfahrungen aus

Erläuterungen

In der folgenden Übung werden die Teilnehmer angeleitet, einen Rollenwechsel mit einem Konfliktpartner durchzuführen. Die Methode des Rollenwechsels stammt aus dem Psychodrama und ist dort eine zentrale Technik, um die Empathiefähigkeit zu schulen und sich umfassend in die subjektive Wirklichkeit einer anderen Person zu versetzen. Die Empathiefähigkeit ist eine Schlüsselkompetenz im Umgang mit Konflikten, da erst das Verständnis des Konfliktpartners es ermöglicht, nach kooperativen Lösungen zu suchen.

Vorgehen

„Ein entscheidender Faktor, um Konflikte konstruktiv zu lösen, ist es, sich in die Konfliktpartner hineinversetzen zu können. Gleichzeitig ist dies etwas, was uns in Konflikten schwer fällt, da unsere Empathiefähigkeit herabgesetzt ist. Deshalb geht es im Folgenden darum, den Perspektivenwechsel in die Sichtweise des Konfliktpartners zu trainieren.

Dazu möchte ich Sie bitten, eine Person aus Ihrem Arbeitsumfeld zu wählen, mit der Sie einen Konflikt oder eine schwierige Arbeitsbeziehung haben. Falls es auf dem Bild, das Sie eingangs gemalt haben, eine solche Person gibt, können Sie einfach diese nehmen – oder eine Kollegin oder einen Kollegen, Vorgesetzten, Kunden, mit dem die Beziehung manchmal angespannt ist. Hat jeder von Ihnen jemand gefunden?"

Meistens gibt es einige Teilnehmer, denen nicht sofort jemand einfällt. Der Trainer kann ihnen einen Moment Zeit geben und sie bei der Suche unterstützen.

„Nehmen Sie sich ruhig einen Moment Zeit, um jemand zu finden. Vielleicht gehen Sie mal die Personen durch, mit denen Sie auf der Arbeit am meisten zu tun haben und überlegen sich, mit wem die Zusammenarbeit reibungslos verläuft und mit wem weniger: wo Sie leichte Spannungen bemerkt haben, wo Sie es manchmal anstrengend finden. Welche Personen Sie manchmal nerven. Wo es vielleicht eine schwierige Situation gibt, die schon länger zurückliegt. Sie können aus all den Bereichen eine Person wählen, auch wenn es nur leichte Spannungen gibt oder gegeben hat.

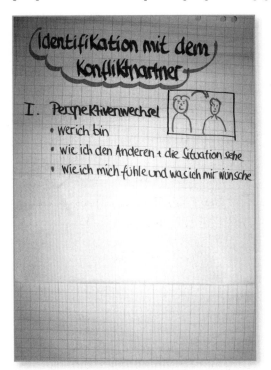

Abb.: Auf dem Flipchart „Identifikation mit dem Konfliktpartner" wird zunächst nur die Instruktion für die Einzelarbeit gezeigt.

Oder Sie können eine Person aus dem privaten Bereich nehmen, mit der es einen kleinen oder größeren Konflikt gibt. Hat nun jeder jemanden gefunden?"

Wenn nun noch jemand übrig ist, dann nimmt sich der Trainer für diese Person anschließend Zeit und setzt aber zunächst die Instruktion für die Gruppe fort:
„Nehmen Sie sich bitte einen Zettel und einen Stift und nehmen Sie sich ein paar Minuten Zeit, um sich zu den folgenden Fragen Notizen zu machen."

Der Trainer zeigt das Flipchart „Identifikation mit dem Konfliktpartner", auf dem zunächst ein Teil des Blattes verdeckt bleibt.

„Bitte versuchen Sie, sich ganz in die Rolle dieser anderen Person zu versetzen. Am besten nehmen Sie die Körperhaltung dieser anderen Person ein, setzen sich so hin, wie diese sitzen würde und notieren sich, wer Sie sind, indem Sie dies in der Ich-Form formulieren: Mein Name ist, mein Alter, meine Funktion, meine Hobbys sind usw. Anschließend geht es um die Frage, wie Sie – aus der Perspektive des Konfliktpartners – sich selbst und die Arbeitsbeziehung zu sich selbst sehen. Also, wie beispielsweise mein Konfliktpartner Thomas Schmidt sieht, etwa: ‚Der Thomas Schmidt arbeitet schon seit zwei Jahren mit mir zusammen. Anfangs lief alles glatt, aber dann hat mich gestört, dass er mich mehrfach nicht informiert hat und das hat mich sehr geärgert usw. Und wenn es eine konkrete Konfliktsituation gibt, ist auch hier die Frage, wie der andere diese wohl sehen würde. ‚Insbesondere hat Thomas Schmidt neulich eine Bemerkung fallen lassen, die mich richtig geärgert hat.' Und schließlich: wie sich mein Konfliktpartner vermutlich fühlt und welche Wünsche und Bedürfnisse er hat. Auch hier wieder aus der Ich-Perspektive: Ich habe mich richtig geärgert und bloßgestellt gefühlt, als Thomas Schmidt einen Witz auf meine Kosten gemacht hat. Mir ist wichtig, dass er sich entschuldigt. Außerdem sollte er mich künftig rechtzeitig informieren.

Dabei muss ich natürlich auch spekulieren, wenn ich nicht weiß, wie der andere die Dinge sieht. Entscheidend ist, dass ich wirklich versuche, mich in die Sichtweise des anderen einzufühlen. Dass ich aus dieser Person heraus denke und fühle – und nicht bloß über sie spreche."

Der Trainer gibt den Seminarteilnehmern drei bis fünf Minuten Zeit, sich Notizen zu machen. Anschließend instruiert er die Paararbeit zur Identifikation mit dem Konfliktpartner. Dazu zeigt er den Rest des Flipcharts.

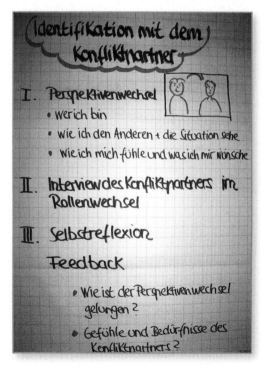

Abb.: Der Trainer erläutert die Aufgabenstellung der Paararbeit zur Identifikation mit dem Konfliktpartner am Flipchart.

„Als Nächstes möchte ich Ihnen die Gelegenheit geben, einen Schritt weiterzugehen in der Identifikation mit einem Konfliktpartner.
Dazu gehen Sie gleich zu zweit zusammen. A nimmt die Rolle des Konfliktpartners ein und stellt sich dem anderen anhand der hier genannten Leitfragen vor. Dabei kann er die Notizen nutzen; besser ist es aber, wenn er in der Ich-Form frei aus der Rolle des Konfliktpartners spricht. B interviewt A und achtet gleichzeitig darauf, wie gut es A gelingt, sich in den Konfliktpartner einzufühlen. Anschließend gehen Sie zur Auswertung über. Dabei schätzt A zunächst selbst ein, wie ihm der Perspektivenwechsel gelungen ist, an welchen Stellen es leicht fiel, sich in den Konfliktpartner hineinzuversetzen und wo es schwierig war. Anschließend gibt B ein Feedback, wie der Perspektivenwechsel aus seiner Sicht gelungen ist und sagt, woran er dies festmacht. Außerdem gibt er eine Rückmeldung, welche Gefühle und Bedürfnisse er beim Konfliktpartner vermutet.

Für einen Durchgang haben Sie 10 Minuten Zeit, also etwa 5 Minuten für das Interview im Rollenwechsel und 5 Minuten für die Auswertung. Anschließend tauschen Sie und A interviewt B im Rollenwechsel. Dann stehen Sie bitte auf und wählen Sie jemand für diese Übung, der nicht neben Ihnen sitzt und mit dem Sie bislang noch wenig zusammengearbeitet haben."

Nach 10 Minuten gibt der Trainer den Teilnehmern ein Signal, dass sie nun wechseln.

Nach 20 Minuten bittet er die Zweiergruppen, zum Ende zu kommen.

Anschließend leitet der Trainer eine kurze Auswertung im Plenum an: *„Wie haben Sie die Übung erlebt und welche Erkenntnisse nehmen Sie mit?"*

Schließlich kann der Trainer auf den Nutzen des Rollenwechsels hinweisen:
„Ein solcher Perspektivwechsel kann in Konfliktsituationen, aber auch in der Vorbereitung von Verhandlungen nützlich sein, um die Bedürfnisse des anderen besser zu erfassen und dann entsprechend auf diese eingehen zu können. Wenn Sie diese Fähigkeit trainieren, wird dies Ihre Konfliktlösungs- und Verhandlungskompetenz entsprechend verbessern."

Hinweise

▶ Es kann bei dieser Übung hilfreich sein, wenn der Seminarleiter zu den einzelnen Paaren geht, um zu schauen, ob das Interview im Rollenwechsel tatsächlich durchgeführt wird. Ansonsten kommt es immer wieder vor, dass einzelne Paare nur über eine Situation sprechen und den echten Perspektivwechsel vermeiden. Das wäre bedauerlich, da sie dann den Übungseffekt, den der Rollenwechsel ermöglicht, verpassen.

Literatur

▶ von Ameln, Falko/Gerstmann, Ruth/Kramer, Josef: Psychodrama. Springer, 2004.

14.30 Uhr Umgang mit Kritik – Input

Orientierung

Ziele:
- Die Teilnehmer unterscheiden konstruktive und destruktive Reaktionen im Umgang mit Kritik
- Sie kennen das Johari-Fenster als Hintergrundmodell zum Empfangen von Feedback

Zeit:
- 20 Minuten (15 Min., 5 Min. Puffer)

Material:
- Pinnwand
- Die Flipcharts „Johari-Fenster", „Auf den Konfliktpartner eingehen" und „Umgang mit Kritik – ein Balanceakt"

Überblick:
- Die Seminargruppe sammelt, welche Reaktionen im Umgang mit Kritik hilfreich sind und welche nicht
- Der Trainer erläutert die Flipcharts „Johari-Fenster", „Auf den Konfliktpartner eingehen" und „Umgang mit Kritik – ein Balanceakt"

Erläuterungen

Im Umgang mit Kritik lassen sich zwei gleichermaßen ineffektiven Reaktionsweisen beobachten: Jegliche Kritik abzublocken oder sich „jeden Schuh anzuziehen" und sämtliche Schuld auf sich zu nehmen. Im Gegensatz dazu geht es beim produktiven Umgang mit Kritik darum, die konstruktiven Anteile als Rückmeldung zu nutzen und verletzende Äußerungen zurückzuweisen, um sich selbst zu schützen. Dieser nicht immer ganz einfache Balanceakt wird in den folgenden Abschnitten thematisiert.

Vorgehen

„Die Fähigkeit, sich in den anderen hineinzuversetzen, ist zentral bei der Lösung von Konflikten. Deshalb haben wir diese gerade trainiert. Anders als in der vorangegangenen Übung hat man im Alltag allerdings oft wenig Zeit, um in die Haut des anderen zu schlüpfen. Manchmal werden wir von einer kritischen Äußerung überrascht und müssen spontan

darauf reagieren. Selbst wenn ich mich bemühe, auf die Bedürfnisse von Kunden oder Kollegen einzugehen, werde ich es nicht immer vermeiden können, diese hin und wieder zu enttäuschen. Sei es, dass ich aus der Sicht Dritter nicht genügend informiert habe, dass sich jemand in Entscheidungen unzureichend einbezogen fühlt oder dass ich etwas gesagt habe, was andere verletzt oder gestört hat, ohne dass ich das wollte. Die Frage ist nun, wie ich auf Kritik reagiere. Was würden Sie sagen, welche Reaktionen im Umgang mit Kritik sind hilfreich und welche weniger?"

Der Trainer hält die Äußerungen der Teilnehmer auf der Pinnwand fest.

Anschließend ergänzt er die Äußerungen der Teilnehmer, indem er zunächst den Nutzen von Feedback – und auch von kritischem Feedback – anhand des Johari-Fensters erläutert:
„Ergänzend möchte ich Ihnen ein theoretisches Modell anbieten."

Der Trainer präsentiert das Flipchart „Johari-Fenster". Die Begriffe zur Bezeichnung der einzelnen Fenster trägt er ein, während er sie erläutert.

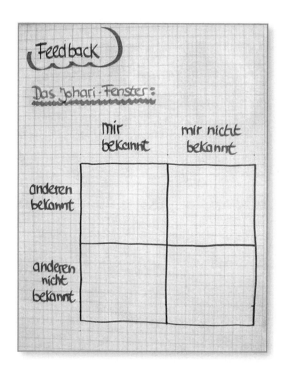

Abb.: Das Flipchart „Johari-Fenster".

„Das Modell heißt das ‚Johari-Fenster', weil es von zwei Gruppendynamik-Forschern entwickelt wurde. Der eine heißt Joe (Luft), der andere Harry (Ingram), so dass sie ihr Modell, das aussieht wie ein Fenster, ‚Johari-Window" nannten.

Das Modell unterteilt unsere Persönlichkeit in verschiedene Bereiche. Es gibt Bereiche der Persönlichkeit, die sind mir bekannt und anderen bekannt. Sie nannten diesen Bereich der Persönlichkeit die ‚öffentliche Person'.

Öffentliche Person

Dann gibt es Bereiche meiner Persönlichkeit, die sind anderen nicht bekannt, aber mir. Diesen Bereich nannten sie die ‚Privatperson'.

Privatperson

Unbewusster Bereich und blinder Fleck

Außerdem gibt es Teile der Persönlichkeit, die weder mir noch anderen bekannt sind, den ‚unbewussten Bereich' der Persönlichkeit.

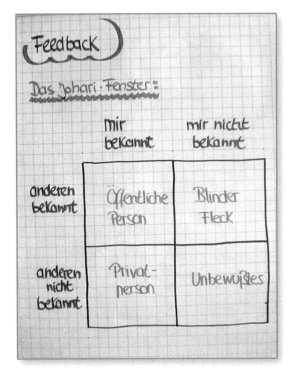

Abb.: Das Flipchart „Johari-Fenster". Der Trainer hat die Bezeichnungen der einzelnen „Fenster" nun eingetragen.

Schließlich gibt es einen Bereich der Persönlichkeit, der für das Thema ‚Umgang mit kritischem Feedback' wichtig ist, und das ist der so genannte ‚Blinde Fleck'."

Der Trainer fährt fort:
„Der blinde Fleck ist jener Bereich der Persönlichkeit, der mir nicht bewusst ist, der aber anderen Menschen auffällt. Wenn ich ein Feedback erhalte – und Kritik ist ja nichts anderes als ein Feedback – verringert sich dieser blinde Fleck. Ich erfahre etwas über meine Wirkung, die oft genug von dem abweicht, was meine Absicht in der Kommunikation war. Der berühmte Kommunikationsforscher Paul Watzlawick hat einmal gesagt: ‚Ich weiß nicht, was ich gesagt habe, bevor ich die Antwort meines Gegenübers gehört habe.'

Wenn nun durch meine Art zu kommunizieren bei anderen Irritationen entstehen, werde ich dies nicht oder nur indirekt erfahren – oder erspüren – können, da Kritik oft nicht direkt geäußert wird, sondern sich eher in der Körperhaltung oder durch indirekte Botschaften ausdrückt. Deshalb ist es immer auch eine Chance, offen kritisiert zu werden. Denn es beweist, dass die andere Person die Hoffnung hat, dass sich etwas ändern lässt und die Zusammenarbeit besser sein könnte. Sie drückt also ihr Interesse an der Beziehung indirekt aus. Deshalb ist es wichtig, Kritik immer auch als Chance zu sehen. Wenn es mir gelingt, wirklich offen für Kritik zu sein, kann ich meine blinden Flecken verringern, etwas über meine Wirkung erfahren und gleichzeitig etwas für die Verbesserung der Beziehung tun. Denn kaum etwas verbindet so sehr wie ein gemeinsam gelöster Konflikt.

Sie haben nun zusammengetragen, welche Punkte wichtig sind, damit dies gelingt. Ich würde diese gerne noch zusammenfassen."

Der Trainer erläutert am Flipchart Handlungsstrategien im Umgang mit Kritik.

*„Auch wenn wir theoretisch wissen, dass Feedback etwas Positives ist, fühlen wir uns doch in aller Regel angegriffen – insbesondere wenn die andere Person uns Vorwürfe macht, die wir als ungerecht empfinden. Negatives Feedback löst daher in der Regel den Impuls bei uns aus, uns zu verteidigen, den anderen zu **unterbrechen**, um ihm zu beweisen, dass er uns zu Unrecht anklagt. Statt dem anderen zuzuhören, möchten wir unsere Sicht der Dinge darstellen, die Sache ‚richtigstellen' und **rechtfertigen** uns.*

*Nehmen wir etwa an, meine Frau sagt zu mir ‚Nie bist Du zu Hause!', dann kann ich antworten: ‚Meinst Du etwa, ich habe mir das ausgesucht? Irgendwo muss das Geld ja schließlich herkommen, oder?' Oder ich kann versuchen, ihre Behauptung zu widerlegen, zum Beispiel mit den Worten: ‚Das stimmt nicht, ich war doch die letzten drei Abende da.' Vielleicht habe ich inhaltlich recht, aber meine Frau wird sich wohl kaum verstanden fühlen und versuchen, weitere Argumente zu finden. Schließlich wurde auf ihre emotionale Verletzung – und um die geht es immer bei einem Konflikt – von mir überhaupt nicht eingegangen. Stattdessen tue ich ihre Kritik ab und **verharmlose die Situation** nach dem Motto ‚So schlimm ist es ja gar nicht. Du übertreibst'. Wenn ich dies tue, errichte ich gewissermaßen eine Mauer und lasse die Kritik nicht an mich heran.*

Die Folge wird sein, dass der Streit auf der Sachebene weitergeführt wird und die Gefühle, um die es eigentlich geht, weiter ausgeblendet werden. So könnte sie sagen: ‚Du bist aber immer erst um neun Uhr abends nach Hause gekommen.' Dann könnte ich erwidern, dass ich aber vorgestern schon um acht Uhr zu Hause war usw. Das Problem ist: Wir streiten dann auf der Inhaltsebene. Aber: Es geht in Wahrheit um Gefühle und Bedürfnisse. Deshalb ist es wichtig, zu versuchen, den anderen erst einmal zu verstehen, bevor ich selbst meinen Senf dazugebe.

Abb.: Das Flipchart „Auf den Konfliktpartner eingehen".

Aktives Zuhören, zusammenfassen, Gefühle heraushören

Das wichtigste Mittel hierfür ist das aktive Zuhören. Aktives Zuhören heißt, entweder auf der inhaltlichen Ebene zusammenzufassen, was ich gehört habe oder – in Konflikten besonders wichtig – die Gefühle herauszuhören. Wenn es mir etwa gelingt, auf den Vorwurf meiner Frau einzugehen, indem ich ihr Gefühl spiegele, etwa ‚Du fühlst Dich ganz schön allein gelassen', wird sie sich wahrscheinlich eher ernst genommen und verstanden fühlen.

Bedürfnisse und Wünsche spiegeln

Das lässt sich auch auf den beruflichen Bereich übertragen. Wenn mir der Kollege etwa sagt: ‚Du bist immer so dominant' und ich durch Nachfragen erfahren habe, dass ich ihn drei Mal unterbrochen habe, kann ich zum Beispiel seine Gefühle spiegeln, indem ich sage: ‚Ich verstehe, dass Du sauer bist, dass ich Dich nicht habe ausreden lassen.' Wenn ich die Gefühle des anderen erfasse, fällt es mir auch leichter, seine Bedürfnisse und Wünsche zu spiegeln und auf sie einzugehen, indem ich Lösungen anbiete, zum Beispiel: ‚Ich werde Dich ab sofort ausreden lassen.' Gerade im beruflichen Bereich ist es wichtig, Lösungen zu suchen und verbindlich anzubieten.

Fragen stellen

Wichtig hierzu sind Fragen. Nehmen wir an, ein Kunde sagt mir: ‚Ihre Briefe sind völlig unverständlich', bin ich gut beraten erst einmal nachzufragen: ‚Was genau meinen Sie mit unverständlich? Welche Informationen fehlen Ihnen?' usw. Wenn ich auf diese Art nachfrage, kann es mir gelingen, auch wenig konstruktive Kritik – zum Beispiel in Form von Du-Botschaften – in Ich-Botschaften zu verwandeln, indem ich den anderen auffordere, sein Feedback zu konkretisieren. Damit mache ich einen wichtigen Schritt, um eine Lösung für den Konflikt zu finden.

Den anderen wertschätzen

Schließlich ist es wichtig, das Feedback – auch und gerade wenn es negativ ist – wertzuschätzen. Wenn ich ein kritisches Feedback bekomme, mag das nicht immer angenehm sein. Aber, wie gesagt, es zeigt das Zutrauen des anderen, dass ich in der Lage bin, Feedback anzunehmen und sein Interesse an der Beziehung.

Die meisten Führungskräfte etwa erhalten ja gar kein Feedback. Weil die Mitarbeiter Angst vor Konsequenzen haben oder weil sie denken ‚Der ist halt so; den kann man eh nicht ändern.' Deshalb ist auch ein kritisches Feedback im Grunde ein Geschenk, weil es eine neue Chance für die Beziehung gibt. Wenn ich in der Lage bin, auf eine Kritik hin ehrlich zu sagen: ‚Ich finde es gut, dass Sie das so offen ansprechen', wird sich die andere Person erstens ernst genommen fühlen und zweitens auch in

Zukunft kleinere Konflikte eher ansprechen, statt sie ‚unter den Teppich zu kehren' – was für die Beziehung außerordentlich wichtig ist.

Wenn ich sichergestellt habe, dass ich den anderen wirklich verstanden habe und sein Feedback entgegengenommen habe, ist es natürlich legitim, meine eigene Wahrnehmung daneben zu stellen, wenn diese von der des anderen abweicht. Wichtig ist dabei, dass ich meine Sichtweise neben die des anderen stelle und nicht beginne, darum zu streiten, wer nun Recht hat. Die Grundhaltung muss immer sein, dass jeder seine Wahrnehmung hat, die berechtigt ist. In der Regel ist es so, dass der andere eher bereit sein wird, meine Wahrnehmung gelten zu lassen, wenn er spürt, dass ich mich für seine Sichtweise interessiere und diese ebenfalls gelten lasse. Erst danach wird es in der Regel möglich sein, Lösungen für den Konflikt zu finden, die idealerweise die Bedürfnisse beider Seiten berücksichtigen. Gibt es von Ihrer Seite Fragen oder Anmerkungen?"

Anschließend kann der Trainer noch die Grenzen des offenen Umgangs mit Kritik deutlich machen

Grenzen des offenen Umgangs mit Kritik

„Natürlich gibt es auch Situationen, in denen Kritik unter die Gürtellinie geht und man deshalb nicht in der Lage oder auch nicht gewillt ist, offen und konstruktiv damit umzugehen. Dann ist es wichtig, sich deutlich abzugrenzen, etwa durch die Ich-Botschaft: ‚Ich lasse mich nicht beleidigen' oder ‚Diesen Ton finde ich nicht in Ordnung'. Erst wenn die Form des Feedbacks für mich akzeptabel ist, werde ich mich auf die Inhalte einlassen können. Insofern ist der Umgang mit aufgebrachten und emotionalen Konfliktpartnern immer auch ein Balanceakt zwischen Abgrenzung gegen und Eingehen auf den Konfliktpartner.

Die Frage ist freilich, wo ich die Grenze setze und wie schnell ich mich angegriffen fühle. Gerade im Umgang mit Kunden ist es entscheidend, nicht zu dünnhäutig zu sein, sondern stets nach Lösungen zu suchen, die die Bedürfnisse des Kunden erfüllen. Schließlich werde ich dafür bezahlt. Um hier entsprechend lösungsorientiert zu bleiben, ist es wichtig, sich zu vergegenwärtigen, dass es im Job nicht um mich als Person, sondern um mich in meiner Rolle, etwas als Dienstleister geht. Dennoch werde ich nicht verhindern können, mich manchmal angegriffen zu fühlen, doch wenn ein Kunde sich über meine Firma beschwert, ist es wichtig, nicht gleich auf die Palme zu gehen, sondern im Auge zu haben, dass es darum geht, für einen Kunden Lösungen zu finden – und nicht um mich als Person."

Literatur:

- Goleman, Daniel: Emotionale Intelligenz. Deutscher Taschenbuch Verlag, München, 1997.
- Goleman, Daniel: Soziale Intelligenz. Wer auf andere zugehen kann, hat mehr vom Leben. Droemer/Knaur, 2008.
- Gührs, Manfred/Nowak, Claus: Das konstruktive Gespräch. Ein Leitfaden für Beratung, Unterricht und Mitarbeiterführung mit Konzepten der Transaktionsanalyse. Limmer, 2006, 6. Aufl.
- Weisbach, Christian-Rainer: Professionelle Gesprächsführung. Deutscher Taschenbuch Verlag, 2008, 7. Aufl.

14.50 Uhr Pause

Der zweite Seminartag

Umgang mit Kritik – Übung 15.05 Uhr

> **Orientierung**

Ziele:
- Die Teilnehmer trainieren ihre Fähigkeit, konstruktiv mit Kritik umzugehen

Zeit:
- 50 Minuten (5 Min. Instruktion, 30 Min. Paarübung, 10 Min. Reflexion im Plenum, 5 Min. Puffer)

Material:
- Fallstudien „Umgang mit Kritik"

Überblick:
- In der Paararbeit erhält A eine Fallsituation, in der ein Konflikt beschrieben wird, den er ansprechen soll
- B hat die Aufgabe, konstruktiv auf die Kritik zu reagieren und auf den Konfliktpartner einzugehen. Anschließend erhält er ein Feedback, wie ihm dies gelungen ist
- Bei der nächsten Fallsituation muss B den Konflikt ansprechen und A darauf reagieren
- Reflexion im Plenum

Erläuterungen

In der folgenden Übung werden die Teilnehmer angeleitet, anhand von zwei Fallstudien ein Konfliktgespräch mit einem Gesprächspartner durchzuführen. Die Teilnehmer sollen das eigene Verhalten beobachten, aber auch ein Gefühl dafür entwickeln, wie konstruktiv sich der Gesprächspartner verhält.

Vorgehen

Während die Plakate aus dem vorangegangenen Input als Anregung im Hintergrund sichtbar bleiben, instruiert der Seminarleiter die Übung. „Im Folgenden möchte ich das Thema ‚Umgang mit Kritik' anhand von zwei Fallstudien vertiefen. Hierbei gehen Sie erneut zu zweit zusammen, mit der Aufgabe, ein Konfliktgespräch zu führen. Einer hat die Aufgabe, Kritik zu äußern, auf die die andere Person reagieren muss.

© managerSeminare

Das Gespräch kann – inklusive Vorbereitung – maximal 10 Minuten dauern. Anschließend wird es ausgewertet. Anschließend erhalten Sie eine neue Situation, in der die Aufgaben, Kritik zu äußern bzw. entgegenzunehmen, getauscht werden.

Alle weiteren Informationen finden Sie auf den Arbeitsblättern. Bitte stehen Sie jetzt wieder auf und suchen sich eine andere Person, mit der Sie diese Übung machen möchten."

Jede Zweiergruppe erhält die Instruktionen für den Fall 1 (siehe nachfolgende Arbeitsblätter).

Nach 15 Minuten werden die Instruktionen für den Fall 2 ausgeteilt (siehe nachfolgende Arbeitsblätter), wobei der Trainer daran erinnert, dass die Person, die zunächst Rolle A innehatte, nun Rolle B übernimmt und umgekehrt.

Im Anschluss an die Paarübung folgt eine kurze Reflexion im Plenum: *"Bitte berichten Sie kurz, wie die Gespräche verlaufen sind."*

Varianten

- Anstelle von Fallstudien können auch reale Situationen der Teilnehmer eingesetzt werden, so dass die Fälle sich noch stärker an deren Praxis orientieren. Dabei kann auf der Übung „Identifikation mit dem Konfliktpartner" aufgebaut werden. Die Teilnehmer setzen sich hierzu wieder in den gleichen Paarkonstellationen zusammen. Jeder Teilnehmer spielt sich selbst, während der andere die Rolle des Konfliktpartners übernimmt und Kritik äußert, auf die der Teilnehmer, der die Situation eingebracht hat, dann reagieren muss.

- Eine weitere Übung, die noch stärker auf den Umgang mit emotionalen, aggressiven Konfliktpartnern abzielt, finden Sie in den zusätzlichen Seminarbausteinen ab Seite 457.

Der zweite Seminartag

Übung „Umgang mit Kritik"

Bitte lesen Sie sich die folgende Fallsituation durch und führen anschließend ein kurzes Konfliktgespräch mit Ihrem Gesprächspartner.

Fall 1: Schwangerschaft
Rolle A

Neulich haben Sie Ihrer Kollegin (Ihrem Kollegen) etwas Persönliches anvertraut. Es ist nämlich so, dass Sie schwanger sind (bzw. Ihre Frau schwanger ist). Sie sind (Ihre Frau ist) gerade erst im dritten Monat schwanger. Sie hatten dies Ihrer Kollegin im Vertrauen gesagt. Sie hatten sie zwar nicht explizit darauf hingewiesen, dass sie dieses Geheimnis niemand weitererzählen soll. Sie hatten das jedoch als selbstverständlich vorausgesetzt. Schließlich haben Sie eine sehr freundschaftliche Beziehung zueinander.

Nun hat Sie jedoch gerade ein anderer Kollege, Herr Meier, auf Ihre Schwangerschaft (die Schwangerschaft Ihrer Frau) angesprochen („Glückwunsch. Und ... was wird's?"). Sie waren total perplex. Sie sind sehr verärgert, dass Ihre Kollegin das weitererzählt hat. Schließlich hatten Sie (Ihre Frau) vor einiger Zeit einmal eine Fehlgeburt am Anfang der Schwangerschaft. Deshalb wollten Sie Ihr „Geheimnis" zunächst nur wenigen Vertrauten erzählen. Es ist Ihnen überhaupt nicht recht, dass nun der Kollege Meier Bescheid weiß und Sie befürchten, dass sich die Neuigkeit im Nu im ganzen Haus herumsprechen wird, zumal Herr Meier für seine Geschwätzigkeit bekannt ist. Sie haben große Angst vor einer erneuten Fehlgeburt und es wäre Ihnen äußerst unangenehm, wenn dass dann alle möglichen Leute mitbekommen würden.

Sie sind sehr enttäuscht und wütend über die Indiskretion Ihrer Kollegin. Sie haben sich mit ihr zusammengesetzt und möchten Ihrem Unmut Luft machen.

Sie sprechen den Konflikt mit den folgenden Worten an:
„Wie konnten Sie (konntest Du) das mit der Schwangerschaft nur weitererzählen? Ich bin echt stinksauer! Ich dachte, das bleibt unter uns!"

Wie Sie dann weiter reagieren und wie offen Sie für eine konstruktive Klärung sind, machen Sie von der Reaktion Ihres Gegenübers abhängig. Für das Gespräch haben Sie – inklusive Vorbereitung – max. 10 Minuten Zeit.

Im Anschluss an das Gespräch gehen Sie zur Auswertung über (ca. 5 Minuten). Zunächst fragen Sie Ihren Gesprächspartner, wie dieser das Gespräch erlebt hat und geben anschließend ein Feedback zu folgenden Punkten:
▶ Wie haben Sie sich während des Gesprächs gefühlt?
▶ Wie sehr hatten Sie den Eindruck, von Ihrem Gegenüber verstanden zu werden? Woran machen Sie das fest?
▶ Wie sehr ist Ihr Gesprächspartner auf Ihre Gefühle, Wünsche und Bedürfnisse eingegangen?

I. Seminarfahrplan: Konflikte konstruktiv lösen

Übung „Umgang mit Kritik"

Bitte lesen Sie sich die folgende Fallsituation durch. Sie führen anschließend ein kurzes Konfliktgespräch.

Fall 1: Schwangerschaft
Rolle B

Neulich hat Ihnen Ihre Kollegin (Ihr Kollege) erzählt, dass sie schwanger ist (bzw. seine Frau schwanger ist). Das hat Sie für die Kollegin, zu der Sie eine sehr freundschaftliche Beziehung haben, besonders gefreut, da Sie wissen, dass sie (bzw. seine Frau) vor einiger Zeit eine Fehlgeburt ganz am Anfang der Schwangerschaft hatte.

Das Ganze hat Sie dermaßen gefreut, dass Sie so strahlten, dass Ihr Kollege Martin Meier, den Sie sehr gerne mögen, neugierig geworden ist. Er hat Sie gefragt hat, weshalb Sie so blendender Laune seien. Sie wollten erst nicht damit rausrücken, weil Sie sich nicht sicher waren, ob dies der Kollegin (dem Kollegen) recht wäre. Schließlich ist Herr Meier nicht gerade für seine Verschwiegenheit bekannt. Aber dann hat er so lange nachgebohrt, bis es Ihnen dann doch rausgerutscht ist, nachdem er gemutmaßt hatte, Sie selbst (bzw. Ihre Frau) seien schwanger. Nach Ihrer etwas verräterischen Antwort („Ich nicht/meine Frau nicht"), hat er dann angefangen, zu raten, wer schwanger ist und ist schnell auf des Rätsels Lösung gekommen. Da ist es Ihnen dann nicht gelungen, dies zu leugnen. Sie haben Herrn Meier aber gesagt, dass er dies für sich behalten soll.

Andererseits hat die Kollegin (der Kollege) ohnehin nicht gesagt, dass Sie die Neuigkeit für sich behalten sollen. Von daher hoffen Sie, dass es nicht allzu schlimm wäre, wenn sich die Nachricht herumsprechen würde. Früher oder später erfahren es ja doch alle.

Allerdings scheint irgend etwas nicht zu stimmen. Die Kollegin (der Kollege) möchte unter vier Augen mit Ihnen sprechen.

Ihr Gesprächspartner (Ihre Gesprächspartnerin) spricht den Konflikt an. Sie reagieren auf das Gesagte und versuchen, den Konflikt zu lösen.

Für das Gespräch haben Sie – inklusive Vorbereitung – max. 10 Minuten Zeit.

Im Anschluss an das Gespräch gehen Sie zur Auswertung über (ca. 5 Minuten). Zunächst nehmen Sie Stellung zu der Frage, wie Sie das Gespräch erlebt haben. Anschließend erhalten Sie ein Feedback von Ihrem Gesprächspartner.

Übung „Umgang mit Kritik"

Bitte lesen Sie sich die folgende Fallsituation durch und führen anschließend ein kurzes Konfliktgespräch mit Ihrem Gesprächspartner.

Fall 2: „Easy"
Rolle A

Sie arbeiten seit einem halben Jahr für Ihr neues Unternehmen als Projektmitarbeiter, nachdem Sie zuvor in einer anderen Firma eine vergleichbare Position innehatten. Ihre Tätigkeit macht Ihnen viel Spaß. Sie engagieren sich gerne und haben sich bei Ihrem neuen Arbeitgeber von Anfang an mit Ihren Vorschlägen eingebracht. Allerdings wurden diese Ideen nicht immer offen aufgenommen, insbesondere von der Kollegin (dem Kollegen) B, mit der Sie am engsten zusammenarbeiten. Dabei kommen Sie mit ihr (ihm) eigentlich gut klar. Sie ist normalerweise sehr freundlich und hilfsbereit. Dennoch fühlen Sie sich von ihr oft blockiert. Da Sie mehrere Projekte gemeinsam verantworten und die Kollegin hier überwiegend noch die Leitung innehat, verbringen Sie viel Zeit in gemeinsamen Meetings. Dort ist es immer wieder so, dass sie Ihre Ideen mit Bemerkungen wie „Das geht bei uns nicht" oder „Wir haben das bisher immer so und so gemacht" abschmettert. Das ist sehr frustrierend.

Besonders geärgert haben Sie sich in der gestrigen Projektsitzung, in der es um das Thema „Projektcontrolling" ging. Hier haben Sie den Vorschlag eingebracht, das IT-Tool „Easy" einzusetzen, mit dem Sie in Ihrer alten Firma gute Erfahrungen gemacht haben. Doch die Kollegin tat Ihren Vorschlag mit der Bemerkung ab, das sei eine Software „die wir zum Glück im letzten Jahrtausend entsorgt haben". Damit hatte sie die Lacher auf ihrer Seite. Und zwar auf Ihre Kosten! Und das vor einer Reihe hochrangiger Führungskräfte, vor denen Sie wie ein Trottel dastanden! Wie sollen Sie sich Akzeptanz verschaffen, wenn Sie von Ihrer eigenen Kollegin so bloßgestellt werden!"

Sie sind sehr verärgert über das Verhalten Ihrer Kollegin (Ihres Kollegen). Sie haben sich mit ihr zusammengesetzt und möchten Ihrem Unmut Luft machen.

Sie sprechen den Konflikt mit den folgenden Worten an:
„Wie konnten Sie mich nur so auflaufen lassen in der Projektsitzung? Ich bin stinksauer! Das ist doch keine Art, mit einem Kollegen umzuspringen. Das hätte ich wirklich nicht von Ihnen erwartet!"

Wie Sie dann weiter reagieren und wie offen Sie für eine konstruktive Klärung sind, machen Sie von der Reaktion Ihres Gegenübers abhängig. Für das Gespräch haben Sie – inklusive Vorbereitung – max. 10 Minuten Zeit.

Im Anschluss an das Gespräch gehen Sie zur Auswertung über (ca. 5 Minuten). Zunächst fragen Sie Ihren Gesprächspartner, wie dieser das Gespräch erlebt hat und geben anschließend ein Feedback zu folgenden Punkten:
- Wie haben Sie sich während des Gesprächs gefühlt?
- Wie sehr hatten Sie den Eindruck, von Ihrem Gegenüber verstanden zu werden? Woran machen Sie das fest?
- Wie sehr ist Ihr Gesprächspartner auf Ihre Gefühle, Wünsche und Bedürfnisse eingegangen?

Übung „Umgang mit Kritik"

Bitte lesen Sie sich die folgende Fallsituation durch. Sie führen anschließend ein kurzes Konfliktgespräch.

Fall 2: „Easy"
Rolle B

Sie sind seit mehreren Jahren in der Projektarbeit tätig. Vor einem halben Jahr haben Sie den neuen Kollegen (die neue Kollegin) A bekommen. Darüber sind Sie sehr froh, zumal der Kollege zuvor in einem anderen Unternehmen in einer ähnlichen Funktion tätig war. Allerdings gibt es natürlich auch viele Besonderheiten Ihres Arbeitgebers, die der neue Kollege erst noch kennenlernen muss. Deshalb muss man ihn manchmal auch etwas „zurückpfeifen". Er ist bereits in vielen Projekten involviert, die zum großen Teil von Ihnen geleitet und verantwortet werden. In den nächsten Monaten soll er dann zunehmend auch Projektleitungsfunktionen übernehmen. Allerdings sollte er dann die Strukturen, Abläufe und Systeme des Unternehmens bestens kennen, was jetzt natürlich noch nicht der Fall ist. Deshalb schätzt er manche Situationen noch nicht richtig ein und macht häufig Vorschläge, die nach Ihrer Erfahrung nicht zu realisieren sind.

So hat er gestern in einer hochrangig besetzten Projektsitzung zum Thema „Projektcontrolling" vorgeschlagen, man könne das IT-Tool „Easy" zur Datenauswertung benutzen. Nun haben Sie vor vielen Jahren ebenfalls mit „Easy" gearbeitet und mit dieser Software schlechte Erfahrungen gemacht, weil es viele Funktionen, die Sie benötigen, nicht hat. Zum Glück haben Sie die Software gegen den Widerstand einiger Abteilungsleiter, die jetzt bei der Projektsitzung dabei waren, ersetzt. Sie wollten deshalb auf keinen Fall eine neue Diskussion aufkommen lassen und haben das mit der Bemerkung geschafft, dass Sie Easy „zum Glück im letzten Jahrtausend entsorgt haben". Damit war das Thema auch vom Tisch.

Aber irgendwie scheint Ihnen der neue Kollege die Bemerkung übel genommen zu haben. Er schien verärgert und hat Sie nun um ein Gespräch gebeten.

Ihr Gesprächspartner (Ihre Gesprächspartnerin) spricht den Konflikt an. Sie reagieren auf das Gesagte und versuchen, den Konflikt zu lösen.

Für das Gespräch haben Sie – inklusive Vorbereitung – max. 10 Minuten Zeit.

Im Anschluss an das Gespräch gehen Sie zur Auswertung über (ca. 5 Minuten). Zunächst nehmen Sie Stellung zu der Frage, wie Sie das Gespräch erlebt haben. Anschließend erhalten Sie ein Feedback von Ihrem Gesprächspartner.

Das Ampel-Modell des Umgangs mit Kritik – Input

15.55 Uhr

Orientierung

Ziele:
- Die Teilnehmer erhalten ein prägnantes Modell zum Umgang mit Kritik, welches sie im Alltag leicht umsetzen können

Zeit:
- 5 Minuten (3 Min., 2 Min. Puffer)

Material:
- Flipchart „Umgang mit Kritik – das Ampel-Modell"

Überblick:
- Der Trainer erläutert das Ampel-Modell: Gelb = Zuhören. Rot = Abgrenzung. Grün = Eingehen auf den anderen

Abb.: Das Flipchart „Umgang mit Kritik – das Ampel-Modell".

Erläuterungen

Die folgende Metapher fasst auf prägnante und einprägsame Weise zusammen, worum es beim Umgang mit Kritik geht: um den Balanceakt zwischen dem wertschätzenden Eingehen auf den anderen und dem Schutz vor verletzenden Angriffen. Das Bild von der „Ampel" ermöglicht es den Teilnehmern, die thematisierten Inhalte zu „ankern" und sie in den entsprechenden Situationen leichter verfügbar zu haben.

Vorgehen

Der Trainer präsentiert das Flipchart „Umgang mit Kritik – das Ampel-Modell". Am Anfang ist hierbei nur die Ampel zu sehen. Während er das Modell erläutert, schreibt der Trainer die entsprechenden Begriffe zu den Farben der Ampel.

Die Ampel als Metapher

„Abschließend möchte ich Ihnen gerne eine Metapher anbieten, die Ihnen helfen kann, auf Kritik angemessen zu reagieren.

Wenn Ihnen jemand Kritik entgegenbringt, müssen Sie zunächst erfassen, um was es eigentlich geht – sowohl inhaltlich, wie auch auf der Beziehungsebene. Zunächst tun Sie deshalb gut daran, Ihre ‚Empfangs-Ampel' erst einmal auf Gelb zu stellen. Sie hören zu und widerstehen der Versuchung, sich zu rechtfertigen und das eigene Verhalten gleich zu erklären. Gleichzeitig entscheiden Sie, ob die Art, wie die Kritik formuliert wird, akzeptabel ist oder unter die Gürtellinie geht.

Wenn Sie Kritik als unangemessen oder verletzend empfinden, geht Ihre Ampel auf Rot. Sie grenzen sich – idealerweise in Form einer Ich-Botschaft ab, zum Beispiel: ‚Ich lasse mich nicht beleidigen' oder ‚Das sehe ich anders'.

Wenn die Kritik dann – oder von Anfang an – in einer akzeptablen Form übermittelt wird, können Sie auf Grün schalten und auf den anderen eingehen, das heißt: Aktiv zuhören, Inhalte zusammenfassen, Gefühle verbalisieren, Wünsche zurückspiegeln und Lösungen suchen.
Welche Fragen oder Anmerkungen haben Sie?"

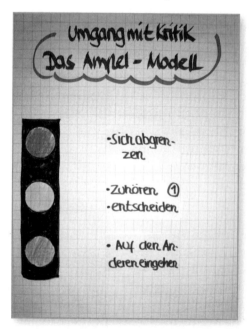

Abb.: Der Trainer hat auf dem Flipchart „Umgang mit Kritik – das Ampel-Modell" die Erläuterungen zu den Farben hinzugefügt.

Der zweite Seminartag

Konfliktstile – Selbsteinschätzungsbogen   16.00 Uhr

Orientierung

Ziele:
▶ Die Teilnehmer reflektieren ihr Konfliktverhalten

Zeit:
▶ 15 Minuten (10 Min., 5 Min. Puffer)

Material:
▶ Selbsteinschätzungsbögen, Kugelschreiber oder Bleistifte

Überblick:
▶ Jeder Teilnehmer füllt einen Selbsteinschätzungsbogen aus
▶ Anschließend erhält jeder einen Bogen zur Auswertung und füllt diesen aus

Erläuterungen

In der folgenden Sequenz erhalten die Seminarteilnehmer die Gelegenheit, das eigene Konfliktverhalten zu reflektieren. Dazu wird ein Selbsteinschätzungstest eingesetzt, welcher auf der Theorie von Kenneth W. Thomas (2002) basiert, die anschließend vorgestellt wird. Der Test genügt zwar nicht den wissenschaftlichen Gütekriterien der klassischen psychologischen Testtheorie, denn Validität (also die Gültigkeit im Sinne der Frage, ob der Test das misst, was er zu messen vorgibt) und Reliabilität (also die Zuverlässigkeit im Sinne der Frage, wie genau er das misst, was er zu messen vorgibt) wurden bislang nicht wissenschaftlich untersucht. Aber er gibt nach meiner Erfahrung brauchbare Anhaltspunkte, um sich selbst bezüglich der eigenen Präferenzen für die verschiedenen Konfliktstile einzuschätzen.

Vorgehen

„Grundsätzlich gibt es unterschiedliche Formen, Konflikte zu lösen. Es lassen sich fünf Formen oder Stile der Konfliktlösung unterscheiden. Damit Sie Ihre eigenen Präferenzen hinsichtlich Ihrer Konfliktstile einordnen können, habe ich Ihnen einen Selbsteinschätzungsbogen mitgebracht. Um ihn ausfüllen zu können, benötigen Sie einen Kugelschreiber oder einen Bleistift."

Der Trainer gibt jedem Teilnehmer einen Selbsteinschätzungsbogen (siehe nachfolgendes Arbeitsblatt). Dann instruiert er die Teilnehmer: „Bitte kreuzen Sie spontan an, ob Sie den jeweiligen Aussagen zustimmen oder nicht zustimmen. Es kann sein, dass Sie unentschieden sind, dann möchte ich Sie bitten, sich dennoch zu entscheiden, ob Sie eher dazu tendieren, der Aussage zuzustimmen – oder eher nicht. Bitte treffen Sie Ihre Einschätzungen möglichst spontan und entscheiden Sie, was für Sie zutreffend ist."

Wenn alle Teilnehmer fertig angekreuzt haben, teilt der Trainer die Auswertungsbögen aus (siehe nachfolgendes Arbeitsblatt) und erläutert:
„In der Tabelle können Sie erkennen, welche Aussage welchem Stil zugeordnet ist. Bitte zählen Sie jeweils zusammen, wie viele Aussagen Sie bei jedem Stil mit ‚eher ja' angekreuzt haben. Dann multiplizieren Sie die Anzahl mit 20 und erhalten einen Prozentwert zur Ausprägung des jeweiligen Konfliktstils. Fragen Sie dann bei jedem Konfliktstil einen waagerechten Balken ein, so dass Ihr Konfliktlösungsprofil deutlich wird. Was die unterschiedlichen Stile A bis E bedeuten, erkläre ich dann anschließend."

Hinweise

▶ Der Trainer sollte es vermeiden, von einem „Test" zu sprechen, da dieser Begriff suggeriert, dass das Ergebnis ein objektives Urteil über die Person trifft, was bei diesem Bogen nicht der Fall ist. Der Teilnehmer soll nicht „getestet" werden, sondern erhält die Möglichkeit, sich selbst einzuschätzen.

Literatur

▶ Berkel, Karl: Konflikttraining. Konflikte verstehen, analysieren, bewältigen. Verlag Recht und Wirtschaft, 2008, 9. Aufl.
▶ Thomas, Kenneth W.: Introduction to Conflict Management: Improving performance using the TKI, Consulting Psychologists Press, 2002.

Konfliktstile – mein Profil

In dem vorliegenden Selbsteinschätzungsbogen geht es darum, zu entscheiden, ob Sie der jeweiligen Aussage eher zustimmen oder eher nicht zustimmen. Bitte kreuzen Sie möglichst spontan eine der beiden Möglichkeiten an.

Aussage	eher ja	eher nein
1. Der Spatz in der Hand ist besser als die Taube auf dem Dach.		
2. Der Klügere gibt nach.		
3. Der Satz ‚Der Stärkere gewinnt im Leben' trifft großteils zu.		
4. Die meisten Konflikte lösen sich in der Regel von selbst auf, wenn man eine Weile wartet.		
5. Die meisten Menschen lassen sich zu viel gefallen.		
6. Ich habe schon mehrfach die Erfahrung gemacht, dass es eine Beziehung bereichert, einen Konflikt ausgetragen zu haben.		
7. Ich mag es nicht, wenn Menschen in Konflikten gleich emotional werden.		
8. In Auseinandersetzungen sollte man versuchen, sich möglichst in der Mitte zu treffen.		
9. In der Regel macht es keinen Sinn, sich mit seinem Chef auseinanderzusetzen.		
10. In Diskussionen fällt es mir eher schwer, meine Meinung zu vertreten.		
11. Ich kann in Konflikten auch meinem Gegenüber eine gewisse Wut zugestehen.		
12. In Spielen und Wettkämpfen möchte ich immer gewinnen.		
13. Selbst, wenn mir mein Anliegen wichtig ist, versuche ich stets, meinem Gegenüber Zugeständnisse zu machen.		
14. Mir fällt es eher leicht, einen Konflikt anzusprechen.		
15. Mir fällt es eher schwer, ‚Nein' zu sagen.		

Aussage	eher ja	eher nein
16. Mir ist es nicht so wichtig, meinen Kopf durchzusetzen.		
17. Mir macht es Spaß, mich durchzusetzen.		
18. Selbst wenn einen etwas stört, muss man nicht jeden kleinen Konflikt gleich ansprechen. Man muss auch mal fünfe gerade sein lassen.		
19. Wenn es einen Konflikt gibt, bin ich neugierig, die Wahrnehmung meines Gegenübers zu erfahren.		
20. Wenn man einen Konflikt vernünftig bespricht, findet man in der Regel eine Lösung, mit der alle Seiten leben können.		
21. Oft merke ich es gar nicht, dass es um mich herum einen Konflikt gibt.		
22. Wenn es in Auseinandersetzungen hart auf hart kommt, kann ich für andere auch mal ungemütlich werden.		
23. Wenn es Streit gibt, habe ich oft instinktiv das Gefühl, etwas falsch gemacht zu haben.		
24. Wenn ich mich über das Verhalten eines Freundes geärgert habe, teile ich ihm meinen Ärger mit.		
25. Wenn jeder ein Stück weit auf den anderen zugeht, lassen sich fast alle Probleme lösen.		

Auswertungsbogen

▶ Jede Aussage ist einem Konfliktstil zugeordnet: A, B, C, D und E (siehe Spalte 1 in der Tabelle unten). Damit Sie erkennen können, wie stark die jeweiligen Konfliktstile bei Ihnen ausgeprägt sind, schauen Sie in der Tabelle nach, welche Aussage welchem Konfliktstil zugeordnet ist (Spalte 2).

▶ Zählen Sie zusammen, wie häufig Sie bei den Aussagen des jeweiligen Konfliktstils „eher ja" angekreuzt haben und tragen Sie diese Anzahl in der Tabelle in die dritte Spalte ein.

▶ Multiplizieren Sie die Anzahl ihrer jeweiligen Ja-Antworten mit 20. Dadurch erhalten Sie die jeweilige Prozentzahl. Bitte tragen Sie diese in die vierte Spalte ein.

▶ Um Ihr Profil nun sichtbar zu machen, übertragen Sie ihre jeweiligen Prozentwerte auf die Prozent-Leiste in der fünften Spalte („Ihr Konfliktlösungsprofil") ein. Zeichnen Sie bei jedem Konfliktstil einen waagerechten Balken ein, so dass Ihr Konfliktlösungsprofil deutlich wird.

Konfliktstil	Aussage	Anzahl ‚eher ja'	x 20	Ihr Konfliktlösungsprofil 20 40 60 80 100
A:	3, 5, 12, 17, 22		%	
B:	2, 10, 15, 16, 23		%	
C:	4, 7, 9, 18, 21		%	
D:	1, 8, 13, 20, 25		%	
E:	6, 11, 14, 19, 24		%	

16.15 Uhr   Konfliktstile – Input

Orientierung

Ziele:
▶ Die Teilnehmer kennen die fünf grundlegenden Konfliktstile nach Thomas
▶ Sie reflektieren ihren eigenen Konfliktstil

Zeit:
▶ 10 Minuten (5 Min., 5 Min. Puffer)

Material:
▶ Flipchart „Konfliktstile"

Überblick:
▶ Der Trainer erläutert die Dimensionen „Orientierung an den eigenen Bedürfnissen" und „Orientierung an den Bedürfnissen des anderen"
▶ Er erklärt die fünf Konfliktstile

Erläuterungen

Im Folgenden werden die Konfliktstile nach Kenneth W. Thomas (2002) präsentiert. Diese fünf möglichen Verhaltensstile in Konfliktsituationen wurden von dem amerikanischen Psychologen in Anlehnung an das „Grid"-Modell zu den Führungsstilen von Blake und Mouton entwickelt. Das Modell von Thomas verwendet zwei Dimensionen – zum einen die Orientierung an den eigenen Bedürfnissen („Assertiveness") und die Orientierung an den Bedürfnissen anderer („Cooperativeness") – um Konfliktverhalten zu kategorisieren.

Wie jede Theorie stellt auch das Thomas-Modell zu den Konfliktstilen eine Vereinfachung der Wirklichkeit dar. Dies hat die Gefahr, Menschen pauschal in Schubladen zu sortieren, die zu klein und zu eng für sie sind. Andererseits lässt sich dadurch eigenes und fremdes Konfliktverhalten einordnen und dadurch besser verstehen. Aufgrund seiner Übersichtlichkeit wird das Modell schnell verstanden und akzeptiert.

Methodisch arbeitet der Trainer hier mit einer „halbfertigen" Präsentation. Das heißt, er ergänzt auf dem vorbereiteten Flipchart jene Aspekte, die er aktuell erläutert. Damit gewährleistet er, dass die Teilnehmer ihm mit ihrer Aufmerksamkeit folgen und nicht bereits über andere Punkte auf dem Flipchart nachdenken, während der Trainer noch über einen anderen Aspekt referiert.

Vorgehen
Der Trainer präsentiert die Konfliktstile nach Thomas (2002) am Flipchart.

„Unterschiedliche Möglichkeiten, Konflikte zu lösen, lassen sich anhand von zwei Dimensionen unterscheiden: an der Orientierung an den eigenen Bedürfnissen und an den Bedürfnissen anderer.

Wenn ich mich im Konflikt ausschließlich an meinen eigenen Bedürfnissen orientiere und mich nicht darum kümmere, welche Wünsche und Interessen mein Gegenüber hat, so lässt sich mein Konfliktstil als ‚durchsetzungsorientiert' beschreiben. Dies ist Konfliktstil A in unserem Bogen."

Der Trainer klebt die Karte „Durchsetzung" an das Flipchart.

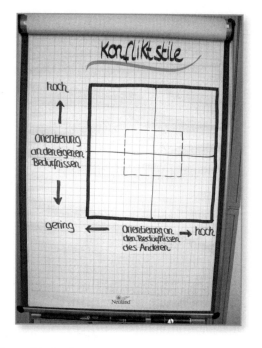

Abb.: Das Flipchart „Konfliktstile".

Anschließend erläutert er die weiteren Konfliktstile und befestigt jeweils die entsprechend beschrifteten Moderationskarten am Flipchart.
„Wenn ich mich umgekehrt ausschließlich an den Bedürfnissen der anderen orientierte, gebe ich im Konflikt nach. Deshalb kann der Konfliktstil mit ‚Anpassen' oder ‚Nachgeben' – Konfliktstil B – bezeichnet werden.

Wenn ich mich weder für meine eigenen Bedürfnisse, noch für die des anderen einsetze, gehe ich dem Konflikt aus dem Weg. Deshalb heißt der Konfliktstil C ‚Vermeidung'.

Wenn ich beide Bedürfnisse berücksichtige und davon ausgehe, dass jeder ab und zu nachgeben muss und wir uns irgendwo in der Mitte treffen sollten, suche ich den ‚Kompromiss' – Stil D.

I. Seminarfahrplan: Konflikte konstruktiv lösen

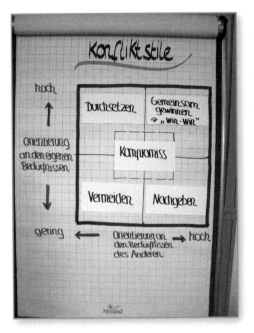

Wenn ich davon ausgehe, dass Konflikte kein Nullsummenspiel sind, sondern es möglich ist, meine eigenen Bedürfnisse und die des anderen gleichermaßen zu erfüllen, dann kann man meinen Konfliktstil als ‚Gewinner-Gewinner-' oder ‚Win-win-Konfliktstil' bezeichnen. Dies ist Stil E."

Abb.: Der Trainer erläutert die einzelnen Konfliktstile und ergänzt diese auf dem Flipchart, indem er beschriftete Moderationskarten in das entsprechende Feld klebt.

Hinweise

▶ Zur Präsentationstechnik: Für halbfertige Präsentationen auf dem Flipchart ist es empfehlenswert, Moderationskarten so vorzubereiten, dass sie auf das Plakat geklebt werden können. Natürlich kann man die Begriffe auch einfach auf das Flipchart schreiben, aber dies dauert länger, als wenn man vorbereitete Karten anklebt. Dafür gibt es etwa Klebestifte oder Sprühkleber mit so genannten „repositionierbaren Klebematerial", mit denen man die Moderationskarten befestigen, aber auch wieder um- und abhängen kann.

Literatur

▶ Berkel, Karl: Konflikttraining. Konflikte verstehen, analysieren, bewältigen. Verlag Recht und Wirtschaft, 2008, 9. Aufl.
▶ Crisand, Ekkehard: Methodik der Konfliktlösung. Arbeitshefte Führungspsychologie. Sauer-Verlag, 1998.
▶ Schwarz, Gerhard: Konfliktmanagement: Konflikte erkennen, analysieren. Gabler, 2005, 7. Aufl.
▶ Schwarz, Gerhard: Konfliktmanagement. Sechs Grundmodelle der Konfliktlösung. Gabler, 1995.
▶ Thomas, Kenneth W.: Introduction to Conflict Management: Improving performance using the TKI, Consulting Psychologists Press, 2002.

Vor- und Nachteile der Konfliktstile – Kleingruppenarbeit

16.25 Uhr

> **Orientierung**
>
> **Ziele:**
> - Die Teilnehmer machen sich bewusst, welche Vor- und Nachteile die unterschiedlichen Konfliktstile haben
>
> **Zeit:**
> - 20 Minuten (15 Min., 5 Min. Puffer)
>
> **Material:**
> - Pinnwand, Moderationskarten und -stifte
>
> **Überblick:**
> - Die Teilnehmer teilen sich auf fünf Gruppen auf und setzen sich jeweils mit einem Konfliktstil auseinander
> - Sie erarbeiten, wann dieser Stil hilfreich ist – und wann nicht
> - Die Kleingruppen präsentieren ihre Ergebnisse im Plenum

Erläuterungen

Das Grid-Modell von Thomas postuliert ein Maximum an „Assertiveness" und „Cooperativeness" als idealen Konfliktstil. Dem ist – theoretisch betrachtet – sicher zuzustimmen. Allerdings ist es im „echten Leben" kaum möglich, alle Konflikte immer so zu lösen, dass sowohl die eigenen als auch die Bedürfnisse anderer vollständig erfüllt werden. Vielmehr ist es hilfreich, die unterschiedlichen Konfliktstrategien flexibel und situationsangemessen einsetzen zu können. Deshalb werden abschließend die Vor- und Nachteile der verschiedenen Konfliktstile herausgearbeitet. Damit wird der „normative Druck" des Modells gemindert, was umso wichtiger ist, als zuvor der Selbsteinschätzungstest durchgeführt wurde und Teilnehmer nach dem Theorie-Input sonst das Gefühl haben könnten, einen „minderwertigen" Konfliktstil zu präferieren.

Vorgehen

Der Trainer legt fünf Moderationskarten auf den Boden, auf denen die Bezeichnungen der Konfliktstile stehen. Er fordert die Seminarteilnehmer auf, sich in Paaren bzw. Dreiergruppen mit den Vor- und Nachteilen jeweils eines Konfliktstils zu befassen.

„Auch wenn der Win-win-Konfliktstil natürlich das Ideal ist, haben alle Strategien ihre Vor- und Nachteile. Deshalb möchte ich Sie bitten, sich gleichmäßig aufzuteilen und jeweils die Vor- und Nachteile eines Stils herauszuarbeiten. Die Frage ist also, wann der jeweilige Stil hilfreich ist und wann eher nicht. Schreiben Sie die Punkte, die Ihnen einfallen, jeweils auf Moderationskarten."

Anschließend präsentieren die Kleingruppen ihre Ergebnisse. Der Trainer stellt hierzu eine Pinnwand bereit.

Abschlussrunde 16.45 Uhr

> **Orientierung**

Ziele:
- Reflexion des zweiten Seminartages
- Abgleich der offenen Punkte und Planung des dritten Seminartages

Zeit:
- 15 Minuten (10 Min., 5 Min. Puffer)

Material:
- Pinnwand „Ablaufplan", Flipcharts der Teilnehmer zu ihren Lernzielen

Überblick:
- Die Teilnehmer erhalten die Gelegenheit, zu vergleichen, welche Lernziele bereits erfüllt worden sind und welche noch offen sind und äußern sich hierzu in der Abschlussrunde

Erläuterungen

Vor dem letzten Seminartag empfiehlt es sich, abzugleichen, welche Lernziele und Erwartungen der Teilnehmer bereits erfüllt worden und welche noch offen sind. Hierdurch stellt der Seminarleiter sicher, dass keine Wünsche „unter den Tisch fallen". So kann er die Inhalte des dritten Seminartages mit den Teilnehmern abstimmen und bedarfsgerecht planen.

Vorgehen

Der Trainer stellt den Ablaufplan für alle Teilnehmer sichtbar auf, so dass für diese deutlich wird, welche Themen bereits bearbeitet worden sind und welche Aspekte am kommenden Tag noch behandelt werden.

Dann bezieht er sich auf die Plakate mit den Lernzielen der Teilnehmer, die während des ganzen Seminars im Seminarraum aufgehängt bleiben.
„Ich möchte Sie zum Abschluss des heutigen Tages bitten, einen Blick auf Ihr Flipchart zu werfen, auf das Sie Ihr Bild gemalt und Ihre Lernziele und Anliegen notiert haben.

Bitte schauen Sie, welche Lernziele bereits erfüllt worden sind und was für Sie noch offen ist."

Der Seminarleiter gibt den Teilnehmern einen Moment Zeit, um ihre Lernziele und den bisherigen Ablauf Revue passieren zu lassen. Dann leitet er die Abschlussrunde ein:
„Wie haben Sie den heutigen Tag erlebt und was ist noch offen für morgen? Wer möchte anfangen?"

Der Trainer geht auf die offenen Punkte ein und gibt abschließend einen kurzen Überblick über den dritten Seminartag.

Variante

▶ Eine originelle Variante, um die offenen Themen der Teilnehmer zu erfragen, ist es, ein Gummi-Ei zu nehmen und dieses mit der Frage an die Teilnehmer weiterzureichen, welche „ungelegten Eier" es noch gibt. Gummi-Eier sehen aus wie echte Hühnereier – gleiche Farbe, gleiche Größe, gleiche Proportionen – sie bestehen jedoch komplett aus weichem Gummi. Es gibt sie zum Beispiel in Läden, die Scherzartikel, Zauberei- oder Jonglierutensilien verkaufen.

17.00 Uhr   Ende des zweiten Tages

Am dritten Seminartag geht es darum, die bisher erarbeiteten Inhalte und Methoden zu integrieren und die offenen Fragen zu klären. Mit dem Harvard-Konzept wird ein theoretischer Bezugsrahmen zur konstruktiven Konfliktlösung angeboten. Anschließend wird ein Leitfaden zum Führen von Konfliktgesprächen vorgestellt, der dann in einer Rollenspiel-Sequenz erprobt werden kann. In der dritten Praxisberatung bearbeiten die Teilnehmer anhand der Methode der „Stuhlarbeit" einen inneren Konflikt. Daran schließt sich das Thema „Umgang mit Emotionen" an. Hier präsentiert der Trainer das „Innere Team" nach Schulz von Thun als Modell zur Lösung von inneren Konflikten. Schließlich werden die offenen Themen und Fragestellungen im Rahmen einer kollegialen Beratung besprochen, bevor der Blick auf den Praxistransfer gerichtet wird. Das Seminar schließt mit einer gemeinsam Auswertungs- und Abschlussrunde ab.

Auf einen Blick

09.00 Uhr: Überblick über den Tag 219
09.05 Uhr: Standpunkt vertreten – Warm-up 220
09.15 Uhr: Das Harvard-Konzept – Input 222
09.30 Uhr: Konfliktgespräche führen – Input 232
09.45 Uhr: Führen von Konfliktgesprächen – Rollenspiel 240
10.45 Uhr: Pause 246
10.55 Uhr: Stuhlarbeit – Praxisberatung 247
11.55 Uhr: Kurze Pause 264
12.00 Uhr: Umgang mit Emotionen – Input 265
12.15 Uhr: Emotionen benennen – Übung 274
12.25 Uhr: Umgang mit inneren Konflikten: Das innere Team –
            Input 277
12.40 Uhr: Inneres Team – Übung 283
13.00 Uhr: Mittagspause 284
13.45 Uhr: Jagd – Warm-up 285
14.00 Uhr: Kollegiale Beratung – Praxisberatung 287
15.00 Uhr: Letzte Fragen klären 289
15.15 Uhr: Pause 289
15.25 Uhr: McConflict – Transferübung 290
16.00 Uhr: Transfer und Abschlussrunde 292
16:30 Uhr: Abschluss des Seminars 293

Der dritte Seminartag

Überblick über den Tag 09.00 Uhr

Orientierung

Ziele:
▶ Den Teilnehmern Orientierung geben

Zeit:
▶ 5 Minuten

Material:
▶ Pinnwand „Ablaufplan"

Vorgehen

Der Trainer stellt den geplanten Ablauf des dritten Tages vor. Dies ist insbesondere dann wichtig, wenn sich aus der Abschlussrunde des vorigen Tages noch Themen ergeben haben, die nun neu ins Programm eingefügt werden.

09.05 Uhr   Standpunkt vertreten – Warm-up

Orientierung

Ziele:
▶ Aktivierung der Seminarteilnehmer

Zeit:
▶ 10 Minuten

Material:
▶ Keins

Überblick:
▶ Die Teilnehmer stellen sich jeweils zu zweit gegenüber auf und legen die Handflächen in Brusthöhe aneinander
▶ A versucht B aus dem Gleichgewicht bringen, danach Wechsel

Erläuterungen

Da der Einstieg in den dritten Seminartag ansonsten relativ stark durch Inputs geprägt ist, beginnt der Seminarleiter mit einem Warm-up, durch den alle Teilnehmer aktiviert werden. Bei der folgenden Paarübung geht es darum, die Kräfte zu messen und auf spielerische Art einen Kampf durchzuführen.

Vorgehen

„Zum Einstieg möchte ich Sie bitten, aufzustehen und sich jeweils zu zweit zusammenzustellen und zwar jeweils mit einer Person, die in etwa die gleiche Größe und Gewichtsklasse hat wie Sie. Vereinbaren Sie dann, wer A und wer B ist."

Sobald die Teilnehmer in Paaren zusammenstehen, setzt der Trainer die Instruktion fort, indem er das Vorgehen zusammen mit einem Seminarteilnehmer demonstriert:
„Sie sind A, ich bin B. Wir stellen uns etwa einen halben Meter auseinander und legen die Handflächen auf Brusthöhe aneinander. Ziel von A ist es, B aus dem Gleichgewicht zu bringen."

Der Trainer kann vormachen, dass es nicht nur durch die Verstärkung des Drucks, sondern auch durch ein blitzschnelles Wegnehmen möglich ist, den anderen aus dem Gleichgewicht zu bringen. Dann lässt er die Seminarteilnehmer die Übung absolvieren. Nach etwa 90 Sekunden fordert er die Teilnehmer auf, die Rollen zu wechseln. Nach weiteren eineinhalb Minuten beendet er die Übung. Die Teilnehmer kommen wieder im Stuhlkreis zusammen.

Hinweise
▶ Die Übung soll in erster Linie dazu dienen, die Seminarteilnehmer zu aktivieren und die Stimmung zu lockern. Daneben wird in spielerischer Weise das Thema „Durchsetzung" bearbeitet. Daher kann der Trainer durchaus eine Auswertung anleiten, etwa mit der Frage, wie es gelungen ist, den Gegenüber aus dem Stand zu bringen. Manchmal entsteht dann insofern eine Parallele zu Konflikten, als auch dort die Ausübung von Druck meistens Gegendruck erzeugt oder dass es oft indiziert ist, bei Angriffen nicht „dagegen zu halten", sondern dem Angreifer elegant auszuweichen, etwa mit einer selbstironischen Bemerkung.

Variante
▶ Die Schwierigkeit kann erhöht werden, wenn die Teilnehmer die Übung auf einem Bein absolvieren müssen.

Literatur
▶ Seifert, Josef/Göbel, Heinz-Peter: Games. Spiele für Moderatoren & Gruppenleiter. Gabal, 2004.

09.15 Uhr Das Harvard-Konzept – Input

> **Orientierung**

Ziele:
- Die Teilnehmer kennen die Grundprinzipien des Harvard-Konzepts

Zeit:
- 15 Minuten (10 Min., 5 Min. Puffer)

Material:
- Pinnwand „Das Harvard-Konzept"
- Flipchart „Prinzipien des Harvard-Konzepts"

Überblick:
- Der Trainer lässt die Teilnehmer ihr Vorwissen zusammentragen
- Er erläutert die zentralen Prinzipien des Harvard-Konzepts:
  - Person und Sache trennen
  - Auf Interessen konzentrieren, nicht auf Positionen
  - Viele Lösungsmöglichkeiten entwickeln
  - Entscheidung zu beiderseitigem Vorteil treffen

Erläuterungen

Das Harvard-Konzept ist eine der am meisten zitierten Theorien zum Konflikt- und Verhandlungsmanagement. Das lässt sich dadurch erklären, dass hier zentrale Prinzipien zum konstruktiven Umgang mit Differenzen auf der Basis empirischer Untersuchungen herausgearbeitet wurden. Entwickelt wurde das Konzept in einem interdisziplinären Forschungsprojekt der Harvard Law School, dem „Harvard Negotiation Project", welches 1979 startete. Wie der Name des Projekts andeutet, zielt es im Kern auf Verhandlungen ab, weshalb die Ergebnisse für Verhandlungstrainings vielleicht noch bedeutsamer sind als für Konfliktmanagement-Seminare. Da jedoch die Grenze zwischen Verhandlungen und Konflikten fließend sein kann, sind wesentliche Grundprinzipien, die im Harvard-Konzept postuliert werden, auch für die Lösung von Konflikten relevant, so dass diese im Folgenden vorgestellt werden.

Vorgehen

Da das Harvard-Konzept zu den bekanntesten Konzepten gehört, die im Rahmen des Konfliktmanagement-Seminars thematisiert werden, kann der Trainer damit einsteigen, das Vorwissen der Teilnehmer zu erfragen und den Input darauf aufzubauen. Wenn es gelingt, die Teilnehmer dazu zu bewegen, ihr Wissen zu teilen, entsteht ein lebendiger Dialog und die Gruppe ist aktiver „bei der Sache" als bei einem reinen Vortrag, was dazu beiträgt, dass die Inhalte besser behalten werden.
„Wer von Ihnen kennt das Harvard-Konzept?"

Falls sich hier niemand meldet, muss dies nicht heißen, dass das Konzept tatsächlich unbekannt ist. Möglicherweise halten sich auch einzelne Teilnehmer zurück, um nicht – wie in der Schule – „drangenommen" zu werden und sich dabei eventuell zu blamieren. Wenn der Trainer dies vermutet, kann er eine „Gegenprobe" machen:
„Wer von Ihnen kennt das Harvard-Konzept NICHT?"

Wenn sich nun alle Teilnehmer melden, kann er beginnen, das Konzept zu erläutern und ist sich sicher, dass er niemand mit seinen Ausführungen langweilt. Falls sich manche Personen hier jedoch nicht melden, kann er diese ansprechen und nachhaken. Wichtig ist, deutlich zu signalisieren, dass kein Teilnehmer „auf die Probe gestellt" und „abgefragt" wird, sondern vielmehr dazu eingeladen ist, sein Vorwissen zu teilen:
„Herr Henke, Sie haben bereits etwas vom Harvard-Konzept gehört?"

Falls der Teilnehmer nun einwendet, dass er sich nicht mehr genau erinnern könne, kann der Trainer ihn ermuntern, sein Wissen dennoch mit der Gruppe zu teilen:
„Das macht nichts. Ich kann es ja gleich ergänzen. Was ist denn noch bei Ihnen hängen geblieben?"

Anschließend kann der Trainer gegebenenfalls die anderen Teilnehmer fragen, was ihnen noch eingefallen ist. Häufig können so bereits zentrale Aspekte des Harvard-Konzepts zusammengetragen werden. So kann der Trainer den anschließenden Input daran anknüpfen und diesen gegebenenfalls etwas kürzer gestalten.
„Das sind bereits wichtige Aspekte, die Sie zusammengetragen haben. Ich möchte sie nun ergänzen und in einem Bild zusammenfassen."

Der Trainer präsentiert die vorbereitete Pinnwand „Das Harvard-Konzept".

Abb.: Auf der Pinnwand wird die Ausgangssituation eines Konflikts mit den Elementen, die im Harvard-Konzept thematisiert werden, dargestellt: Die Differenzierung in Person und Sache sowie Positionen, Emotionen und Interessen. Das Plakat wird dann während des Inputs ergänzt.

„Das Harvard-Konzept wurde 1979 von den Forschern Roger Fisher, William Ury und Bruce Patton entwickelt. Damals starteten sie das ‚Harvard Negotiation Project' mit dem Ziel, herauszufinden, wie Menschen mit Interessensgegensätzen und Differenzen am besten miteinander umgehen können. An diesem Forschungsprojekt waren Wissenschaftler aus unterschiedlichen Disziplinen wie der Rechtswissenschaften, aber auch der Anthropologie beteiligt. Aus zahlreichen Studien und Tiefeninterviews wurden Grundprinzipien zum konstruktiven Umgang mit Interessensgegensätzen herausgearbeitet. Das Harvard Negotiation Project forscht bis heute zu diesem Thema; die grundlegenden Prinzipien sind nach wie vor gültig. Die wichtigsten davon möchte ich kurz erläutern.

Wie wir schon bei den Konfliktmechanismen – in Zusammenhang mit der Rohrbomben-Übung – gesehen haben, entsteht bei Menschen in Konfliktsituationen eine selektive Wahrnehmung und eine Vermischung der Sach- und Beziehungsebene. Wenn ein Interessenskonflikt besteht, löst dies Emotionen aus und in der Regel überlagern diese Emotionen unsere Haltung zum Sachthema. Die Emotionen verknüpfen sich mit der Person, die ein anderes Interesse vertritt. Fisher, Ury und Patton stellten fest, dass durch diese negative Einstellung zum Konfliktpartner eine konstruktive Konfliktlösung häufig verhindert wird. Denn durch die mangelnde Wertschätzung sinkt die Bereitschaft dramatisch, eine Lösung zu finden, die für alle Beteiligten akzeptabel ist. Es wird eher der Kampf gesucht, weil dem anderen unlautere Absichten unterstellt werden. Die Fronten verhärten sich und eine konstruktive Lösung wird unmöglich.

Aufgrund dieser Erkenntnisse empfehlen die Harvard-Forscher, die eigene Einstellung zum Konfliktpartner von jeglichen Urteilen, Annahmen und Unterstellungen frei zu machen und jederzeit wieder eine positive Beziehung zu ihm aufzubauen. Dies impliziert ein aufrichtiges Interesse an der anderen Person, das Herstellen von Gemeinsamkeiten und Gesprächsthemen ebenso wie das empathische Hineinversetzen in die ‚Schuhe des anderen' sowie einen konstruktiven Umgang mit Emotionen. Dazu gehört sowohl das Ansprechen von eigenen Irritationen mit Ich-Botschaften wie das Eingehen auf den anderen mittels aktivem Zuhören. Dieser außerordentlich konstruktive und ‚weiche' Umgang mit dem Konfliktpartner heißt jedoch nicht, in der Sache nachgiebig zu sein. Im Gegenteil: Die berühmte Formel des Harvard-Konzepts lautet: Seien Sie hart in der Sache und weich zur Person. Es geht darum, Person und Sache zu trennen."

Abb.: Der Trainer symbolisiert auf der Pinnwand den Grundsatz des Harvard-Konzepts, Personen und Sachprobleme getrennt voneinander zu behandeln und „hart in der Sache, aber weich zur Person" zu sein.

I. Seminarfahrplan: Konflikte konstruktiv lösen

Abb.: Das Flipchart „Prinzipien des Harvard-Konzepts" – zunächst wird nur das erste Prinzip gezeigt.

Anschließend zeigt der Trainer das Flipchart, auf dem die Grundprinzipien des Harvard-Konzepts aufgeführt sind. Zunächst ist nur der erste Grundsatz sichtbar, die die anderen bleiben verdeckt.

„Außerdem fanden Fisher, Ury und Patton heraus, dass Menschen sich bei destruktiven Konfliktverläufen fast immer auf Positionen fokussieren. Häufig bleibt dann im Dunkeln, mit welchen Beweggründen, Motiven und Zielen die jeweiligen Meinungen vertreten werden. Beide Parteien versteifen sich auf entgegengesetzte Positionen und sind daher unfähig, eine Lösung zu finden, welche die Bedürfnisse beider Seiten berücksichtigt.

Ein Beispiel: Im Büro streiten sich zwei Kollegen immer wieder, ob das Fenster geöffnet oder geschlossen sein soll. A öffnet das Fenster immer wieder. B schließt es nach einer Weile. Beide werden zunehmend ärgerlich und geraten aneinander. Sie debattieren, ob man das Fenster gar nicht, einen Spalt oder ganz öffnen soll und finden keine Lösung, so dass der Konflikt weiterschwelt und die gesamte Arbeitsatmosphäre belastet. Keiner der beiden macht allerdings deutlich, worum es ihm eigentlich geht. A möchte frische Luft haben, B fürchtet die Zugluft, weil er sich leicht erkältet. Erst als beide ihre Bedürfnisse offenlegen, entsteht Verständnis – und wie von selbst eine Lösung: Sie einigen sich, ab und zu stoßweise zu lüften, während B in einer Besprechung oder in der Pause ist. Beide sind zufrieden mit der Lösung, weil ihre Interessen jeweils berücksichtigt werden.

Die Interessen aller Beteiligten offenlegen

Das Beispiel mag trivial erscheinen, aber es handelt sich um eine Konfliktsituation, die ich schon häufiger in Seminaren genauso geschildert bekommen habe – und auch in den Harvard-Forschungen kam genau dieser Fall vor. Er veranschaulicht, dass mit Positionen stets Emotionen verbunden sind und dahinter Interessen und Bedürfnisse stehen. Konflikte können dann konstruktiv gelöst werden, wenn die Bedürfnisse der Einzelnen geklärt werden."

Der dritte Seminartag

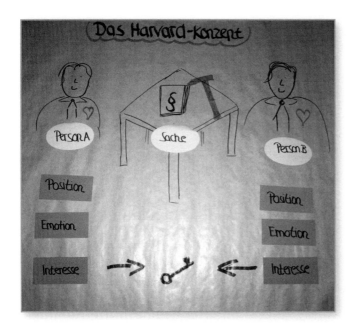

Abb.: Der Trainer veranschaulicht auf der Pinnwand, dass konstruktive Konfliktlösungen dann gefunden werden können, wenn die Interessen aller Beteiligten offengelegt werden.

„Hilfreich ist es deshalb, zum einen die eigenen Interessen deutlich zu machen. Zum Beispiel zu sagen, mir geht es darum, mich nicht zu erkälten – oder was auch immer das hinter der Position liegende Bedürfnis ist. Und gleichzeitig die Interessen des anderen zu erkunden, indem ich etwa frage: ‚Worum geht es Dir?' und dann aktiv zuzuhören, um das Verständnis sicherzustellen: ‚Dir ist also wichtig, zumindest ab zu frische Luft zu bekommen, wenn Du schon den ganzen Tage in einem geschlossenen Raum sitzen musst.'

Nehmen wir noch ein anderes Beispiel: Der Mitarbeiter geht zu seiner Vorgesetzten und fordert eine Gehaltserhöhung. Diese lehnt ab, weil sie in diesem Jahr kein Budget mehr zur Verfügung hat. Der Mitarbeiter ist frustriert, das Verhältnis danach angespannt. Vielleicht wäre die Situation anders verlaufen, hätte die Führungskraft ihre Situation deutlich gemacht und gleichzeitig Interesse an den Bedürfnissen des Mitarbeiters signalisiert, etwa: ‚Leider habe ich aktuell kein Budget mehr zur Verfügung. Aber mir ist wichtig, zu verstehen, worum es Ihnen geht. Natürlich können wir alle mehr Geld gebrauchen. Ich vermute aber, dass Sie darüber hinaus gute Gründe für eine Gehaltserhöhung haben. Wie

Auf Interessen konzentrieren, nicht auf Positionen

kommt es, dass Sie sich gerade jetzt eine Gehaltserhöhung wünschen?' Dann würde der Mitarbeiter möglicherweise deutlich machen, was er in letzter Zeit alles geleistet hat oder dass er generell unzufrieden ist mit seiner Situation, dass er sich mehr Anerkennung wünscht etc. Dadurch würden sich eventuelle verschiedene Optionen auftun, wie die Vorgesetzte auf seine Bedürfnisse eingehen kann: etwa durch aufrichtige Anerkennung, der Übernahme neuer Aufgaben oder Abgabe bisheriger Verantwortungsbereiche, Förderungsmöglichkeiten wie Weiterbildungen, Hospitationen in anderen Abteilungen oder anderes.

Das Grundprinzip lautet also: Auf Interessen konzentrieren, nicht auf Positionen."

Abb.: Das zweite Grundprinzip des Harvard-Konzepts besagt, dass konstruktive Konfliktlösungen meist dann gefunden werden, wenn sich die Beteiligten auf die Interessen und Bedürfnisse konzentrieren, statt auf ihre Positionen.

Viele Lösungsmöglichkeiten entwickeln

„Wenn wir noch bei unserem Beispiel bleiben, ergibt sich hieraus auch das dritte Prinzip. Wenn wir die Bedürfnisse klar herausarbeiten, ergeben sich neue Lösungsoptionen. Und dies ist ein weiterer Erfolgsfaktor der konstruktiven Konfliktlösung: Viele Lösungsmöglichkeiten entwickeln."

Abb.: Das dritte Grundprinzip des Harvard-Konzepts: Es ist sinnvoll, zunächst möglichst viele Lösungsoptionen zu sammeln, bevor diese bewertet und ausgewählt werden.

Entscheidungen zu beiderseitigem Vorteil treffen

„Wenn es uns gelingt, kreativ nach Lösungen zu suchen, vergrößern wir sozusagen den Kuchen an Lösungsmöglichkeiten, der zur Verfügung steht. Dazu kann es hilfreich sein, ein Brainstorming durchzuführen, indem zunächst alle Ideen gesammelt und nicht bewertet werden.

Erst im nächsten Schritt geht es dann darum, sich auf Lösungen zu einigen und hierbei stets die Interessen beider Seiten im Blick zu haben. Der Grundsatz lautet: Entscheidung zu beiderseitigem Vorteil treffen."

Abb.: Das vierte Grundprinzip des Harvard-Konzepts: Konflikte können nur dann konstruktiv und nachhaltig aufgelöst werden, wenn die Entscheidungen zu beiderseitigem Vorteil getroffen werden.

„Wenn dies gelingt, wird eine ‚Gewinner-Gewinner-‘, eine ‚Win-win'-Lösung gefunden. Dieser – heute sicher etwas abgenutzte – Begriff wurde erst durch das Autoren-Team des Harvard-Konzepts geprägt und bringt es auf eine griffige Formel, worum es bei der konstruktiven Konfliktlösung geht: Eine Lösung zu finden, welche die Interessen beider Seiten berücksichtigt, mit der beide Personen zufrieden sind."

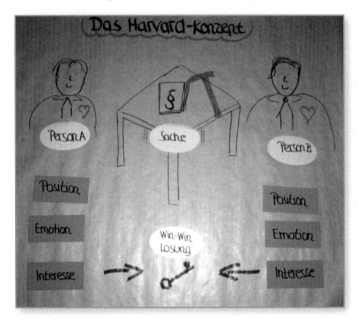

Abb.: Der Trainer verdeutlicht an der Pinnwand, dass es wichtig ist, Lösungen zu finden, welche die Interessen beider Seiten berücksichtigen und dadurch beide Personen zufriedenstellt.

Zum Abschluss kann der Trainer noch das klassische „Orangen-Beispiel" einbringen, um die Teilnehmer wieder aktiv einzubinden:
„Zum Schluss noch ein kleines Beispiel zu diesem Thema. Die Mutter eines Sohnes und einer Tochter hat noch eine Orange. Beide Kinder wollen unbedingt die Orange haben. Was kann die Mutter tun, um eine optimale Lösung zu finden?"

Meistens kommt einer der Teilnehmer auf die Lösung:
„Genau, sie kann die Kinder fragen, wozu sie die Orange brauchen. Dann nämlich stellt sich – in unserem Beispiel – heraus, dass der Sohn den Saft der Orange trinken will und die Tochter einen Kuchen backen möchte und dafür die Schale benötigt.

An diesem Beispiel sehen wir auch die Grenzen des Harvard-Konzepts: Es könnte nämlich auch sein, dass beide die Orange essen wollen. Dann wäre keine Win-win-Lösung, sondern nur ein Kompromiss möglich. Bei Verteilungskonflikten und diametral entgegengesetzten Interessen, die sich gegenseitig ausschließen, ist eine Gewinner-Gewinner-Lösung unmöglich.

Allerdings: Viel häufiger, als man es zunächst für möglich hält, ergeben sich Lösungsmöglichkeiten, die den Bedürfnissen beider Seiten Rechnung tragen, wenn die Prinzipien des Harvard-Konzepts konsequent angewandt werden."

Grenzen des Harvard-Konzepts

Literatur

▶ Fisher, Roger/Ury, William L./Patton, Bruce M.: Das Harvard-Konzept. Der Klassiker der Verhandlungstechnik. Campus, 2004, 22. Aufl.

09.30 Uhr   Konfliktgespräche führen – Input

> **Orientierung**

Ziele:
- Die Teilnehmer erhalten einen Leitfaden für das Führen von Konfliktgesprächen

Zeit:
- 15 Minuten (10 Min., 5 Min. Puffer)

Material:
- Pinnwand „Konfliktgespräche führen"
- Vorbereitete Moderationskarten für den Input, Pinn-Nadeln

Überblick:
- Der Trainer präsentiert und erläutert an der Pinnwand die fünf Phasen des Gesprächsleitfadens: Vorbereitung, Einstieg, Klärung, Lösungen, Abschluss

Erläuterungen

Im Folgenden geht es um das Führen von Konfliktgesprächen unter den Konfliktbeteiligten. Ziel ist es hier, ohne Einschaltung einer dritten Person die aufgetretenen Spannungen zu bereinigen und eine Lösung zu finden, die für alle Beteiligten akzeptabel ist. Der Theorie von Glasl zufolge ist dies in der Regel nur auf den ersten drei von insgesamt neun Eskalationsstufen überhaupt möglich. Dennoch ist das Führen von Konfliktgesprächen in einem Mitarbeiter-Seminar ein zentrales Thema, da die anderen Verfahren wie Konfliktmoderationen oder der Machteingriff von außen in der Regel außerhalb des Einflussbereichs der Mitarbeiter liegen.

Der folgende Leitfaden gibt den Teilnehmern eine klare Struktur, um ihre Konfliktgespräche zu führen. Der Leitfaden baut auf dem bereits vorgestellten „SAG ES!"-Schema zum Ansprechen von Konflikten auf und erweitert dieses. Auf diesem Hintergrund ist es besonders leicht verständlich.

Der dritte Seminartag

Vorgehen

Der Trainer stellt das Plakat „Konfliktgespräche führen" vor, auf dem zunächst nur die fünf Phasen eines Konfliktgesprächs abgebildet sind. Bei seinem Input erläutert er die wichtigsten Elemente der einzelnen Phasen und pinnt dabei die entsprechenden Moderationskarten an die Pinnwand.

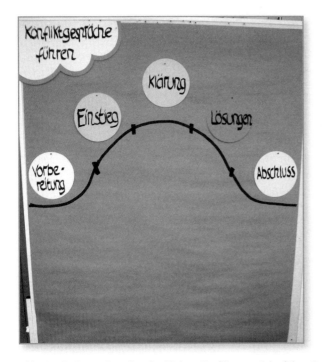

Abb.: Der Trainer präsentiert das Plakat „Konfliktgespräche führen".

„Es gibt einige Untersuchungen darüber, wie erfolgreiche Konfliktgespräche aufgebaut sind. Es hat sich gezeigt, dass Gespräche, die hinterher von beiden Gesprächspartnern als menschlich und inhaltlich befriedigend bezeichnet werden, nach einer bestimmten Struktur verlaufen. Diese Struktur möchte ich Ihnen gerne vorstellen.

Wie bei allen anspruchsvollen Kommunikationssituationen, spielt sich ein sehr wichtiger Teil bereits ab, bevor das Gespräch begonnen hat. Eine gute Vorbereitung ist ein zentraler Erfolgsfaktor bei Konfliktgesprächen. Ein unüberlegtes Konfliktgespräch führt dagegen oft nur zu einer weiteren Eskalation. In der Vorbereitung geht es darum, folgende Schritte zu beachten.

Vorbereitung auf das Gespräch

I. Seminarfahrplan: Konflikte konstruktiv lösen

▶ *Eigene Gefühle und Bedürfnisse klären:* Wenn Sie sich angegriffen, verärgert oder wütend fühlen, ist es sinnvoll, sich erst einmal zu sortieren, um Klarheit zu gewinnen, was es eigentlich genau ist, was diese Gefühle ausgelöst hat. Wichtig ist, dass Sie sich klar machen, was Sie eigentlich genau wahrgenommen haben und wie Sie diese Wahrnehmungen interpretiert haben und welche Bedürfnisse Sie haben, die verletzt wurden und für die Sie eintreten möchten.

▶ *Eigene Ziele definieren:* Auf dieser Basis definieren Sie Ihre Ziele, die Sie mit dem Gespräch erreichen möchten. Zum einen geht es auf der inhaltlichen Ebene darum, festzulegen, wie das eigene Maximal- und wie das eigene Minimalziel aussieht. Zum anderen ist es ebenso relevant, zu definieren, wie die Beziehungsebene am Ende des Gesprächs aussehen soll.

▶ *Sich in den Konfliktpartner hineinversetzen:* Wenn Sie an einer konstruktiven Konfliktlösung interessiert sind, ist es wichtig, sich in die Lage des Konfliktpartners zu versetzen. Wie Sie wissen, fällt dies uns allen in Konflikten schwer, weil wir an Empathie einbüßen und uns in der Regel als Reagierende erleben und den eigenen Anteil nicht mehr sehen. Umso wichtiger ist es, sich schon vor dem Gespräch zu überlegen: Wie sieht die andere Person die Situation? Welche Wünsche und Bedürfnisse hat sie? Was ist ihr wichtig?

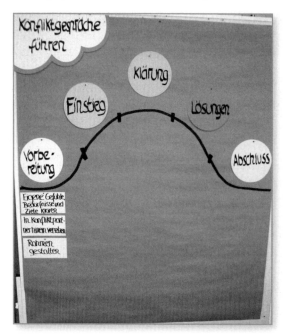

Abb. Der Trainer stellt die wichtigsten Aspekte zur Vorbereitung eines Konfliktgesprächs vor.

▶ *Einen geeigneten Rahmen schaffen:* Ein Konfliktgespräch sollte niemals zwischen Tür und Angel geführt werden, sondern in einer ruhigen, störungsfreien Atmosphäre, in der kein Telefon klingelt und beide Gesprächspartner ausreichend Zeit für die Klärung des Konflikts haben. Eine Stunde sollte man für die Klärung eines Konflikts in der Regel einplanen – umso besser, wenn es dann schneller geht als gedacht."

"*Zum Einstieg ins Gespräch ist es sinnvoll, nicht gleich mit der Tür ins Haus zu fallen, sondern erst einmal eine gemeinsame Basis zu schaffen. Folgende Punkte sind herbei relevant:*

Einstieg in das Gespräch

▶ **Kontakt herstellen**: *Am Anfang steht die Beziehungsebene im Vordergrund. Es geht darum, einen positiven Kontakt zum Gesprächspartner herzustellen und Vertrauen zu schaffen. Dies kann einen kurzen Small Talk beinhalten, allerdings gilt die Faustregel: je stärker der Konflikt, desto schneller sollte man zur Sache kommen. Denn wenn ich das nicht tue, spürt der Gesprächspartner über nonverbale Signale meinen Ärger oder meine Anspannung doch, und kommt sich ‚verschaukelt' vor, wenn ich ihn erst nach seinem Befinden frage und über dies und das spreche.*

▶ **Anlass und Ziel des Gesprächs nennen**: *Statt Small Talk zu führen, ist es meist stimmiger, den Anlass und die Ziele des Gesprächs, sowie die damit verbundenen Gefühle offen zu kommunizieren, zum Beispiel: ‚Ich bin froh, dass Sie sich die Zeit für ein Gespräch genommen haben, denn es liegt mir etwas auf dem Herzen, das ich gerne mit Ihnen besprechen möchte. Ich möchte mit Ihnen über das Thema X sprechen und hoffe, dass wir zu einer Lösung kommen, mit der wir beide zufrieden sind.'*

▶ **Vorgehensweise abstimmen**: *Anschließend ist es hilfreich, kurz zu skizzieren, wie man sich die Struktur des Gesprächs vorstellt und dies miteinander abzugleichen, zum Beispiel: ‚Ich möchte Ihnen kurz sagen, wie ich die Situation sehe und bin dann neugierig darauf zu hören, wie Ihre Sichtweise hierzu ist. Dann würde ich gerne schauen, was für jeden von uns für die Zukunft wichtig ist, damit wir möglichst gute Vereinbarungen für die Zukunft finden.' Wenn der Konflikt schon relativ stark eskaliert ist, kann es hilfreich sein, einige Gesprächsregeln zu vereinbaren, wie etwa, dass jeder den anderen*

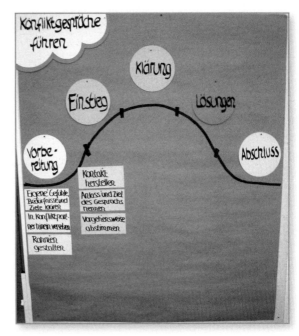

Abb.: Der Trainer erläutert, dass beim Einstieg die Weichen für ein konstruktives Konfliktgespräch gestellt werden, indem ein positiver Kontakt aufgebaut und die Struktur des Gesprächs geklärt wird.

ausreden lässt und versucht, ihn zu verstehen und zu einer Lösung beizutragen."

Klärungsphase „*Danach kommen wir zur Klärungsphase, dem Herzstück des Konfliktgesprächs. Drei Schritte sind hierbei entscheidend:*

- ▶ ***Den Konflikt konstruktiv ansprechen****: Hier kommt das „SAG ES!"-Schema zur Anwendung: Ich schildere meine Sichtweise und achte darauf, dass ich keine Verallgemeinerungen und Unterstellungen treffe. Stattdessen schildere ich konkret die Auswirkungen auf meine Person und gegebenenfalls auf andere. Außerdem schildere ich meine Gefühle, ohne dem anderen die Schuld dafür zuzuweisen. Dann erfrage ich, wie der Konfliktpartner die Situation sieht.*

- ▶ ***Auf den Konfliktpartner eingehen****: Hierbei kommt alles zum Tragen, was wir gestern Nachmittag erarbeitet haben: offen Fragen stellen, aktiv zuhören, zusammenfassen, konkretisieren, Gefühle und Bedürfnisse heraushören und widerspiegeln. Natürlich kann es auch sein, dass ich mich abgrenzen muss, wenn die eine oder andere Botschaft unter die Gürtellinie geht.*

- ▶ ***Verlangsamten Dialog führen****: Idealerweise kommt das Gespräch dann in einen Fluss, der durch das Wechselspiel von Eingehen auf den anderen und der Erläuterung der eigenen Sichtweisen und Bedürfnisse gekennzeichnet ist. ‚Verlangsamt' sollte dieser Dialog insofern sein, als ich stets, bevor ich meinen Senf dazugebe, sicherstellen sollte, dass ich den anderen richtig verstanden habe. Außerdem kann ich den anderen fragen, ob meine Anliegen verständlich und nachvollziehbar sind. Das Gegenteil wäre das klassische ‚Pingpong', das in Konflikten häufig auftritt, bei dem einer den anderen unterbricht, sich während der Ausführungen des anderen schon die eigenen Gegenargumente überlegt und die eigenen Standpunkte meistens mit ‚ja aber' einleitet. Wenn Sie das bemerken, ist es an der Zeit, auf die Meta-Ebene zu gehen, etwa indem Sie sagen: ‚Ich glaube, wir drehen uns im Moment im Kreis. Ich würde gerne noch mal neu starten und zunächst einmal versuchen, Sie zu verstehen. Und das Gleiche wünsche ich mir dann auch von Ihnen.'"*

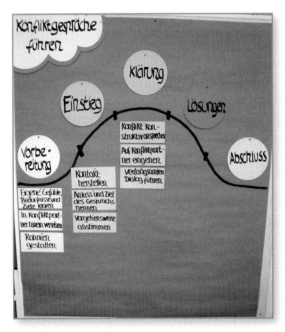

Abb.: Die Klärungsphase ist der anspruchsvollste Teil des Konfliktgesprächs.

Lösungsphase

„Wenn es gelingt, gegenseitiges Verständnis zu entwickeln, richtet sich der Blick meist automatisch von der Vergangenheit auf die Zukunft. Folgende Punkte sind hierbei hilfreich:

▶ **Wünsche und Bedürfnisse äußern**: Von den negativen Gefühlen der Vergangenheit sollte sich der Fokus auf die dahinterliegenden Bedürfnissen und Wünsche richten.

▶ **Lösungsideen sammeln**: Darauf aufbauend geht es darum, zunächst mögliche Lösungsideen zu sammeln, um abschließend zu überprüfen, ob diese Lösungen tatsächlich für beiden Seiten akzeptabel sind.

▶ **Vereinbarungen treffen**: Schließlich ist es wichtig, möglichst konkrete Vereinbarungen zu treffen, um sicherzustellen, dass beide Seiten ein gemeinsames Verständnis davon haben, wie die Zusammenarbeit in Zukunft verlaufen soll."

I. Seminarfahrplan: Konflikte konstruktiv lösen

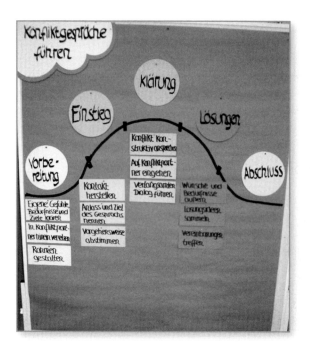

Abb.: In der Lösungsphase geht es darum, Vereinbarungen zu suchen, die den Interessen und Bedürfnissen beider Seiten gerecht werden.

Abschluss des Konfliktgesprächs

„Zum Abschluss geht es darum, das Gespräch positiv abzuschließen, es ‚rund' zu kriegen. Dazu sind folgende Schritte wichtig:

▶ **Klären ob alles besprochen wurde:** Bevor ich zum Ende komme, gilt es, sicherzustellen, dass kein wichtiger Punkt unter den Tisch gefallen ist – sei es bei mir selbst oder beim anderen. Dafür kann es hilfreich sein, zu überprüfen, ob wirklich alles besprochen wurde oder ob vielleicht doch jemand auf etwas ‚sitzen geblieben' ist.

▶ **Das Gespräch reflektieren:** Um das Gespräch abzuschließen, ist es hilfreich, von der Inhalts- auf die Meta-Ebene zu wechseln, indem man den anderen fragt, wie er mit dem Gespräch oder dem Ergebnis zufrieden ist oder selbst von sich aus ein Fazit zieht, zum Beispiel: ‚Ich bin erleichtert, dass wir das Thema nun endlich ausgeräumt haben und bin froh, dass wir alles offen besprechen konnten.' Damit sind wir auch beim letzten Punkt, nämlich:

▶ **Einen positiven Abschluss finden.** *Gibt es Fragen dazu?"*

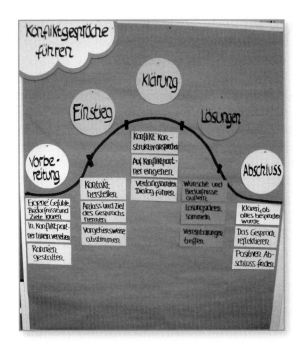

Abb.: Zum Abschluss des Konfliktgesprächs geht es darum, das Gespräch zu reflektieren und positiv abzuschließen.

Literatur
- Benien, Karl: Schwierige Gespräche führen. Rowohlt, 2003.
- Rischar, Klaus: Schwierige Mitarbeitergespräche erfolgreich führen. Feldhaus, 2005.
- Schmidt, Thomas: Kommunikationstrainings erfolgreich leiten. Der Seminarfahrplan. managerSeminare, 2008, 4. Aufl.

09.45 Uhr Führen von Konfliktgesprächen – Rollenspiel

> **Orientierung**
>
> **Ziele:**
> - Die Teilnehmer üben, ein Konfliktgespräch anhand des Gesprächsleitfadens zu führen
> - Sie erhalten ein Feedback zu ihrem Konfliktlösungsverhalten
>
> **Zeit:**
> - 60 Minuten (5 Min. Instruktion, 15 Min. Vorbereitung, 15 Min. Rollenspiel, 15 Min. Auswertung in der Kleingruppe, 5 Minuten Bericht im Plenum, 5 Min. Puffer)
>
> **Material:**
> - Rollenspiel-Instruktionen „Konfliktgespräch"
> - Beobachtungsaufträge, Stifte und Blöcke für die Beobachter
>
> **Überblick:**
> - Die Teilnehmer teilen sich in Kleingruppen mit je drei Personen auf
> - Die Kleingruppe teilt die Rollen unter sich auf; einer ist Beobachter
> - Die Teilnehmer führen die Rollenspiele in den Kleingruppen durch und werten sie aus
> - Kurzer Bericht im Plenum

Erläuterungen

Das folgende Rollenspiel bietet die Möglichkeit, ein Konfliktgespräch zu führen und den zuvor vorgestellten Gesprächsleitfaden zu erproben. Das Rollenspiel wird in Kleingruppen à drei Personen durchgeführt, damit möglichst viele Seminarteilnehmer die Möglichkeit haben, aktiv ein Gespräch zu führen.

Vorgehen

„Nun gibt es Gelegenheit, den Gesprächsleitfaden praktisch auszuprobieren. Ich habe dazu eine Fallsituation für ein Konfliktgespräch zwischen zwei Kollegen mitgebracht, die seit Kurzem zusammenarbeiten und bei denen sich einige Spannungen aufgebaut haben. Ihre Aufgabe wird es sein, sich in deren Situation hineinzuversetzen und den Konflikt zu lösen.

Der dritte Seminartag

Das Vorgehen ist folgendermaßen: Wir bilden vier Kleingruppen mit jeweils drei Personen. Die Gespräche führen Sie in den Kleingruppen unter sich. Zwei von Ihnen übernehmen jeweils die Rolle eines der beiden Kollegen, der Dritte beobachtet, achtet auf die Zeit und leitet die Auswertung an. Die Kleingruppen bilden wir so, dass Sie sich bitte gleichmäßig auf die vier Ecken des Raumes verteilen."

Dann teilt der Trainer an jede Gruppe die Instruktionen aus, wobei der Beobachter beide Instruktionen und den Beobachtungsbogen erhält. Er weist auf den zeitlichen Rahmen hin:
„Sie haben für die Vorbereitung 15 Minuten, für das Rollenspiel 15 Minuten und für die Auswertung ebenfalls 15 Minuten Zeit. Der Beobachter achtet auf die Zeit."

Rollenspiel: Konfliktgespräch – Instruktion für Frau Althaus

Sie heißen Angela (Axel) Althaus und arbeiten seit drei Jahren als Referentin in der Abteilung „Fachliche Qualifizierung". Ihre Aufgaben bestehen im Wesentlichen in der Konzeption und Durchführung von fachlichen Schulungen und Workshops. Diese führen Sie zum Teil alleine und zum Teil – etwa bei größeren Gruppen oder bei mehrwöchigen Qualifizierungseinheiten – zu zweit durch. Sie haben viel Spaß an Ihrer Tätigkeit.

Seit knapp einem halben Jahr haben Sie nun einen neuen Kollegen, Herrn Felix (Frau Felicitas) Frisch. Anfangs waren Sie ganz begeistert, denn Felix Frisch wirkte gerade zu Beginn äußerst sympathisch auf Sie. Mit seiner freundlichen, offenen Art konnte er nicht nur Sie, sondern auch viele andere Kollegen für sich gewinnen. Fachlich ist er zweifelsohne sehr kompetent. Er hat vorher für eine Unternehmensberatung mit dem Schwerpunkt Qualifizierung gearbeitet und bringt viele Erfahrungen und Ideen mit. Da Sie einige Schulungen mit ihm geleitet haben, konnten Sie sich davon überzeugen, dass er ein hohes didaktisches Geschick aufweist und es sehr gut versteht, auf die Teilnehmer einzugehen.

Allerdings gibt es auch einige Punkte, die Sie stören. So erleben Sie seine Arbeitsweise teilweise als recht chaotisch. Zum Beispiel hatte er bei der Schulung in der vergangenen Woche einfach vergessen, das Thema „Risikoanalyse" vorzubereiten. Das fiel ihm am Donnerstag beim Mittagessen ein, dabei sollte das Thema am selben Tag direkt nach der Mittagspause behandelt werden. Er meinte, das sei kein Problem, er würde es abends vorbereiten und es am nächsten Tag durchnehmen. Die Teilnehmer seien ohnehin nach der Mittagspause zu müde für so ein kompliziertes Thema; er würde ein anderes dafür vorziehen. Damit waren Sie überhaupt nicht einverstanden. Sie haben diese Schulung unzählige Male geleitet und sind für das Konzept verantwortlich. Sie haben darauf bestanden, dass es bei dieser Reihenfolge bleibt. Da Herr Frisch mit dem Thema nicht so vertraut war, blieb Ihnen nichts anderes übrig, als schnell noch einige Folien und Plakate zu erstellen und die Sequenz selbst zu leiten. Das bedeutete für Sie natürlich eine furchtbare Hektik und Sie konnten das Thema nicht so souverän wie gewohnt präsentieren. Das war Ihnen sehr unangenehm. Besonders ärgerte Sie aber, dass Herr Frisch nicht einmal ein „Dankeschön" dafür übrig hatte, dass Sie ihm aus der Patsche geholfen haben. Im Gegenteil: Besserwisserisch meinte er: „Die Teilnehmer haben ja alle gegähnt. Ich hab' ja gleich gesagt, dass das Thema heute Nachmittag nicht passt." Diese Undankbarkeit und Überheblichkeit hat Sie richtig sprachlos gemacht.

Es gibt noch weitere Dinge, die Ihnen nicht gefallen haben. So hat Herr Frisch weder seine Folien noch seine Unterlagen ins richtige Format und Design gebracht, obwohl Sie ihn ausdrücklich darauf hingewiesen haben. Sie finden das unprofessionell. Dies ist eine Meinung, die auch die Abteilungsleiterin, Frau Oben, teilt. Frau Oben, zu der Sie ein sehr gutes Verhältnis haben und die auf Ihre Meinung großen Wert legt, hatte Sie vor einigen Wochen zu Ihrer Einschätzung von Herrn Frisch befragt. Sie haben offen die positiven wie die negativen Punkte angesprochen, die Ihnen aufgefallen sind.

Zu den negativen Aspekten bei Felix Frisch gehört auch sein Zeitmanagement, das wahrlich verbesserungsbedürftig ist. So hat er in Schulungen, die Sie gemeinsam geleitet haben, mehrfach die Zeit bei seinen Sequenzen überzogen. Zwar weiß er die Teilnehmer zu begeistern, sie hängen an seinen Lippen und lernen sicher auch eine Menge. Aber dadurch, dass er die Zeit überzieht, mussten Sie Ihre Bausteine dann kürzen, so dass manche Inhalte, die Ihnen wichtig waren, zu kurz kamen. Das fanden Sie sehr ärgerlich. Zumal Herr Frisch dann die Lorbeeren erntet und ein besonders positives Feedback von den Teilnehmern erhält, während Sie in seinem Schatten stehen. Dies wird dadurch verschärft, dass er auch bei den Sequenzen, die Sie leiten, oft das Wort ergreift und Teilnehmerfragen beantwortet, während Sie noch überlegen. Das finden Sie nicht in Ordnung.

Da Sie diese verschiedenen Punkte mittlerweile erheblich stören, möchten Sie nun ein klärendes Gespräch mit Herrn Frisch führen, zumal Sie auch in Zukunft weiter gemeinsame Schulungen leiten werden.

Rollenspiel: Konfliktgespräch – Instruktion für Herrn Frisch

Sie heißen Felix (Felicitas) Frisch und arbeiten seit knapp einem halben Jahr als Referent in der Abteilung „Fachliche Qualifizierung". Zuvor haben Sie für eine Unternehmensberatung gearbeitet, für die Sie ebenfalls im Bereich Fachliche Schulung und Qualifizierung tätig waren. Ihre Aufgaben bestehen im Wesentlichen in der Konzeption und Durchführung von fachlichen Schulungen und Workshops. Diese führen Sie bislang in der Regel zu zweit durch. Wenn Sie sich vollständig eingearbeitet haben, werden Sie die meisten Schulungen – außer bei größeren Gruppen oder bei mehrwöchigen Qualifizierungseinheiten – alleine durchführen, so wie Sie es bislang in Ihrer Arbeit bei der Unternehmensberatung auch gewohnt waren.

Sie haben viel Spaß an Ihrer Arbeit. Dazu trägt grundsätzlich auch das gute Verhältnis zu Ihren Kolleginnen und Kollegen bei. Allerdings gibt es seit einer Weile doch unübersehbare Spannungen mit Ihrer Kollegin, Frau Angela (Herr Axel) Althaus, die Ihnen mittlerweile richtig zu schaffen machen. Anfangs waren Sie sehr angetan von der freundlichen und verbindlichen Art der Kollegin. Auch wissen Sie zu schätzen, dass Frau Althaus fachlich sehr kompetent ist und äußerst strukturiert arbeitet. Ihre verständlichen und strukturierten Erklärungen haben Ihnen sehr geholfen, sich in dem neuen Unternehmen mit seinen neuen Abläufen und Strukturen zurechtzufinden.

Allerdings gibt es auch einige Dinge, die Sie stören, insbesondere, wenn Sie gemeinsam Schulungen halten. Sie haben den Eindruck, dass Frau Althaus stets an ihren vorgefertigten Ablaufplänen „klebt" und nicht in der Lage ist, flexibel auf die Bedürfnisse der Teilnehmer einzugehen. Dabei ist dies aus Ihrer Sicht der Schlüssel zum pädagogischen Erfolg. Nur wenn es gelingt, die Schulungsteilnehmer bei ihren Bedürfnissen „abzuholen", bleibt schließlich auch etwas „hängen". Darum hatten Sie in der vergangenen Woche auch spontan vorgeschlagen, die Sequenz zum Thema „Risikoanalyse", die für Donnerstag Nachmittag geplant war, auf Freitag zu verschieben. Ihnen war beim Mittagessen siedend heiß eingefallen, dass Sie völlig vergessen hatten, diesen Baustein vorzubereiten. Das war Ihnen einerseits peinlich, andererseits fanden Sie es unkompliziert, eine andere Sequenz vom Freitag vorzuziehen, da das Thema „Risikoanalyse" ohnehin sehr komplex und daher für die Zeit des „Suppenkomas" nach dem Mittagessen ungeeignet ist. Frau Althaus wollte davon jedoch nichts hören, brach in eine fürchterliche Hektik aus und bereitete schnell noch Folien und Plakate vor, um das Thema dann im Alleingang durchzuziehen. Wie erwartet kam das Thema bei den Teilnehmern überhaupt nicht gut an. Sie wurden müde und haben reihenweise gegähnt. Da wäre es viel besser gewesen, ein anderes Thema vorzuziehen. Das haben Sie Frau Althaus am Ende des Seminartages auch noch mal gesagt. Aber sie scheint da doch etwas unflexibel zu sein und muss unbedingt auf dem Konzept, das sie erarbeitet hat, beharren.

Sie dagegen gehen sehr flexibel auf Teilnehmerwünsche ein und haben es bereits in den ersten Monaten geschafft, sich einen hervorragenden Ruf zu erarbeiten. Das scheint Frau Althaus wohl ein Dorn im Auge zu sein. Anders können Sie es sich nicht erklären, dass sie negative Dinge über Sie verbreitet. Ihrer gemeinsamen Chefin, Frau Oben, hat sie erzählt, dass Sie sich nicht an das firmenübliche Format und Design bei Ihren Folien und Unterlagen halten. Dabei sind Sie einfach noch nicht dazu gekommen, die Unterlagen entsprechend anzupassen. Sie hielten das auch nicht für so wichtig. Es war jedoch unangenehm, von Ihrer Chefin darauf angesprochen zu werden und Sie finden, Frau Althaus hätte diesen Punkt nicht hinter Ihrem Rücken, sondern mit Ihnen direkt besprechen sollen. Sie sind ziemlich sauer, dass Frau Althaus Sie bei Ihrer Chefin so in die Pfanne gehauen hat.

Sie können sich das nur dadurch erklären, dass Sie mit Ihrer lockeren und flexiblen Art besser bei den Teilnehmern ankommen. Da Sie intensiv auf die Teilnehmer eingehen, kann es schon mal vorkommen, dass eine Ihrer Sequenzen etwas länger dauert oder dass Sie bei Fragen, die eigentlich an Frau Althaus gerichtet sind, für sie einspringen, wenn sie zu lange überlegt. Sie finden das in Ordnung und hätten umgekehrt überhaupt kein Problem damit.

Nun hat Frau Althaus Sie angesprochen und möchte unter vier Augen mit Ihnen sprechen. Sie sind froh darüber und möchten eine Klärung herbeiführen, zumal Sie auch in Zukunft weiter gemeinsame Schulungen leiten werden.

Beobachtung des Konfliktgesprächs

Ihre Aufgabe

I. Sorgen Sie für die Einhaltung der Zeiten
- Vorbereitung: 15 Min.
- Durchführung: 15 Min.
- Auswertung: 15 Min.

II. Beobachten Sie das Gespräch in Bezug auf folgende Kriterien
- Kontakt: Inwiefern wurde versucht, einen positiven Kontakt herzustellen und beizubehalten? Welche Beobachtungen konnten Sie auf der nonverbalen Ebene machen: z.B. Körperhaltung, Gestik, Mimik, Blickkontakt?
- Struktur: Wer steuert das Gespräch und wodurch? Inwiefern ist ein „roter Faden" erkennbar?
- Ansprechen des Konfliktes: Wie wurden die Konflikte angesprochen? Inwieweit wurden die Konflikte klar und konstruktiv angesprochen (Beschreibung der eigenen Wahrnehmungen, der Wirkungen und Gefühle)?
- Eingehen auf den Konfliktpartner: Wie sehr gingen die Konfliktpartner aufeinander ein, etwa durch offene Fragen, aktives Zuhören, „Spiegeln" von Gefühlen und Bedürfnissen?
- Vereinbarungen: Wie klar und konkret sind die getroffenen Vereinbarungen? Welche Wünsche und Bedürfnisse werden dabei berücksichtigt?

III. Leiten Sie die Auswertung an
Gehen Sie bei der Auswertung folgendermaßen vor:
- Wie hat „Frau/Herr Althaus" das Gespräch erlebt?
- Wie hat der „Frau/Herr Frisch" das Gespräch erlebt?
- Was haben Sie beobachtet?

Achten Sie bei der Auswertung auf die Feedback-Regeln:
- Beschreiben Sie Ihre Wahrnehmung, ohne die Personen zu bewerten.
- Bleiben Sie bei Ihrer Rückmeldung konkret. Treffen Sie keine verallgemeinernden Aussagen (z.B. „Sie waren sehr dominant").
- Sagen Sie immer auch, was Ihnen gefallen hat.
- Sprechen Sie die Person, auf die Sie sich beziehen, direkt an.
- Achten Sie darauf, dass die Feedback-Nehmer zuhören und sich nicht erklären oder rechtfertigen.

Während der Rollenspiele steht der Trainer für Fragen zur Verfügung.

Nachdem die Kleingruppen fertig sind, bittet der Trainer die Teilnehmer:
„Kommen Sie bitte in den Halbkreis und bleiben Sie noch kurz als Kleingruppe zusammen. Berichten Sie kurz den anderen, wie das Gespräch bei Ihnen gelaufen ist, und welche Erkenntnisse Sie aus der Auswertung gezogen haben."

Hinweise

▶ Rollenspiele sind umso effektiver, je spezifischer Sie auf die jeweilige Zielgruppe zugeschnitten sind. Deshalb ist das vorgeschlagene Rollenspiel bei spezifischen und homogenen Teilnehmergruppen eher als Anregung für die Entwicklung eines passgenauen Szenarios zu verstehen.

Variante

▶ Das Rollenspiel kann auch im Plenum durchgespielt werden. Der Vorteil dieser Variante liegt darin, dass der Seminarleiter die Auswertung besser steuern kann und die Akteure ein differenzierteres Feedback erhalten. Andererseits erhalten dann nur zwei Personen Gelegenheit, ein Konfliktgespräch zu üben.

Literatur

Weitere Rollenspiele finden Sie bei:
▶ Eva Neumann, Sabine Heß, Trainernetzwerk study&train: Mit Rollen spielen. Rollenspielsammlung für Trainerinnen und Trainer. managerSeminare, 2009, 3. Aufl.
▶ Eva Neumann, Sabine Heß: Mit Rollen spielen II. managerSeminare, Herbst 2009.

10.45 Uhr   Pause

Stuhlarbeit – Praxisberatung 10.55 Uhr

Orientierung

Ziele:
▶ Der Protagonist kann seine innere Ambivalenz klären und wird wieder handlungsfähig
▶ Über die Identifikation mit dem Protagonisten reflektieren die anderen Teilnehmer den eigenen Umgang mit Ambivalenzen und inneren Konflikten

Zeit:
▶ 60 Minuten (5 Min. Themenwahl, 45 Min. Praxisberatung, 10 Min. Puffer)

Material:
▶ Flipchart „Praxisberatung"
▶ Ablaufplan, auf dem die Moderationskarten mit den möglichen Praxisfällen angepinnt sind
▶ Drei Stühle, Moderationskarten und -stifte

Überblick:
▶ Auswahl des Anliegens
1. Exploration
2. Zieldefinition
3. Methodische Bearbeitung:
– Um den Konflikt zwischen zwei Handlungsimpulsen darzustellen, stellt der Trainer zwei Stühle auf, die für die beiden Optionen stehen
– Der Trainer leitet den Protagonisten an, sich nacheinander mit beiden Handlungsimpulsen zu identifizieren und zu explorieren
– Der Protagonist wählt für jeden Handlungsimpuls einen Seminarteilnehmer, der diesen verkörpert
– Der Protagonist führt einen Dialog mit den beiden Handlungsimpulsen (bzw. den Rollenspielern)
– Der Protagonist „brieft" die Rollenspieler, wenn sie nicht mehr weiterwissen
– Der Trainer unterstützt den Protagonisten bei der Moderation des Gesprächs unter anderem durch aktives Zuhören, Doppeln und Wechseln auf die Meta-Ebene
– Ziel ist es, eine Lösung zu finden, welche die Bedürfnisse hinter den unterschiedlichen Handlungsimpulsen berücksichtigt
4. Auswertung: Feedback und Sharing
5. Ergebnissicherung

Erläuterungen

In der folgenden Fallarbeit geht es um die Lösung eines inneren Konflikts, der eng mit einem zwischenmenschlichen Konflikts verwoben ist. Diese Konstellation ist nicht selten. Wo Menschen in soziale Konflikte geraten, entstehen meist auch innere Ambivalenzen, die zunächst gelöst werden müssen, bevor der äußere Konflikt bearbeitet werden kann. Hierzu ist die Arbeit mit dem „Inneren Team" nach Schulz von Thun (2005) geeignet (vgl. hierzu Schulz von Thun 2006, Benien 2005, Schmidt 2008). Diese Methode der erlebnisaktivierenden Anliegenbearbeitung basiert auf den Ansätzen der humanistischen Psychotherapie, und hier insbesondere des Psychodramas (Moreno 2007) und der Gestalttherapie (Perls 2002).

Vorgehen

1. Exploration

Herr Schulz arbeitet in der IT-Abteilung eines großen Unternehmens. Er arbeitet eigenverantwortlich in verschiedenen strategisch wichtigen IT-Projekten mit. Er engagiert sich stark in seiner Arbeit und ist grundsätzlich mit seiner Tätigkeit und seinem Umfeld sehr zufrieden. Allerdings ist sein Verhältnis zu seinem Vorgesetzten angespannt, seit sich Herr Schulz vor knapp einem halben Jahr massiv über ihn geärgert hat. Dieses Ärgernis konnte bislang nicht aus dem Weg geräumt werden, weshalb sich für Herrn Schulz nun die Frage stellt, ob es Sinn macht, den Konflikt jetzt noch anzusprechen, obwohl die entsprechende Situation bereits längere Zeit zurückliegt.

Der Hintergrund ist folgender: Vor einem halben Jahr wurde die erste Tochter von Herrn Schulz geboren. Aus diesem Grund hatte er für die Zeit nach dem Geburtstermin drei Wochen Urlaub beantragt. Die Tochter von Herrn Schulz wurde jedoch eine Woche eher geboren als geplant und lag nach einer komplizierten Geburt eine Woche lang zur Überwachung in der Klinik. Daher nahm Herr Schulz eine Woche früher Urlaub, als ursprünglich geplant war. Da er mit seinem Vorgesetzten vereinbart hatte, dass er vor seinem Urlaub alle Arbeiten bezüglich eines aktuellen Projekts erledigt haben würde, arbeitete er in der Woche nach der Geburt seiner Tochter hin und wieder von zu Hause aus und konnte so noch alle erforderlichen Arbeiten abschließen. Daraufhin wollte Herr Schulz noch eine zusätzliche Woche Urlaub anschließen, um die ersten drei Wochen, in denen die Tochter zu Hause war, daheim verbringen und seine Frau unterstützen zu können. Der Chef jedoch lehnte die entsprechende Anfrage per Mail ab. Dabei machte er Andeutungen, die Herr Schulz so auffasste, als würde er ihm Faulheit und mangelnden Einsatz unterstellen. Herr Schulz konnte sich nicht an die genaue Formulierung erinnern. Er meinte, der Chef habe in etwa geschrieben, er wisse doch, dass „es im Moment in der Firma drunter und drüber geht" und schließlich müsse er doch dann „genug gefaulenzt" haben. Diese Bemerkung ärgerte Herrn Schulz maßlos, da die ersten Wochen nach der Geburt gewiss kein Zuckerschlecken waren und er dennoch das Projekt fertiggestellt hatte. Darüber hinaus empfand er die Reaktion des Chefs als eklatanten Mangel an Wertschätzung und Anerkennung, da er sich stets sehr engagiert hatte und stets wertvolle Arbeit für die Abteilung geleistet hatte. Auf diesem Hintergrund war er fest von einem Entgegenkommen seines Chefs ausgegangen.

2. Zieldefinition

Trainer: „Was ist Ihr Ziel? Was möchten Sie hier für sich klären?"

Protagonist: „Mich wurmt diese Bemerkung nach wie vor sehr. Ich kann nicht verstehen, wie jemand so ignorant sein kann! Aber das ist typisch für meinen Chef. Für den zählen nur die Fakten und die Arbeit. Aber er hat null Gespür für Menschen. Ich kann das einfach nicht nachvollziehen. Mich ärgert es nach wie vor maßlos, dass er mir unterstellt, ich sei faul."

Trainer: „Was möchten Sie für sich klären?"

Protagonist: „Na ja, ich möchte für mich klären, ob es für mich noch Sinn macht, das anzusprechen. Schließlich liegt die Situation ja schon sehr lange zurück. Und ich glaube nicht, dass sich mein Chef ändern lässt. Der ist eben absolut sachbezogen und hat selbst keine Kinder."

Trainer: „Sie sind also einerseits skeptisch, ob es Erfolg hätte, den Konflikt anzusprechen. Andersits belastet Sie die Angelegenheit und Sie wünschen sich, dass sie endlich aus der Welt geschafft wird."

Protagonist: „Klar. Es ist ja nicht gerade schön, zusammenzuarbeiten, wenn man eigentlich stinksauer auf den anderen ist."

Trainer: „Ihr Ziel ist es also herauszufinden, ob Sie den Konflikt mit Ihrem Chef ansprechen wollen?"

Protagonist: „Ja, denn ich bin mir nach wie vor unsicher, ob das Sinn macht. Und falls ich das noch mal aufwärme, ist die Frage, in welcher Form ich das tue. Denn in den nächsten beiden Wochen bin ich wieder im Urlaub. Dann ist die Frage, ob ich ihn aus dem Urlaub anrufe, damit ich es aus dem Kreuz habe oder ob ich ihm eine Mail schreibe oder ob ich ihn persönlich anspreche, wenn ich wieder da bin."

Trainer: „Es geht Ihnen also außerdem darum, herauszufinden, in welcher Form Sie den Konflikt thematisieren möchten – falls Sie das tun."

Protagonist: „Ja, wobei es mir hauptsächlich um die Frage geht, ob ich den Konflikt überhaupt anspreche. Denn wenn ich mir darüber erst einmal im Klaren bin, werde ich es schon hinkriegen, das Ganze zu lösen. Nur wäre dann halt noch zu klären, ob ich meinen Chef persönlich oder telefonisch anspreche oder ihm nur eine Mail schreibe."

Trainer: „Ihr Ziel lautet also, folgende Frage zu klären: Will ich den Konflikt mit meinem Chef ansprechen? Und wenn ja, wie? Ist das richtig?"

Protagonist: „Genau."

Das Ziel ist nun ausreichend klar formuliert und dient als Kontrakt für die weitere Zusammenarbeit.

3. Methodische Bearbeitung: Stuhlarbeit

Der Protagonist legt den Fokus auf den inneren Konflikt. Es geht ihm in erster Linie darum, herauszufinden, ob er den Konflikt überhaupt thematisieren will und weniger um die Frage, auf welchem Weg er dies tun könnte. Für innere Konflikte bietet sich die Methode der Stuhlarbeit an, die im Folgenden exemplarisch beschrieben wird.

Innere Anteile herausarbeiten

I. Innere Anteile herausarbeiten und mit Stühlen besetzen

Der Trainer überprüft, ob sein geplantes methodisches Vorgehen zur Bearbeitung des inneren Konflikts passend ist.

Trainer: „In Bezug auf Ihre Frage, ob Sie den Konflikt ansprechen wollen, schlagen sozusagen zwei Seelen in Ihrer Brust. Eine, die sagt, ‚es macht eh keinen Sinn, denn der Chef wird mich ohnehin nicht verstehen'. Und eine, die sagt, ‚ich möchte das trotzdem klären, weil es mir auf dem Herzen liegt und mich belastet'. Ist das richtig?"

Protagonist: „Ja, genau. Ich bin hin- und hergerissen. Mein Verstand sagt mir, dass ich akzeptieren muss, dass mein Chef eben null Verständnis für private Themen hat. Der hat selbst keine Kinder und kann sich überhaupt nicht vorstellen, was das für eine Bedeutung für einen haben kann. Aber andererseits hab ich seitdem einen Hals auf meinen Chef und das wirkt sich natürlich auf die Zusammenarbeit aus. Und

	wir müssen bei vielen Projekten eng zusammenarbeiten. Deshalb ist es schlecht, wenn die Kommunikation zwischen uns gestört ist. Und das ist sie definitiv."
Trainer:	*„Ja, das ist ein Dilemma. Ich kann verstehen, dass Sie hin- und hergerissen sind. Damit Sie Ihren Weg aus dem Dilemma finden, schlage ich vor, dass wir uns beide Seiten etwas genauer anschauen. Die Seite, die dafür spricht, den Konflikt anzugehen und die, die dagegen spricht."*
Protagonist:	*„O.K. Und wie soll das gehen?"*
Trainer:	*„Wir nehmen mal zwei Stühle, die als Symbol für beide Möglichkeiten stehen, die Sie haben. Der eine Stuhl steht für das Ansprechen des Konflikts, der andere dafür, ihn nicht anzusprechen.*

Der Trainer steht auf und nimmt zwei Stühle, die bislang am Rand gestanden haben und stellt sie an der Öffnung des Stuhlkreises mit etwas Abstand zu den Teilnehmern bereit.

Trainer:	*„Nehmen Sie sich bitte auch einen Stuhl und kommen zu mir nach vorne."*
Protagonist:	*„Kann ich einfach meinen Stuhl mitnehmen?"*
Trainer:	*„Ja."*

Der Protagonist nimmt seinen Stuhl mit und stellt sich zum Trainer auf die „Bühne", auf der die beiden Stühle für die Stuhlarbeit bereitstehen.

Während der Protagonist nach vorne kommt, nimmt der Trainer zwei Moderationskarten und beschriftet sie mit „Ansprechen" und „Nicht ansprechen".

Trainer:	*„Wir stellen die Stühle so hin, dass sie in einem Dreieck zueinander stehen."*

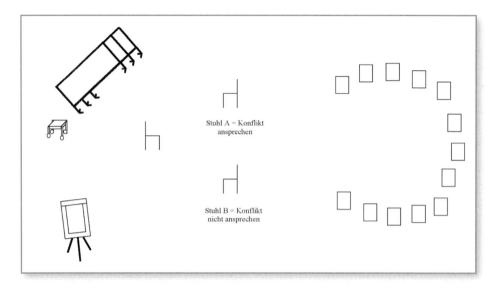

Abb.: Der Trainer sorgt dafür, dass die drei Stühle in der Ausgangsposition für die Stuhlarbeit stehen – in einem Dreieck.

Der Trainer deutet auf den Stuhl, den der Teilnehmer für sich mitgebracht hat:

Trainer: *„Auf diesem Stuhl können Sie gleich Platz nehmen. Die beiden anderen Stühle stehen für die beiden Möglichkeiten, die Sie haben: den Konflikt ansprechen oder ihn nicht ansprechen. Hier sind zwei Moderationskarten, auf denen ‚ansprechen' bzw. ‚nicht ansprechen' steht. Suchen Sie sich aus, welcher Stuhl für welchen Anteil steht und legen Sie die Karten zu dem jeweiligen Stuhl."*

Protagonist: *„Egal. Sagen wir, der linke Stuhl steht dafür, es anzusprechen und der rechte dafür, es sein zu lassen."*

Der Trainer reicht dem Protagonisten die Moderationskarten und dieser ordnet sie den Stühlen zu.

Exploration der inneren Anteile

II. Exploration der inneren Anteile

Trainer: *„Herr Schulz, welche Möglichkeit ist Ihnen im Moment näher?"*

Protagonist: *„Im Moment tendiere ich schon eher dazu, den Konflikt anzusprechen ..."*

Der dritte Seminartag

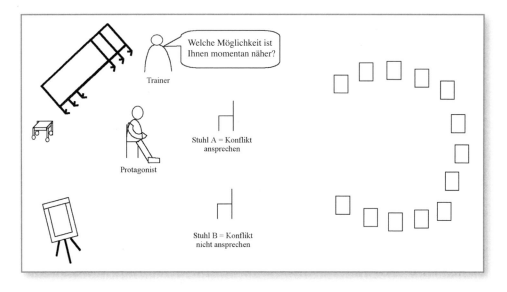

Abb.: Bei der Stuhlarbeit symbolisieren die beiden Stühle unterschiedliche innere Anteile des Protagonisten. Ziel ist es, durch die Auseinandersetzung mit diesen Anteilen innere Klarheit zu finden.

Trainer: *„Gut, dann setzen Sie sich mal auf diesen Stuhl."*

Dann wendet sich der Trainer an die anderen Gruppenmitglieder.

Trainer: *„Ich möchte Sie bitten, aufmerksam zuzuhören. Denn zwei von Ihnen werden gleich die Aufgabe erhalten, sich in die beiden Möglichkeiten gezielt hineinzuversetzen."*

Dann richtet sich der Trainer wieder an den Protagonisten, der in der Zwischenzeit auf dem Stuhl Platz genommen hat, welcher für die Möglichkeit, den Konflikt anzusprechen, steht.

Trainer: *„Ich möchte Sie einladen, sich nun voll und ganz auf die Möglichkeit zu konzentrieren, den Konflikt anzusprechen. Der Stuhl, auf dem Sie jetzt sitzen, steht gewissermaßen für die Seele in Ihrer Brust, die das befürwortet. Sagen Sie mal aus dieser Perspektive heraus, warum es besser ist, den Konflikt anzusprechen ..."*

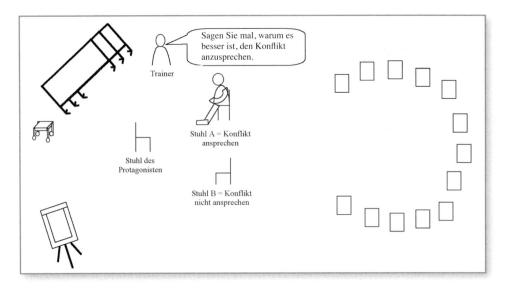

Abb.: Der Trainer leitet den Protagonisten an, sich zunächst mit dem einen inneren Anteil zu identifizieren.

Protagonist: *„Es ist einfach notwendig, den Konflikt anzusprechen, weil ich keinen normalen Satz mehr mit dem Chef wechseln kann. Es ist eine total angespannte Atmosphäre und darauf habe ich einfach keine Lust mehr. Ich finde es einfach feige und unehrlich, so zu tun, als sei alles in Ordnung."*

Trainer: *„Und wie würden Sie empfehlen, den Konflikt anzusprechen?"*

Protagonist: *„Keine Ahnung. Hauptsache, es ist dann mal raus. Am besten wäre es, einfach anzurufen und zu fragen, ob der Chef Zeit hat und dann ganz glasklar zu sagen, was Sache ist."*

Trainer: *„Wie würde das klingen?"*

Protagonist: *„Hm. Na ja, ich würde ihm sagen, dass es eine Frechheit ist, dass er mir nach der Geburt meines Kindes keinen Urlaub gegeben hat und dass er sich offensichtlich nicht vorstellen kann, was es bedeutet, ein Kind zu haben."*

Trainer: *„Fehlt noch etwas?"*

Protagonist: *„Ja, dass es eine Unverschämtheit war, zu sagen, dass ich genug gefaulenzt habe. Dass es seine unfassbare Ignoranz zeigt."*

Trainer: *„O.K. Dann möchte ich Sie bitten, sich auf den anderen Stuhl zu setzen."*

Der dritte Seminartag

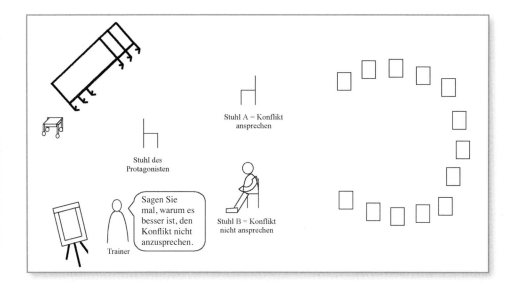

Abb.: Der Trainer leitet den Protagonisten an, sich mit dem anderen inneren Anteil zu identifizieren.

Trainer: *„Jetzt geht es umgekehrt darum, sich voll auf die andere Seite zu konzentrieren, auf die Option, den Konflikt nicht mehr zu thematisieren. Sagen Sie mal aus dieser Perspektive heraus, warum es besser ist, den Konflikt nicht anzusprechen."*

Protagonist: *„Es ist einfach zu spät. Ich hätte das vor einem halben Jahr machen sollen. Aber wenn ich jetzt damit ankomme, denkt mein Chef doch, ich hab sie nicht mehr alle. Wie soll ich das denn begründen, dass ich nicht früher auf ihn zugegangen bin."*

Trainer: *„Der Zug ist abgefahren."*

Protagonist: *„Genau. Da würde ich mich doch lächerlich machen, das jetzt wieder aufzuwärmen."*

Trainer: *„Vielen Dank. Dann können Sie gerne wieder aufstehen und sich auf Ihren Stuhl setzen."*

III. Innere Anteile mit Rollenspielern besetzen

Wenn sich der Protagonist gesetzt hat, erläutert der Trainer das weitere Vorgehen. Dabei wendet er sich zunächst an den Protagonisten:

Innere Anteile mit Rollenspielern besetzen

Trainer:	„Im nächsten Schritt geht es darum, dass Sie für sich klären, wie eine Lösung für Sie aussehen kann. Dazu tun wir so, als würde auf dem linken Stuhl der Teil von Ihnen sitzen, der sagt ‚ansprechen' und auf dem rechten derjenige, der sagt ‚nicht ansprechen'. Damit wir alle uns das besser vorstellen können, möchte ich Sie bitten, jeweils eine Person aus der Gruppe zu nehmen, die die Rolle des jeweiligen Anteils übernimmt. Sie werden dann mit beiden diskutieren und eine Lösung suchen."
Protagonist:	„Das heißt, die sollen dann einen Teil von mir darstellen, habe ich das richtig verstanden?"
Trainer:	„Ganz genau."
Protagonist:	„Aha, das klingt ja ziemlich abgedreht."
Trainer:	„Vielleicht. Ist es aber im Grunde nicht, wenn wir uns vorstellen, dass in uns allen gelegentlich zwei Herzen in einer Brust schlagen. Dann kann man so tun, als seien diese beiden Herzen jeweils eine Person, mit denen man diskutiert. Denn so lässt sich leichter Klarheit schaffen."
Protagonist:	„Also gut, probieren wir's. Wer mag?"

An dieser Stelle wartet der Trainer, ob sich spontan ein Teilnehmer meldet. Wenn dies nicht der Fall ist, wendet er sich wieder an den Protagonisten:

Trainer:	„Suchen Sie sich ruhig jemand aus für den Stuhl ‚Konflikt ansprechen'."
Protagonist:	„Also gut, Frau Prokamp, würden Sie das übernehmen?"
Fr. Prokamp:	„Äh. Was soll ich denn genau machen?"
Trainer:	„Zunächst einmal nach vorne kommen und sich auf diesen Stuhl hier setzen."
Fr. Prokamp (lacht):	„Na gut, das krieg ich hin."

Trainer:	„Dann wählen Sie bitte jemand für den Stuhl ‚Konflikt nicht ansprechen'."
Protagonist:	„Herr Will, würden Sie das machen?"
Hr. Will:	„Grundsätzlich schon. Aber ich würde auch gerne wissen, was da auf mich zukommt."
Trainer:	„Das erkläre ich Ihnen sofort. Kommen Sie bitte zunächst auch nach vorne und nehmen Sie Platz."

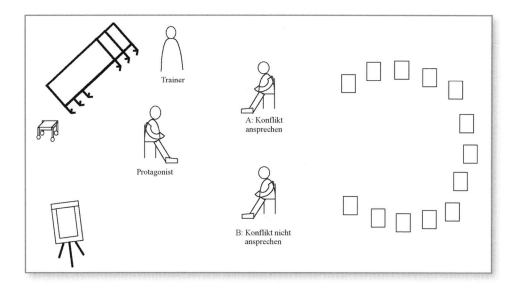

Abb.: Zwei Seminarteilnehmer übernehmen die Rollen der beiden inneren Anteile des Protagonisten.

IV. Dialog

Dialog

Der Trainer instruiert den Protagonisten und die Rollenspieler für den anschließenden Dialog. Rollenspieler (Rsp.) A spielt den Anteil des Protagonisten, welcher den Konflikt ansprechen möchte. Rollenspieler B spielt den Anteil des Protagonisten, welcher den Konflikt nicht ansprechen möchte.

Trainer:	*„Herr Schulz, Ihr Ziel ist es, zu klären, ob Sie den Konflikt mit Ihrem Chef ansprechen und – falls Sie dies tun – wie Sie dies angehen würden. Dazu tun wir jetzt so, als könnten Sie mit beiden ‚Seelen in Ihrer Brust' diskutieren. Die Aufgabe für Sie beide als Rollenspieler ist es, sich in den jeweiligen Anteil hineinzuversetzen und aus dieser Perspektive zu diskutieren, aber auch nach Lösungsmöglichkeiten zu suchen. Sie sind also gewissermaßen Dienstleister für Herrn Schulz und helfen ihm bei der Klärung."*
Rsp. A:	*„Das heißt, ich soll mir Argumente ausdenken, warum er den Konflikt ansprechen soll?"*
Trainer:	*„Es reicht, wenn Sie das, was Herr Schulz auf diesem Stuhl gesagt hat, mit eigenen Worten wiedergeben und versuchen, aus dieser Perspektive zu argumentieren."*
Rsp. A:	*„O.K."*

I. Seminarfahrplan: Konflikte konstruktiv lösen

Trainer: „Herr Schulz, wenn Sie das Gefühl haben, dass die Aussage eines Rollenspielers für Sie nicht passt, sagen Sie einfach ‚STOP' und Sie können die Aussage entsprechend korrigieren."

Protagonist: „Gut. Und was mache ich ansonsten?"

Trainer: „Ihre Aufgabe ist es, mit beiden zu diskutieren und eine Lösung zu finden. Ich unterstütze Sie bei dem Gespräch."

Protagonist: „O.K."

Trainer: „Hören wir uns erst mal die Aussagen an. Frau Prokamp, würden Sie mal loslegen."

Rsp. A: „Du musst auf jeden Fall mit Deinem Chef sprechen und ihm ganz klar die Meinung sagen, sonst wird sich die Zusammenarbeit nie mehr verbessern. Das ist Deine einzige Chance."

Rsp. B: „Unsinn, das ist doch alles viel zu lange her. Das macht doch alles keinen Sinn mehr. Du würdest nur unnötig Staub aufwirbeln."

Rsp. A: „Das wäre ja gerade gut, mal Staub aufzuwirbeln, denn darunter hat sich jede Menge Ärger aufgebaut ..."

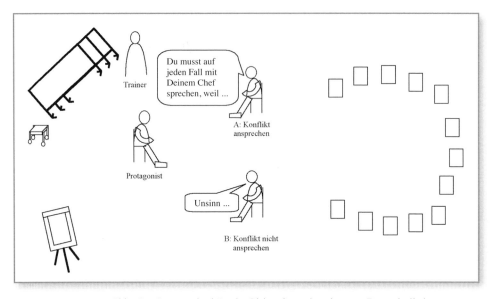

Abb.: Der Protagonist hört der Diskussion seiner inneren Teammitglieder zu.

Der Trainer kann nun die beiden Rollenspieler etwas diskutieren lassen und achtet dabei sorgsam auf die Reaktionen des Protagonisten. Es geht darum, ihn durch Fragen und durch die Unterstützung bei der

Moderation des Gesprächs dabei zu helfen, eine Lösung zu finden. Dazu kann es ab und an hilfreich sein, die Rollenspieler zu stoppen und auf die „Meta-Ebene" zu wechseln, wenn der Protagonist durch die Diskussion emotional bewegt ist. Dann kann der Trainer helfen, die – oft zunächst unbewussten – Gefühle und Bedürfnisse zu klären. Dazu kann er die Methode des aktiven Zuhörens einsetzen und jene Emotionen verbalisieren, die zwischen den Zeilen mitschwingen.

Trainer: *„Vielen Dank an die beiden Rollenspieler. Wir drücken kurz auf die ‚Pause-Taste'. Herr Schulz, was geht Ihnen gerade durch den Kopf?"*

Protagonist: *„Sie haben beide Recht, das ist ja das Schlimme."*

Trainer: *„Dann sagen Sie mal beiden, wobei Sie genau Recht haben."*

Protagonist: *„Es stimmt, dass es idiotisch ist, das Thema jetzt noch anzusprechen."*

Trainer: *„Es ist Ihnen richtig peinlich, das nicht früher auf den Tisch gebracht zu haben."*

Protagonist: *„Klar. Hätte ich ja auch mal früher machen können. Andererseits ist es auch furchtbar, das Ganze ewig mit mir rumzuschleppen."*

Trainer: *„Es wäre gut, sich endlich von dieser Last befreien zu können."*

Protagonist: *„Ja, es hilft ja alles nichts. Ich glaube, ich muss es einfach loswerden."*

Trainer: *„Sagen Sie das mal zu den beiden und erklären es dem rechten Anteil, warum es sein muss."*

Protagonist: *„Ich muss das einfach loswerden, weil ich langsam schon Magengeschwüre davon kriege, mit diesem ungelösten Konflikt zur Arbeit zu gehen."*

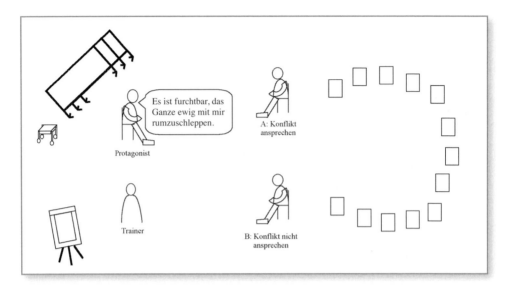

Abb.: Der Protagonist setzt sich mit beiden inneren Anteilen auseinander. Der Trainer unterstützt ggf. durch aktives Zuhören oder Doppeln.

Um eine Klärung zu erreichen, kann der Trainer auch die Methode des Doppelns einsetzen. Wie beim aktiven Zuhören geht es hierbei ebenfalls darum, die Bedürfnisse und Gefühle zu verbalisieren, welche er bei dem Protagonisten spürt. Allerdings spricht er hier in der Ich-Form, so dass er temporär die Rolle eines „Doppelgängers" einnimmt, um den Protagonisten bei seiner Klärung zu unterstützen.

Trainer (doppelt): *„Ich muss den Konflikt ansprechen, um gesund zu bleiben."*
Protagonist: *„Ja, das klingt vielleicht etwas dramatisch. Aber letztlich geht es darum."*
Trainer: *„Das heißt, Sie sind sich sicher, dass Sie den Konflikt ansprechen wollen?"*
Protagonist: *„Ja, allerdings bin ich nicht sicher, wie ich das machen möchte."*
Trainer: *„Dann fragen wir doch mal die beiden."*
Rsp. A: *„Sag es ihm einfach geradeheraus, dass das unmöglich war, wie er sich verhalten hat."*
Rsp. B: *„Lass es lieber bleiben."*

Wenn ein Rollenspieler seine Rolle als innerer Anteil des Protagonisten nicht in Übereinstimmung mit dessen Anweisungen interpretiert, muss der Trainer intervenieren.

Trainer:	„Augenblick, Herr Schulz hat entschieden, dass er den Konflikt ansprechen möchte, die Frage ist nur, wie?"
Rsp. B:	„Keine Ahnung."
Trainer:	„Herr Schulz, können Sie vielleicht Herrn Will ‚briefen', indem Sie sich kurz hinter ihn stellen und ihm sagen, unter welchen Bedingungen es O.K. wäre, den Konflikt anzusprechen."
Protagonist (als B):	„Das wäre dann O.K., wenn Du ihn nicht angreifst und alles schön konstruktiv ansprichst – so wie wir es im Seminar gelernt haben! Und ihm sagst, dass Du auch einen Fehler gemacht hast, es nicht früher anzusprechen."

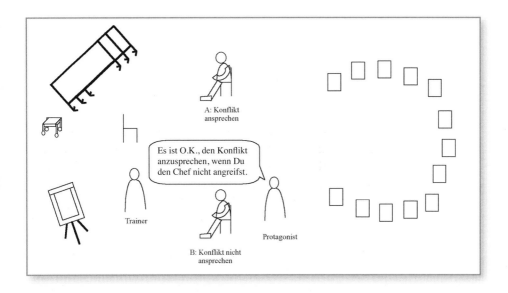

Abb.: Der Protagonist „brieft" den Rollenspieler, wenn dieser nicht mehr weiterweiß.

Wenn der Protagonist wieder Platz genommen hat, lässt der Trainer den Rollenspieler die Botschaft wiederholen.

Rsp. B:	„Das wäre dann O.K., wenn Du ihn nicht angreifst und alles schön konstruktiv ansprichst – so wie wir es im Seminar gelernt haben! Und ihm sagst, dass Du auch einen Fehler gemacht hast, es nicht früher anzusprechen."
Protagonist:	„Ja, das klingt ganz vernünftig."

Anschließend fragt der Trainer den Protagonisten:

Trainer: *„Was ist noch offen für Sie?"*
Protagonist: *„Wann und wie ich das Gespräch führe."*
Trainer: *„Wozu tendieren Sie?"*
Protagonist: *„Wahrscheinlich ist es am besten, das persönlich zu machen. Andererseits könnte ich mir in Ruhe Gedanken machen, wenn ich eine Mail schreibe."*
Trainer: *„Was meinen Ihre beiden Anteile dazu?"*
Rsp. A: *„Am besten Du rufst ihn an, dann bist Du es los."*
Protagonist: *„Nein, das kommt gar nicht in Frage, da kann ich weder in Ruhe überlegen, noch kann ich seine Reaktion sehen."*
Rsp. B: *„Du kannst Dir ja alles in Ruhe aufschreiben, dann hast Du es gut strukturiert vor Dir. Aber es ist am besten, ihn persönlich zu sprechen. In einer Mail kann es leicht schräg ankommen."*
Protagonist: *„Ja, das macht Sinn."*
Trainer: *„Und wann wollen Sie Ihren Chef ansprechen?"*
Protagonist: *„Ich glaube, ich schreibe mir alles heute Abend noch auf. Und dann spreche ich ihn gleich an, wenn ich aus dem Urlaub zurück komme."*
Trainer: *„O.K. Ist noch etwas offen für Sie?"*
Protagonist: *„Nein."*
Trainer: *„Gut. Dann bedanke ich mich ganz herzlich bei Ihnen beiden, Frau Prokamp und Herr Will, dass Sie die beiden Rollen übernommen haben. Aus den Rollen sind Sie hiermit wieder entlassen, Sie können gerne wieder Platz nehmen und wir setzen uns im Kreis zu einer Auswertungsrunde zusammen."*

4. Auswertung   In der Auswertung der Fallarbeit geht es darum, das zuvor in der methodischen Bearbeitung Erlebte zu reflektieren, kognitiv zu verarbeiten und zu integrieren. Rückmeldungen, Anregungen und ähnliche Erfahrungen anderer Gruppenteilnehmer haben hier ihren Platz. Dadurch wird die Gruppe nach der methodischen Bearbeitung, die oft eher auf den Protagonisten zugeschnitten ist, wieder miteinbezogen. Zugleich wird der Protagonist wieder in die Gruppe integriert.

In der klassischen psychodramatischen Auswertung werden die Reflexionsschritte Feedback der Rollenspieler, Sharing im Sinne des Mitteilens ähnlicher Erfahrungen der Gruppenmitglieder und des Beobachter-

Feedbacks zur Rückmeldung von Beobachtungen unterschieden. Im Rahmen eines Trainings können diese Auswertungsschritte teilweise zusammengefasst werden.

„Wir kommen jetzt zur Auswertung. Ziel ist es, dass alle in der Gruppe ihre Beobachtungen und Wahrnehmungen zurückmelden können und Herr Schulz eventuell noch die eine oder andere Anregung erhält. Zunächst zu Ihnen beiden, Frau Prokamp und Herr Will, haben Sie aus dem Rollenspiel heraus Beobachtungen, die Ihnen aufgefallen sind, die Sie gerne zurückmelden möchten?"

Nach dem „Rollenfeedback" können sich „Sharing" und „allgemeines Feedback" anschließen:
„Kommen wir zum Feedback der Gruppe. Was ist Ihnen aufgefallen? Was konnten Sie gut nachvollziehen – vielleicht aus eigener Erfahrung? Welche Gedanken, Gefühle oder ähnliche Erlebnisse können Sie mit Herrn Schulz teilen? Was ist Ihnen ansonsten aufgefallen?"

Unerwünscht sind auch hier wieder Bewertungen des Verhaltens des Protagonisten oder Ratschläge, was er machen sollte. Der Leiter achtet darauf, dass lediglich konstruktives Feedback gegeben wird und interveniert, wenn negative Bewertungen getroffen und Ratschläge erteilt werden.

In diesem Fall fügt der Trainer im Anschluss an die Fallarbeit einen passenden Input zum Umgang mit Emotionen und zum Modell des „Inneren Teams" an.

5. Ergebnissicherung

Hinweise
▶ Es passiert des Öfteren, dass die Rollenspieler nach einer Weile Gefallen an ihrer Darstellung finden und ihre Rollen so intensiv ausagieren, dass sich eine Eigendynamik entwickelt, die nicht mehr dem Ziel der inneren Klärung des Protagonisten dient. Insbesondere, wenn die Rollenspieler sich nicht mehr an ihre Vorgaben halten oder den Protagonisten kaum zu Wort kommen lassen, muss der Leiter intervenieren, dass sie lediglich innere Anteile des Protagonisten repräsentieren und sich an seine Anweisungen zu halten haben. Hier kann ein Rollentausch, bei dem der Protagonist kurz in die Rolle des inneren Anteils schlüpft, hilfreich sein, um die Rollenspieler wieder „einzufangen".

Link-Tipp:
www.tsbt.de

▶ Seminare zu Methoden der Praxisberatung bietet der Autor am Moreno-Institut Stuttgart an.

Varianten

▶ Beim hier beschriebenen Vorgehen lässt der Trainer die inneren Anteile des Protagonisten von Rollenspielern verkörpern. Dies entspricht der Vorgehensweise des Psychodramas, bei der sämtliche Rollen – seien dies Personen oder innere Anteile – stets mit Personen aus der Gruppe besetzt werden. Alternativ kann er auch den Protagonisten anleiten, jeweils die verschiedenen inneren Anteile selbst einzunehmen, wie es eher der gestalttherapeutischen Herangehensweise entspricht. Dies hat im Rahmen eines Seminars allerdings den Nachteil, dass die anderen Teilnehmer dann über längere Zeit hin passiv bleiben und sich erst in der Auswertung wieder einbringen können.

▶ Um die inneren Anteile des Protagonisten zu explorieren, kann es hilfreich sein, ihnen einen Namen zu geben. Dabei kann der Leiter den Protagonisten zum Beispiel fragen: *„Wenn die eine Seele in Ihrer Brust – die sagt: ‚Sprich den Konflikt an' – einen Namen hätte, wie würde sie dann heißen?"* Dieses Vorgehen kann hilfreich sein, um die unterschiedlichen inneren Anteile und die Bedürfnisse, die sich repräsentieren, besser zu verstehen. Allerdings ist die Gefahr groß, dass dies die Teilnehmer befremdet – wo das Arbeiten an inneren Anteilen für die meisten Menschen ja ohnehin gewöhnungsbedürftig ist.

Literatur

▶ Benien, Karl: Beratung in Aktion. Erlebnisaktivierende Methoden im Kommunikationstraining. Windmühle, 2005, 2. Aufl.
▶ Moreno, Jacob: Gruppenpsychotherapie und Psychodrama. Thieme, 2007, 6. Aufl.
▶ Perls, Frederick: Grundlagen der Gestalt-Therapie. Klett-Cotta, 2002, 11. Aufl.

11.55 Uhr   Kurze Pause

Der dritte Seminartag

Umgang mit Emotionen – Input 12.00 Uhr

> **Orientierung**

Ziele:
- Die Teilnehmer kennen zentrale Kriterien emotionaler Intelligenz

Zeit:
- 15 Minuten (10 Min., 5 Min. Puffer)

Material:
- Flipchart „Das menschliche Gehirn", Pinnwand „Umgang mit Emotionen"

Überblick:
- Der Trainer erläutert die wichtigsten Faktoren der emotionalen Intelligenz:
  - Selbstwahrnehmung
  - Kontrolle und Steuerung von Emotionen
  - Verbalisierung von Emotionen
  - Empathie
  - Umgang mit den Emotionen anderer
- Der Trainer bezieht die Faktoren auf verschiedene Übungen, die im Seminar gemacht wurden
- Beim Punkt „Kontrolle und Steuerung von Emotionen" lässt er die Gruppe Ideen sammeln, wie mit negativen Emotionen wie Wut konstruktiv umgegangen werden kann

Erläuterungen

Der konstruktive Umgang mit Emotionen ist ein Thema, das viele Menschen interessiert und berührt. Zum einen stellt sich die Frage, wie mit den Emotionen anderer umgegangen werden kann. Dies wurde am vorangegangenen Seminartag bereits thematisiert. Zum anderen ist die Frage, wie man die eigenen Gefühle besser „in den Griff" kriegen oder aus dem Arbeitsalltag „heraushalten" kann. Der folgende Input zum Umgang mit Gefühlen basiert auf zahlreichen Studien zur emotionalen Intelligenz und gibt den Teilnehmern eine möglicherweise unbefriedigende Antwort: Die Gefühle lassen sich nicht immer „in den Griff kriegen", sie lassen sich oft nicht „heraushalten" oder gar ausschalten. Stattdessen geht es darum, Gefühle wahrzunehmen und mit ihnen umgehen zu lernen, sie zu steuern, statt von ihnen gesteuert zu werden.

I. Seminarfahrplan: Konflikte konstruktiv lösen

Vorgehen

„Im Umgang mit Emotionen lassen sich zwei Extreme beobachten. Das eine Extrem, das in Unternehmen häufig vorkommt, ist, Emotionen möglichst ‚außen vor' halten zu wollen, sie beiseite zu schieben oder zu ignorieren. Das ist verständlich, geht es doch im betrieblichen Alltag darum, bestimmte Sachziele zu erreichen. Da scheinen Gefühle nur zu stören und müssen offenbar ausgeschaltet und unterdrückt werden. Allerdings ist das nicht immer möglich, denn wie wir gesehen haben, sind Gefühle per definitionem Bestandteil von Konflikten und Konflikte wiederum sind in Organisationen unvermeidlich; sie sind zur Weiterentwicklung einer Organisation auch notwendig. Gefühle existieren also und sie zu unterdrücken führt stets dazu, dass sie sich verstärken. Sie können sich dann in Sarkasmus, Ironie, Demotivation, Krankheit und anderen verdeckten Konfliktsymptomen ausdrücken. Oder sie stauen sich auf und kommen irgendwann, an einer scheinbar nebensächlichen Stelle, einem Dammbruch gleich zum Ausbruch.

Damit sind wir beim anderen Extrem im Umgang mit Emotionen: dem blinden und rücksichtslosen Ausagieren. Dies kommt im betrieblichen Umfeld zwar deutlich seltener vor, lässt sich aber durchaus insbesondere bei Menschen in Machtpositionen im Umgang mit weniger machtvollen Personen beobachten, da sie hier keine Konsequenzen zu befürchten haben. Diese emotionalen Ausbrüche gehen meistens mit Vorwürfen, Du-Botschaften, generalisierten Anschuldigungen und Beleidigungen einher, weil die betreffende Person die Kontrolle über die eigenen Emotionen verliert. Statt die Emotionen zu kontrollieren, wird sie selbst zum Spielball der eigenen Gefühle. Natürlich führt das zu Verletzungen, Kränkungen und Aggressionen bei den anderen Personen und oft zu Gewissensbissen beim ‚Aggressor'.

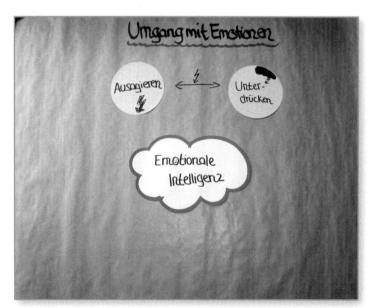

Abb.: Der Trainer zeigt das Plakat „Umgang mit Emotionen".

Von daher sind beide Extreme problematisch. Dazwischen liegt gewissermaßen das Ideal des positiven Umgangs mit Emotionen. Das Schlagwort hierzu lautet ‚Emotionale Intelligenz'."

Der Trainer weist auf das Plakat „Umgang mit Emotionen".
„Hierzu gibt es eine Fülle von Forschungsergebnissen. Sie zeigen, dass emotionale Intelligenz für ein erfolgreiches und zufriedenstellendes Leben bedeutsamer ist als rationale, kognitive Intelligenz. Wenn man also kognitive und emotionale Intelligenz misst und mit Erfolg und subjektiver Lebenszufriedenheit korreliert, so ist die Korrelation (der Zusammenhang) zur emotionalen Intelligenz deutlich höher als zur kognitiven Intelligenz.

Die Frage ist nun: Was bedeutet ‚emotionale Intelligenz' eigentlich? Um diese Frage zu beantworten, ist es hilfreich, sich zunächst zu vergegenwärtigen, was ‚Emotion' eigentlich bedeutet. Die Wurzel des Wortes ‚Emotion' ist ‚movere', lateinisch für ‚bewegen', wobei der Buchstabe ‚e' ‚hinweg', also ‚hinwegbewegen' bedeutet. Das heißt, dass jeder Emotion eine Tendenz zum Handeln innewohnt. Emotionen sind also Handlungsimpulse. So strömt bei Zorn Blut zu den Händen, was es erleichtert, zuzupacken oder zur Waffe zu greifen; der Puls nimmt zu und ein Ausstoß von Hormonen erzeugt einen Energieschub, der es ermöglicht, den Gegner anzugreifen. Bei Furcht dagegen fließt Blut zu den Skelettmuskeln und sorgt dafür, dass wir leichter fliehen können. Diese physiologischen Reaktionen haben sich im Laufe der Evolution entwickelt, um uns in Gefahr schnell handlungsfähig zu machen und haben daher unser Überleben gesichert. Auch wenn wir heute vergleichsweise selten existenziell bedrohliche Situationen erleben, sind Emotionen als handlungsleitende Impulse ungemein hilfreich. Das wird deutlich, wenn wir die Struktur unseres Gehirns betrachten."

Der Trainer zeigt auf dem Flipchart die – stark vereinfachte – Anatomie des menschlichen Gehirns, bei der insbesondere das Limbische System abgebildet ist.

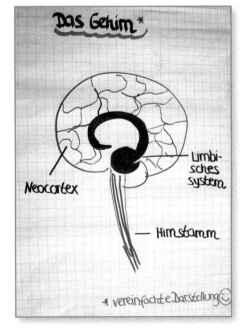

Abb.: Das Flipchart „Das Gehirn".

„Das menschliche Gehirn hat sich im Laufe von Millionen Jahren der Evolution entwickelt. Es ist von seiner Basis, dem Hirnstamm aus gewachsen. Der Hirnstamm ist für grundlegende physiologische Vorgänge wie Atmung, Blutdruck usw. zuständig. Für Emotionen ist das so genannte ‚Limbische System' verantwortlich. Diesen Teil des Gehirns benannte man nach ‚Limbus', lateinisch ‚der Ring', weil er aussieht wie ein Ring, der den Hirnstamm umfasst. Das Limbische System ist über zahllose Nervenbahnen mit dem Neocortex, dem entwicklungsgeschichtlich jüngsten Teil unseres Gehirns, der für unser rationales Denken verantwortlich ist, verknüpft. Diese enge neuronale Verflechtung verleiht unseren emotionalen Zentren einen starken Einfluss auf unser gesamtes Denken und Handeln.

Das spüren wir insbesondere, wenn wir von starken Gefühlen ‚übermannt' werden und erleben es – gerade im Berufsleben, wo es um die Erreichung von rationalen Sachzielen geht – oft als unpassend und störend. Deshalb ist der Wunsch, Emotionen außen vor zu lassen und rein auf der Sachebene zu bleiben, so weit verbreitet. Emotionen stören und man würde sie am liebsten eliminieren. Wenn wir uns jedoch die Struktur unseres Gehirns ansehen, verstehen wir, warum dies nicht möglich ist. Durch unzählige Nervenbahnen sind emotionale Impulse und rationales Denken miteinander verbunden.

Emotionen haben deshalb – ob wir wollen oder nicht – einen starken Einfluss auf unser Denken und Handeln. Die Frage ist eher, ob diese uns bewusst sind oder nicht. Zahlreiche Untersuchungen zeigen, dass uns unsere Emotionen oft nicht bewusst sind und dennoch starken Einfluss auf uns haben. Zeigt man zum Beispiel Probanden, die Angst vor Schlangen haben, Bilder von Schlangen, so kann man alle physiologischen Angstreaktionen, wie etwa Schweißausbrüche, feststellen, obwohl sie überzeugt sind, keinerlei Angst zu empfinden. Schließlich wissen sie rational, dass keine Gefahr droht. Ihr Limbisches System sendet dennoch die entsprechenden Botenstoffe aus, die eine Angstreaktion auslösen, obwohl dies nicht bewusst ist. Ähnlich ist es, wenn jemand etwa am Morgen eine unangenehme Situation auf dem Weg zur Arbeit erlebt und dadurch ein entsprechendes physiologisches Erregungsniveau aufbaut und dann leicht gereizt auf alle möglichen Situationen reagiert. Es kann sein, dass er sich dessen überhaupt nicht bewusst ist, weil die physiologische Gereiztheit unterhalb der Wahrnehmungsschwelle ist. Erst wenn ihm diese Reaktion bewusst geworden ist, hat er die Möglichkeit, die Dinge einer neuen Bewertung zu unterziehen und die vom Morgen zurückgebliebenen Gefühle abzuschütteln.

Deshalb ist die Selbstwahrnehmung ein entscheidender Faktor der emotionalen Intelligenz. Es ist wichtig, Emotionen nicht zu unterdrücken, sondern sie bewusst wahrzunehmen. Dies zeigen auch Studien von Personen, denen bei Operationen Teile des Limbischen Systems entfernt worden waren. Sie waren intellektuell nicht eingeschränkt, dennoch waren sie völlig verändert, ihre Beziehungen gingen meist in die Brüche und beruflich bekamen sie kein Bein mehr auf den Boden. Aufgrund ihres Mangels an Selbstwahrnehmung wurden sie völlig leidenschaftslos und praktisch entscheidungsunfähig, da ihnen alles einerlei war. Dies zeigt: Unsere Emotionen sind ein wichtiger Wegweiser bei Entscheidungen. Denn unser Limbisches System speichert unsere Erfahrungen ab, bildet daraus Muster und reagiert auf dieser Basis blitzschnell auf neue Situationen und gibt uns Handlungsimpulse, wie wir uns verhalten sollen. Wenn wir also beispielsweise eine neue Person als wenig vertrauenswürdig einstufen, so geschieht dies auf der Basis zahlreicher ähnlicher Erfahrungen, die wir gemacht haben, auch wenn wir uns dieser nicht bewusst sind. Zwar kann uns unsere Erfahrung auch täuschen, aber Untersuchungen zeigen, dass Entscheidungen, die wir treffen, wenn wir auf unsere emotionalen Impulse hören, insgesamt deutlich besser sind, als solche, bei denen wir unsere Gefühle ignorieren."

Selbstwahrnehmung

Der Trainer pinnt die entsprechenden Moderationskarten an, während er die Aspekte erläutert.

Abb.: Das Plakat „Umgang mit Emotionen" – Selbstwahrnehmung als Aspekt der emotionalen Intelligenz.

„Gleichzeitig ist es wichtig, Emotionen nicht nur wahrzunehmen, sondern diese auch steuern zu können, anstatt ihnen ausgeliefert zu. Dies zeigt zum Beispiel eine klassische amerikanische Studie, in der man vierjährigen Kindern die Wahl gelassen hat, ein Marshmallow zu essen oder zwei zu erhalten, wenn Sie 15 Minuten warten und

Kontrolle und Steuerung von Emotionen

darauf verzichten, das Marshmallow, das vor ihnen auf dem Tisch lag, zu essen. Etwa die Hälfte der Kinder erlag nach kurzer Zeit der Versuchung, das eine Marshmallow zu essen. Die andere Hälfte schaffte es, 15 Minuten lang zu warten, etwa indem sie sich ablenkten, um dann zwei zu erhalten. Interessant ist nun, dass sich diese beiden Gruppen von Kindern stark unterschiedlich entwickelten. Die Kinder, die schon früh die Fähigkeit hatten, die eigenen Impulse zu kontrollieren und die Bedürfnisbefriedigung aufzuschieben, waren nach 12 bis 14 Jahren sehr viel selbstbewusster, sozial kompetenter und erfolgreicher als die andere Gruppe. Die Studie zeigte, dass die Fähigkeit, einen Impuls aufzuschieben die Wurzel verschiedener Leistungen im späteren Leben ist, vom Durchhalten einer Diät bis zum Schreiben einer wissenschaftlichen Arbeit. Eine Reihe von Untersuchungen hat ergeben, dass diese Fähigkeit zur Kontrolle und Steuerung von Emotionen und Impulsen zwar eine weitgehend stabile Persönlichkeitseigenschaft ist, aber im Laufe des Lebens gelernt und trainiert werden kann.

Wut

Ein Gefühl, das besonders schwer zu steuern ist, ist Wut. Stellen Sie sich vor, Sie fahren auf einer Autobahn und ein anderes Auto schneidet Sie, so dass es für Sie äußerst brenzlig wird. Reflexartig wird auf den Schreck die Wut und der Zorn einsetzen. Sie werden fluchen und sich Gedanken der Rache hingeben, möglicherweise spielen Sie im Kopf immer wieder die Situation durch und regen sich immer stärker über diesen Idioten auf, der ihr Leben aufs Spiel gesetzt hat. Wie dieses Beispiel zeigt, wird Wut in aller Regel durch das Gefühl ausgelöst, gefährdet zu sein – sei es durch eine reale physische Bedrohung oder durch eine symbolische, wie es im Berufsleben in der Regel der Fall ist. Es führt zu einer Aktivierung des Limbischen Systems im Gehirn und zu einer starken Aktivierung des Nervensystems durch die Ausschüttung von Adrenalin. Aufgrund dieser starken physiologischen Aktivierung können anschließend bereits leichte Auslöser dafür sorgen, dass man heftig auch auf geringfügige Ärgernisse reagiert.

Die Frage ist deshalb: Was kann man tun, um Wut und Zorn in den Griff zu bekommen. Was würden Sie sagen? Was ist aus Ihrer Erfahrung hilfreich?"

Der Trainer versucht, durch offene Fragen, einen Dialog herzustellen, um die Teilnehmer zu aktivieren und mit einzubeziehen. Er moderiert die Diskussion und ergänzt:
„Es ist nie nur das Ereignis selbst, das unsere Gefühle auslöst, sondern unsere Wahrnehmung und Bewertung der Ergebnisse. Wenn sich die

Bewertung verändert, ändern sich auch die Gefühle. Je früher es gelingt, die eigenen Bewertungen infrage zu stellen und zu verändern, desto effizienter ist es, da sich ansonsten die negativen Gedanken und damit das physiologische Erregungsniveau hochschaukeln. Wenn – um zu unserem Beispiel zurückzukehren – die Autofahrer, die geschnitten wurden, annahmen, der andere Fahrer habe nicht absichtlich gehandelt, sondern einen unabsichtlichen Fahrfehler begangen, waren sie deutlich weniger wütend, als wenn sie sich sicher waren, dass eine Absicht vorlag. Auf den beruflichen Bereich übertragen heißt das: Indem es gelingt, die eigenen Annahmen zu hinterfragen, sich in den anderen hineinzuversetzen und Verständnis zu entwickeln – und natürlich: ins Gespräch zu gehen – gelingt es, die eigenen negativen Emotionen zu reduzieren. Außerdem kann es hilfreich sein, Distanz zu dem auslösenden Ereignis herzustellen und die Umgebung zu wechseln. Auch ein physiologisches Abreagieren in Form von Sport oder Ähnlichem kann hilfreich sein ebenso wie ein längerer Spaziergang oder die Möglichkeit, eine Nacht ‚drüber zu schlafen'. Nach all diesen Aktivitäten geht es darum, die Kette der negativen Gedanken zu unterbrechen. Danach fällt es meist leichter, zu sortieren, welche Wahrnehmungen genau gemacht wurden, welche Wirkungen und Gefühle ausgelöst wurden. Wenn man Distanz zu den eigenen Gefühlen gefunden hat, fällt es leichter, sie zu ordnen und zu verbalisieren."

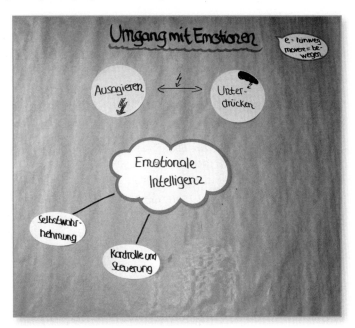

Abb.: Das Plakat „Umgang mit Emotionen" – Kontrolle und Steuerung von Emotionen als Aspekt der emotionalen Intelligenz.

„Damit sind wir beim dritten Faktor der emotionalen Intelligenz: Die Fähigkeit, Emotionen verbalisieren zu können. Denn erst wenn Emotionen in Worte gefasst werden, sind sie für andere nachvollziehbar und ermöglichen es, dass auf sie eingegangen wird. Außerdem bin ich in dem Moment, in dem ich meine Gefühle benennen kann, ihnen nicht

Emotionen verbalisieren

mehr ausgeliefert. Ich schaffe Distanz zu ihnen, indem ich sie in Worte fasse.

Deshalb haben wir gestern verschiedene Übungen zum Thema ‚Kritik äußern' gemacht. Sie erinnern sich an die Ich-Botschaften und die Formel ‚SAG ES!', die einen Leitfaden bietet, um Wahrnehmungen, Wirkungen und Gefühle ordnen und in Worte fassen zu können."

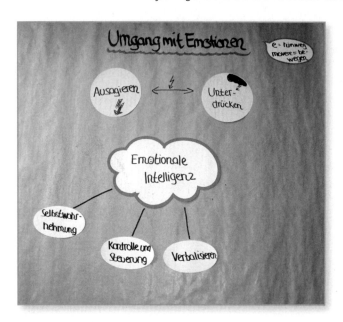

Abb.: Das Plakat „Umgang mit Emotionen" – Die Verbalisierung von Emotionen als Aspekt der emotionalen Intelligenz.

Empathie

„Um Konflikte zu lösen oder sie gar nicht erst aufkommen zu lassen, ist die Fähigkeit zur Empathie entscheidend. Empathie stammt aus dem Griechischen und bedeutet Einfühlungsvermögen, das heißt die Fähigkeit, die Gefühle und Bedürfnisse anderer Menschen wahrnehmen und verstehen zu können. Sie setzt eine gute Beobachtungsfähigkeit, insbesondere hinsichtlich der nonverbalen Signale, voraus, da sich in der Körpersprache Emotionen stärker und unverfälschter abbilden. Zur Schulung der Empathie haben wir gestern unter anderem die Übung gemacht, in der Sie in die Rolle eines Konfliktpartners geschlüpft sind. Wenn man dies tut, trainiert man jene Hirnareale, die für die Empathiefähigkeit verantwortlich sind, die so genannten Spiegelneurone. Diese Nervenzellen bilden praktisch die gleichen neuronalen Muster, die bei unseren Mitmenschen entstehen, wenn sie eine bestimme Verhaltensweise oder einen Gefühlsausdruck zeigen, auch in unserem Gehirn ab, wenn wir diese beobachten. Diese Neurone ermöglichen es uns zum einen, von der Beobachtung anderer zu lernen, aber auch, uns in sie einzufühlen."

Abb.: Das Plakat „Umgang mit Emotionen" – Empathie als Aspekt der emotionalen Intelligenz.

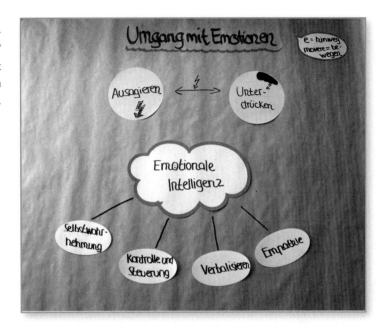

„Der fünfte Faktor der emotionalen Intelligenz ist die **Fähigkeit, mit den Emotionen anderer umgehen zu können**.

Das kann heißen, sie zu verbalisieren und dem anderen durch das Widerspiegeln seiner Gefühle zu zeigen, dass ich ihn emotional verstanden habe. Dies kann ein Schlüssel zur Lösung eines Konflikts sein, denn die meisten Menschen gehen in dem Moment auf den anderen zu, wenn sie sich von ihm auch emotional verstanden und akzeptiert fühlen. Hierzu hatten wir die Übung zum ‚Umgang mit Kritik' gemacht."

Abb.: Der Trainer hat alle fünf Aspekte emotionaler Intelligenz erläutert.

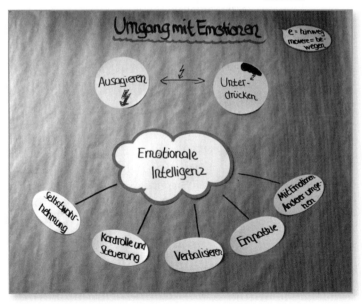

Literatur
- Goleman, Daniel: Emotionale Intelligenz. Deutscher Taschenbuch Verlag, 1997.
- Goleman, Daniel: Soziale Intelligenz. Wer auf andere zugehen kann, hat mehr vom Leben. Droemer/Knaur, 2008.

12.15 Uhr Emotionen benennen – Übung

> **Orientierung**
>
> **Ziele:**
> ▶ Die Teilnehmer überprüfen, wie groß ihr Wortschatz für Gefühle ist
> ▶ Sie erweitern ihr „emotionales Vokabular" und sind dadurch in der Lage, Gefühle differenzierter auszudrücken
>
> **Zeit:**
> ▶ Ca. 10 Minuten
>
> **Material:**
> ▶ Ein Block oder Moderationskarten sowie einen Kugelschreiber oder Bleistift für jeden Teilnehmer
>
> **Überblick:**
> ▶ Jeder hat 3 Min. Zeit, um möglichst viele Begriffe, die Gefühle bezeichnen, aufzuschreiben
> ▶ Jeder zählt für sich, wie viele Begriffe ihm eingefallen sind
> ▶ Es werden reihum alle Begriffe gesammelt und auf einem Plakat festgehalten

Erläuterungen

Ein Faktor der emotionalen Intelligenz ist es, Gefühle benennen zu können – sei es die eigenen Gefühle oder die von anderen. Um diese Fähigkeit zu erweitern, werden in der folgenden Übung, die ich bei Weisbach (2002) gefunden habe, alle Begriffe zusammengetragen, die Gefühle bezeichnen.

Vorgehen

„In Konflikten ist es hilfreich, Gefühle benennen zu können. Zum einen, um eigene Konflikte konstruktiv anzusprechen und eigene Emotionen auszudrücken. Zum anderen, um auf die Gefühle von anderen besser eingehen zu können. Deshalb machen wir eine kurze Übung, bei der es darum geht, alle Begriffe, die Gefühle bezeichnen, aufzuschreiben. Dazu möchte ich Sie bitten, sich einen Kugelschreiber oder Bleistift und einen Block oder ein paar Moderationskarten zu nehmen."

Wenn sich alle Teilnehmer mit Material versorgt haben, fährt der Trainer fort:
„Bitte schreiben Sie gleich alle Begriffe, die Gefühle bezeichnen, auf. Versuchen Sie, so viele Begriffe aufzuschreiben, wie Ihnen einfallen. Allerdings brauchen Sie von einem Gefühl nur eine Wortart aufzuschreiben. Wenn Sie bereits ein Adjektiv, wie zum Beispiel ‚traurig' aufgeschrieben haben, brauchen Sie das entsprechende Substantiv, also ‚Trauer' oder ‚Traurigkeit', nicht mehr notieren. Sie haben nun drei Minuten Zeit. Es geht los!"

Der Trainer achtet auf die Zeit und beendet die Übung nach drei Minuten:
„Fertig! Bitte zählen Sie nun zusammen, wie viele Begriffe Ihnen eingefallen sind."

Wenn alle Teilnehmer fertig gezählt haben, gibt der Trainer Hinweise zur Auswertung und leitet dann zum Sammeln der Begriffe über:
„Den meisten Menschen fallen bei dieser Übung 10-20 Begriffe ein. Wenn Ihnen weniger als zehn Begriffe einfallen, heißt das, dass Ihr Vokabular für Gefühle – noch – relativ begrenzt ist. Wenn Sie mehr als 20 Begriffe gefunden haben, liegen Sie im oberen Drittel und bei über 30 Begriffen haben Sie einen ausgesprochen differenzierten Wortschatz, was Emotionen betrifft.

Lassen Sie uns jetzt alle Begriffe zusammentragen. Wir machen das folgendermaßen: Jeder sagt einen Begriff. Die anderen schauen, ob sie den Begriff ebenfalls notiert haben und haken ihn bei sich ab oder ergänzen ihn, wenn sie mögen. Ich schreibe den Begriff auf Flipchart mit. Anschließend geben Sie an den Nachbarn weiter, so dass wir alle Begriffe sammeln. Wenn jemand keinen neuen Begriff mehr hat, gibt er einfach weiter."

Der Trainer notiert die Begriffe, die den Teilnehmern zur Bezeichnung von Gefühlen eingefallen sind, auf dem Flipchart.

Hinweise
▶ Oft nennen Teilnehmer Begriffe, die keine Gefühle im engeren Sinne bezeichnen, zum Beispiel „gefühlvoll", „positiv" oder „merkwürdig". Hier stellt sich die Frage, ob der Trainer einschreitet oder eher großzügig mit den Begriffen umgeht. Meines Erachtens sollte er bei den Wörtern, die definitiv keine Gefühle bezeichnen, dies klarstellen.

▶ In der Regel werden von der Gruppe gemeinsam so viele Begriffe zu Tage gefördert, dass am Ende alle beeindruckt sind, wie viele „Gefühls-Wörter" es gibt.

Literatur

▶ Weisbach, Christian-Rainer: Mehr Erfolg durch Emotionale Intelligenz. Gräfe & Unzer, 2002.

Der dritte Seminartag

Umgang mit inneren Konflikten: 12.25 Uhr
Das Innere Team – Übung

Orientierung

Ziele:
- Die Teilnehmer kennen und verstehen das Modell des Inneren Teams als eine Möglichkeit, innere Konflikte zu klären

Zeit:
- 15 Minuten

Material:
- Flipcharts „Das Modell des Inneren Teams" und „So nutzen Sie das Modell des Inneren Teams", Pinnwand „Das innere Team – ein Beispiel" sowie vorbereitete Moderationskarten und Pinn-Nadeln

Überblick:
- Der Trainer stellt das Modell des Inneren Teams vor
- Er erläutert, wie das Modell zur Klärung innerer Konflikte genutzt werden kann
- Dies macht er am fiktiven Beispiel von Herrn Jung deutlich

Erläuterungen

Das Modell des „Inneren Teams" von Schulz von Thun (2005) greift die Erkenntnis verschiedener Strömungen der Psychotherapie, wie etwa der Psychoanalyse, der Gestalttherapie oder des Psychodramas auf, dass die menschliche Persönlichkeit dynamisch ist und sich aus unterschiedlichen Persönlichkeitsanteilen zusammensetzt. Diese Grundthese der „inneren Pluralität" fasst er in einer prägnanten Metapher zusammen: Jeder Mensch besteht aus unterschiedlichen „inneren Teammitgliedern".

Jeder ist „Teamleiter" seines „Inneren Teams". Mit dieser bildlichen Vorstellung lässt sich die innere Widersprüchlichkeit gut begreifen und verstehen. Auch jenen Seminarteilnehmern, die ansonsten jeglichem „Psycho-Kram" skeptisch gegenüberstehen, wird es dadurch leichter gemacht, einen Zugang zu inneren Konflikten und widersprüchlichen Emotionen zu finden.

Vorgehen

„*Ein wichtiger Faktor der emotionalen Intelligenz ist es, die eigenen Gefühle handhaben und steuern zu können. Ich möchte Ihnen nun ein Modell vorstellen, das hierbei hilfreich ist. Es ist insbesondere geeignet, um innere Konflikte zu klären und widersprüchliche Emotionen zu verstehen und zu ordnen.*

Jeder von uns kennt ja Situationen, in denen unsere innere Reaktion nicht einheitlich und klar ist, sondern wir uns innerlich hin- und hergerissen fühlen. Diese Erfahrung bringt das berühmte Zitat aus Goethes ‚Faust' auf den Punkt: ‚Zwei Seelen wohnen, ach, in meiner Brust.' Dieses Phänomen hat der bekannte Kommunikationspsychologe Schulz von Thun in seinem Modell des ‚Inneren Teams' zusammengefasst."

Abb.: Der Trainer präsentiert das Flipchart „Das Modell des Inneren Teams".

„*Seine Grundthese ist, dass sich die verschiedenen Strebungen und Strömungen in jedem von uns als eine Gruppe innerer Teammitglieder begreifen lassen. Demzufolge hat jeder Mensch sein individuelles inneres Team mit mehreren inneren Mitgliedern, die je nach Situation und Kontext auf den Plan treten. Jedes innere Teammitglied repräsentiert einen Persönlichkeitsanteil und steht für ein Bedürfnis. Diese verschiedenen Teammitglieder können friedlich und konstruktiv zusammenarbeiten, sie können aber auch massive Konflikte miteinander haben.*

Man kann also sagen: Im Innenleben ist es wie im Arbeitsleben. Wenn ein Arbeitsteam konstruktiv zusammenarbeitet, fällt es deutlich leichter, erfolgreich zu sein und geschlossen nach außen, etwa zum Kunden hin, aufzutreten. Auf das Innere Team bezogen heißt das: Wenn ich mit mir ‚eins' bin, kann ich nach außen hin klar und überzeugend auftreten. Die Teammitglieder können sich aber auch widersprechen und miteinander im Clinch legen, was dazu führt, dass man – nach außen hin – unklar und widersprüchlich auftritt. Deshalb ist es wichtig, innere Konflikte zu lösen, indem die unterschiedlichen Anteile mit ihren Botschaften und Bedürfnissen verstanden und integriert werden, um eine Lösung zu finden, die vom gesamten Inneren Team mitgetragen wird.

Nehmen wir ein Beispiel: Herr Jung, eine Nachwuchsführungskraft, hat aktuell eine Stabsfunktion inne, mit der er recht zufrieden ist. Auf Dauer strebt er jedoch eine Führungsposition an und möchte sich beruflich weiterentwickeln. Diese Möglichkeit erhält er nun unverhofft, als sein Abteilungsleiter ihm freudestrahlend mitteilt, dass er im Rahmen der aktuellen Umstrukturierungsmaßnahmen die Möglichkeit erhält, eine neu entstehende Führungsaufgabe an einem anderen Standort zu übernehmen. Herr Jung reagiert auf diese überraschende Neuigkeit mit einem gequälten ‚Prima‘, während sein Gesicht etwas ganz anderes zu sagen scheint. Der Abteilungsleiter ist irritiert über diese Reaktion und meint dann, er solle es sich bis nächste Woche überlegen.

Herr Jung ist anschließend mit unterschiedlichen Gefühlen beschäftigt. Er freut sich einerseits über dieses Angebot. Er fühlt sich geehrt, dass man ihm diese verantwortungsvolle Aufgabe zutraut und sieht die Position als Herausforderung und als wichtige Stufe auf der angestrebten Karriereleiter an. Auf der anderen Seite spürt er jedoch auch ein deutliches Unbehagen. Er ist verheiratet und hat zwei kleine Kinder. Die Übernahme der neuen Stelle würde einen Umzug bedeuten. Außerdem hätte er in der neuen Funktion mit Sicherheit noch weniger Zeit für seine Kinder; sein Abteilungsleiter hat schon angedeutet, dass er in die neue Aufgabe deutlich mehr Arbeitszeit investieren müsste als bisher. Kurzum, Herr Jung ist hin- und hergerissen, innerlich verwirrt und weiß nicht recht, was er tun soll.

Die Frage ist nun: Wie könnte er das Modell des Inneren Teams nutzen, um seinen inneren Konflikt zu lösen?"

Der Trainer stellt auf einem zweiten Flipchart-Ständer das Plakat „So nutzen Sie das Modell des Inneren Teams" vor.

Abb.: Der Trainer erläutert, wie das Modell des Inneren Teams zur Klärung innerer Konflikte eingesetzt werden kann.

I. Seminarfahrplan: Konflikte konstruktiv lösen

Teammitglieder identifizieren ...

sie würdigen ...

und eine Lösung finden

„Es gibt drei Schritte, um das Modell zur Klärung innerer Konflikte zu nutzen. Im ersten Schritt geht es darum, die unterschiedlichen Teammitglieder zu identifizieren. Die Frage ist also, welche inneren Anteile, Bedürfnisse, Gefühle und Impulse sich zu Wort melden. Diese inneren Teammitglieder repräsentieren einen Handlungsimpuls, sie haben eine Botschaft, die es herauszufinden gilt. Der zweite Schritt ist es, die inneren Teammitglieder zu würdigen. Denn jeder innere Anteil hat eine Berechtigung und muss beachtet werden. Auch hier ist es wie im Arbeitsleben: wird jemand nicht beachtet, so wird er irgendwann frustriert und ärgerlich reagieren und uns zu schaffen machen. Stattdessen repräsentiert jedes innere Teammitglied ein Bedürfnis, das es zu beachten gilt. Der dritte Schritt ist es, eine Lösung zu finden, welche die unterschiedlichen Bedürfnisse berücksichtigt. Es geht darum, eine ‚integrierte Gesamtantwort' zu finden, die möglichst alle Aspekte berücksichtigt. Kommen wir zurück zu unserem Beispiel."

Der Trainer erläutert an der Pinnwand das Modell des Inneren Teams am Beispiel von Herrn Jung. Während er die unterschiedlichen inneren Teammitglieder erläutert, pinnt er Moderationskarten an, auf denen die Namen, Symbole und Botschaften stehen.

Der Ehrgeizige

„Herr Jung spürt angesichts der Frage, ob er die neue Stelle annehmen soll, zunächst eine Stimme, die sagt: ‚Hurra, ich hab es geschafft. Endlich geht es voran!' Diesem ehrgeizigen inneren Teammitglied gibt er den Namen ‚Der Ehrgeizige'.

Der Familienmensch

Gleichzeitig meldet sich eine zweite Stimme in ihm. Sie weist ihn darauf hin, dass er dann nur noch wenig Zeit für seine Familie haben wird und dass die Familie doch das wichtigste Gut ist, das er in seinem Leben hat. Dieses Teammitglied nennt Herr Jung ‚den Familienmenschen'. Die Kernbotschaft des ‚Familienmenschen' lautet: ‚Deine Familie braucht Dich – und Du brauchst Deine Familie.'

Der Hypochonder

Aus zwei weiteren Gründen ist Herr Jung unsicher, ob er die Stelle annehmen soll. Zum einen findet er, dass ihm bereits seine jetzige Position viel abverlangt und er oft unter Stresssymptomen wie Kopfschmerzen und Übelkeit leidet. Den inneren Anteil, der ihn darauf hinweist, nennt Herr Jung ‚den Hypochonder'. Seine Botschaft lautet: ‚Pass auf, sonst wirst Du noch krank vor Stress.'

Außerdem gibt Herr Jung zu, dass er ein wenig ängstlich ist, ob er dem Druck auf der neuen Position und den Anforderungen, die an ihn als Führungskraft gestellt werden, gewachsen ist. Dieses innere Teammitglied nennt Herr Jung ‚den Angsthasen'. Seine Botschaft lautet: ‚Das kannst Du eh nicht.'

Der Angsthase

Schließlich spürt Herr Jung noch einen weiteren Impuls: Sein Abteilungsleiter hat ihm dieses Angebot auch deshalb unterbreitet, weil Herr Jung deutlich zu verstehen gegeben hat, dass er endlich eine Führungsposition übernehmen möchte. Herr Jung befürchtet, dass der Abteilungsleiter eine Ablehnung als persönliche Zurückweisung empfinden könnte. Er befürchtet, dass der Abteilungsleiter ihn dann nicht mehr fördern würde und er ihm eine solche Chance so schnell nicht wieder geben würde. Dieses innere Teammitglied nennt Herr Jung den ‚vorsichtigen Strategen'. Seine Botschaft lautet: ‚Nimm es lieber an, sonst kriegst Du hier keine Chance mehr.'"

Der vorsichtige Stratege

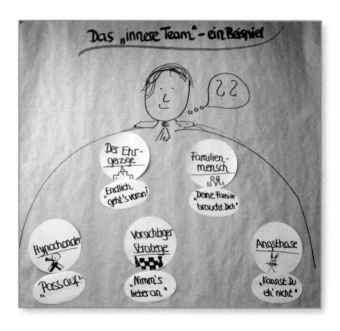

Abb.: Das Innere Team am Beispiel des Entscheidungskonflikts von Herrn Jung.

„Die Identifikation der inneren Teammitglieder ist ein wichtiger Schritt zur inneren Klärung. Herr Jung kommt dadurch aus dem Gefühl der diffusen inneren Lähmung heraus. Der innere Konflikt wird deutlicher und (be-)greifbarer. Der nächste Schritt ist es, alle inneren Teammitglieder zu würdigen. Da hat Herr Jung insbesondere bei dem ‚Angsthasen' und dem ‚Hypochonder' noch etwas zu tun. Bei beiden inneren Anteilen geht es darum, ihre Botschaften und die Gefahren, auf die sie hinweisen, zu beachten. Erst wenn alle inneren Anteile ernst genommen werden, kann er anschließend zu einer integrierten Lösung kommen, die von seiner ganzen Persönlichkeit mitgetragen wird. Die könnte etwa so aussehen, dass er die neue Stelle nur unter ganz klaren Bedingungen annimmt. Zum Beispiel könnte sich Herr Jung entschließen, zunächst mit seiner Frau zu sprechen und mit ihr *abzuklären, unter welchen Bedingungen sie dem Stellen- und Ortswechsel zustimmt. Nur wenn die Veränderung für seine Frau und die Kinder akzeptabel ist, wird er die neue Stelle antreten. Für ihn ist klar, dass ihm wichtig ist, dass die Familie mitkommt. Außerdem nimmt er sich vor, auf jeden Fall auf seine Gesundheit zu achten und regelmäßig Sport zu treiben. Zudem will er mit dem Abteilungsleiter aushandeln, welche Fortbildungen er für den Stellenwechsel benötigt. Und falls seine Antwort negativ ausfallen sollte, beschließt er, dem Abteilungsleiter anzubieten, ein neues Projekt zusätzlich zu übernehmen, um seine Karrierechancen zu wahren.*

Was an dem Beispiel deutlich wird: Erst wenn es gelingt, alle inneren Anteile zu identifizieren, ihre Botschaften zu verstehen, ernst zu nehmen und zu berücksichtigen, ist es möglich, den inneren Konflikt zu lösen und emotionale Klarheit zu erzielen. Und diese innere Klarheit ermöglicht es, auch nach außen hin klar und verbindlich aufzutreten."

Variante

▶ Der Trainer kann alternativ ein Beispiel für einen inneren Konflikt aus dem Teilnehmerkreis aufgreifen und daran das Modell des Inneren Teams entwickeln und erläutern. Dieses Vorgehen ist für die Gruppe natürlich weitaus spannender und lebendiger als das hier vorgestellte Beispiel „aus der Konserve". Andererseits erfordert es vom Trainer deutlich mehr Übung und Erfahrung in der Arbeit mit dem Inneren Team.

Literatur

▶ Schulz von Thun, Friedemann: Miteinander reden, Band 3. Das „Innere Team" und situationsgerechte Kommunikation. Rowohlt, 2005.
▶ Schulz von Thun, Friedemann: Praxisberatung in Gruppen. Beltz, 2006, 6. Aufl.
▶ Schmidt, Thomas: Fallarbeit „Inneres Team". In: ders: Kommunikationstrainings erfolgreich leiten. Der Seminarfahrplan. managerSeminare, 2008, S. 206-224.

Der dritte Seminartag

Inneres Team – Übung 12.40 Uhr

Orientierung

Ziele:
- Die Teilnehmer erhalten ein besseres Verständnis des Modells vom Inneren Team
- Sie reflektieren ihre inneren Anteile bezüglich einer Konfliktsituation

Zeit:
- 20 Minuten

Material:
- Ein Block und ein Stift für jede Zweiergruppe

Überblick:
- In einer Paarübung berichtet A von einer aktuellen Konfliktsituation
- B hört zu und versucht, die inneren Teammitglieder von A zu identifizieren
- Anschließend sagt B, welche inneren Teammitglieder von A er erkannt hat
- A gibt B eine Rückmeldung, anschl. Wechsel

Erläuterungen

Das Modell des „Inneren Teams" ist recht leicht nachvollziehbar. Umso schwerer ist es jedoch in der praktischen Umsetzung, die inneren Teammitglieder seines Gegenübers tatsächlich aus dessen Verhalten zu erkennen. Dies können die Teilnehmer mithilfe der Paararbeit üben und sich anschließend gegenseitig Feedback geben.

Vorgehen

„Nun möchte ich Ihnen Gelegenheit geben, das Modell des Inneren Teams auf eine eigene Situation anzuwenden. Als Situation können Sie entweder den Konflikt nehmen, den Sie am Anfang des Seminars eingebracht und auf Ihrem Flipchart dargestellt haben. Sie können aber auch eine andere Situation oder eine schwierige Arbeitsbeziehung auswählen.

Dann gehen Sie gleich zu zweit zusammen. A berichtet, wie er die jeweilige Konfliktsituation aktuell sieht und wie ihm diesbezüglich zumute ist. B hört zu und fragt nach. Gleichzeitig hat B die Aufgabe, die unterschiedlichen Gefühle und Bedürfnisse herauszuhören und als innere Teammitglieder zu bezeichnen. B schreibt die inneren Teammitglieder auf, gibt ihnen einen Namen und schreibt Ihre zentrale Botschaft auf.

Nach etwa fünf Minuten stoppen Sie die Übung und B sagt A, welche inneren Teammitglieder er herausgehört hat. A gibt ein kurzes Feedback, inwiefern er sich und sein Inneres Team richtig erkannt fühlt und ob eventuell noch Teammitglieder fehlen.

Anschließend wird gewechselt. Insgesamt stehen für die Übung 15 Minuten, also 7,5 Minuten pro Person, zur Verfügung. Ist die Aufgabenstellung klar?"

Nach der Paararbeit macht der Trainer im Plenum eine Runde: „Wie waren Ihre Erfahrungen?"

Hinweise

▶ Wenn Sie an einer vertieften Auseinandersetzung mit dem Modell des Inneren Teams interessiert sind, kann ich das IWL-Seminar von Schulz von Thun zum Thema „Theorie und Praxis zum Inneren Team" sehr empfehlen (*www.iwl-seminare.de*).

Literatur

▶ Schulz von Thun, Friedemann & Stegemann, Wibke (Hrsg.): Das Innere Team in Aktion. Praktische Arbeit mit dem Modell. Rowohlt, 2004, 3. Aufl.

13.00 Uhr   Mittagspause

Am letzten Tag sind die Teilnehmer meistens dankbar, wenn die Veranstaltung etwas früher als geplant endet. Deshalb ist es ratsam die Mittagspause, wenn es möglich ist, etwas zu verkürzen.

Der dritte Seminartag

Jagd – Warm-up 13.45 Uhr

Orientierung

Ziele:
- Auflockerung und Aktivierung der Gruppe nach der Mittagspause

Zeit:
- 15 Minuten (10 Min., 5 Min. Puffer)

Material:
- Genügend Platz im Raum; sämtliche Hindernisse müssen aus dem Weg geräumt werden

Überblick:
- Jeder Teilnehmer erhält drei Wäscheklammern und klemmt sie an der eigenen Kleidung fest
- Aufgabe ist es, möglichst viele Wäscheklammern von den anderen zu ergattern und sich anzuklemmen
- Nach 3 Minuten wird das Spiel gestoppt, das Ziel ist nun, alle Klammern loszuwerden und sie den anderen anzuhängen

Erläuterungen

Die „Jagd" – oder auch einfach das „Wäscheklammerspiel" genannt – ist ein klassisches Auflockerungsspiel, das nach der Mittagspause bestens geeignet ist, um die Seminarteilnehmer aus dem physiologischen Mittagstief zu helfen. Es ist kurz, bewegungsintensiv und macht in der Regel allen Beteiligten – wenn sie sich nicht zu „fein" für ein solches „Kinderspiel" sind – eine Menge Spaß.

Vorgehen

Als Erstes sorgt der Trainer dafür, freien Bewegungsraum zu schaffen: *„Bitte rücken Sie alle Stühle und Ihre persönlichen Unterlagen an den Rand des Seminarraums, so dass der Raum frei ist."*

Dann teilt der Trainer allen Teilnehmern drei Wäscheklammern aus und instruiert sie: *„Bitte klemmen Sie die Wäscheklammern irgendwo sichtbar an die eigene Kleidung. Ihre Aufgabe ist es, auf mein Kommando möglichst viele Wäscheklammern zu ergattern."*

Dann eröffnet der Trainer die „Jagd" und macht sich daran, Wäscheklammern zu erobern. Nach etwa drei Minuten unterbricht er und ändert die Instruktion:
„Wenn Sie viele Klammern ergattert haben: Glückwunsch! Wenn nicht: auch gut! Denn jetzt ist das Ziel, alle Klammern loszuwerden und sie den anderen anzuhängen!"

Und wieder legt der Trainer als Erster los. Nach weiteren drei Minuten ist die Übung beendet und alle kommen – meist etwas außer Atem – wieder in den Stuhlkreis zurück.

Hinweise
- Die Übung ist sehr bewegungsintensiv und erfordert deshalb einen Raum, der groß genug ist, um sich frei bewegen zu können. Außerdem sollte der Seminarleiter, bevor er die Übung instruiert, kontrollieren, ob wirklich alles, insbesondere Gläser und andere zerbrechliche Gegenstände, aus der Mitte des Raumes entfernt worden ist.
- Die Übung hat einen spielerischen Wettbewerbscharakter, dem allerdings durch die Umkehrung der Spielanleitung der „Wind aus den Segeln" genommen wird.

Literatur
- Dürrschmidt et al.: Methodensammlung für Trainerinnen und Trainer. managerseminare, 2009.
- Klein, Zamyat M.: Das tanzende Kamel, managerSeminare, 2008.
- Seifert, Josef/Göbel, Heinz-Peter: Games. Spiele für Moderatoren & Gruppenleiter. Gabal, 2004.

Der dritte Seminartag

Kollegiale Beratung in Kleingruppen – Praxisberatung

14.00 Uhr

Orientierung

Ziele:
- Die Teilnehmer entwickeln Lösungsmöglichkeiten für individuelle Anliegen und Fragen

Zeit:
- 60 Minuten (5 Min. Themenwahl, 45 Min. Praxisberatung inkl. Bericht aus den Kleingruppen, 10 Min. Puffer)

Material:
- Ablaufplan, auf dem die Moderationskarten mit den möglichen Praxisfällen angepinnt sind
- Flipchart „Kollegiale Beratung" bzw. „Problemlösungs-Schema", Flipcharts und Stifte für die Kleingruppen

Überblick:
Kollegiale Beratung:
- Die Teilnehmer teilen sich nach Themen in Kleingruppen auf
- Der Trainer stellt eine Struktur zur Kollegialen Beratung vor
- Beratung in Kleingruppen anhand der vorgestellten Struktur
- Die Protagonisten berichten im Plenum von den Anregungen, die sie erhalten haben

Erläuterungen

Häufig stehen zu diesem Zeitpunkt des Seminars noch einige Anliegen im Raum. Dann bleibt dem Trainer nicht genügend Zeit, um alle individuellen Fragen ausreichend im Plenum bearbeiten zu können. Deshalb bietet sich die Möglichkeit an, die Bearbeitung weiterer Anliegen an Kleingruppen zu delegieren. Zu diesem Zeitpunkt des Gruppenprozesses sind die Teilnehmer weitgehend in der Lage, ihre Fragestellungen autonom zu bearbeiten.

Vorgehen

Bei der kollegialen Beratung teilen sich die Teilnehmer je nach Interesse in Kleingruppen auf. Angenommen, es gibt zu diesem Zeitpunkt

I. Seminarfahrplan: Konflikte konstruktiv lösen

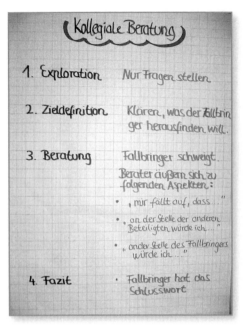

Abb.: Das Flipchart „Kollegiale Beratung" gibt den Teilnehmern ein Schema an die Hand, mit dessen Hilfe sie sich gegenseitig konstruktiv beraten können.

noch drei Anfragen für eine Fallarbeit, so legt der Trainer wieder Moderationskarten, auf denen die Themen stehen, auf den Boden und fordert die Teilnehmer auf: *„Bitte teilen Sie sich gleichmäßig zu den drei Themen auf."*

Anschließend stellt der Trainer ein Schema vor, mit dessen Hilfe die Kleingruppen ihre Beratungsgespräche strukturieren.

„Gehen Sie bei der Beratung folgendermaßen vor: Am Anfang ist es wie sonst auch in der Fallarbeit. Der Fallgeber berichtet zunächst, worum es geht, die Berater stellen nur Fragen, geben aber keine Ratschläge. Anschließend sagt der Fallgeber, was er herausfinden will, was sein Ziel für die Beratung ist. Dann hört er nur noch zu. Die Berater können dann erst einmal ihre Eindrücke austauschen und Vermutungen äußern. Dabei sprechen sie miteinander und tun so, als sei der Protagonist gar nicht im Raum – so wie Sie es vom ‚Reflecting Team' am ersten Seminartag kennen. Dann versetzen sie sich in die anderen an der Situation beteiligten Personen und versuchen, deren Gefühle und Interessen zu verstehen. Schließlich versetzen sie sich in den Protagonisten und versuchen, sich verschiedenartige Handlungsmöglichkeiten zu überlegen und diskutieren diese mit ihren Vor- und Nachteilen. Abschließend hat der Protagonist das letzte Wort."

Der Trainer macht eine Zeitvorgabe für die Kleingruppen, abhängig von der Anzahl der in den Kleingruppen bearbeiteten Fälle. Wird in jeder Kleingruppe nur ein Fall bearbeitet, gibt er 30 Minuten an. Werden in jeder Kleingruppe zwei Fälle bearbeitet, müssen 20 Minuten pro Fall genügen. Nachdem die Kleingruppen die Kollegiale Beratung beendet haben, folgt ein kurzer Bericht im Plenum:
„Ich möchte die Fallgeber kurz bitten, zu sagen, was sie aus der Beratung mitgenommen haben."

Literatur
▶ Tietze, Kim-Oliver/Schulz von Thun, Friedemann: Kollegiale Beratung: Problemlösungen gemeinsam entwickeln. Rowohlt, 2003.

Letzte Fragen klären   15.00 Uhr

> **Orientierung**

Ziele:
- Die Teilnehmer erhalten die Gelegenheit, letzte Fragen zu klären

Zeit:
- Ca. 15 Minuten – Die Zeit kann stark variieren

Material:
- Flipcharts der Teilnehmer mit ihren individuellen Lernzielen und Anliegen

Vorgehen

Der Trainer bezieht sich auf die Flipcharts der Teilnehmer mit ihren individuellen Lernzielen und Anliegen:
„Schauen Sie noch mal zurück auf Ihre Lernziele und Fragen vom Anfang des Seminars. Überlegen Sie mal, auf welche Fragen Sie Antworten gefunden haben und was noch offen ist. Welche offenen Punkte gibt es?"

Der Trainer wartet eine Weile, da es manchmal einen Moment dauert, bis die Fragen so klar sind, dass sie formuliert und vorgetragen werden können.

Hinweise
- Erfahrungsgemäß tauchen zu diesem Zeitpunkt nicht mehr allzu viele Fragen auf. Falls doch, verschiebt sich das Ende des Seminars nach hinten. Deshalb ist es günstig, etwa eine halbe Stunde Puffer nach hinten zu lassen.

Pause   15.15 Uhr

15.25 Uhr   McConflict – Transferübung

> **Orientierung**
>
> **Ziele:**
> ▶ Das im Seminar Gelernte wird reflektiert und zusammengefasst
>
> **Zeit:**
> ▶ 35 Minuten (5 Min. für die Instruktion, 15 Min. für die Kleingruppen-Arbeit, 10 Min. für die Präsentation, 5 Min. Puffer)
>
> **Material:**
> ▶ Zwei Flipcharts und zwei Moderationsstifte
>
> **Überblick:**
> ▶ Die Teilnehmer sind Berater der Unternehmensberatung McConflict
> ▶ Eine Halbgruppe erarbeitet die wichtigsten Erfolgsfaktoren konstruktiver Konfliktlösung, die andere Halbgruppe die Misserfolgsfaktoren
> ▶ Anschließend präsentieren beide Gruppen ihre Ergebnisse

Erläuterungen

Die Transferübung ermöglicht den Teilnehmern die erlernte Konfliktbearbeitung entlang der realen Situation des eigenen Unternehmens. Damit ist der Weg aus der künstlichen Seminarsituation hin zur eigenen Erlebniswelt beschritten.

Vorgehen

Der Trainer hat sich die beiden Flipchart-Bögen bereitgelegt, bevor er mit der Instruktion beginnt.
„Wir biegen jetzt in die Zielgerade des Seminars ein. Nun geht es darum, das Gelernte zu bündeln, um es im Alltag gut umsetzen zu können. Dazu möchte ich Sie bitten, sich Folgendes vorzustellen. Nehmen wir mal an, Sie seien Unternehmensberater. Ihre Beratungsfirma hat sich auf das Thema ‚Konfliktmanagement' spezialisiert und heißt ‚McConflict'. Aktuell beraten Sie das Unternehmen X9. Nun ist es Ihre Aufgabe, für dieses Unternehmen die wichtigsten Empfehlungen zur Bewältigung von Konflikten auszusprechen.

Sie teilen sich dazu in zwei Kleingruppen auf. Eine Gruppe sammelt die wichtigsten Punkte zu der Frage: ‚Was kann jeder Mitarbeiter konkret tun, um Konflikten vorzubeugen und um diese konstruktiv zu lösen?'

Die andere Gruppe schreibt die wichtigsten Aspekte auf, die vermieden werden sollten: ‚Was sollte jeder Mitarbeiter im Umgang mit Konflikten besser nicht tun?' Für beide Gruppen habe ich ein Flipchart vorbereitet. Sie haben für die Erstellung 15 Minuten Zeit. Bitte teilen Sie sich auf."

Der Trainer legt die beiden Flipcharts in einiger Entfernung zueinander auf den Boden und fordert die Teilnehmer auf:
„*Bitte entscheiden Sie sich, woran Sie arbeiten möchten. Stellen Sie sich zu dem jeweiligen Flipchart dazu. Verteilen Sie sich gleichmäßig."*

Abb.: Die Flipcharts zur Kleingruppenarbeit „McConflict".

Anschließend präsentieren die Kleingruppen ihre Ergebnisse im Plenum.

16.00 Uhr   Transfer und Abschlussrunde

> **Orientierung**
>
> **Ziele:**
> - Die Teilnehmer planen den Transfer in den Alltag
> - Sie geben ein Feedback zum Seminar
>
> **Zeit:**
> - 30 Minuten (25 Min., 5 Min. Puffer)
>
> **Material:**
> - Pinnwand „Ablaufplan", Plakate mit den Lernzielen der Teilnehmer
>
> **Überblick:**
> - Der Trainer fasst den Ablauf des Seminars zusammen
> - In der Abschlussrunde äußert sich jeder zu den Fragen „Was möchte ich beibehalten/weniger machen/mehr tun?"

Erläuterungen

Die Abschlussrunde soll das Seminar „rund" machen und abschließen. Die Teilnehmer erhalten die Gelegenheit, das Seminar Revue passieren zu lassen und zu überlegen, was sie im Alltag umsetzen wollen.

Vorgehen

Der Trainer stellt das Plakat mit dem „Ablaufplan" in den Vordergrund. Dann hält er einen Rückblick über den Seminarablauf:
„Lassen Sie uns noch mal zurückschauen, was wir in den letzten drei Tagen alles gemacht haben ..."

Der Trainer fasst die wichtigsten Themen und Ereignisse des Seminars zusammen und leitet schließlich die Abschlussrunde ein:
„Wir kommen zum Abschluss des Seminars. Ich möchte Sie dazu bitten, sich Folgendes zu überlegen: Was möchten Sie in Ihrem Umgang mit Konflikten ...
- *beibehalten?*
- *weniger machen?*
- *mehr machen?*

Der dritte Seminartag

Und was möchten Sie sonst noch sagen? Zum Seminar, zur Gruppe, zum Trainer? Wer anfängt, fängt an."

Abb.: Das Flipchart zur Abschlussrunde des Seminars.

Der Trainer überlässt es jedem Teilnehmer, wann er sich zu Wort meldet. Der Trainer selbst hat als Leiter der Veranstaltung das letzte Wort.

Hinweise
▶ Beim Abschluss-Statement achtet der Trainer darauf, dass seine Worte stimmig und wertschätzend sind. Stimmig in dem Sinne, dass er das ausdrückt, was er in Bezug auf das Seminar und den gemeinsamen Prozess empfindet. Und wertschätzend insofern, als er die gemeinsame Arbeit und die Menschen, die daran mitgewirkt haben, würdigt.

Abschluss des Seminars   16:30 Uhr

II.

Seminarfahrplan: Konfliktmanagement für Führungskräfte

Im folgenden Kapitel stelle ich Ihnen einen Seminarfahrplan für Führungskräfte vor. Hierin sind einige zusätzliche Seminarbausteine enthalten, die im Mitarbeiter-Seminar nicht vorkommen. Diese werden anschließend detailliert beschrieben. Hierbei handelt es sich um folgende Inhalte und Methoden:
▶ Konflikte erkennen
▶ Intervenieren bei Konflikten
▶ Moderation von Konflikten
▶ Gruppendynamik
▶ Übungen für Führungskräfte zu den Themen: Kritisches Feedback, Aktives Zuhören, Konfliktgespräche mit Mitarbeitern

Die anderen Seminarelemente werden aus dem Mitarbeiter-Seminar übernommen. Sie müssen lediglich in einigen Nuancen an die Bedürfnisse von Führungskräften angepasst werden. So ändern sich im Vergleich zum Kollegengespräch beispielsweise bei Konfliktgesprächen die Voraussetzungen, wenn ein Vorgesetzter mit seinem Mitarbeiter spricht. Das Gespräch findet unter anderen Prämissen statt. Die Beziehung ist nicht symmetrisch, sondern es gibt ein Machtgefälle. Dies macht es für die Führungskraft einerseits leichter, Vereinbarungen zu treffen und nachzuhalten. Schließlich ist sie weisungsbefugt. Andererseits kann es aufgrund der Abhängigkeit des Mitarbeiters leicht passieren, dass dieser seine Gefühle und Bedürfnisse nicht klar artikuliert und das Gespräch weniger offen verläuft. Zudem hat die Führungskraft immer auch eine Verantwortung für seine Mitarbeiter und muss darauf achten, diese – gerade durch Kritik – nicht zu demotivieren. Aufgrund der zusätzlichen Inhalte ist das Führungskräftetraining noch etwas „voller" als das Mitarbeiter-Seminar und dauert daher an den ersten beiden Seminartagen jeweils eine halbe Stunde länger.

Auf einen Blick

Erster Tag	Zweiter Tag
▶ Begrüßung ▶ Kennenlernen mit Postkarten ▶ Überblick über das Seminar ▶ Soziometrischer Einstieg – Warm-up ▶ Reflexion des eigenen Konfliktverhaltens – Übung ▶ Lernziele der Teilnehmer ▶ Konfliktdefinition – Input ▶ Konfliktarten und -lösungen – Übung	▶ Überblick ▶ Eskalationsstufen von Konflikten – Input ▶ **Kritisches Feedback geben – Improtheater** (3) ▶ Konflikte konstruktiv ansprechen – Input ▶ **Konflikte konstruktiv ansprechen – Übung** (4) ▶ Actstorming – 1. Praxisberatung
▶ **Konflikte erkennen** (1) ▶ „Rohrbombe" – Übung ▶ Konfliktdynamik – Input ▶ **Intervenieren bei Konflikten – Übung** (2) ▶ Persönlichkeitsmodell Riemann-Thomann – Input ▶ Metakommunikation ▶ Abschlussrunde ▶ Geschichte: Mann mit dem Hammer	▶ Identifikation mit dem Konfliktpartner – Übung ▶ Umgang mit Kritik – Input ▶ **Aktives Zuhören – Übung** (5) ▶ Konfliktstile – Selbsteinschätzung ▶ Konfliktstile/Harvard-Konzept – Input ▶ Konfliktgespräche führen – Input ▶ **Führen von Konfliktgesprächen – Rollenspiel** (6) ▶ Abschlussrunde

Alle Seminarbausteine, die mit einer Nummer gekennzeichnet sind, werden im Folgenden ausführlich beschrieben. Alle anderen Inhalte sind mit denen des Mitarbeiter-Seminars weitgehend identisch.

II. Seminarfahrplan

zum Thema
Konfliktmanagement für Führungskräfte

Dritter Tag	Start/Stopp
▶ Überblick ▶ Standpunkt vertreten – Warm-up ▶ **Die Führungskraft als Konflikt-moderator – Warm-up** (7) ▶ **Konfliktmoderation – Input** (8) ▶ **Konfliktmoderation – Forumtheater** (9) ▶ Stuhlarbeit – 2. Praxisberatung	9.00 12.30
▶ Umgang mit Emotionen/Inneres Team – Input ▶ Inneres Team – Übung ▶ Kollegiale Beratung in Kleingruppen – 3. Praxisberatung ▶ **Letzte Fragen/Gruppendynamik** (10) ▶ Abschluss des Seminars	13.30 17.00

Der Seminarfahrplan des Führungskräfte-Trainings im Detail

Zur besseren Orientierung erhalten Sie einen detaillierten Fahrplan über die gesamte Strecke des dreitägigen Führungstrainings. Alle Seminarbausteine, die kursiv dargestellt und mit einer Nummer gekennzeichnet sind, werden im Folgenden ausführlich beschrieben. Alle anderen Inhalte sind mit denen des Mitarbeiter-Seminars weitgehend identisch und müssen nur in Details auf die Zielgruppe der Führungskräfte abgestimmt werden. Sie können mithilfe der Seitenverweise rasch in die erforderlichen Inhaltsbeschreibungen einsteigen.

Auf einen Blick

Der erste Seminartag

09.00 Uhr: Begrüßung 23
09.05 Uhr: Kennenlernen mit Postkarten – Aktivierung 26
09.25 Uhr: Überblick über das Seminar 30
09.40 Uhr: Soziometrische Einstiegsübung – Warm-up 35
10.20 Uhr: Pause
10.30 Uhr: Reflexion des Konfliktverhaltens und Formulierung
  von Lernzielen – Übung 46
11.30 Uhr: Kurze Pause 53
11.35 Uhr: Konfliktdefinition – Einstieg 54
11.45 Uhr: Konfliktdefinition – Input 57
11.55 Uhr: Konfliktarten – Input 63
12.10 Uhr: Konfliktarten und -lösungen – Kleingruppenarbeit 69
12.30 Uhr: Mittagspause
13.30 Uhr: Konflikte erkennen und verstehen
  – Szenische Erarbeitung (1) *300*
14.20 Uhr: Konfliktdynamik: „Rohrbombe" – Übung 76
14.50 Uhr: Konfliktdynamik – Input 85
15.05 Uhr: Pause
15.20 Uhr: Intervenieren bei Konflikten – Übung (2) *311*
16.05 Uhr: Das Persönlichkeitsmodell von Riemann – Input 111
16.20 Uhr: Selbstreflexion zum Persönlichkeitsmodell – Übung 121
16.40 Uhr: Konfliktmanagement und Persönlichkeitsstile
  – Kleingruppenarbeit 126
17.00 Uhr: Metakommunikation/Abschlussrunde 129
17.25 Uhr: Die Geschichte „Der Mann mit dem Hammer" 132
17.30 Uhr: Ende des ersten Tages

09.00 Uhr: Überblick über den Tag	135	*Der zweite*
09.05 Uhr: Eskalationsstufen von Konflikten – Input	137	*Seminartag*
09.25 Uhr: Kritisches Feedback geben – Improtheater (3)	*318*	
10.10 Uhr: Konflikte konstruktiv ansprechen – Input	156	
10.25 Uhr: Kritik äußern – Kleingruppenübung (4)	*327*	
11.00 Uhr: Pause		
11.15 Uhr: Actstorming – Praxisberatung	171	
12.30 Uhr: Mittagspause		
13.30 Uhr: Identifikation mit dem Konfliktpartner – Übung	185	
14.15 Uhr: Umgang mit Kritik – Input	190	
14.35 Uhr: Aktives Zuhören – Übung (5)	*329*	
15.00 Uhr: Pause		
15.10 Uhr: Konfliktstile – Selbsteinschätzungsbogen	205	
15.25 Uhr: Konfliktstile und Harvard-Konzept – Input	210/222	
15.50 Uhr: Konfliktgespräche führen – Input	232	
16.05 Uhr: Kurze Pause		
16.10 Uhr: Führen von Konfliktgesprächen – Rollenspiel (6)	*335*	
17.10 Uhr: Abschlussrunde	215	
17.30 Uhr: Ende des zweiten Tages	216	
09.00 Uhr: Überblick über den Tag	219	*Der dritte*
09.05 Uhr: Standpunkt vertreten – Warm-up	220	*Seminartag*
09.15 Uhr: Die Führungskraft als Konfliktmoderator – Warm-up (7)	*342*	
09.30 Uhr: Konfliktmoderation – Input (8)	*346*	
10.00 Uhr: Pause		
10.15 Uhr: Übung zu Konfliktmoderation – Forumtheater (9)	*355*	
11.45 Uhr: Pause		
11.55 Uhr: Stuhlarbeit – Praxisberatung	247	
13.00 Uhr: Mittagspause		
13.45 Uhr: Umgang mit Emotionen/Das innere Team – Input	265/277	
14.10 Uhr: Inneres Team – Übung	283	
14.40 Uhr: Kollegiale Beratung in Kleingruppen – Praxisberatung	287	
15.40 Uhr: Die Führungskraft als Prozessbegleiter: Gruppendynamik – Input (10)	*369*	
16.00 Uhr: Transfer und Abschlussrunde	292	
16:30 Uhr: Abschluss des Seminars	293	

13.30 Uhr 1. Konflikte erkennen und verstehen – Szenische Erarbeitung

Orientierung

Ziele:
- Die Teilnehmer sensibilisieren ihre Wahrnehmung für Konfliktsymptome

Zeit:
- 50 Minuten (15 Minuten Vorbereitung, 2 x 5 Min. Szene, 2 x 5 Min. Auswertung, 10 Min. ergänzender Input + Handout, 5 Min. Puffer)

Material:
- Zwei Fallstudien
- Pinnwand „Konfliktsymptome und Konfliktursachen"

Überblick:
- Die Teilnehmer ziehen jeweils ein Los, auf dem sie einer von zwei Gruppen zugeteilt werden und eine Rolle erhalten
- Beide Gruppen erhalten eine Fallstudie
- Sie haben 15 Min. Zeit, um eine Szene vorzubereiten, die max. 5 Min. dauert
- Bei der Auswertung werden die Zuschauer gefragt, welche Konfliktsymptome und mögliche Konfliktursachen sie erkannt haben
- Der Trainer teilt ein Handout zum Thema aus

Erläuterungen

Besonders für Führungskräfte ist es wichtig, Konflikte frühzeitig zu erkennen, um zu verhindern, dass diese eskalieren. Dabei ist es sowohl wichtig, Spannungen zwischen Mitarbeitern schnell zu erfassen, um gegebenenfalls intervenieren zu können. Ebenso bedeutsam ist es, die eigenen Sinne zu schärfen, um zu erspüren, wo man als Führungskraft durch das eigene Kommunikationsverhalten unbeabsichtigt Irritationen und Störungen bei Mitarbeitern ausgelöst hat, um diese auffangen und bearbeiten zu können, bevor sie sich verfestigen oder verstärken.

Vorgehen

„Um Konflikte lösen zu können, muss man sie zunächst überhaupt erkennen. Das ist dann einfach, wenn Konflikte offen ausgetragen

werden, wenn sie angesprochen werden oder es hoch hergeht, Menschen sich persönlich angreifen oder gar anschreien. In der Regel werden berufliche Konflikte jedoch nicht offen, sondern verdeckt ausgetragen, das heißt, sie werden nicht thematisiert, zeigen sich aber in unterschiedlichen Symptomen, wie etwa einer angespannten Stimmung, der Vermeidung von Kontakt, scheinbarem Desinteresse oder Demotivation. Bei diesen verdeckten Konfliktsignalen ist es nicht immer leicht, sie richtig einzuordnen. Die Gefahr ist groß, Konflikte zu übersehen. Und da diese, wenn sie nicht bearbeitet werden, meist eskalieren, kann es leicht passieren, dass man zu spät eingreift und die Lösung von Konflikten dadurch umso schwerer wird.

Deshalb geht es in der folgenden Übung darum, die eigenen diagnostischen Fähigkeiten zum Erkennen von Konflikten zu schärfen.

Dazu werden Sie sich gleich in zwei Gruppen aufteilen. Beide Gruppen erhalten eine Fallstudie, in der verschiedene Personen beschrieben werden, zwischen denen es Konflikte gibt. Ihre Aufgabe wird es sein, eine kurze Szene vorzubereiten und den Konflikt – möglichst subtil – darzustellen. Für die Vorbereitung haben Sie 15 Min. Zeit. Während der Darstellung der einen Gruppe wird die andere Gruppe zuschauen und versuchen, die Konflikte zu identifizieren.

Wer in welcher Gruppe ist und welche Rolle übernimmt, lassen wir den Zufall entscheiden. Jeder von Ihnen kann sich ein Los nehmen, auf dem seine Rolle und seine Gruppe steht. Gruppe 1 bleibt in diesem Raum, Gruppe 2 geht in den Kleingruppenraum nebenan."

Der Trainer lässt die Teilnehmer jeweils ein Los ziehen, auf dem die Gruppen- und Rollenverteilung steht. Die Lose kann er beispielsweise in eine Schüssel legen.

Abb.: Lose zur Gruppen- und Rollenverteilung bei der Übung „Konflikte erkennen".

Gruppe 1	Gruppe 1	Gruppe 1	Gruppe 1
Herr/Frau Boss	Herr/Frau Jung	Herr/Frau Rumpf	Herr/Frau Meister
Gruppe 1	Gruppe 1	Gruppe 2	Gruppe 2
Herr/Frau Lustig	Erzähler/in	Herr/Frau Leiter	Herr/Frau Stern
Gruppe 2	Gruppe 2	Gruppe 2	Gruppe 2
Herr/Frau Alt	Herr/Frau Mahler	Herr/Frau Amsel	Erzähler/in

Anschließend teilt der Trainer beiden Gruppen die Instruktionen aus.

Konflikte erkennen – Fallstudie I

Situation (**Erzähler**[1]): Ein fünfköpfiges Team bespricht heute, was es an der gemeinsamen Weihnachtsfeier unternehmen möchte, die es – wie in jedem Jahr – Anfang Dezember durchführen wird. Das Team besteht aus folgenden Mitgliedern: Der Führungskraft Frau[2] Boss, die vor einem Jahr die Leitung des Teams übernommen hat, nachdem sie zuvor länger in einem anderen Team der Abteilung gearbeitet hatte. Herrn Jung, der vor sieben Monaten zur Firma gekommen ist, der begeisterungsfähigen Mitarbeiterin Frau Lustig sowie dem introvertierten Herrn Rumpf und der erfahrenen und fachlich äußerst versierten Frau Meister.

Frau Boss, erläutert, dass 50 Euro pro Person von der Firma zur Verfügung gestellt werden. Sie möchte mit dem Team entscheiden, was unternommen wird. Sie stellt heraus, dass eine solche Unternehmung für den Zusammenhalt des Teams förderlich ist und freut sich, den Abend mit allen zusammen zu verbringen. Sie erinnert auch an das letzte Jahr, als alle zusammen in einem schönen Restaurant essen waren und anschließend noch in einer angesagten Bar ziemlich lange zusammensaßen. Es war ein wunderschöner Abend, der allen noch in bester Erinnerung ist. Seitdem hat sich das Team verändert. Frau Damals hat das Unternehmen verlassen und wurde durch Herrn Jung ersetzt.

Herr Jung freut sich auf den gemeinsamen Abend, weil er hofft, dass das Team noch besser zusammenwächst. Bei seinem alten Arbeitgeber sind sie immer zusammen ins Kabarett und anschließend noch tanzen gegangen. Das hat allen richtig Spaß gemacht und den Zusammenhalt gefördert. Leider geht bei der neuen Firma alles etwas steifer zu, wie er findet. Er hat viele Ideen, was man zusammen machen könnte: Kabarett, Zirkus, Theater, Salsa tanzen, Disco etc. Es sprudelt nur so aus ihm heraus und er hofft, dass nicht wieder von gewissen Kollegen – insbesondere von Frau Meister – alles abgeblockt wird. Es würde ihn ziemlich ärgern, wenn hier wieder nur negative Bemerkungen kämen. Besonders empfindlich reagiert er, wenn er von Frau Meister wegen der Kundenbeschwerde angesprochen wird (s.u.). Schließlich musste er sich wegen deren unfreundlichen Art schon des Öfteren Kundenbeschwerden anhören.

Frau Lustig lässt sich gerne von Herrn Jung inspirieren und findet seine vielen Ideen bereichernd. Aus ihrer Sicht kommt dadurch endlich mal frischer Wind rein. Das tut dem Team richtig gut, gerade angesichts der – aus ihrer Sicht – griesgrämigen und negativen Art, die Herr Rumpf und Frau Meister oft verbreiten. Endlich hat sie – neben Frau Boss – noch eine zweite Person, auf die sie sich beziehen kann. Sie äußert ebenfalls viele Ideen und lässt durchblicken, dass es für das Gruppenklima gut wäre, mal etwas gemeinsam zu unternehmen. Sie macht auch deutlich, dass sich hier alle mal beteiligen sollten und sich gewisse Leute (z.B. Herr Rumpf) nicht immer aus allem herausziehen sollten. Sie ist ohnehin verärgert, dass immer alle lästigen Pflichten (z.B. Telefondienste) an ihr hängenbleiben. Bei der Gelegenheit fragt sie, ob nicht Herr Rumpf am nächsten Brückentag den Telefondienst übernehmen könnte, schließlich sei er mal an der Reihe.

Frau Meister dagegen ist schon seit Längerem genervt, dass Herr Jung ständig neue Ideen vorschlägt und alles durcheinanderbringt. Die meisten Ideen hatten sie früher schon mal ausprobiert oder sie passen nicht zu dem Team, wie etwa tanzen, da kann man sich ja gar nicht in Ruhe unterhalten. Sie möchte das gleiche Programm wie im letzten Jahr durchführen, das hat sich bewährt. Ohnehin sollte sich Herr Jung aus ihrer Sicht darauf konzentrieren seine Arbeit ordentlich zu machen. Sie fragt mal beiläufig nach, ob er die Kundenbeschwerde von „Corporate Industries", einem wichtigen Kunden, schon bearbeitet hat, die auf einen seiner Leichtsinnsfehler zurückzuführen ist. Bei sich denkt sie, dass dies nicht passiert wäre, wenn sie die Führungsaufgabe übernommen hätte, was ihr aufgrund ihrer Erfahrung zugestanden hätte.

Herr Rumpf hält er sich lieber etwas bedeckt. Er hat etwas gegen diese Zwangsveranstaltungen – auch wenn er das nicht offen sagt. Er wirft ein, das Ganze habe ja noch Zeit und ohnehin seien die Termine im Dezember immer schwierig. Man sollte vielleicht lieber im Frühjahr oder im Sommer etwas unternehmen und nicht zur Weihnachtszeit, wenn jeder einen vollen Terminkalender habe. Außerdem ärgert sich Herr Rumpf, dass Frau Lustig immer wieder so tut, als müsste sie für das Wohl der Gruppe sorgen und würde alle anderen stets unterstützen. Dies entspricht keineswegs den Tatsachen, schließlich übernimmt Herr Rumpf immer morgens das Telefon der anderen, wenn diese noch nicht da sind und hat es sich daher verdient, dies abends und an Brückentagen abzugeben.

Ihre Aufgabe: Sie haben 15 Min. Zeit, um eine kurze, max. fünfminütige Szene vorzubereiten. Versetzen Sie sich in die Rollen, die Sie gezogen haben (die Sie übrigens gerne auch untereinander tauschen können) und versuchen Sie, die Szene als realistisches, verdecktes Konfliktszenario darzustellen. Dazu können Sie die geschilderte Situation gerne weiter ausschmücken.

Bitte erstellen Sie für die Darstellung der Szene anhand einer Moderationskarte und einem Stift ein Namensschild, auf das Sie den Namen Ihrer Rolle schreiben.

---

[1] Aufgabe des Erzählers ist es, die geschilderte Situation am Anfang kurz vorzustellen.

[2] Die Geschlechter sind hier nur beispielhaft genannt und können getauscht werden.

Konflikte erkennen – Fallstudie II

Situation (**Erzähler**[1]): Der Vertriebschef, Herr[2] Leiter, hat seine vier Mitarbeiter zur Teambesprechung gebeten. Zwei Themen stehen auf dem Programm. Zum einen werden die monatlichen Verkaufszahlen besprochen. Ziel für jeden Mitarbeiter war es, mindestens 100.000 Euro Umsatz pro Monat zu erzielen; das haben drei von vier Mitarbeitern geschafft. Außerdem soll die neue Marketinginitiative besprochen werden, bei der wichtige Kunden zu einem Weinfest eingeladen werden sollen.

Das Team besteht aus folgenden Mitgliedern: Herr Stern, der wie in jedem Monat seine Ziele übertroffen und dieses Mal mehr als 200.000 Euro umgesetzt hat. Frau Amsel und Frau Mahler die jeweils 110.000 Euro umgesetzt haben und Herr Alt, der dieses Mal nur 85.000 Euro erzielen konnte.

Herr Leiter begrüßt sein Team und gibt einen Überblick über den Ablauf. Er stellt die Vertriebszahlen vor und lobt, dass es im Schnitt deutlich gelungen sei, das Ziel zu übertreffen. Allerdings solle man nicht locker lassen und Herr Alt solle vielleicht mal etwas weniger Zeit auf dem Golfplatz verbringen – er solle lieber beim Kunden „einlochen".

Herr Stern und **Frau Amsel** finden diese Bemerkung ausgesprochen lustig und werfen ein, er solle einfach zusammen mit den Kunden auf dem Golfplatz einlochen. **Herr Alt** lacht eher gequält mit. **Frau Mahler** ist innerlich zutiefst verärgert, wie mit dem verdienten Mitarbeiter umgegangen wird. Schließlich weiß sie, dass Herr Alt zur Zeit private Sorgen hat. Sie wirft deshalb ein, man solle vielleicht nicht immer nur auf die Zahlen schauen – aber diese Bemerkung geht unter.

Anschließend wird über die Marketinginitiative gesprochen. **Herr Leiter** erläutert, dass es gelungen sei, verschiedene renommierte Weingüter aus der Toskana für ein Weinfest zu gewinnen, die zu günstigen Konditionen hervorragende Weine vorstellen werden. Ein bekannter Starkoch würde zudem einen Koch-Wettbewerb anbieten. Nun gehe es darum zu besprechen, wer welche Aufgabe bei der Vorbereitung übernehme. Folgende Tätigkeiten seien noch zu vergeben: Entwurf eines Einladungstextes, Kontakt zur Presse, Auswahl eines Veranstaltungsortes und Buchung des Caterings. Für alle Tätigkeiten werde mit internen Dienstleistern zusammengearbeitet.

Das Team fühlt sich weitgehend übergangen. Insbesondere **Herr Alt** und **Frau Mahler** haben das Gefühl, dass ein Weinfest für ihre Klientel nicht sonderlich attraktiv ist. Vor allem aber finden sie – und auch Frau Amsel – dass dieses Vorgehen mal wieder typisch ist: Der Chef oder einer der anderen „Hierarchen" treffen die Entscheidungen über die Köpfe derjenigen hinweg, die die Kunden am besten kennen. Allerdings halten sie sich mit Kritik sehr zurück und äußern diese höchstens vorsichtig und indirekt: „Vielleicht sollte man erst mal überprüfen, ob ein Weinfest wirklich so gut ankommt?" (**Frau Amsel**), „Meine Kunden sind ja eher für Sportveranstaltungen zu gewinnen. Da muss man erst mal schauen, wie das angenommen wird" (**Frau Mahler**). Nur **Herr Stern** ist begeistert von der Idee und ist sich sicher, dass Weinfeste und ein Koch-Wettbewerb bei seinen Kunden prima ankommen werden. Er merkt an, dass man seine Kunden einfach begeistern müsse, damit das Angebot ankommt. Er würde gerne mit der Presse zusammenarbeiten. Die anderen sind ob dieser Besserwisserei genervt, versuchen aber, sich nichts anmerken zu lassen.

Herr Leiter stimmt **Herrn Stern** zu und ist überzeugt, dass die Initiative sehr positiv ankommen wird. Er drängt, die Aufgaben rasch zu verteilen, da er gleich einen wichtigen Termin hat.

Ihre Aufgabe: Sie haben 15 Min. Zeit, um eine kurze, max. fünfminütige Szene vorzubereiten. Versetzen Sie sich in die Rollen, die Sie gezogen haben (die Sie übrigens gerne auch untereinander tauschen können) und versuchen Sie, die Szene als realistisches, verdecktes Konfliktszenario darzustellen. Dazu können Sie die geschilderte Situation gerne weiter ausschmücken.

Bitte erstellen Sie für die Darstellung der Szene anhand einer Moderationskarte und einem Stift ein Namensschild, auf das Sie den Namen Ihrer Rolle schreiben.

---

[1] Aufgabe des Erzählers ist es, die geschilderte Situation am Anfang kurz vorzustellen.

[2] Die Geschlechter sind hier nur beispielhaft genannt und können getauscht werden.

Nach etwa zehn Minuten geht der Trainer in die Kleingruppen, um zu fragen, ob sie noch Unterstützung brauchen. Nach 15 Minuten bittet er sie, ins Plenum zurückzukommen.

In der Zwischenzeit hat der Trainer den Raum so aufgebaut, dass im vorderen Teil ein Tisch steht, um den die Besprechung, die anschließend dargestellt wird, stattfinden kann. Als Erstes bittet er nun Gruppe I, ihre Szene darzustellen.
„Als Erstes möchte ich die Gruppe mit der Fallstudie 1 nach vorne bitten, um ihre Szene darzustellen. Die anderen beobachten, um festzustellen, wo Konflikte bestehen könnten und woran sie das festmachen."

Der Trainer achtet darauf, dass die Szene von den Zuschauern gut gesehen werden kann. Bevor die erste Gruppe beginnt, erinnert der Trainer an den zeitlichen Rahmen:
„Sie haben maximal fünf Minuten Zeit. Nach vier Minuten gebe ich Ihnen ein Zeichen und hebe den Arm, damit Sie wissen, dass Sie zum Ende kommen müssen. Jetzt würde ich den Erzähler bitten, uns die Ausgangslage kurz zu schildern, bevor die Gruppe loslegt."

Abb.: Der Erzähler schildert die Ausgangslage, bevor die Gruppe die erste Fallstudie szenisch darstellt. Die Zuschauer haben die Aufgabe, Konflikte zu identifizieren.

Nachdem die Gruppe die Szene dargestellt hat, bittet der Trainer die Zuschauer um einen kleinen Applaus. Dann leitet er die Auswertung an:

„Welche Spannungen und Konflikte glauben Sie, als Zuschauer erkannt zu haben und woran würden Sie das festmachen?"

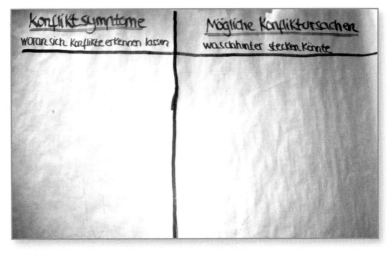

Der Trainer hält die genannten Konfliktsymptome in Stichworten an der vorbereiteten Pinnwand fest. Anschließend fragt er nach möglichen Konfliktursachen und schreibt auch diese auf:
„Was könnte dahinterstecken? Welche Konfliktursachen vermuten Sie?"

Nun kommen die „Darsteller" zu Wort:
„Welche Punkte haben gestimmt? Was war nicht richtig? Und gibt es Symptome oder Ursachen, die noch nicht genannt wurden?"

Danach werden die Rollen getauscht. Die zweite Gruppe stellt die Szene dar und die erste Gruppe wird anschließend zur Auswertung interviewt.

Abb.: Der Trainer hält an der Pinnwand fest, woran die jeweilige Beobachter der Szene Konflikte erkennen und welche Ursachen dahinterstecken könnten.

Abb.: Die zweite Gruppe stellt ihre Szene dar.

Abschließend kommen die Teilnehmer wieder im Stuhlkreis zusammen. Der Trainer erläutert ergänzend:
„Bei den Symptomen ist es wichtig zu beachten, dass einzelne Anzeichen nicht gleich auf einen Konflikt hindeuten müssen. Hier muss man aufpassen, nicht ‚übersensibilisiert' zu sein. Aber wenn sich einzelne Symptome häufen, ist es wichtig, auf das eigene Gefühl, die eigene Intuition zu achten. Denn Forschungen zeigen, dass uns ein Großteil unserer Wahrnehmungen nicht bewusst ist, aber sich dennoch auf unsere Gefühle auswirkt. Deswegen können ‚mulmige Gefühle', wie etwa Anspannung, Unsicherheit oder Irritationen, die ich bei mir oder anderen wahrnehme, durchaus auf Spannungen und Konflikte hindeuten.

Ursachen für Konflikte können auf der inhaltlichen Ebene völlig verschieden sein, aber im Grunde geht es immer um eine emotionale Beeinträchtigung, meist um eine Verletzung des Selbstwertgefühls, die einer der Betroffenen erlebt."

Der Trainer teilt das Handout zu „Konfliktsymptomen" aus (siehe Folgeseite).
„Auf der Übersicht, die ich Ihnen jetzt austeile, finden Sie eine Zusammenstellung der wichtigsten Konfliktsymptome."

Konfliktsymptome

Diese Konfliktanzeichen sind nicht so zu verstehen, als ob jedes Merkmal unmittelbar auf einen Konflikt hindeuten würde. Deshalb ist es die beste Art, diese „Symptomliste" zu benutzen, bei einer Häufung von Einzelanzeichen noch einmal gründlich nachzudenken und Ihre Gefühle und Ihre Intuition zu überprüfen.

Aggression z.B.: ▶ Verletzende, herabsetzende Bemerkungen ▶ Ironie, Sarkasmus ▶ Intensive Fehlersuche	Vermeidung z.B.: ▶ Vermeiden von Kontakten ▶ Hohe Fehlzeiten, Krankheiten ▶ Bitte um Versetzung ▶ Kündigung
Interesselosigkeit z.B.: ▶ Geringe Beteiligung ▶ Schleppende Diskussion ▶ Häufiges Gähnen ▶ Verantwortung wird nicht übernommen ▶ Nicht-Anerkennen guter Leistungen	Konformität z.B.: ▶ Nach dem Mund reden, schöntun, „Rad fahren" ▶ Eigene Vorschläge zurückhalten ▶ Negative Nachrichten unterdrücken ▶ Ja-sagen und hinter-dem-Rücken-reden
Widerstand z.B.: ▶ Häufiges Widersprechen: „Ja, aber ..." ▶ Betonen von Schwierigkeiten ▶ Geschlossene Körperhaltung ▶ Unentschlossenheit ▶ Verspätung ▶ Aufgaben werden nicht oder nicht engagiert erledigt	Formalität z.B.: ▶ Übertriebene Höflichkeit ▶ Unfreie Körpersprache ▶ Betonen der schriftlichen Kommunikation ▶ Ausarbeiten formaler Regelungen für alle gemeinsamen Angelegenheiten
Sturheit z.B.: ▶ Starres Festhalten am eigenen Standpunkt ▶ Starres Festhalten an bisherigen Vorgehensweisen ▶ Pedantisches Einhalten von Vorschriften	Dynamik der Gruppe z.B.: ▶ Andeutungen, verdeckte Kommunikation, Gerüchte ▶ Eigenes Unwohlfühlen ▶ Es bilden sich neue Gruppen ▶ Cliquenbildung

Hinweis

▶ Das Thema „Konflikte erkennen" wird auch in Mitarbeiter-Seminaren häufig nachgefragt. Von daher kann der hier vorgestellte Seminarbaustein auch dort gut eingesetzt werden. Gleichwohl ist das Thema für Führungskräfte – die ja nicht nur für ihre eigenen Konflikte, sondern auch für die des Teams letztlich die Verantwortung tragen – besonders relevant.

Variante

▶ Wenn der Trainer weniger Zeit in das Thema investieren möchte, kann er es alternativ etwa mit einer Kartenabfrage bearbeiten. Dabei stellt er die Frage, woran man Konflikte erkennen kann.
Die Teilnehmer schreiben die Symptome auf Karten. Anschließend können die Karten etwa nach offenen und verdeckten Konflikten sortiert werden.

Literatur

▶ Kreyenberg, Jutta: Handbuch Konfliktmanagement. Cornelsen, 2005, 2. Aufl.
▶ Berkel, Karl: Konflikttraining. Konflikte verstehen, analysieren, bewältigen. Arbeitshefte Führungspsychologie 15, Sauer-Verlag, 2008, 9. Aufl.

2. Die Führungskraft als Konfliktmanager: Intervenieren bei Konflikten – Übung

15.20 Uhr

> **Orientierung**

Ziele:
- Die Teilnehmer reflektieren ihre Rolle als Führungskraft in Konfliktsituationen
- Sie entwickeln ein klares Verständnis zu der Frage, wann sie in Konfliktsituationen eingreifen wollen

Zeit:
- 45 Minuten

Material:
- Fallsituationen, vorbereitete Pinnwand „Intervenieren bei Konflikten"

Überblick:
- Der Trainer liest verschiedene Fallsituationen vor, in denen sich die Frage stellt, ob die Führungskraft intervenieren sollte oder nicht
- Diejenigen, die intervenieren würden, gehen auf die rechte Seite des Raumes
- Diejenigen, die nicht eingreifen würden, stellen sich auf die linke Seite
- Die Teilnehmer werden interviewt, welche Überlegungen hinter ihrem Standpunkt stehen
- Auf der Pinnwand werden allgemeine Prinzipien zu der Frage gesammelt, wann Führungskräfte bei Konflikten intervenieren sollten

Erläuterungen

Konflikte zu lösen, ist eine zentrale Führungsaufgabe. Sie setzt voraus, dass Führungskräfte nicht nur in der Lage sind, Konflikte zu erkennen, sondern auch, dass sie eine klare Linie entwickeln, bei welchen Konflikten sie intervenieren wollen und wann sie dies besser unterlassen. Um hierzu die eigene Haltung zu reflektieren und zu klären, ist die folgende Übung geeignet, die auf der Methode der Soziometrie beruht. Die Teilnehmer werden hierbei angehalten – im wahrsten Sinne des Wortes – ihren Standpunkt zu beziehen.

Vorgehen

„Eine wichtige Frage für Sie als Führungskraft ist, wann Sie eigentlich in Konflikten intervenieren sollten – und wann nicht. Es geht also darum, wann Sie als Führungskraft gefordert sind, in Konflikten Stellung zu beziehen, einzugreifen und dafür zu sorgen, dass diese gelöst werden. Das muss ja nicht immer notwendig und auch nicht immer hilfreich sein. Grundsätzlich haben Sie es ja mit erwachsenen Menschen zu tun, bei denen Sie davon ausgehen können, dass sie in der Lage sind, ihre Differenzen selbst zu klären. Gleichwohl wissen wir alle, dass das nicht immer der Fall ist, dass es Konflikte gibt, bei denen es erforderlich ist, dass Sie als Führungskraft nicht wegschauen, sondern beherzt eingreifen.

Damit Sie sich zu dieser Grundsatzfrage – eingreifen oder nicht eingreifen – austauschen können, habe ich einige kurze Fallstudien vorbereitet, bei denen ich Sie bitten möchte, Stellung zu beziehen. Und zwar folgendermaßen: Ich lese Ihnen die Fallsituation vor und Sie gehen auf die rechte Seite des Raumes, wenn Sie hier intervenieren würden und auf die linke Seite, wenn Sie hier nicht eingreifen würden. Soweit klar?

Fall 1:

Sie erleben mit, wie eine Ihrer Mitarbeiterinnen ein schwieriges Gespräch mit einem Kunden am Telefon führt. Die Mitarbeiterin vergreift sich dabei offensichtlich im Tonfall. Ihnen ist schon in der Vergangenheit aufgefallen, dass sie zum Teil etwas kurz angebunden, fast ruppig wirkt. Nun aber haben Sie zum ersten Mal ein offensichtliches Fehlverhalten selbst miterlebt.

Gehen Sie bitte auf die rechte Seite des Raumes, wenn Sie hier eingreifen würden und auf die linke Seite, wenn Sie hier nicht eingreifen würden."

Abb.: Die Teilnehmer werden aufgefordert, Stellung zu beziehen.

Wenn sich alle Teilnehmer verteilt haben, interviewt der Trainer Vertreter beider Gruppen, wobei er bei der kleineren Gruppe – also bei der „Minderheitsmeinung" – beginnt, um dieser Gruppe den Rücken dabei zu stärken, ihre von der Gruppennorm abweichende Position zu vertreten. Um die Statements kurz und prägnant zu halten, hat es sich bewährt, einen Einleitungssatz anzubieten:
„Ich möchte nun wissen, welche Beweggründe hinter Ihrer Position stehen. Deshalb würde ich gerne von beiden Gruppen ein paar Stimmen hierzu hören. Am besten geht das, wenn Sie den folgenden Satz vervollständigen: Ich stehe hier, weil ..."

Abb.: Die Teilnehmer erläutern ihren Standpunkt.

Der Trainer holt nun einige Statements beider Gruppen ein und achtet darauf, dass die Hintergründe der unterschiedlichen Positionen deutlich werden und verschiedene Auffassungen nebeneinanderstehen dürfen.

Allerdings gibt es bei diesem ersten Fall in der Regel kaum abweichende Meinungen. Meist sind alle Teilnehmer der Auffassung, dass eine Führungskraft in dieser Situation intervenieren und das Gespräch mit dem Mitarbeiter suchen muss, um darauf hinzuwirken, dass der Mitarbeiter sein Kundenverhalten verändert.

Anschließend holt der Trainer die Pinnwand „Intervenieren bei Konflikten" nach vorne und versucht, zusammen mit den Teilnehmern allgemeingültige Prinzipien aus diesem ersten Fall abzuleiten. Hierbei ist es aus meiner Sicht erwünscht und hilfreich, wenn der Trainer sich ebenfalls positioniert.

„Wir können also festhalten, dass die Führungskraft bei Konflikten intervenieren sollte, wenn
- *ein klares Fehlverhalten eines Mitarbeiters vorliegt,*
- *der Kundenservice beeinträchtig ist oder*
- *Ziele und Interessen des Unternehmens beeinträchtigt werden.*

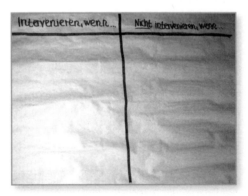

Hier ist es Ihre Aufgabe als Führungskraft, Ihre Rolle als Repräsentant des Unternehmens wahrzunehmen und dafür zu sorgen, dass die Interessen des Unternehmens gewahrt bleiben."

Abb.: An der Pinnwand „Intervenieren bei Konflikten" sammelt der Trainer mit den Teilnehmern, welche allgemeingültigen Prinzipien sich aus den Fallsituationen ableiten lassen.

> **Fall 2:**
> Zwei Ihrer Mitarbeiter, Herr Anton und Frau Bertha, kommen zu Ihnen. Sie sind verärgert und berichten, dass ihr Kollege, Herr Caesar, regelmäßig Privatgespräche am Telefon führt. Für Herrn Anton und Frau Bertha sei dies ärgerlich, da das Telefon dann auf sie umspringe und sie dadurch eine deutliche Mehrarbeit zu bewältigen hätten. Sie fordern Sie auf, etwas dagegen zu unternehmen.

Dieser Fall wird meistens kontroverser diskutiert. Umso wichtiger ist es, dass der Trainer im Interview hinterfragt, welche Motive und Gründe es für die jeweilige Position gibt und was die Einzelnen genau darunter verstehen, einzugreifen oder dies zu unterlassen.

Anschließend hält der Trainer wieder fest, welche allgemeingültigen Schlüsse sich aus dieser Fallsituation ziehen lassen:

„Auch hier gilt also wieder, dass die Führungskraft bei Konflikten intervenieren sollte, wenn
- ein klares Fehlverhalten eines Mitarbeiters vorliegt
- oder wenn gegen betriebliche Regeln verstoßen wird.
- Allerdings sollte die Führungskraft Ihre Einschätzung idealerweise auf eigene Beobachtungen stützen können.
- Außerdem sollte sie nicht eingreifen, wenn die Mitarbeiter in der Lage sind, den Konflikt selbst zu lösen."

Nachdem alle allgemeingültigen Punkte festgehalten worden sind, erläutert der Trainer das nächste Fallbeispiel.

> **Fall 3:**
> Ihre Mitarbeiterin Frau Jung beschwert sich bei Ihnen, dass es schwierig sei, mit Ihrer erfahrenen Kollegin Frau Alt zusammenzuarbeiten. Immer wieder behandele diese sie ‚von oben herab'. Außerdem würde sie wichtige Informationen zu gemeinsamen Projekten nicht weitergeben. Frau Jung habe sie darauf bereits angesprochen, stoße aber auf taube Ohren. Zuvor hatte auch Frau Alt Sie bereits angesprochen und sich beklagt, Frau Jung sei oft begriffsstutzig und gleichzeitig vorlaut, so dass die Zusammenarbeit unproduktiv sei.

Meist ist hier eine Mehrheit der Auffassung, dass die Führungskraft sich einschalten und ein Gespräch mit beiden Mitarbeiterinnen führen soll. Andere vertreten jedoch auch die Meinung, dass man zunächst die Mitarbeiterinnen auffordern sollte, den Konflikt untereinander zu regeln.

Auch hier hält der Trainer wieder allgemeine Schlussfolgerungen auf der Pinnwand fest, zum Beispiel:
- *„Die Führungskraft sollte nicht intervenieren, wenn Mitarbeiter den Konflikt unter sich regeln können.*
- *Die Führungskraft sollte die Mitarbeiter ermutigen, Konflikte untereinander zu regeln.*
- *Sie sollte es vermeiden, Partei zu ergreifen. Wenn die Mitarbeiter den Konflikt nicht untereinander regeln können, muss die Führungskraft eingreifen und sollte ein Gespräch mit allen Beteiligten moderieren."*

Fall 4:
Ein Mitarbeiter macht ab und an leicht anzügliche Bemerkungen zu einer neuen Kollegin („Na Süße!"). Sie übergeht dann diese Bemerkungen, scheint sich aber zu ärgern. Sie ist insgesamt eher schüchtern und zurückhaltend. Die Kollegen haben bereits Witze über die „intensive Betreuung" des Kollegen gemacht. Nun bekommen Sie mit, wie er ihr etwas erklärt und ihr dabei an die Schulter fasst. Sie erstarrt, sagt zwar nichts, aber die Situation ist ihr sichtlich unangenehm.

Diese Situation ist sehr eindeutig. Es gibt in der Regel kaum unterschiedliche Auffassungen. Auch hier hält der Trainer wieder allgemeine Schlussfolgerungen auf der Pinnwand fest:
„Die Führungskraft sollte intervenieren, wenn sexistische oder rassistische Äußerungen oder Verhaltensweisen auftauchen."

Hinweise
- Zentrale Funktion der Interviews ist es, die Polarisierung in zwei unterschiedliche „Lager" zu überwinden und die Überlegungen offenzulegen, die hinter den Positionen stehen. Dadurch wird meist ein gegenseitiges Verständnis erreicht und eine differenzierte Meinungsbildung ermöglicht. Es wird klar, unter welchen Bedingungen und in welcher Weise eine Intervention bei Konflikten angemessen ist.

- Bei dieser Übung ist es sehr hilfreich, mit zwei Trainern arbeiten zu können. Dann kann der eine Trainer die Übung anleiten und die Interviews durchführen, während der andere Trainer den Gruppenprozess im Auge hat und auf der Pinnwand die allgemeinen Prinzipien festhält.

Variante
- Statt Fallstudien vorzugeben, kann der Trainer die Teilnehmer auffordern, eigene Situationen einzubringen, in denen sie die Entscheidung schwierig fanden, ob sie intervenieren sollten oder nicht. Allerdings dauert dieses Vorgehen länger und es ist nicht sicher, ob brauchbare Situationen gefunden werden. Deshalb sollte der Trainer eigene Fallbeispiele zumindest in der „Hinterhand" haben.

09.25 Uhr 3. Kritisches Feedback geben – Improvisationstheater

Orientierung

Ziele:
- Die Teilnehmer erleben, wie sich unterschiedliche Arten, Kritik anzusprechen, auswirken
- Sie erleben und reflektieren, welche Kriterien für eine konstruktive Kritikäußerung entscheidend sind

Zeit:
- 45 Minuten

Material:
- Zwei Stühle und ein Tisch

Überblick:
- Die Trainer stellen eine Szene dar, in dem es um ein Kritikgespräch zwischen einer Führungskraft und einem Mitarbeiter geht
- Trainer A spielt die Führungskraft und unterbricht die Szene, indem er von seinem Stuhl aufsteht, und holt sich Anregungen aus dem Publikum
- Die Empfehlungen der Teilnehmer setzt er direkt um, so dass alle Beteiligten beobachten können, welche Reaktionen dadurch beim Mitarbeiter (Trainer B) ausgelöst werden
- Teilnehmer erleben, wie sich unterschiedliche Arten, Kritik anzusprechen, auswirken
- In der Auswertung werden Erfolgsfaktoren für Kritikgespräche herausgearbeitet

Erläuterungen

Das Improvisationstheater (kurz „Improtheater") ist eine Form des Theaters, bei dem eine oder mehrere zuvor nicht einstudierte Szenen gespielt werden. Meist lassen sich die Schauspieler ein Thema oder Vorschläge aus dem Publikum geben. Diese Vorschläge sind dann Auslöser und Leitfaden für die daraufhin spontan entstehenden Szenen. Das Improvisationstheater unterscheidet sich vom Forumtheater nach Boal und dem Stegreiftheater nach Moreno dadurch, dass hierbei nur die

Schauspieler und nicht die Zuschauer gefordert sind, zu spielen. Aus diesem Grund ist der Einsatz in Trainings auch eher unüblich – sofern keine professionellen Schauspieler zur Verfügung stehen.

Allerdings ist es nach meiner Erfahrung auch ohne schauspielerische Ausbildung möglich, als Trainer die Methode des Improtheaters zu nutzen, um Themen aus dem Bereich Kommunikation und Konfliktmanagement erlebnisorientiert zu bearbeiten. Allerdings setzt dies voraus, dass man zu zweit das Seminar leitet – oder einen Teilnehmer findet, der nach kurzer Einweisung bereit ist, spontan eine Rolle zu übernehmen und aus dem Stegreif zu reagieren. Dies funktioniert so, dass die beiden Trainer (bzw. Trainer und Teilnehmer) eine Gesprächssituation darstellen und jeweils die Szene kurz „anhalten", um Anregungen aus dem Publikum aufzunehmen und umzusetzen. Die Seminarteilnehmer führen also gewissermaßen „Regie", während die Trainer ihre Anweisungen umsetzen und vor Augen führen.

Wenn die Trainer eine gewisse Spielfreude und Spontaneität mitbringen, führt diese Methode zu zahlreichen „Aha-Effekten" bei den Teilnehmern, da sie direkt beobachten können, welche Wirkungen die Handlungen, die sie vorschlagen, haben können. Dadurch können sie die Wirkung der eigenen Handlungsstrategien erleben, ohne sich selbst exponieren zu müssen und sich der Gefahr auszusetzen, sich zu blamieren.

Die Teilnehmer führen Regie

Die Effektivität dieses Vorgehens lässt sich auf dem Hintergrund jüngster Forschungen zu den so genannten Spiegelneuronen gut erklären. Diese Nervenzellen werden in gleicher Weise aktiviert, wenn wir eine Handlung beobachten, wie wenn wir diese selbst durchführen. In Experimenten konnte beispielsweise gezeigt werden, dass exakt die gleichen neuronalen Muster gebildet werden, wenn Versuchspersonen Gitarrengriffe selbst übten, wie wenn sie andere bei der Einübung der Akkorde beobachteten. Diese Forschungsergebnisse veranschaulichen, warum Lernen durch Beobachtung und Nachahmung so effektiv funktioniert.

Vorgehen

In der folgenden Beschreibung gehe ich davon aus, dass die Sequenz von zwei Trainern – Trainer A und Trainer B – geleitet wird, wobei der methodisch wichtigere Part von Trainer A übernommen wird. Wenn kein zweiter Trainer zur Verfügung steht, kann die Rolle von Trainer B

– wie oben erläutert – von einem Teilnehmer übernommen werden, der vor Beginn entsprechend „gebrieft" wird (siehe Hinweise).

Vor Beginn der Übung haben die Trainer zwei Stühle und einen Tisch bereitgestellt.

Abb.: Der Raumaufbau bei der Improtheater-Übung zum Thema „Kritisches Feedback geben".

Trainer A leitet die Übung ein:
„Wir kommen jetzt zum Thema ‚Kritisches Feedback geben'. Es geht um die Frage, wie Sie als Führungskraft Kritik äußern können, um Mitarbeiter zu einer Verhaltensänderung zu bewegen, ohne sie unnötig vor den Kopf zu stoßen oder zu demotivieren. Hierzu möchten wir Ihnen ein etwas ungewöhnliches Vorgehen vorschlagen, das vom Improvisationstheater inspiriert ist.

Keine Angst: Niemand von Ihnen muss auf die Bühne. Das machen wir für Sie. Während Sie entspannt sitzen bleiben, zeigen wir Ihnen eine Szene, in der es darum geht, dass eine Führungskraft einem Mitarbeiter kritisches Feedback geben möchte.

Ihre Aufgabe wird es sein, der Führungskraft zu sagen, was sie tun soll. Sie übernehmen praktisch die Regie der Szene, die gleich beginnt. Ich werde Ihnen kurz die Situation erläutern und dann selbst die Rolle der Führungskraft übernehmen."

Trainer B ergänzt:
"Und ich werde die Rolle des Mitarbeiters übernehmen und vermutlich nicht begeistert davon sein, kritisiert zu werden."

Trainer A fährt fort:
"Ich werde das Gespräch beginnen und immer dann, wenn ich nicht mehr weiter weiß, aufstehen, wodurch die Szene angehalten wird – so, als hätte ich die Pause-Taste gedrückt. Dann werde ich Sie um Rat bitten und fragen, was ich tun soll. Was immer Sie mir raten, werde ich anschließend sofort umsetzen. Dabei steige ich entweder dort wieder ein, wo ich gestoppt hatte oder – wenn dies Ihr Wunsch ist – spule etwas zurück, um an einem früheren Zeitpunkt wieder einzusteigen. In jedem Fall werden wir dann sehen, wie der Mitarbeiter auf das reagiert, was Sie mir geraten haben, zu tun. Ist das verständlich?"

Abb.: Trainer A erklärt die Improtheater-Übung zum Thema „Kritisches Feedback geben".

Wenn hier keine Fragen auftauchen, erläutert Trainer A die Situation:
"Heute möchte ich mit meinem Mitarbeiter, Herrn Maurer ein Gespräch führen. Herr Maurer ist eigentlich ein leistungsstarker Mitarbeiter, der fachlich sehr versiert ist und strukturiert und gewissenhaft seine Arbeit erledigt. Allerdings gibt es einige Punkte, mit denen ich als Vorgesetzter nicht zufrieden sein kann. Es geht um seine Kundenorientierung und sein Verhalten im Team.

Ausgangssituation

Herr Maurer wirkt in letzter Zeit am Telefon oft kurz angebunden und verwendet des Öfteren Reizformulierungen wie ‚Da hätten Sie sich früher melden sollen' oder ‚Das habe ich Ihnen doch vorhin schon erklärt', die nicht dem Standard entsprechen, den unser Unternehmen in puncto Kundenservice bieten möchte. Außerdem wickelt er Kundenanfragen häufig lieber schriftlich ab, statt Kunden anzurufen, was nachgewiesenermaßen die Kundenbindung stärkt und deshalb das bevorzugte Medium im Umgang mit Kunden sein sollte. Das alles ist längst in einer Policy geregelt, die für alle Mitarbeiter verbindlich gilt. Nachdem ich auf den unbefriedigenden Kundenservice aufmerksam geworden bin, habe ich Herrn Maurer noch etwas genauer beobachtet und musste mit anhören, wie er sich neulich massiv im Ton gegenüber dem Großkunden Kaiser vergriffen hat. Folgende Sätze habe ich mitbekommen: ‚Jetzt beruhigen Sie sich doch endlich!', ‚Da sind Sie doch selbst schuld' und ‚Das ist doch lächerlich!'. Der Großkunde – der uns eine stattliche Beitragseinnahme bringt – rief darauf bei mir an und beschwerte sich. Ich konnte ihn nur mit Mühe beruhigen. Daraufhin werde ich jetzt mit Herrn Maurer sprechen müssen. Sein Verhalten ist völlig inakzeptabel. Auch die Kollegen haben mich schon darauf angesprochen, dass er seit Längerem schlecht gelaunt ist, manchmal nicht einmal grüßt und sich aus dem gemeinsamen Mittagessen immer öfter ausklinkt und sich zurückzieht. Höchste Zeit also, mit ihm zu reden.

Ich habe Herrn Maurer zu mir ins Büro gebeten und mir eine halbe Stunde Zeit genommen, um mit ihm zu sprechen. Haben Sie Fragen?"

Abb.: Trainer A erklärt die Ausgangssituation für die Improtheater-Übung „Kritisches Feedback geben".

Was die Teilnehmer nicht erfahren, ist die Sichtweise des Mitarbeiters. Diese haben die beiden „Darsteller" vorab miteinander abgeklärt.

Dies sind die wichtigsten Aspekte zur **Rolle des Mitarbeiters Herr Maurer:**

- Herr Maurer ist selbst verärgert über den Großkunden Kaiser. Dieser hatte ihn als „unfähig" bezeichnet und gesagt, die Firma sei doch ein „Drecksladen" – und das nur, weil er keinen Zwischenbescheid erhalten hatte. Dabei hatte dies den Hintergrund, dass Kaiser ein Formular nicht ausgefüllt hatte. Wenn er dieses zugeschickt hätte, hätte man sein Anliegen direkt – ohne Zwischenbescheid – erfüllen können. Bei allem Kundenservice: Man muss sich auch mal wehren, wenn man derart angegriffen wird.
- Überhaupt ist die Firmen-Policy zum Thema „Kundenservice" überzogen. Man soll immer „am Telefon lächeln" und den Kunden ins Ohr säuseln, als wolle man ein Date mit ihnen vereinbaren. Dabei mögen die Kunden dieses aufgesetzte, unterwürfige Getue gar nicht. Herr Maurer findet, dass er mit den Kunden immer gut klargekommen ist, gerade weil er auch mal Tacheles redet.
- Problematisch ist auch, dass man auf Kundenfragen stets telefonisch reagieren soll – schließlich sind Kunden tagsüber selten erreichbar und schätzen es, etwas Schriftliches in der Hand zu haben.
- Im Team zieht sich Herr Maurer momentan etwas mehr zurück. Das hängt damit zusammen, dass seit einigen Wochen feststeht, dass seine Frau sich von ihm trennen möchte. Sie wird demnächst ausziehen und die beiden Kinder mitnehmen. Das setzt Herrn Maurer sehr zu. Wenn er ganz ehrlich ist, kann es durchaus sein, dass es daran liegt, wenn er in letzter Zeit kurz angebunden und zurückweisend wirkt. Allerdings möchte er darauf ungern eingehen – es sei denn, die Führungskraft geht äußerst wertschätzend und einfühlsam mit ihm um.

Bevor das Gespräch beginnt, konkretisiert Trainer A die Regeln für das Improvisationstheater:
„Wir starten jetzt mit der Szene. Ich werde das Gespräch eröffnen und dabei die Gesprächsführung nicht ganz optimal gestalten, so dass Sie die Möglichkeit haben, Verbesserungsvorschläge einzubringen ;-). Immer, wenn ich aufstehe, halten wir die Situation an und Sie können Ihre Vorschläge einbringen, die ich dann umsetze. Alles klar?"

Das Gespräch kann nun beginnen. Trainer A eröffnet als Führungskraft (Fk.) das Gespräch.

Fk.: „Vielen Dank, dass Sie sich die Zeit für das Gespräch genommen haben, Herr Maurer."
Mitarbeiter: „Kein Problem."

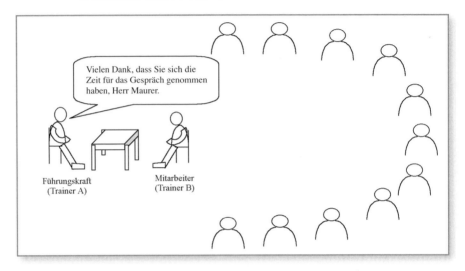

Abbildung: Trainer A eröffnet in der Rolle der Führungskraft das Gespräch. Trainer B (oder ein Teilnehmer) übernimmt die Rolle des Mitarbeiters.

Fk.: „Wie geht es Ihnen?"
Mitarbeiter: „Gut, danke."
Fk.: „Nun, ich wollte ein paar Themen besprechen, die mir auf dem Herzen liegen. Es geht um die Themen ‚Kundenservice' und ‚Teamarbeit'."
Mitarbeiter: „Was gibt es da zu beanstanden?"
Fk.: „Na ja, insgesamt ist mir aufgefallen, dass Ihr Kundenservice in letzter Zeit deutlich zu wünschen übrig lässt."
Mitarbeiter: „Wieso?"

Die ‚Führungskraft' führt das Gespräch bewusst nicht optimal

Fk.: „Gegenüber dem Großkunden Kaiser haben Sie sich ganz schön im Ton vergriffen."
Mitarbeiter: „Und Sie glauben, dass Kaiser sich nicht im Ton vergriffen hat?"
Fk.: „Wieso? Was hat er denn gesagt?"
Mitarbeiter: „Er hat mich beleidigt und die Firma noch dazu. Ich sei unfähig. Und unsere Firma sei ein Drecksladen. Soll ich mir das etwa gefallen lassen?"

In dieser Situation kann der Trainer A aufstehen und somit die Szene anhalten, um die Zuschauer um Rat zu fragen: *„Wie soll ich denn jetzt reagieren?"*

Abb.: Trainer A steht von seinem Stuhl auf und stoppt damit die Szene. Er fragt nach den Anregungen der Teilnehmer, um diese anschließend umzusetzen.

Was auch immer die Teilnehmer nun vorschlagen, setzt der Trainer um, zum Beispiel:

Teilnehmer: *„Sie müssen klarstellen, dass er niemals genauso unfreundlich reagieren darf wie der Kunde. Schließlich bezahlt der Kunde sein Gehalt."*
Trainer A: *„Alles klar."*

Trainer A übernimmt wieder die Rolle der Führungskraft:

Fk.: *„Sie können auf keinen Fall so unfreundlich reagieren wie der Kunde. Schließlich bezahlt der Kunde Ihr Gehalt."*
Mitarbeiter: *„Ach, und dann soll ich mich also von ihm beleidigen lassen, oder was?"*

Trainer A steht daraufhin wieder auf und bittet um „Regieanweisung":

Teilnehmer: *„Zeigen Sie erst mal Verständnis dafür, dass es unangenehm ist, beleidigt zu werden. Er muss sich nicht beleidigen lassen. Er kann schon sagen, dass das Gespräch sachlich sein soll, aber er kann nicht mit gleicher Münze heimzahlen."*
Trainer A: *„O.K., das versuche ich."*

Trainer A setzt die Szene fort.

Fk.: *„Ich kann verstehen, dass Sie verärgert sind. Sie müssen sich nicht beleidigen lassen. Sie können zum Beispiel sagen, dass Herr Kaiser sachlich sein soll. Aber es geht nicht, dass Sie mit gleicher Münze zurückzahlen."*

Mitarbeiter: *„Ja, vielleicht hätte ich nicht laut werden sollen, aber ich finde, Sie könnten Herrn Kaiser ruhig mal sagen, dass er sich besser benehmen sollte ..."*

Im Folgenden unterbricht Trainer A das Gespräch immer wieder, holt sich Input von den Teilnehmern und setzt die Szene dann fort. Sofern der Input hilfreich ist, sollte sich innerhalb von 15-20 Minuten eine konstruktive Lösung des Kritikgesprächs anbahnen. Zum Abschluss sammeln Trainer und Teilnehmer auf der Pinnwand, was beim Führen von Kritikgesprächen hilfreich ist und was eher nicht.

Hinweise

- Wichtig ist, dass das Szenario ausreichend klar ist, so dass die beiden „Darsteller" handlungsfähig sind. Damit die Situation genügend „Zündstoff" bietet, muss der „Mitarbeiter" sich ausreichend widerspenstig verhalten und es der „Führungskraft" nicht zu leicht machen. Gleichzeitig muss der Mitarbeiter es möglich machen, nach spätestens 20 Minuten zu einer zufriedenstellenden Lösung des Gesprächs zu kommen – vorausgesetzt, Trainer A erhält gute „Regieanweisungen" aus dem Publikum.
- Anschließend kann mit den Teilnehmern erarbeitet werden, worauf geachtet werden sollte, wenn man kritisches Feedback gibt. Danach kann dann der Input zum Thema „Konflikte konstruktiv ansprechen" (siehe ab Seite 156) angeschlossen werden.

Literatur

- Funcke, Amelie/Havermann-Feye, Maria: Training mit Theater. Wie Sie Theaterelemente erfolgreich ins Training bringen. managerSeminare, 2004.
- Spolin, Viola: Improvisationstechniken für Pädagogik, Therapie und Theater. Junfermann, 2005, 7. Aufl.
- Vlcek, Radim: Praxis Buch Workshop Improvisationstheater. Übungs- und Spielesammlung für Theaterarbeit, Ausdrucksfindung und Gruppendynamik. Carl Auer, 2008, 5. Aufl.

4. Kritik äußern – Übung 10.25 Uhr

Orientierung

Ziele:
- Die Teilnehmer trainieren ihre Fähigkeit, Kritik konstruktiv zu äußern

Zeit:
- 35 Minuten (10 Min. Instruktion und Einzelarbeit, 15 Min. Kleingruppenarbeit, 5 Min. Bericht im Plenum, 5 Min. Puffer)

Material:
- Notizblöcke und Stifte

Überblick:
- Die Teilnehmer überlegen sich eine Situation, in der sie Kritik an einem Mitarbeiter äußern
- Sie schreiben auf, wie sie die Kritik – auf der Basis des „SAG ES!"-Schemas ansprechen würden
- In Kleingruppen á 3 Personen spricht jeweils einer die Kritik an, die anderen identifizieren sich mit dem Mitarbeiter und geben eine Rückmeldung, wie die Kritik „ankommt"

Erläuterungen

Zwar sind sich die Teilnehmer in der Regel schnell einig, worauf es bei der konstruktiven Kritikäußerung ankommt, bei der Umsetzung hapert es dagegen häufig. Deshalb erhalten die Teilnehmer im Folgenden – aufbauend auf dem Leitfaden zum konstruktiven Ansprechen von Konflikten („SAG ES!") – die Gelegenheit, ihre Feedback-Fähigkeiten anhand eigener Fälle zu trainieren.

Vorgehen

Nachdem der Trainer das Schema „SAG ES!" (siehe Seite 159 f.) vorgestellt hat, instruiert er die Übung.
„Das Schema ‚SAG ES!' kann hilfreich sein, um Kritik strukturiert, klar und konstruktiv anzusprechen. Deshalb möchte ich Ihnen jetzt die Gelegenheit geben, dies anhand eigener Praxissituationen auszuprobieren."

Die Übung beginnt mit einer kurzen Einzelarbeit: *Einzelarbeit*
„Bitte überlegen Sie sich kurz eine Situation, in der es angezeigt ist,

Kritik an einem Mitarbeiter zu äußern. Es kann eine aktuelle oder eine schon länger zurückliegende Situation sein. Es ist egal, ob Sie den Konflikt in der Realität tatsächlich angesprochen haben oder nicht. Anlass zur Kritik kann die fachliche Leistung, aber auch das Verhalten des Mitarbeiters gegenüber Kollegen, Kunden oder Ihnen gegenüber sein. Wenn Sie eine Situation gefunden haben, dann überlegen Sie sich bitte, wie Sie die Kritik nach der vorgestellten Struktur „SAG ES!" äußern könnten.

Überlegen Sie:
- *Wie ist Ihre Sichtweise? Was genau haben Sie wahrgenommen?*
- *Welche Auswirkungen hat das störende Verhalten des Mitarbeiters auf Sie oder andere?*
- *Welche Gefühle löst das bei Ihnen aus?*
- *Wie können Sie die Sichtweise des Mitarbeiters erfragen?*
- *Welche Schlussfolgerungen befürworten Sie?*

Schreiben Sie bitte anhand dieser Schritte auf, wie Sie die Kritik herüberbringen würden. Wichtig ist mir dabei, dass Sie dies so formulieren, wie es für Sie auch im Alltag stimmig wäre und die Struktur „SAG ES!" als Unterstützungsmöglichkeit sehen, an die Sie sich aber nicht sklavisch halten müssen. Nehmen Sie sich dazu einen Notizblock und einen Stift."

Der Trainer schaut, ob jeder Teilnehmer eine Situation gefunden hat und unterstützt bei Bedarf die Teilnehmer mit Fragen, bis jeder einen Fall parat hat.

Kleingruppenarbeit

Nach etwa fünf Minuten bittet der Trainer die Teilnehmer, zum Schluss zu kommen. Dann leitet er die Kleingruppenarbeit an.
„Bitte setzen Sie sich nun zu dritt – jeweils mit Ihren Nachbarn zusammen. Vereinbaren Sie, wer A, B und C ist."

Sobald dies geschehen ist, fährt der Trainer fort.
„A schildert kurz die Situation. Dann spricht er den Konflikt an. B und C versetzen sich dabei in die Rolle des Mitarbeiters und geben anschließend ein Feedback, wie die Kritik bei ihnen angekommen ist. Dafür haben sie fünf Minuten Zeit, dann kommt B an die Reihe und anschließend C. Ich gebe Ihnen jeweils ein Signal, wenn die fünf Minuten um sind."

Wenn die Kleingruppen fertig sind, leitet der Trainer eine kurze Auswertung im Plenum an:
„Welche Erfahrungen haben Sie gemacht?"

5. Aktives Zuhören – Input und Übung   14.35 Uhr

> **Orientierung**
>
> **Ziele:**
> ▸ Die Teilnehmer trainieren ihre Fähigkeit, auf die Gefühle ihrer Gesprächspartner einzugehen
>
> **Zeit:**
> ▸ 25 Minuten (5 Min. Instruktion, 15 Min. Übung im Plenum, 5 Min. Puffer)
>
> **Material:**
> ▸ Flipchart „Aktives Zuhören"
>
> **Überblick:**
> ▸ Der Trainer erläutert die Bedeutung des aktiven Zuhörens
> ▸ Die Teilnehmer stellen sich im Kreis auf; jeder erhält einen Zettel, auf dem eine kritische Äußerung eines Mitarbeiters steht
> ▸ Ein Teilnehmer liest jeweils eine Äußerung vor, auf die ein anderer aktiv zuhörend reagieren muss

Erläuterungen

Auf das Thema „Aktives Zuhören" wird auch im Abschnitt zum „Umgang mit Kritik" im Mitarbeiter-Seminar eingegangen (siehe Seite 190 ff.). Im Führungskräftetraining erhält dieses Thema noch mehr Gewicht, da Führungskräfte in der Regel wenig Feedback von ihren Mitarbeitern erhalten, da diese entsprechende Sanktionen befürchten, wenn sie ihren Chef zu offen kritisieren. Deshalb ist es für Führungskräfte besonders wichtig, schon auf subtile Äußerungen von Kritik und Unzufriedenheit aufgeschlossen zu reagieren und zu signalisieren, dass kritisches Feedback willkommen ist.

Der Königsweg hierzu ist das aktive Zuhören. Diese Technik wurde von Carl Rogers, dem Begründer der Gesprächspsychotherapie entwickelt. Seine Grundannahme war, dass der Klient durch die Empathie und Akzeptanz des Therapeuten, die sich in dem Verbalisieren seiner Gefühle und Bedürfnisse manifestiert, lernt, sich selbst zu akzeptieren und zu verwirklichen. In der Folge wurde die Bedeutung des aktiven Zuhörens für Kommunikation, Pädagogik und Führung erkannt und nutzbar gemacht (Gordon 2005).

Vorgehen

„Im Folgenden möchte ich auf das Thema ‚Aktives Zuhören' noch genauer eingehen. Die Fähigkeit, die Gefühle und Bedürfnisse des Konfliktpartners zu verstehen, ist für Sie als Führungskraft besonders wichtig. Denn nur, wenn Sie in der Lage sind, diese zu erkennen, werden Sie in der Lage sein, darauf angemessen zu reagieren.

In der Regel sprechen Mitarbeiter ihre Kritik nicht offen an, da sie befürchten, dass sich dies bei der nächsten Beurteilung oder Gehaltsverhandlung rächen könnte. Dies zeigt eine Vielzahl von Untersuchungen. Selbst, wenn das Verhältnis positiv ist, wird Kritik meist nicht geäußert.

Umso mehr können Sie sich freuen, wenn Sie überhaupt kritisches Feedback erhalten – ist es doch der Beweis, dass der Mitarbeiter Vertrauen gefasst hat, dass Sie mit Kritik umgehen können. Entscheidend ist dann, mit Kritik auch tatsächlich konstruktiv umzugehen. Hierbei ist das aktive Zuhören äußerst hilfreich."

Der Trainer zeigt das Flipchart „Aktives Zuhören".

Abb.: Das Flipchart „Aktives Zuhören".

„Es gibt drei Stufen des aktiven Zuhörens. Auf der ersten Stufe höre ich dem Gesprächspartner aufmerksam zu und signalisiere ihm das durch Blickkontakt, Nicken oder durch Laute wie ‚mhm', ‚ja', ‚ah' usw.

Zweitens geht es darum, zu überprüfen, ob ich das Gehörte inhaltlich richtig verstanden habe. Hier fasse ich den Kern des Gehörten in eigenen Worten zusammen. Das dient nicht nur meinem Verständnis. Es hilft auch dem Gesprächspartner, seine Gedanken zu klären. Ich helfe ihm, auf den Punkt zu kommen.

Drittens – und das ist jetzt unser Thema – geht es darum, die Gefühle und Bedürfnisse des anderen zu verstehen und widerzuspiegeln.

Dazu ein Beispiel: Angenommen, mein Kollege hat mir etwas anvertraut. Mir war nicht klar, dass ich das für mich behalten sollte und ich habe anderen Kollegen davon erzählt. Nun ist er sehr verärgert und sagt mir das sehr deutlich mit den Worten: ‚Sag mal, warum musstest Du das denn weitererzählen? Kannst Du nichts für Dich behalten?'

Die Gefahr ist groß, dass ich mich rechtfertige, nach dem Motto: ‚Das hättest Du ja auch mal sagen können, dass das geheim sein soll. Woher soll ich das denn wissen?' Wenn es mir dagegen gelingt, aktiv zuzuhören, könnte ich etwa sagen: ‚Dir ist es unangenehm, dass die Kollegen das erfahren haben?' – oder: ‚Du bist ganz schön sauer, dass ich das weitererzählt habe.'

Wahrscheinlich wird der Kollege das bejahen und – auch wenn er möglicherweise nach wie vor verärgert ist – zumindest das Gefühl haben, dass ich verstanden habe, worum es ihm geht."

Gefühle und Bedürfnisse des anderen verstehen und widerspiegeln

Der Trainer wartet ab, ob es Fragen oder Anmerkungen gibt. Anschließend leitet er zu einem Beispiel über, das er mit allen Teilnehmern erarbeitet, um die Gruppe für die anschließende Übung anzuwärmen:
„Stellen Sie sich vor, ein langjähriger, verdienter Mitarbeiter steht in Ihrem Zimmer. Er lässt folgende Bemerkung fallen: ‚Bei Ihnen werden auch nur neue Mitarbeiter gefördert! Bei uns Älteren ist es ja selbstverständlich, was man leistet.' Wie könnten Sie nun aktiv zuhören und seine Gefühle und Bedürfnisse spiegeln?"

Der Trainer sammelt einige Beispiele und diskutiert anschließend, welche Reaktionen stimmig sind:
„‚Sie sind enttäuscht', ist eine Möglichkeit, weil sie das Gefühl des Mitarbeiters vermutlich auf den Punkt bringt. ‚Sie wünschen sich, besser gefördert werden?' wäre auch passend, weil man damit auf die Wünsche und Bedürfnisse des Mitarbeiters eingeht."

Dann leitet der Trainer zur Übung „Aktives Zuhören" über.
„Lassen Sie uns nun einen Schritt weitergehen. Ich möchte Sie einladen, Ihre Fähigkeit, aktiv zuzuhören, anhand von möglichen Mitarbeiter-Äußerungen zu trainieren. Wie im Alltag auch, sind Sie gefordert, spontan zu reagieren und die Gefühle und Bedürfnisse herauszuhören

und zurückzuspiegeln. Dazu möchte ich Sie bitten, aufzustehen und sich im Kreis aufzustellen."

Sobald dies geschehen ist, erhält jeder Teilnehmer einen Zettel, auf dem eine kritische Mitarbeiter-Äußerung steht.

Übung „Aktives Zuhören"

▶ Wieso greifen Sie eigentlich ständig in meine Kompetenzen ein? Haben Sie kein Vertrauen zu mir, dass Sie ständig alles überwachen müssen?

▶ Es ist Ihnen wohl nicht klar, was für eine Arbeit in diesem Konzept steckt. Aber vielleicht kann man sich das auch nicht vorstellen, wie aufwendig das ist, wenn man sich nicht selbst damit beschäftigt hat.

▶ Bei uns verlaufen solche Initiativen ohnehin immer im Sande. Da ist es ja vergebliche Liebesmüh, sich in dieser Sache zu engagieren.

▶ Bei uns wird nur noch verwaltet; wenn man hier arbeitet, fällt man unangenehm auf!

▶ Warum lassen Sie eigentlich niemanden ausreden?

▶ Es wäre ja schön gewesen, wenn man auch mal mit eingebunden wird, aber offensichtlich ist das hier nicht gefragt.

▶ Wenn mal was schiefläuft, ist hier gleich der Teufel los, aber dass meistens alles perfekt funktioniert, bemerkt nie jemand.

▶ Nie hat jemand Zeit. Erklärt bekomme ich nichts, aber wehe, wenn was schiefgeht!

▶ Wenn Sie mich gefragt hätten, wäre das nicht passiert. – Aber wer fragt mich schon?

▶ Es wäre ja schön, wenn sich mal jemand für uns einsetzen würde und nicht alle nur dem Chef nach dem Mund reden würden. Aber für uns setzt sich ja nie jemand ein. Wir dürfen immer nur umsetzen.

▶ Der Informationsfluss hier ist doch unter aller Kanone. Es wäre ja schön, wenn man auch mal persönlich informiert werden würde. Aber das hält wohl niemand für nötig.

▶ Sie sind ja ständig unterwegs. Für mich haben Sie nie Zeit! Dazu sind Sie ja immer zu beschäftigt. Es gibt offenbar Wichtigeres zu tun.

Dann instruiert der Trainer die Übung:
"Ich möchte Sie nun bitten, nacheinander Ihren Satz vorzulesen und sich in die Rolle des Mitarbeiters zu versetzen, der diesen Satz sagt. Vergegenwärtigen Sie sich, welche Gefühle und Bedürfnisse Sie in dieser Rolle haben.

Wenn Sie den Satz vorgelesen haben, fordern Sie einen anderen Teilnehmer auf, darauf mit aktivem Zuhören zu reagieren. Anschließend geben Sie ein Feedback, inwiefern Sie sich richtig verstanden gefühlt haben. Wenn Sie sich nicht optimal verstanden fühlen, können andere einen weiteren Versuch wagen. Alles klar?"

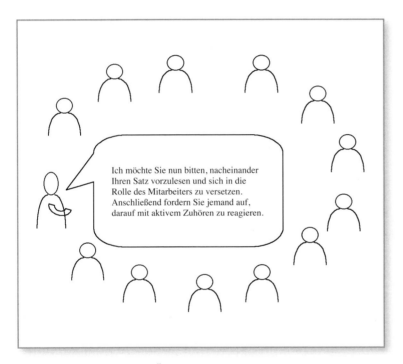

Abb.: Der Trainer instruiert die Übung zum aktiven Zuhören.

Da bei dieser Übung leicht ein erheblicher Leistungsdruck entstehen kann, versucht der Trainer, diesen zu vermindern, indem er deutlich macht:
"Wichtig ist mir: Auch wenn Sie mit dem aktiven Zuhören falschliegen, macht das nichts, weil Sie alleine dadurch, dass Sie versuchen, auf die Gefühle und Bedürfnisse des anderen einzugehen, den Kontakt vertiefen. Wer mag anfangen?"

Der erste Seminarteilnehmer liest seinen Satz vor und wählt dann jemand aus, der darauf reagieren soll. Wenn der erste Teilnehmer sich verstanden fühlt, kommt der nächste an die Reihe. Wenn nicht, können andere Teilnehmer einen weiteren Versuch wagen. Der Trainer kann sich an der Übung selbst aktiv beteiligen.

Hinweise
- Diese Methode habe ich bei meinem Kollegen Rainer Korossy kennengelernt. Eine ähnliche Übung findet sich bei Weisbach (2008).

Literatur
- Gordon, Thomas: Managerkonferenz. Heyne, 2005.
- Gehm, Theo: Kommunikation im Beruf. Beltz, 2004, 4. Aufl.
- Schmidt, Thomas: Kommunikationstrainings erfolgreich leiten. Der Seminarfahrplan. managerSeminare, 2008, 4.Aufl.
- Weisbach, Christian-Rainer: Professionelle Gesprächsführung. Deutscher Taschenbuch Verlag, 2008, 7. Aufl.

6. Konfliktgespräche führen – Rollenspiel 16.10 Uhr

> **Orientierung**

Ziele:
- Die Teilnehmer üben, ein Konfliktgespräch anhand des Gesprächsleitfadens zu führen
- Sie erhalten ein Feedback zu ihrem Konfliktlösungsverhalten

Zeit:
- 60 Minuten (5 Min Instruktion, 15 Min. Vorbereitung, 15 Min. Rollenspiel, 15 Min. Auswertung in der Kleingruppe, 5 Min. Bericht im Plenum, 5 Min. Puffer)

Material:
- Rollenspiel-Instruktionen „Konfliktgespräch"
- Beobachtungsaufträge, Stifte und Blöcke für die Beobachter

Überblick:
- Die Teilnehmer teilen sich in Kleingruppen mit je drei Personen auf
- Die Kleingruppe teilt die Rollen unter sich auf: Führungskraft, Mitarbeiter, Beobachter
- Die Teilnehmer führen die Rollenspiele in den Kleingruppen durch und werten sie aus
- Kurzer Bericht im Plenum

Erläuterungen

Das folgende Rollenspiel bietet die Möglichkeit, ein Konfliktgespräch zu führen und den zuvor vorgestellten Gesprächsleitfaden zu erproben. Das Vorgehen ist identisch mit der Rollenspielübung im Mitarbeiter-Seminar, nur die Instruktionen und der Auswertungsbogen sind jeweils auf die besondere Rolle von Führungskräften zugeschnitten.

Vorgehen

Nachdem der Trainer den Gesprächsleitfaden zum Führen von Konfliktgesprächen vorgestellt hat (ab Seite 232), instruiert er das Rollenspiel.

„Nun gibt es Gelegenheit, den Gesprächsleitfaden praktisch auszuprobieren. Ich habe dazu eine Fallsituation für ein

Konfliktgespräch zwischen einer Führungskraft und einem Mitarbeiter entwickelt. Sie werden jetzt in Kleingruppen Gespräche anhand dieser Fallstudie führen.

Wir bilden vier Kleingruppen mit jeweils drei Personen. Die Gespräche führen Sie in den Kleingruppen unter sich. Zwei von Ihnen übernehmen jeweils die Rolle eines der beiden Kollegen, die Dritte beobachtet, achtet auf die Zeit und leitet die Auswertung an. Die Kleingruppen bilden wir so, dass Sie sich bitte gleichmäßig auf die vier Ecken des Raumes verteilen."

Dann teilt der Trainer an jede Gruppe die Instruktionen aus, wobei der Beobachter beide Instruktionen und den Beobachtungsbogen erhält. Er weist auf den zeitlichen Rahmen hin:
„Sie haben für die Vorbereitung 15 Minuten, für das Rollenspiel 15 Minuten und für die Auswertung ebenfalls 15 Minuten Zeit. Der Beobachter achtet auf die Zeit."

Die Unterlagen finden Sie auf den folgenden Seiten.

Rollenspiel „Konfliktgespräch" zwischen Führungskraft und Mitarbeiter

Ihre Rolle: Sie sind seit knapp einem Jahr als Teamleiter/in tätig.

Seit einiger Zeit bemerken Sie, dass Ihr Mitarbeiter, Herr (Frau) Waas, nicht mehr die gleiche Leistung erbringt wie früher. Während er noch vor einiger Zeit gute Arbeit leistete, sich weiterbildete und dennoch auch die Arbeit anderer Kollegen zusätzlich abarbeitete, wird er mittlerweile mit seiner eigenen Arbeit kaum noch fertig, so dass diese zum Teil liegen bleibt und verspätet fertiggestellt wird. Dass er eine neue, zugegebenermaßen nicht besonders leistungsstarke Kollegin (Frau Lisa Lahm) gerade einarbeitet, kann dafür eigentlich keine Ausrede sein. Das hat er früher schließlich auch gemacht und da gab es sicher immer mal wieder Kollegen, die man schneller einarbeiten konnte und solche, bei denen es etwas länger dauerte. Dabei hatte Ihre Vorgängerin, Frau Best, Herrn Waas für seine besonderen Leistungen stets gelobt und auch Sie hatten den Eindruck, dass er ein förderungswürdiger Mitarbeiter ist, aber mittlerweile haben Sie daran erhebliche Zweifel.

Über dieses Thema wollten Sie schon seit Längerem mit Herrn (Frau) Waas sprechen. Da Sie jedoch seit einem halben Jahr in einer strategisch wichtigen Projektgruppe mitarbeiten, waren Sie häufig am Hamburger Standort, wo sich die Projektgruppe trifft und hatten in der verbleibenden Zeit einfach zu viel um die Ohren. Für Gespräche blieb da wenig Zeit. Nun aber möchten Sie die

Gelegenheit beim Schopfe packen und sich mit Herrn Waas zusammensetzen. Schließlich gibt es nun einen aktuellen – sehr unerfreulichen – Anlass. Als Sie neulich an der Teeküche vorbeikamen, hörten Sie, wie Waas zu zwei Kollegen (Keller und Schuster) laut sagte: „Dem Chef schenken wir ein Schiff zum Geburtstag, dann kann er gleich wieder nach Hamburg abdampfen." Auf das Lachen der Kollegen fuhr er fort: „Ist doch wahr, dem geht's doch eh nur um seine Karriere. Für uns interessiert der sich doch gar nicht!" Sie waren zunächst wie gelähmt, als sie das hörten, weil sie mit einer solch abfälligen Meinung von Waas nie gerechnet hätten. Außerdem waren Sie natürlich wütend und hätten am liebsten gleich Stellung bezogen, aber Sie hatten einen Termin mit Ihrem Chef und mussten dringend weitergehen.

Die Vorwürfe von Herrn Waas ärgern Sie – neben der abfälligen Art, in der er sie sagte und der Tatsache, dass er die Kollegen gegen Sie anstachelt – auch inhaltlich: Sie haben es sich nicht ausgesucht, in die Projektgruppe (die eine neue, bessere Software für Ihre Abteilung entwickeln soll) zu gehen, auch nicht, um Ihre eigene Karriere voranzutreiben. Sie sind vom Vorstand in die Projektgruppe berufen worden und hatten keine Möglichkeit, hierauf Einfluss zu nehmen. Sie sind auch nicht glücklich darüber, so oft abwesend zu sein, aber dies lässt sich eben nicht ändern. Dass Sie sich nicht für Ihre Mitarbeiter interessieren, ist eine Unterstellung, die Sie kränkt, weil Sie sich ungerecht behandelt fühlen.

Allerdings passt es durchaus zu dem Eindruck, den Sie von Herrn Waas gewonnen haben, dass er sich so abfällig über andere äußert. Immer mal wieder erleben Sie, dass er negative Kommentare über Kollegen aus anderen Abteilungen macht. Neulich erst meinte er, es sei kein Wunder, dass der Umsatz zurückgegangen sei, es arbeiteten ja „nur Nieten" im Vertrieb. Auch über den Controlling-Bereich hat er sich schon negativ geäußert, das seien ja alles nur „Erbsenzähler" und im Personalbereich arbeiteten nur „Teebeutelwerfer". Natürlich hat er mit diesen Bemerkungen öfter mal die Lacher auf seiner Seite, aber es ist nicht sehr förderlich für das Betriebsklima, wenn ein Mitarbeiter derart negativ über Kollegen spricht. Zunächst hatten Sie diese Bemerkungen nicht allzu ernst genommen, aber nachdem sich neulich auch ein junger Kollege, Herr Knirps, abfällig über die „Luschen" im Vertrieb geäußert hatte, haben Sie nun den Eindruck, dass Herr Waas mit seiner negativen Haltung auch die Kollegen beeinflussen könnte – nicht zuletzt auch gegenüber Ihnen selbst.

Vielleicht ist Waas frustriert, weil er vor Jahren durch ein Assessment-Center gefallen ist. Vielleicht hat ihn auch gestört, dass Sie neulich nicht weiter auf ihn eingehen konnten, als er mehrfach wegen seiner Probleme mit Frau Lahm zu Ihnen kam und Sie keine Zeit hatten. Nichtsdestotrotz kann das alles kein Grund sein, um so über Sie und andere herzuziehen. Nun haben Sie Waas zum Gespräch geladen.

Rollenspiel „Konfliktgespräch" zwischen Führungskraft und Mitarbeiter

Ihre Rolle: Herr/Frau Waas, Mitarbeiter/in

Seit einiger Zeit fühlen Sie sich demotiviert. Sie haben sich weitergebildet, haben zahlreiche Seminare besucht, neue Mitarbeiter eingearbeitet und Kollegen bei der Bearbeitung von deren Arbeit, die sie nicht schafften, geholfen. Ihr/e Chef/in hat Ihr Engagement nie bemerkt. Sie sind enttäuscht, dass es selten mal ein anerkennendes Wort für Ihre Bemühungen gab. Da war die Vorgängerin, Frau Best, aus ganz anderem Holz geschnitzt. Sie hat Sie immer gefördert und unterstützt. Kein Wunder, dass Ihnen die Arbeit heute nicht mehr so viel Spaß macht wie früher. Da Sie seit einem halben Jahr eine furchtbar begriffsstutzige neue Kollegin (Frau Lahm) einarbeiten, hat sich auch bei Ihnen – wie in der gesamten Gruppe – einige Arbeit angesammelt, die noch erledigt werden muss. Die neue Kollegin nimmt einfach viel zu viel Zeit in Anspruch. Kein Wunder, sie ist fachfremd und tut sich ungeheuer schwer mit der Arbeit. Dauernd fühlt sie sich überfordert, fragt ständig die gleichen Fragen und kriegt es kaum geregelt, Vorgänge zu bearbeiten, die mal etwas komplizierter sind. Dass Sie sich daran aufreiben und kaum selbst zum Arbeiten kommen, nimmt Ihr Chef überhaupt nicht wahr. Da muss sich unbedingt etwas ändern.

Sie haben schon mehrfach versucht, mit Ihrem Vorgesetzten wegen Ihrem Problem mit Frau Lahm ins Gespräch zu kommen. Aber er war im letzten halben Jahr ständig bei seiner Projektgruppe in Hamburg. Und wenn er da war, erschien er immer ungeheuer beschäftigt. Anscheinend hat er wichtigere Dinge zu tun, als sich um seine Mitarbeiter zu kümmern. Zum Beispiel seine Karriere voranzutreiben. Sie finden es einfach nicht in Ordnung, dass er kaum noch Zeit für seine Leute hat. In Ihnen hat sich darüber ein ganz schöner Frust angesammelt. Immerhin können Sie diesen Frust gelegentlich bei Kollegen loswerden. Neulich standen Sie mit den Kollegen Keller und Schuster zusammen in der Teeküche und hatten einen netten Plausch zu dem Thema. Keller sprach das Thema an und meinte, der Chef sei ja ständig in Hamburg. Sie schlugen vor, ihm zu seinem Geburtstag ein Schiff zu schenken, damit er gleich wieder „abdampfen" könne. Auf das zustimmende Lachen der Kollegen hin äußerten Sie Ihren Eindruck, dass es ihm nur um seine Karriere geht und er sich überhaupt nicht für seine Mitarbeiter interessiert. Möglicherweise hat Ihr Chef das gehört, aber das wäre Ihnen auch egal, er soll ruhig mitbekommen, wie die Leute hier denken. Sie haben ohnehin nur ausgesprochen, was andere denken.

Schließlich liegt mittlerweile einiges im Argen in diesem Unternehmen. Dies drückt sich auch in gesunkenen Umsätzen und Gewinnen aus. Aus Ihrer Sicht liegt das daran, dass die falschen Leute gefördert werden. Leider kann man hier nur noch Karriere machen, wenn man eines dieser Assessment-Center und Audits bestanden hat. Ihnen wurde vor einigen Jahren in einem dieser Stress-Tests die Führungsfähigkeit abgesprochen. Dabei sind Sie ein Mann des klaren Wortes, aber anscheinend werden nur noch stromlinienförmige Duckmäuser und Schleimer befördert. Sie selbst haben sich zwar damit arrangiert, dass aus Ihrer Karriere nichts wird, aber es ist schon erstaunlich, wie fachlich inkompetent die Vertriebsleute bei Ihnen sind und wie unflexibel die

Controlling-Mitarbeiter. Von den „Teebeutelwerfern" im Personalbereich mal ganz zu schweigen. Ihre Sichtweise wird von den Kollegen, wie Schuster und Keller, aber auch dem jungen Herrn Knirps, durchaus geteilt.

Nun hat Ihr Teamleiter Sie um ein Gespräch gebeten. Vielleicht würdigt er ja endlich mal Ihre Leistung und bietet Ihnen Unterstützung bei der Einarbeitung von Frau Lahm an.

Beobachtung des Konfliktgesprächs

Ihre Aufgabe:

I. Sorgen Sie für die Einhaltung der Zeiten:
- Vorbereitung: 15 Min.
- Durchführung: 15 Min.
- Auswertung: 15 Min.

II. Beobachten Sie das Gespräch in Bezug auf folgende Kriterien:
1. Wie gestaltet die Führungskraft das Gesprächsklima? Wie gelingt es ihr, eine wertschätzende Atmosphäre herzustellen? Welche Beobachtungen konnten Sie auf der nonverbalen Ebene machen: z.B. Körperhaltung, Gestik, Mimik, Blickkontakt?
2. Struktur: Wie strukturiert und führt die Führungskraft das Gespräch (z.B. durch Fragetechniken)?
3. Ansprechen des Konfliktes: Inwieweit spricht die Führungskraft die Konflikte klar und konstruktiv an?
4. Eingehen auf den Konfliktpartner: Wie sehr gehen die Konfliktpartner aufeinander ein, etwa durch offene Fragen, aktives Zuhören, „Spiegeln" von Gefühlen und Bedürfnissen?
5. Vereinbarungen: Wie klar und konkret sind die getroffenen Vereinbarungen? Welche Wünsche und Bedürfnisse werden dabei berücksichtigt?

III. Leiten Sie die Auswertung an.
Gehen Sie bei der Auswertung folgendermaßen vor:
1. Wie hat die Führungskraft das Gespräch erlebt?
2. Wie hat „Frau/Herr Waas" das Gespräch erlebt?
3. Was haben Sie beobachtet?

Achten Sie bei der Auswertung auf die Feedback-Regeln:
- Beschreiben Sie Ihre Wahrnehmung, ohne die Personen zu bewerten.
- Bleiben Sie bei Ihrer Rückmeldung konkret. Treffen Sie keine verallgemeinernden Aussagen (z.B. „Sie waren sehr dominant").
- Sagen Sie immer auch, was Ihnen gefallen hat.

Nachdem die Kleingruppen fertig sind, bittet der Trainer die Teilnehmer:
„Berichten Sie bitte kurz den anderen, wie das Gespräch bei Ihnen gelaufen ist, und welche Erkenntnisse Sie aus der Auswertung gezogen haben."

Variante
▶ Das Rollenspiel kann auch im Plenum durchgespielt werden. Der Vorteil dieser Variante liegt darin, dass der Seminarleiter die Auswertung besser steuern kann und die Akteure ein differenzierteres Feedback erhalten. Andererseits erhält dann nur eine Person pro Durchgang die Gelegenheit, ein Konfliktgespräch aus der Rolle der Führungskraft zu üben.

Literatur
Weitere Rollenspiele finden Sie bei:
▶ Eva Neumann, Sabine Heß, Trainernetzwerk study&train: Mit Rollen spielen. Rollenspielsammlung für Trainerinnen und Trainer. managerSeminare, 2009, 3. Aufl.
▶ Eva Neumann, Sabine Heß: Mit Rollen spielen II. managerSeminare, Herbst 2009.

09.15 Uhr **7. Die Führungskraft als Konfliktmoderator – Warm-up**

> **Orientierung**
>
> **Ziele:**
> ▶ Annahmen und Vorwissen zum Thema aufgreifen und nutzen
> ▶ Die Gruppe für das Thema anwärmen
>
> **Zeit:**
> ▶ 15 Minuten
>
> **Material:**
> ▶ Pinnwand, Karten, Pins und Moderationsstifte
>
> **Überblick:**
> ▶ Der Trainer schiebt drei Stühle in die Mitte, um die Ausgangssituation einer Konfliktmoderation darzustellen
> ▶ Er führt eine Kartenabfrage durch zu den Fragen „Konflikte zwischen Mitarbeitern – Was die Führungskraft tun oder besser lassen sollte"

Erläuterungen

Führungskräfte müssen nicht nur die eigenen, sondern auch die Konflikte ihrer Mitarbeiter managen können. Dies erfordert die Fähigkeit zur Konfliktmoderation beziehungsweise Mediation. Hierbei handelt es sich um eine hochkomplexe Kompetenz, die innerhalb eines dreitägigen Seminars allenfalls in Grundzügen erlernt werden kann. Eben dies ist der Anspruch dieses Seminars: Grundzüge der Konfliktmoderation zu vermitteln, so dass die Teilnehmer anschließend realistisch einschätzen können, welche Konflikte sie selbst moderieren können und wo sie einen externen Experten heranziehen sollten. Einstieg: Vorwissen nutzen. Auch wenn die Teilnehmer in der Regel keine Erfahrung mit einer „echten" Konfliktmoderation aufweisen können, haben sie doch Vorstellungen und Vorwissen zu der Frage, welche Anforderungen ein Konfliktmoderator erfüllen sollte.

Vorgehen

Der Trainer kann in das Thema einleiten, indem er drei Stühle so zueinander aufstellt, dass diese in einem gleichschenkligen Dreieck stehen.

Damit symbolisiert er die Ausgangssituation einer Konfliktmoderation.

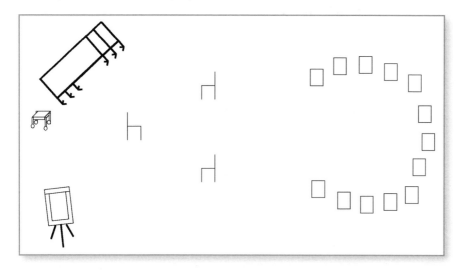

Abb.: Der Trainer stellt mit drei Stühlen die Ausgangsposition einer Konfliktmoderation dar.

Er leitet ins Thema ein und verweist auf das Plakat „Stufen der Konflikteskalation":
„Wir haben bei den Eskalationsstufen von Konflikten gesehen, dass es ab einer gewissen Stufe der Konfliktentwicklung den Beteiligten in der Regel nicht mehr möglich ist, Konflikte alleine zu lösen."

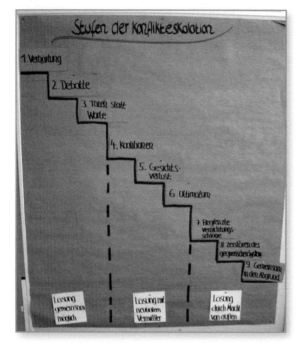

Abb.: Das Plakat „Stufen der Konflikteskalation".

Kann der Konflikt nicht mehr eigenständig bearbeitet werden, ist ein Moderator erforderlich

„Wenn die beiden Konfliktparteien nicht mehr in der Lage sind, den Konflikt eigenständig zu bearbeiten, ist die Moderation durch eine dritte Person unabdingbar.

Dies ist grundsätzlich Aufgabe der Führungskraft. Es ist eine anspruchsvolle Aufgabe und es kann sein, dass Sie als Führungskraft diese nicht wahrnehmen können oder möchten. Zum Beispiel, wenn Sie selbst persönlich involviert sind und nicht neutral vermitteln können. Oder weil Sie den Eindruck haben, dass Sie nicht die richtige Ausbildung haben, um die Aufgabe eines Konfliktmoderators zu übernehmen. Dann haben Sie die Möglichkeit, die Moderation an eine externe Person zu delegieren – sei es jemand aus Ihrer Personalentwicklungsabteilung oder sei es ein externer Berater. Das kann, gerade bei schweren Konflikten, Sinn machen.

Gleichwohl tragen letztlich Sie die Verantwortung für die Arbeitsergebnisse Ihres Teams und wenn diese durch Konflikte beeinträchtigt werden, tragen Sie die Verantwortung, dass diese gelöst werden. Deshalb ist es sinnvoll, über grundlegende Kenntnisse und Fähigkeiten zur Konfliktmoderation zu verfügen. Deshalb wird es im Folgenden darum gehen, diese zu trainieren.

Als ersten Schritt möchte ich gerne Ihre Erfahrungen aufgreifen und zusammentragen. Anschließend werde ich Ihnen einen Leitfaden zur Konfliktmoderation anbieten, den wir dann anhand einer Fallstudie erproben werden."

Der Trainer deutet auf die drei Stühle, die in der Mitte des Raumes stehen:
„Dies ist die Ausgangssituation einer Konfliktmoderation: Wir haben zwei Konfliktparteien, die ihren Konflikt nicht eigenständig lösen können und wir haben eine dritte Person, den Moderator oder die Moderatorin, die gewissermaßen als Katalysator zur Konfliktlösung dient. Die Frage ist nun: Was sollte die Führungskraft als Konfliktmoderator tun – und was sollte sie besser lassen?"

Der Trainer schiebt den Moderationskoffer in die Mitte des Stuhlkreises.
„Bitte nehmen Sie sich rote und grüne Moderationskarten und einen Moderationsstift."

Wenn sich alle Teilnehmer Karten und Stifte genommen haben, fährt der Trainer fort:
„Bitte schreiben Sie auf die grünen Karten, was ein Konfliktmoderator tun sollte und auf die roten Karten, was er besser lassen sollte. Notieren Sie ein Stichwort und erläutern es. Ich pinne die Karte an die Pinnwand."

Der Trainer sammelt die Karten direkt ein und ordnet sie beim Anpinnen. Auf der linken Seite ordnet er die positiven Aspekte, rechts die negativen Aspekte an. Ähnliche Aspekte gruppiert er zusammen.

Hinweise
- Der Trainer sammelt in dieser Phase alle Punkte, die genannt werden. Im folgenden Input kann er sich dann auf die geäußerten Aspekte beziehen. Dabei kann er, wenn es erforderlich ist, auch jene Punkte klarstellen, die aus seiner Sicht falsch oder irreführend sind – etwa wenn Teilnehmer die Auffassung vertreten, dass der Konfliktmoderator „ein Machtwort sprechen" und „auch mal auf den Tisch hauen sollte". Dies kann für die Führungskraft in ihrer Rolle als Vorgesetzter zwar zuweilen notwendig sein, in ihrer Funktion als Konfliktmoderator geht es jedoch gerade darum, neutral zu sein.

09.30 Uhr 8. Konfliktmoderation – Input

> **Orientierung**

Ziele:
- Die Teilnehmer erkennen den Rollenkonflikt, der sich aus ihrer Doppelfunktion als Führungskraft und Moderator bei Konflikten im Team ergibt
- Sie erhalten einen Leitfaden zur Moderation von Konflikten

Zeit:
- 30 Minuten (20 Min., 10 Min. Puffer)

Material:
- Flipcharts „Zwei Rollen der Führungskraft bei Konflikten im Team" und „Interventionen des Konfliktmoderators"
- Pinnwand „Leitfaden zur Konfliktmoderation"

Überblick:
- Der Trainer erläutert am Flipchart die zwei Rollen der Führungskraft bei Konflikten im Team
- Er geht auf die Bedeutung von Einzelgesprächen bei der Vorbereitung einer Konfliktmoderation ein
- Er stellt den Leitfaden zur Moderation von Konfliktgesprächen vor
- Er gibt einen Überblick über die wichtigsten Interventionen des Konfliktmoderators

Erläuterungen

Führungskräfte brauchen Handwerkszeug. Ein Leitfaden zur Konfliktmoderation ist eines der wichtigsten Werkzeuge des Konfliktmanagements für sie. Dort werden eine Reihe grundlegender Konfliktlösungstechniken benötigt, die vorher schon thematisiert und trainiert worden sind, wie etwa Fragetechniken und aktives Zuhören.

Vorgehen

Der Trainer bezieht sich zunächst auf einige grundlegende Aspekte zur Konfliktmoderation durch Führungskräfte, bevor er den Leitfaden zur Moderation von Konfliktgesprächen erläutert. Dabei bezieht er sich – wenn möglich – auch auf jene Aspekte, welche die Teilnehmer in der Kartenabfrage genannt haben.

„Grundsätzlich ist wichtig, dass Sie als Führungskraft bei einer Konfliktmoderation zwei Rollen zugleich innehaben.

Zum einen sind Sie neutraler Vermittler, der „Mediator" zwischen zwei Konfliktparteien. In dieser Rolle versuchen Sie, beide Seiten gleichermaßen zu Wort kommen zu lassen – wie Sie das gerade auch schon herausgearbeitet haben. Sie tun Ihr Bestes, um die Interessen und Bedürfnisse aller Beteiligten herauszuarbeiten und zu verstehen. Sie gehen davon aus, dass nicht eine Seite ‚schuld' an dem Konflikt ist, sondern beide Seiten ihren Anteil, aber auch berechtigte Bedürfnisse und Gefühle haben. Daher möchten Sie eine Lösung erreichen, die für alle Beteiligten sinnvoll ist, und nicht eine der Parteien bevorzugt – idealerweise also eine Win-win-Lösung. Dazu ist es unabdingbar, dass Sie absolut neutral und unparteiisch sind – auch das hatten Sie ja genannt. Man kann sogar noch einen Schritt weiter gehen und sagen, dass Sie ‚allparteilich' sein müssen; das heißt, Sie müssen gewissermaßen auf beiden Seiten stehen können, sich gleichermaßen in beide hineinversetzen und somit die Voraussetzung schaffen, dass die Konfliktpartner Verständnis füreinander entwickeln. Das wird nur in dem Moment gelingen, wenn sich beide – sowohl inhaltlich, als auch emotional – von Ihnen verstanden fühlen. Für die Gestaltung dieses Prozesses sind Sie verantwortlich; für die Inhalte und für die Lösungen dagegen die Konfliktpartner. Dies alles umfasst Ihre Rolle als Moderator.*

Die zwei Rollen einer Führungskraft bei Teamkonflikten: Vorgesetzter und Vermittler

Gleichzeitig sind Sie nicht nur neutraler oder allparteilicher Dritter, Sie sind auch Vorgesetzter. In dieser Rolle müssen Sie auch Stellung beziehen, Ihre Erwartungen und Anforderungen deutlich machen und notfalls auch Entscheidungen treffen, mit denen nicht immer alle Konfliktparteien absolut zufrieden sind. Es ist Ihre Aufgabe, dafür zu sorgen, dass Vereinbarungen getroffen werden, die gewährleisten, dass die Arbeit wieder effektiv erledigt werden kann.

Sie haben also als Führungskraft gewissermaßen zwei Hüte auf."

Der Trainer zeigt das Flipchart „Zwei Rollen der Führungskraft bei Konflikten im Team".

Abb.: Die beiden Hüte symbolisieren die beiden Rollen von Führungskräften, wenn Konflikte zwischen Teammitgliedern auftauchen.

Vorbereitung der Moderation

Anschließend thematisiert der Trainer die Vorbereitung der Konfliktmoderation.

Vier-Augen-Gespräche führen

„Dieser Rollenkonflikt ist nicht einfach zu handhaben. Dies geht umso leichter, wenn Sie während des Konfliktgesprächs mit den Konfliktparteien in der Rolle des neutralen – oder allparteilichen – Konfliktmoderators bleiben können. Dazu ist es hilfreich, wenn Sie im Vorfeld einzelne Vier-Augen-Gespräche mit den Beteiligten führen. Dort können Sie in Ihrer Rolle als Vorgesetzter auch kritische Fragen stellen und Ihre Mitarbeiter bei Bedarf auch konfrontieren, etwa wenn Sie ein Fehlverhalten erkennen. Wenn beispielsweise ein Mitarbeiter hinter dessen Rücken über einen Kollegen hergezogen ist, können Sie deutlich machen, dass Sie in Zukunft erwarten, dass der Mitarbeiter den Kollegen bei Konflikten offen anspricht, statt schlecht über ihn zu reden. Oder wenn jemand problematische Einstellungen zum Thema Kundenservice äußert, können Sie klarstellen, dass Sie hier eine andere Haltung erwarten."

Der Trainer zeigt nun das Plakat „Konfliktgespräche moderieren".

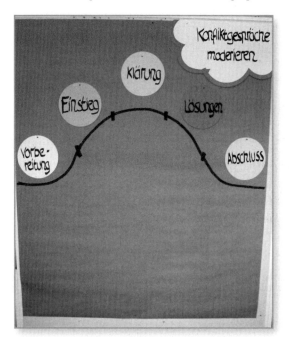

Abb.: Die Pinnwand „Konfliktgespräche moderieren".

Während er die einzelnen Punkte des Leitfadens im Folgenden erläutert, pinnt der Trainer jeweils die entsprechenden Karten an.

„In den Vier-Augen-Gesprächen können Sie außerdem die Bereitschaft zum gemeinsamen, moderierten Konfliktgespräch eruieren. Dies ist *wichtig, da eine Konfliktmoderation in der Regel nur dann erfolgreich ist, wenn die Beteiligten auch dazu bereit sind. Wenn eine/r der Beteiligten sich sperrt, können Sie versuchen, ihn dafür zu gewinnen. Schließlich sollten die Mitarbeiter ein Interesse daran haben, ihre Konflikte zu lösen und Blockaden in der Zusammenarbeit abzubauen. Es kann aber auch Situationen geben, in denen sich die Konfliktpartner weigern, ein Gespräch zu führen. Dann ist in Zweiergesprächen zu prüfen, ob es Lösungsmöglichkeiten gibt, die dafür sorgen, dass die Zusammenarbeit auf der sachlichen Ebene verbessert werden kann. Nach den Gesprächen geht es darum, sich zu fragen, ob ich die Rolle des allparteilichen Moderators tatsächlich einnehmen kann oder ob ich einer Seite recht gebe. Wenn Letzteres der Fall ist, bin ich eher als Führungskraft gefordert und muss mit dem Mitarbeiter, bei dem ich ein deutliches Fehlverhalten sehe, ein Kritikgespräch führen und Vereinbarungen treffen, die eine Verhaltensänderung bewirken.*

Wenn es mir dagegen gelingt, mich gleichermaßen in beide hineinzuversetzen und zu verstehen, was den Personen an dieser oder jener inhaltlichen Position oder Lösungsidee wichtig ist und welche Grundbedürfnisse dahinter stehen und ich tatsächlich sicher bin, neutral bzw. allparteilich sein zu können, dann ist der nächste Schritt, einen geeigneten Rahmen für das Gespräch zu schaffen."

Geeigneten Gesprächsrahmen schaffen

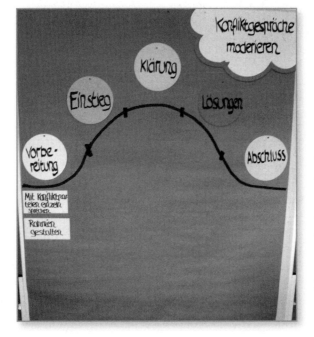

Abb.: Der Trainer erläutert, dass es in der Vorbereitung wichtig ist, zunächst mit den Konfliktparteien einzeln zu sprechen, um zu überprüfen, ob eine Konfliktmoderation angebracht ist – und wenn ja, den Rahmen für ein Gespräch angemessen zu gestalten.

„*Folgende Fragen sind hierbei relevant:*
- *Soll es ein Gespräch mit zwei Personen sein – wovon wir im Folgenden der Einfachheit halber ausgehen – oder sind mehrere Personen involviert?*
- *Wie vereinbare ich den Termin – am besten natürlich persönlich.*
- *Welchen Raum reserviere ich?*
- *Wie schaffe ich einen ungestörten Rahmen?*
- *Wie kommuniziere ich den Anlass für das Gespräch ans Team?*
- *Wie viel Zeit sollte ich einräumen? In der Regel sollten Sie mindestens eineinhalb Stunden ansetzen und gegebenenfalls weitere Termine vereinbaren.*
- *Wie will ich in das Gespräch einleiten und wie will ich es strukturieren?*"

An dieser Stelle gibt es häufig Diskussionsbedarf. So werden die Fragen zu den richtigen Rahmenbedingungen zuweilen kontrovers diskutiert. Der Trainer fungiert in dieser Phase als Moderator und lässt die Teilnehmer ihre Ansichten austauschen.

Die Konfliktmoderation

Anschließend leitet er über zur eigentlichen Moderation des Konfliktgesprächs. Dabei bezieht er sich auf das Plakat „Konfliktgespräche moderieren".

„*Eine Konfliktmoderation lässt sich in fünf Phasen einteilen, die sich von der Dramaturgie und vom Spannungsverlauf als Kurve darstellen lassen. Nach der Vorbereitung kommt der Einstieg in die Moderation und die Klärung, welche die intensivste und schwierigste Gesprächsphase ist. Anschließend werden Lösungen gesucht und das Gespräch zum Abschluss gebracht.*

Am Anfang einer Konfliktmoderation ist die Atmosphäre in aller Regel natürlich angespannt. Die Führungskraft kann für ein angenehmes Gesprächsklima sorgen, indem sie einen störungsfreien Raum organisiert und Getränke besorgt hat, beide Mitarbeiter freundlich begrüßt und einen guten Kontakt zu beiden herstellt.

Einstieg

Zum Einstieg kann sie **Anlass und Ziel des Gesprächs** *nennen und zwar in möglichst neutraler Form, z.B.: ‚Es hat in den letzten Wochen deutliche Differenzen gegeben und mir ist wichtig, dass Sie beide heute Gelegenheit haben, zu sagen, wie Sie die Dinge sehen und was Sie sich für die Zusammenarbeit wünschen, aber auch, was Sie bereit sind, für eine bessere Zusammenarbeit zu tun. Ziel ist es, dass die Zusammenarbeit wieder möglichst reibungslos funktioniert.'*

*Außerdem stimmt der Moderator die **Vorgehensweise** mit den Konfliktpartnern ab. Hier gibt er einen Überblick über den Gesprächsverlauf und sagt, dass jede Konfliktpartei zunächst Gelegenheit hat, ihre Sichtweise darzustellen, bevor die jeweiligen Bedürfnisse und Wünsche herausgearbeitet und schließlich Lösungen gesucht werden. An dieser Stelle ist es sinnvoll, Gesprächsregeln zu vereinbaren. So sollten sich alle Beteiligten zuhören und ausreden lassen, Beleidigungen und Anschuldigungen sind zu unterlassen. Stattdessen sollen alle Beteiligten ihre Wahrnehmungen und Wünsche möglichst konkret und anhand von Beispielen darstellen. Auch ist es wichtig, dass die Inhalte des Gesprächs vertraulich bleiben. Schließlich macht der Moderator die Rollen der Beteiligten klar: Er ist für die Moderation verantwortlich, indem er Fragen stellt, zusammenfasst, Ergebnisse festhält und auf die Einhaltung der Regeln achtet. Für Inhalte und Lösungen sind die Konfliktparteien selbst verantwortlich.*

*Die Phase der Klärung lässt sich in zwei Unter-Phasen unterteilen. In der ersten geht es darum, die **unterschiedlichen Sichtweisen einzuholen**. Beide Parteien kommen hierbei nacheinander zu Wort. Dabei fragt die Führungskraft nach, fasst zusammen und versucht, die Wünsche und Gefühle jeder Konfliktpartei zu verstehen. Sie sorgt dafür, dass jede Person ausreden kann und niemand den anderen beleidigt oder verletzt. Das ist oft nicht ganz einfach. Gerade wenn der Konflikt stark eskaliert ist, sind die Konfliktparteien oft versucht, den anderen mit verallgemeinernden Aussagen zu beschuldigen, zum Beispiel: ‚Herr Schulze muss halt immer Recht haben; nie kann er nachgeben.' Dann ist es wichtig, dass die Führungskraft sofort interveniert, zum Beispiel: ‚Das ist eine Verallgemeinerung. Was heißt das konkret?' oder ‚Geben Sie mir ein Beispiel?' Auf der anderen Seite ist es für den jeweiligen Zuhörer oft unerträglich die – aus seiner Sicht völlig falsche und irreführende – Sichtweise des anderen zu hören. Er wird dann versuchen, zu unterbrechen und ins Wort zu fallen. Auch hier ist es wichtig, dass die Führungskraft sehr rigoros auf die Einhaltung der vorab besprochenen Struktur achtet, etwa mit den Worten: ‚Ich weiß, dass Sie die Situation anders sehen. Mir geht es darum, beide Sichtweisen zu verstehen. Bitte lassen Sie deshalb Herrn Schulze ausreden. Genauso bin ich gleich ganz Ohr für Sie und werde Herrn Schulze ebenso bitten, Sie ausreden zu lassen.' Wenn sich das Unterbrechen wiederholt, ist es hilfreich, demjenigen anzubieten, sich Notizen zu machen, um seine Punkte nicht zu verlieren.*

Die Klärungsphase

Als Moderator versuche ich, beide Sichtweisen vollständig zu verstehen, sowohl inhaltlich als auch emotional und gehe auf beide Ebenen ein, etwa mit den Worten: ‚Ihnen ist es also wichtig, dass Ihre Akten in Ihrer Abwesenheit so bearbeitet werden, wie Sie das selbst machen würden?' oder ‚Sie waren sehr enttäuscht, dass in Ihrer Abwesenheit so über Sie gesprochen wurde.' Wenn sichergestellt ist, dass Sie beide Sichtweisen verstanden haben, arbeiten Sie die wichtigsten Themen heraus, schreiben diese auf und nennen die wichtigsten Gemeinsamkeiten und Unterschiede.

*In der anschließenden Diskussion – der zweiten Unterphase der Klärung – werden die kontroversen Themen nacheinander durchgesprochen, wobei das konfliktträchtigste – das ‚heißeste' – Thema zuerst geklärt wird. In der Diskussionsphase steuert die Führungskraft weiterhin stark das Gespräch, indem sie immer wieder einhakt, nachfragt und zusammenfasst. Deshalb kann man diese Phase als ‚***Verlangsamten Dialog***' bezeichnen. Ziel des verlangsamten Dialogs ist es, die Gefühle und Bedürfnisse der Beteiligten vollends zu erfassen und zu verstehen und damit allmählich gegenseitiges Verständnis der Konfliktparteien füreinander zu wecken. Erst wenn es gelingt, diesen ‚emotionalen Knoten' zu lösen, können auf der Sachebene konstruktive Ergebnisse erzielt werden. Dabei fungiert die Führungskraft gewissermaßen als ‚Brücke' zwischen den Konfliktparteien. Dadurch, dass die Führungskraft die Sichtweisen der Beteiligten eruiert und akzeptiert, wächst allmählich das Verständnis der Beteiligten für die* **Gefühle und Bedürfnisse** *des jeweils anderen.*

Lösungen *Wenn es gelingt, dieses wechselseitige Verständnis zu wecken und die Wünsche und Bedürfnisse der Konfliktparteien klar und deutlich benannt werden, ergibt sich oft automatisch der Übergang zur Phase der Lösungen. Ein häufiger Fehler bei Konfliktmoderationen ist es allerdings, zu früh nach Lösungen zu suchen oder diese als Moderator vorschnell selbst vorzuschlagen. Dann stimmen die Konfliktparteien zwar oft zu, weil alle Beteiligten es gerne vermeiden, sich mit dem Konflikt und den negativen Gefühlen auseinanderzusetzen. Aber solche Lösungen gehen meist an den eigentlichen – immer auch emotionalen – Problemen vorbei und funktionieren deshalb nicht. Erst wenn Gefühle und Bedürfnisse der Beteiligten wirklich klar geworden und gewürdigt worden sind, können Lösungen gesucht werden, die auch wirksam sind. Dabei ist es stets besser, wenn diese Lösungen von den Konfliktparteien selbst kommen. Der Moderator kann sowohl fragen, welche* **Wünsche und Lösungsideen** *sie haben, aber auch, was sie selbst aktiv tun können, um zu einer* besseren Zusammenarbeit beizutragen. Bei der Lösungssuche kann es hilfreich sein, erst alle Lösungen zu sammeln und sie erst später zu bewerten, Vor- und Nachteile abzuwägen und sie auf ihre Umsetzbarkeit zu überprüfen. Schließlich geht es darum, klare und umsetzbare **Vereinbarungen zu treffen**.

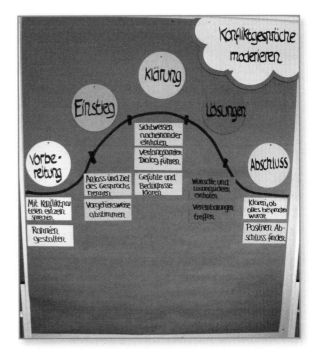

Abb.: Der Trainer hat die Pinnwand „Konfliktgespräche moderieren" fertiggestellt.

Zum Abschluss der Konfliktmoderation fragt der Moderator, **ob alles besprochen wurde** *und fasst die Vereinbarungen noch einmal zusammen, um eine möglichst hohe Verbindlichkeit zu erzeugen. Diese sollte er auch schriftlich festhalten und den Beteiligten nach dem Gespräch als Protokoll zukommen lassen und nachhalten. Einen positiven Abschluss kann der Moderator finden, indem er beiden Beteiligten dafür dankt, dass sie das Gespräch gesucht haben und zur Klärung beigetragen haben. Es geht also darum, einen stimmigen, authentischen Abschluss zu finden und zum Beispiel die Offenheit und die Bereitschaft zur Klärung zu würdigen. Welche Fragen oder Anmerkungen gibt es hierzu?"*

Abschluss

Anschließend kann der Trainer die wichtigsten Interventionsmöglichkeiten eines Konfliktmoderators noch einmal darstellen. Hierzu kann er das folgende Flipchart verwenden:

Abb.: Das Flipchart „Interventionen des Konfliktmoderators".

„Auf dem Flipchart sehen Sie die wichtigsten Handlungs- und Interventionsmöglichkeiten eines Konfliktmoderators auf einen Blick:
- *Am Anfang ist es wichtig, Gesprächsregeln zu vereinbaren und anschließend dafür zu sorgen, dass sie auch eingehalten werden.*
- *Offene Fragen sind ein Schlüssel um Gefühle, Bedürfnisse, Wünsche und Lösungsmöglichkeiten herauszuarbeiten.*
- *Um pauschale Anschuldigungen konstruktiv zu wenden, ist es wichtig, zu konkretisieren und nach Beispielen zu fragen.*
- *In der Klärungsphase ist das aktive Zuhören der Schlüssel, um die Konfliktpartner wirklich zu verstehen und gegenseitiges Verständnis zu erzeugen: Zusammenfassen, Aussagen umformulieren, Gefühle spiegeln, Bedürfnisse heraushören und diese formulieren.*
- *In der Lösungsphase ist es nicht nur wichtig, nach Wünschen zu fragen, sondern die Beteiligten auch in die Pflicht zu nehmen und zu fragen, was sie selbst zur Lösung beitragen können."*

Der Trainer hält die Ergänzungen gegebenenfalls fest.

Hinweise
- Bei dem hier vorgestellten Input geht der Trainer von einem Konflikt zwischen zwei Mitarbeitern aus. Bei Gruppenkonflikten erhöht sich noch einmal die Komplexität des Geschehens. Dennoch sind die Prinzipien und der Leitfaden ebenso für die Moderation von Gruppengesprächen einsetzbar. Allerdings ist hier ein höheres Maß an Strukturierung empfehlenswert, etwa durch den Einsatz von Methoden aus der Moderationstechnik, zum Beispiel eine Kartenabfrage bei Themensammlung oder Brainstorming bei Lösungsfindung

Literatur
- Besemer, Christoph: Mediation – Vermittlung in Konflikten. Gewaltfrei leben lernen, 2001, 8. Aufl.
- Thomann, Christoph: Klärungshilfe im Beruf. Rowohlt, 2004, 2. Aufl.
- Thomann, Christoph: Klärungshilfe 3 – Das Praxisbuch. Rowohlt, 2007.
- Redlich, Alexander: Konfliktmoderation. Windmühle, 2004, 6. Aufl.

Der dritte Seminartag

9. Übung zur Konfliktmoderation mit Elementen des Forumtheaters

10.15 Uhr

> **Orientierung**

Ziele:
- Die Teilnehmer üben, Konflikte zu moderieren
- Sie reflektieren das Vorgehen bei der Moderation von Konfliktgesprächen

Zeit:
- 90 Minuten (15 Min. Vorbereitung, 60 Min. Konfliktmoderation, 10 Min. Auswertung, 5 Min. Puffer)

Material:
- Rollenspiel-Instruktionen „Konfliktmoderation"

Überblick:
- Zwei Teilnehmer erhalten die Instruktionen für die Mitarbeiter, alle anderen diejenigen für die Führungskraft
- Ein Teilnehmer beginnt, das Gespräch zu moderieren
- Nach fünf Minuten wird das Gespräch unterbrochen und kurz ausgewertet
- Anschließend bestimmt der Konfliktmoderator einen Nachfolger, der die nächste Sequenz moderiert usw.
- Auch wenn der Moderator das Gefühl hat, nicht weiterzukommen, darf er jemand anderen für sich ‚einwechseln'

Erläuterungen

Das Forumtheater ist eine Methode des „Theaters der Unterdrückten" von Augusto Boal (2007). Der Brasilianer Boal entwickelte diesen Ansatz auf dem Hintergrund der Befreiungspädagogik von Paulo Freire, um Menschen zu befähigen, sich probehandelnd mit repressiven gesellschaftlichen Verhältnissen auseinanderzusetzen und diese zu verändern. Boal vertrat – ähnlich wie Moreno (2007) – die Auffassung, dass der Zuschauer im Theater nicht bloß passives Wesen und Objekt, sondern Akteur und Subjekt sein sollte, um sich spielerisch mit schwierigen sozialen Situationen auseinanderzusetzen und diese künftig besser bewältigen zu können. Beim Forumtheater haben die Zuschauer deshalb die Möglichkeit, ins Theatergeschehen einzugreifen und die Szene zu beeinflussen. Die Methode wurde zunächst in den 80er Jahren des vergangenen Jahrhunderts in der politischen Erwachsenenbildung eingesetzt und später in unterschiedlichen Varianten auch auf die betriebliche Weiterbildung übertragen.

Kettenrollenspiel Die im Folgenden beschriebene Methode geht auf das Forumtheater zurück und wird auch als „Kettenrollenspiel" bezeichnet.

Vorgehen

„Nun möchte ich Ihnen die Gelegenheit geben, den Gesprächsleitfaden praktisch umzusetzen. Ich habe dazu eine Fallstudie mitgebracht, bei der es um einen Konflikt zwischen zwei Mitarbeitern geht – Frau Hirsch und Herr Frisch; es kann aber auch Herr Hirsch und Frau Frisch sein. Frau Hirsch ist schon seit Längerem im Unternehmen, Herr Frisch ist vor einigen Monaten dazugekommen und zwischen den beiden haben sich einige Spannungen aufgebaut, so dass die Zusammenarbeit beeinträchtigt ist.

Das Vorgehen wird so sein, dass zwei von Ihnen die Rolle der Mitarbeiter spielen, die einen Konflikt haben. Alle anderen werden abwechselnd die Funktion der Führungskraft bzw. des Konfliktmoderators übernehmen. Zwei von Ihnen erhalten also die Mitarbeiterinstruktionen und zehn die Instruktionen für die Führungskraft. Sie haben gleich jeweils eine Viertelstunde Zeit, um das Gespräch vorzubereiten. Wer möchte die Mitarbeiter-Rollen übernehmen?"

Der Trainer teilt zwei Teilnehmern die Mitarbeiter-Instruktionen aus und allen anderen die Instruktionen für die Führungskraft.

Falls die Teilnehmer fragen, wie die Übung genau verlaufen wird, teilt er ihnen mit, dass er dies gleich genauer erläutern werde. Die Teilnehmer können sich nun vorbereiten – ob individuell oder in Gruppen, können sie selbst entscheiden.

Konfliktmoderation Hirsch – Frisch

Rollenspiel: Konfliktgespräch – Instruktionen für die Führungskraft

Sie sind seit knapp zwei Jahren als Referatsleiter in der Stabsabteilung eines Dienstleistungsunternehmens tätig. Insgesamt leiten Sie ein motiviertes Team mit sechs hochqualifizierten Mitarbeitern. Aufgabe des Teams ist es, strategisch bedeutsame Projekte zu planen und durchzuführen. Das Klima im Team war bisher, abgesehen von einigen hitzigen, aber letztlich sachlichen Diskussionen, immer gut. Kleinere Konflikte haben Ihre Mitarbeiter immer eigenständig und effektiv ausgeräumt.

Seit einigen Monaten nehmen Sie allerdings wahr, dass sich unübersehbare Spannungen zwischen zwei Mitarbeitern – Frau Hirsch und Herr Frisch – aufgebaut haben.

Frau Hirsch ist 42 Jahre alt und ledig. Sie kennen sie als kompetente, erfahrene und zuverlässige Mitarbeiterin, seit Sie das Referat übernommen haben. Sie wird im Hause als Expertin geschätzt und besticht durch ihr umfangreiches Wissen, auch wenn manche Kollegen ihre offene und direkte Art zuweilen als etwas ruppig erleben. Herr Frisch ist 31 Jahre alt, verheiratet und hat eine zweijährige Tochter. Er kam erst vor acht Monaten zu Ihnen. Zuvor hatte er bei einem Wettbewerber gearbeitet und Sie waren sehr froh, jemanden mit seiner Expertise für Ihr Unternehmen gewinnen zu können. Die Erwartungen, die Sie in ihn gesetzt hatten, konnte er von Anfang an erfüllen. Sie sind sich bewusst, dass Sie nicht viel Zeit hatten, ihn einzuarbeiten, aber zu Ihrer Freude war das auch gar nicht nötig. Im Gegenteil: Fachlich ist Herr Frisch absolut versiert und hat es in kurzer Zeit geschafft, sowohl innerhalb des Unternehmens, aber auch im Team ein gutes Netzwerk aufzubauen und sich eine gute Reputation zu erarbeiten. Auch hat er bereits viele gute Ideen eingebracht. Auch wenn sich diese nicht immer direkt umsetzen lassen, finden Sie es gut, dass durch den neuen Mitarbeiter wieder „frischer Wind" reinkommt und mancher altbewährte Arbeitsablauf auch einmal hinterfragt wird.

Es ist Ihnen nicht entgangen, dass Frau Hirsch eher skeptisch gegenüber mancher Neuerung ist, die Herr Frisch einbringt. Dennoch dachten Sie, dass beide Mitarbeiter voneinander profitieren könnten und sich gut ergänzen würden – Frau Hirsch mit ihrer Erfahrung und Kenntnis des Unternehmens und Herr Frisch mit seinen neuen Ideen. Deshalb übergaben Sie ihnen beiden vor vier Monaten das wichtige Projekt „Zero risk". Frau Hirsch übernahm die Projektleitung und Herr Frisch fungierte als stellvertretender Projektleiter.

Zunächst schien auch alles glattzulaufen, doch nach einer Weile ergaben sich zwischen den beiden einige Reibungspunkte. Einmal wies Frau Hirsch Sie darauf hin, dass sich Abteilungsleiter – namentlich Frau Meckel – beschwert hätten, dass Herr Frisch die Hierarchiewege nicht einhalte. So kontaktiere er stets Mitarbeiter und Teamleiter aus den Fachabteilungen, ohne dies aber mit den Abteilungsleitern abzustimmen, so dass diese nicht informiert seien. Daraufhin führten Sie mit Herrn Frisch ein Gespräch und baten ihn, sich weiterhin stärker an Frau Hirsch zu orientieren, um nicht unnötig in Fettnäpfchen zu treten. Herr Frisch schien in dem damaligen Gespräch sehr angespannt zu sein, was wohl auch daran lag, dass sich dieses Ereignis noch in seiner Probezeit zutrug. Sie wissen, dass er Familie hat und der Hauptverdiener ist. Sie konnten mögliche Befürchtungen allerdings rasch ausräumen und machten deutlich, dass Sie mit seiner Leistung sehr zufrieden sind und die Zusammenarbeit über die Probezeit hinaus selbstverständlich fortsetzen würden.

Seitdem scheint das Projekt „Zero risk" zwar grundsätzlich gut zu laufen und Sie hatten auch nicht mehr gehört, dass es noch zu Schwierigkeiten kam. Auch der Auftraggeber, Vorstandsmitglied Herr Glanz, schien sehr zufrieden. Er äußerte sich auch sehr lobend über Herrn Frisch und meinte, dass Sie mit ihm wirklich einen guten „Fang" gemacht hätten. Er würde wirklich gerne mit ihm zusammenarbeiten, da er sehr aufgeschlossen sei und gute Ideen einbringen würde.

Allerdings mussten Sie feststellen, dass sich der Projektverlauf mittlerweile verzögert hat. Der nächste Meilenstein ist offenkundig gefährdet. Sie haben den Eindruck, dass ein Grund für diese Verzögerung in der gestörten Kommunikation zwischen Frau Hirsch und Herrn Frisch liegt. Die Stimmung zwischen beiden ist sichtlich angespannt. Auch Teamkollegen haben mehrfach angedeutet, dass die Beziehung schwierig ist und sich Herr Frisch negativ über Frau Hirsch geäußert habe. Außerdem haben Sie den Eindruck, dass Herr Frisch beim Projekt „Zero risk" nicht den gleichen Elan an den Tag legt wie bei anderen Themen, was vielleicht daran liegt, dass seine Ideen von Frau Hirsch wenig gewürdigt werden.

Ihnen ist es sehr wichtig, dass das Projekt zeitgerecht weitergeführt wird und sich die Zusammenarbeit zwischen beiden Mitarbeitern verbessert. Deshalb wollen Sie nun beide an einen Tisch holen und ein Dreiergespräch führen.

Der dritte Seminartag

Rollenspiel: Konfliktmoderation – Instruktion für Frau Hirsch

Sie sind als Mitarbeiterin in der Stabsabteilung eines Dienstleistungsunternehmens tätig. Sie sind 42 Jahre alt und zur Zeit ledig. Ihre Arbeit macht Ihnen viel Spaß. Aufgabe Ihres Teams ist es, strategisch bedeutsame Projekte zu planen und durchzuführen. Sie sind seit neun Jahren in dieser Abteilung tätig. Damals wurde diese Abteilung gerade neu aufgebaut, wozu Sie maßgeblich beigetragen haben. Vorher waren Sie in verschiedenen anderen Abteilungen im Hause tätig. Ihre Arbeit machen Sie sehr gewissenhaft, strukturiert und erfolgreich. Im Unternehmen werden Sie für Ihre Expertise geschätzt, auch wenn manche Kollegen Ihre offene und direkte Art zuweilen als etwas ruppig erleben.

Seit längerer Zeit ist Ihre Stimmung getrübt. Daran ist vor allem der Kollege Frisch schuld. Herr Frisch ist 31 Jahre alt, verheiratet und hat eine zweijährige Tochter. Vor acht Monaten kam er in Ihre Abteilung. Er war vorher mehrere Jahre bei einem Wettbewerber in einem vergleichbaren Arbeitsfeld tätig. Von Anfang an versuchte er, alle möglichen Abläufe zu hinterfragen und musste immer wieder betonen, welche Dinge bei seinem alten Arbeitgeber effizienter gelaufen seien und was man alles verbessern könne. Der erschien Ihnen ziemlich großspurig und besserwisserisch. Sie ließen von Anfang an durchblicken, dass es gute Gründe für die Organisation der Arbeitsabläufe gibt und Herr Frisch sich erst einmal einfinden sollte, bevor er versucht, alles umzukrempeln. Leider sollten ausgerechnet Sie mit ihm zusammen das äußerst wichtige Projekt „Zero risk" bearbeiten – ein Auftrag, der direkt aus dem Vorstand kam. Sie übernehmen die Projektleitung und Herr Frisch fungierte als stellvertretender Projektleiter. Bereits bei der ersten Besprechung zeigten sich große Unterschiede in der Herangehensweise. Es gab lange Diskussionen, in denen Sie aber nicht locker ließen. Schließlich war er in der Einarbeitung und nicht Sie.

Dass Sie die besseren Argumente hatten, konnte er offensichtlich nicht verkraften. Sie hörten von Kollegen, dass sich Frisch bei ihnen erkundigt hätte, wie sie denn mit Ihnen zurechtkämen. Das hat Sie geärgert. Außerdem zeigte sich im weiteren Projektverlauf, dass Herr Frisch zu Alleingängen neigt und nicht immer ausreichend kommuniziert. So hatte er an Ihnen vorbei Kontakt zum Auftraggeber, dem Vorstandmitglied Herrn Glanz, aufgenommen und einige Details mit ihm geklärt, ohne vorher Ihr Einverständnis einzuholen. Das Ärgerliche ist, dass sich Glanz nun permanent direkt an Herrn Frisch wendet, ohne Sie einzubinden. Dadurch sind Ihnen nun schon einige Informationen durch die „Lappen" gegangen.

Ebenso wenig hält Herr Frisch ansonsten die üblichen Hierarchiewege ein und wandte sich vor ein paar Monaten mehrfach an Mitarbeiter oder Teamleiter aus Fachabteilungen, ohne dies mit den jeweiligen Abteilungsleitern abzuklären. Daraufhin hatte sich die Abteilungsleiterin Frau Meckel, mit der Sie gut bekannt sind, bei Ihnen über Herrn Frisch beschwert. Daraufhin haben Sie Ihren Chef informiert. Herr Frisch hätte Ihre Hinweise ja doch wieder in den Wind geschlagen. Auf Sie hört er ohnehin nicht.

Nach einem Gespräch Ihres Chefs mit Herrn Frisch hielt dieser sich bei der weiteren Zusammenarbeit sehr zurück. Er übernahm nahezu kommentarlos Ihre Vorstellungen und das Projekt entwickelte sich bislang recht erfolgreich, auch wenn die meiste Arbeit an Ihnen hängt und sich dadurch der Zeitplan verzögert hat. Das liegt daran, dass Frisch so unmotiviert ist. Außerdem machte er hinter Ihrem Rücken Stimmung gegen Sie, vor allem bei den männlichen Kollegen. Neulich hörten Sie im Vorbeigehen, wie er zu Herrn Fried sagte: „Kein Wunder, dass die noch nicht verheiratet ist. Freiwillig hält es doch keiner mit einer Frau aus, die immer Recht haben muss." Diese Bemerkung hat Sie zutiefst verletzt.

Auch Ihrer Vorgesetzten blieb der verhärtete Umgangston zwischen Ihnen nicht verborgen. Er hat sie beide gebeten, sich mit ihm einmal zusammenzusetzen und sich gründlich auszusprechen.

Da Sie die feindselige Stimmung immer mehr belastet, sind Sie durchaus an einer Lösung der Situation interessiert. Ihnen ist es wichtig, dass deutlich gemacht wird, dass Herr Frisch sich an die betrieblichen Regeln zu halten hat und sich für seine Beleidigungen entschuldigt. Unter dieser Voraussetzung wären Sie auch bereit, darüber nachzudenken, wie die Zusammenarbeit verbessert werden kann und wie man Herr Frisch besser einbeziehen kann.

Rollenspiel: Konfliktmoderation – Instruktion für Herrn Frisch

Sie sind als Mitarbeiter in der Stabsabteilung eines Dienstleistungsunternehmens tätig. Sie sind 31 Jahre alt, verheiratet und haben eine zweijährige Tochter. Vor acht Monaten sind Sie neu ins Unternehmen gekommen. Vorher waren Sie mehrere Jahre bei einem Wettbewerber in einem vergleichbaren Arbeitsfeld tätig. Aufgabe Ihres Teams ist es, strategisch bedeutsame Projekte zu planen und durchzuführen.

Sie engagieren sich gerne und haben sich von Anfang an in Ihrem neuen Team mit neuen Vorschlägen eingebracht. Beim Projektmanagement fielen Ihnen schnell einige ineffektive Vorgehensweisen auf. Um die Abläufe zu verbessern, brachten Sie einige Ideen und Erfahrungen aus Ihrem alten Unternehmen ein und hatten die Erwartung, dass diese aufgegriffen werden würden. Aber Sie wurden überwiegend abgeblockt. Ihr Chef war ja immerhin noch recht aufgeschlossen. Das kann man von manchen anderen Kollegen, insbesondere von Frau Hirsch, jedoch nicht behaupten. Ihre Grundhaltung war eindeutig: „Das geht bei uns nicht. Das haben wir noch nie so gemacht." Ausgerechnet mit ihr mussten Sie dann das wichtige Projekt „Zero risk" durchziehen – ein Auftrag, der direkt vom Vorstand kommt.

Frau Hirsch bekam die Projektleitung und Sie fungieren als stellvertretender Projektleiter. Bereits bei der ersten Besprechung zeigten sich große Unterschiede in der Herangehensweise. Es gab lange Diskussionen und wieder mussten Sie sich ständig anhören, dass Ihre Vorschläge nicht umsetzbar seien. Welche Idee Sie auch immer einbrachten, stets gab es einen Grund, warum dies nicht machbar war. Leider konnten Sie nur wenige Punkte durchbringen, da Frau Hirsch mit ihrer rabiaten Art den Rest des Projektteams auf ihre Seite ziehen konnte, auch wenn Sie bemerkten, dass Sie nicht die einzige Person waren, die den Umgangston von Frau Hirsch unangemessen fand.

Deshalb haben Sie sich bei Kollegen erkundigt, wie diese mit Frau Hirsch zurechtkommen. Es wurde deutlich, dass sie zwar fachlich anerkannt ist, aber mit ihrer schroffen und unflexiblen Art öfter aneckt. Daher ist es kein Wunder, dass sich auch der Auftraggeber, Vorstandsmitglied Herr Glanz, lieber an Sie wendet, wenn er etwas abklären möchte. Sie selbst haben hier auch keinerlei Berührungsängste und haben ihn auch schon mal direkt angerufen, wenn Sie Fragen hatten. Das war Frau Hirsch zwar nicht recht, sie warf Ihnen vor, dass Sie Informationen vorenthielten, was aber nicht stimmte – auch wenn es sein kann, dass mal ein Detail unter den Tisch fiel. Aber sie war wohl vor allem neidisch, dass Sie besser ankommen als sie. Leider verhält sie sich zuweilen äußerst unkollegial. So hat sie etwa bei Ihrem Chef gegen Sie Stimmung gemacht – und das nur, weil Sie nicht so hierarchisch und bürokratisch denken wie sie. So haben Sie diejenigen Personen, von denen Sie Informationen benötigen – oft Mitarbeiter oder Teamleiter aus Fachabteilungen – stets direkt angesprochen, ohne über die formell korrekte Hierarchie-Ebene zu gehen und immer erst den jeweiligen Abteilungsleiter zu informieren. In Ihrem alten Unternehmen war das durchaus üblich, aber hier scheint das ein Problem zu sein. Statt Sie darüber zu informieren, hat Frau Hirsch Sie ins offene Messer laufen lassen. Und als sich dann die Abteilungsleiterin Frau Meckel bei ihr über Sie beschwerte, ging Frau Hirsch nicht etwa auf Sie zu. Vielmehr hat sie diese Beschwerden ungefiltert an den Chef weitergegeben. Und das noch in Ihrer Probezeit. Das war wirklich eine Gemeinheit. Sie haben sich nach diesem „Anschwärzen" ernsthaft Sorgen gemacht – schließlich haben Sie Familie und sind der Hauptverdiener. Ein Verlust des Arbeitsplatzes wäre eine Katastrophe für Sie gewesen. Tatsächlich hat Ihre Chefin zwar ein ernstes Gespräch mit Ihnen geführt und Sie aufgefordert, mehr auf die Erfahrungen von Frau Hirsch zu hören und die Hierarchiewege künftig einzuhalten. Aber er hat auch deutlich gemacht, dass er mit Ihnen zufrieden ist und keinen Zweifel daran gelassen, dass er die Zusammenarbeit mit Ihnen fortsetzen möchte. Nach diesem Gespräch haben Sie beschlossen, keinen Widerstand mehr zu leisten und Frau Hirsch das Kommando zu überlassen. So wurde das Projekt ohne größere Zwischenfälle weitergeführt, auch wenn man schon sehr viel weiter sein könnte, wenn Sie mehr Gelegenheit hätten, sich einzubringen.

Aber das Tischtuch mit Frau Hirsch ist vorerst zerschnitten. Dabei waren Sie von Anfang an offen für eine gute Zusammenarbeit. Sie haben sich auch bereits am Anfang bei den Kollegen erkundigt, wie diese mit Frau Hirsch zurechtkommen und wie sie am besten zu nehmen ist. Im Laufe der letzten Monate sind Ihr Ärger und Ihre Frustration über die permanente Geringschätzung durch Frau Hirsch jedoch so groß geworden, dass Sie sich bei Ihren männlichen Kollegen schon mal Luft gemacht haben. Einmal rutschte Ihnen kürzlich eine Bemerkung zu Ihrem Kollegen Fried über Frau Hirsch heraus: „Kein Wunder, dass die noch nicht verheiratet ist. Freiwillig hält es doch keiner mit einer Frau aus, die immer Recht haben muss." Dummerweise hat Frau Hirsch das mitbekommen und wirkte ziemlich eingeschnappt.

Es war sicher kein Glanzstück von Ihnen, so über Frau Hirsch zu reden. Das tut Ihnen einerseits auch leid. Andererseits finden Sie, dass es an Frau Hirsch ist, auf Sie zuzugehen und Kooperationsbereitschaft zu signalisieren. Nun hat Ihr Chef Sie beide gebeten, sich in seiner Anwesenheit einmal richtig auszusprechen. Das stellen Sie sich nicht gerade einfach vor, aber da Sie kein Freund feindseliger Stimmungen sind und sich ein produktiveres Arbeiten wünschen, haben Sie eingewilligt und wollen versuchen, eine gemeinsame Lösung zu entwickeln.

Während die Teilnehmer sich vorbereiten, baut der Trainer vorne die Sitzordnung für das Moderationsgespräch auf, so dass die Akteure – insbesondere der Moderator – für die Gruppe gut sichtbar sind.

Wenn die Vorbereitungszeit zu Ende ist, ruft er die Teilnehmer zusammen und bittet die „Konfliktpartner", Platz zu nehmen.

„Die beiden von Ihnen, die die Mitarbeiterrolle übernommen haben, können sich schon hier vorne hinsetzen, wo gleich die Konfliktmoderation stattfindet."

Der Trainer erläutert das weitere Vorgehen:
„Sie werden gleich Gelegenheit haben, eine Konfliktmoderation zu üben. Damit möglichst viele von Ihnen aktiv mitmachen können, werden Sie sich bei der Moderation abwechseln. Das heißt, einer oder eine von Ihnen beginnt und nach spätestens fünf Minuten wird gewechselt. Wir machen eine kurze Auswertung, anschließend kommt die nächste Person dran. Auch wenn der Moderator das Gefühl hat, nicht weiterzukommen, darf er jemand anderen für sich ‚einwechseln'. Die eingewechselte Person darf bestimmen, ob sie da anknüpft, wo der Vorgänger aufgehört hat – oder ob sie an einer früheren Stelle einsteigen möchte.

Wer mag als Erster moderieren?"

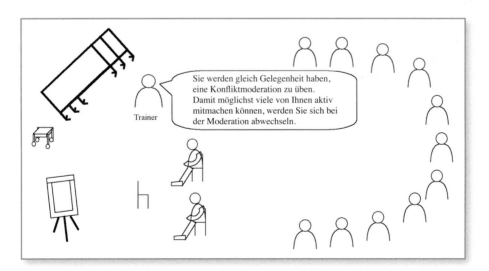

Abb.: Der Trainer leitet die Übung zur Konfliktmoderation an.

Entscheidung per „Stiftdrehen"

Wenn sich niemand meldet, kann der Trainer eine Entscheidung herbeiführen – etwa in dem er „Stiftdrehen" spielt. Dies funktioniert nach dem gleichen Prinzip wie „Flaschendrehen" – nur dass ein Moderationsstift statt einer Flasche verwendet wird.

„O.K, da alle gleichzeitig moderieren wollen, brauchen wir eine Entscheidungshilfe. Ich lege jetzt einen Moderationsstift in die Mitte und drehe ihn einmal im Kreis. Die Person, auf die die Spitze am Schluss zeigt, übernimmt die Moderationsrolle. Wie beim Flaschendrehen – nur eben mit einem Stift. Wenn die Spitze ins Nichts oder auf mich zeigt, entscheidet die Rückseite des Stifts."

Der Trainer dreht den Stift, wobei er diesem einen ordentlichen Schwung verpasst und spricht nun die Person an, auf welche die Spitze – oder die Rückseite – des Stifts aus seiner Sicht zeigt.

„Herr Metzger, Sie dürfen als Erstes moderieren. Die anderen kommen auch noch dran. Bitte kommen Sie nach vorne und setzen Sie sich zu Ihren ‚Mitarbeitern'."

Wenn sich der Moderator gesetzt hat, erläutert der Trainer die genaue Vorgehensweise:
„Ich möchte Sie, Herr Metzger, bitten, sich voll in die Rolle der Führungskraft hineinzuversetzen, das Konfliktgespräch zu eröffnen und die erste Phase zu moderieren. Nach spätestens fünf Minuten machen wir einen ‚Cut' und werten das Gespräch kurz aus. Dann geben Sie die Staffel weiter an jemand anderen. Wenn Sie das Gefühl haben, Sie kommen nicht weiter oder Sie haben sich verrannt, haben Sie auch die Möglichkeit, sozusagen auf die ‚Stop'-Taste zu drücken und die Staffel direkt weiterzugeben – oder aber ‚zurückzuspulen' und an einer früheren Stelle wieder einzusteigen. Haben Sie Fragen?"

Der dritte Seminartag

Abb.: Ein Teilnehmer beginnt die Konfliktmoderation und gibt nach spätestens fünf Minuten die Staffel weiter an den nächsten Teilnehmer.

Bevor das Gespräch beginnt, kann der Trainer dem Teilnehmer den Einstieg erleichtern, indem er ihn anhand eines kurzen Interviews „anwärmt" und beispielsweise folgende Fragen stellt:
- „Was haben Sie sich vorgenommen für das Gespräch?
- Was möchten Sie erreichen?
- Wie wollen Sie in das Gespräch einsteigen?"

Anschließend kann die Übung beginnen:
„Dann steigen Sie bitte in das Gespräch ein."

Während der Übung macht sich der Trainer Notizen, um anschließend bei Bedarf Feedback geben zu können. Hierzu kann er etwa folgende Vorlage nutzen:

Beobachtung	Kriterium

Nach fünf Minuten unterbricht der Trainer das Rollenspiel, indem er sich bei den „Hauptdarstellern" bedankt und leitet eine kurze Reflexion an:
„Vielen Dank an Sie drei. Herr Metzger, wie haben Sie das Gespräch erlebt?"

Anschließend interviewt er die beiden Rollenspieler:
„Wie haben Sie die Moderation von Herrn Metzger aus den Rollen von Frau Hirsch und Herrn Frisch erlebt?"

Der Trainer achtet darauf, dass das Feedback möglichst konkret und konstruktiv ist. Es kommt häufig vor, dass die Rollenspieler eher damit beschäftigt sind, wie gut – oder weniger gut – es ihnen gelungen ist, ihre Rollen zu spielen. Dann insistiert der Trainer:
„Wie ist Ihr Feedback an Herrn Metzger? Was haben Sie für die Konfliktklärung als hilfreich erlebt und was weniger?"

Anschließend gibt der Trainer dem Konfliktmoderator Gelegenheit, sich Feedback einzuholen und einen Nachfolger in der Moderatoren-Rolle zu benennen:
„Dann dürfen Sie sich zwei Personen aussuchen, von denen Sie sich ein Feedback wünschen und eine Person, die Sie als Moderator ablöst."

Abb.: Nach der Selbstreflexion des Moderators und dem Feedback der beiden „Mitarbeiter" holt sich der Moderator von zwei Teilnehmern Feedback und bestimmt eine Person, die als Nächstes die Moderatorenrolle übernimmt.

Wenn der Moderator die drei Personen benannt hat, wendet sich der Trainer an die beiden Feedback-Geber:
„Bitte fassen Sie Ihr Feedback möglichst kurz und konkret, indem Sie sagen, was Ihnen besonders aufgefallen ist."

Nach dem Feedback der beiden Teilnehmer bittet der Trainer den neuen Konfliktmoderator „in den Ring". Sobald dieser Platz genommen hat, wird er kurz instruiert. Zunächst fragt der Trainer:
„Frau Voll, können Sie an der Stelle einsteigen, an der Herr Metzger aufgehört hat?"

Alternativ hat der neue Konfliktmoderator auch die Möglichkeit, an einer früheren Stelle oder zu Beginn des Gesprächs wieder einzusteigen. Das kann dann hilfreich sein, wenn die vorige Konfliktmoderation aus seiner Sicht misslungen war und das Gespräch somit auf Zwischenergebnissen und Ereignissen basiert, mit denen er schwer leben kann. Ansonsten aber ist es ideal, wenn das Gespräch an der Stelle fortgesetzt wird, an der es aufgehört hat, um einen gewissen Gesprächsfluss herzustellen – was ohnehin nicht leicht ist, da das Gespräch immer wieder unterbrochen wird. Deshalb stellt der Trainer auch bewusst die geschlossene Frage, ob der Teilnehmer an diesem Punkt einsteigen möchte.

Falls es den Beteiligten nicht mehr ganz klar ist, an welcher Stelle das Gespräch unterbrochen worden war, kann die Gruppe dies kurz zusammentragen. Anschließend kann der „neue" Moderator beginnen.
„Sind Sie bereit, Frau Voll? Dann legen Sie los."

Die Übung verläuft wie beim ersten Durchgang. Der Trainer macht sich Notizen, unterbricht das Spiel nach fünf Minuten, leitet eine kurze Auswertung an und geht zur nächsten Runde über.

Nach spätestens einer Stunde beendet der Trainer die Übung:
„Herzlichen Dank an Sie alle, die bei der Übung mitgemacht haben. Sie können sich jetzt gerne wieder in der Runde zusammensetzten."

Wenn die „Darsteller" im Stuhlkreis Platz genommen haben, fragt der Trainer:
„Welche Erkenntnisse oder Fragen haben sich für Sie aus dieser Übung ergeben?"

Nach dieser Übung besteht in der Regel starker Diskussionsbedarf. Die Teilnehmer diskutieren, was Kernpunkte einer gelungenen Konfliktmoderation sind und inwiefern sie sich das selbst zutrauen würden. Der Trainer moderiert diese Diskussion und hält wichtige Erkenntnisse auf dem Flipchart fest.

Hinweise

▶ Wichtig ist, dass die Auswertung im Anschluss an die jeweilige Moderationssequenz nicht ausufert, weil sonst der gesamte Spielfluss zum Erliegen kommt. Um dies zu gewährleisten, muss der Trainer konsequent darauf achten, dass alle Feedback-Geber sich kurz fassen.

▶ Insgesamt sollte die Konfliktmoderation maximal eine Stunde dauern. Da ein Durchgang etwa 10 Minuten dauert – fünf Minuten Gespräch und fünf Minuten Reflexion – können bis zu sechs Teilnehmer in die Moderatorenrolle schlüpfen. Das bedeutet, dass die Hälfte der Gruppe sich in der Moderatorenrolle erproben kann. Aber auch die anderen Teilnehmer erleben das Geschehen „hautnah" mit und sind daher in der Regel jederzeit aufmerksam dabei – da sie ja damit rechnen müssen, gleich im Anschluss das Gespräch weiterzumoderieren zu müssen.

▶ Es kann passieren, dass die Teilnehmer den Trainer auffordern, es einmal „richtig" vorzumachen. In der Regel lehne ich dies ab, mit dem Hinweis, dass es darum geht, dass sie – die Teilnehmer – ihre Fähigkeiten trainieren und nicht darum, dass ich meine demonstriere. Andererseits kann es tatsächlich lehrreich sein, wenn die Teilnehmer eine modellhafte Moderation beobachten können. Allerdings sollte sich der Trainer dann sicher sein, dass er diese Modellfunktion auch wirklich wahrnehmen kann

Variante

▶ Alternativ zum Forumtheater kann der Trainer auch ein normales Rollenspiel durchführen. Allerdings hat dann wieder nur ein einzelner Teilnehmer die Chance, eine Konfliktmoderation zu üben und hierzu Feedback zu erhalten.

Literatur

▶ Bidlo, Tanja: Theaterpädagogik: Einführung. Oldib, 2006, 16. Aufl.
▶ Boal, Augusto: Theater der Unterdrückten: Übungen und Spiele für Schauspieler und Nicht-Schauspieler. Suhrkamp, 2007, 11. Aufl.
▶ Moreno, Jacob: Gruppenpsychotherapie und Psychodrama. Thieme, 2007, 6. Aufl.
▶ Redlich, Alexander: Berufsbezogene Supervision in Gruppen. Band 19 der Materialien aus der Arbeitsgruppe Beratung und Training. Fachbereich Psychologie der Universität Hamburg, 1994.

Der dritte Seminartag

10. Die Führungskraft als Prozessbegleiter: Gruppendynamik – Input

15.40 Uhr

> **Orientierung**

Ziele:
- Die Teilnehmer kennen und verstehen die verschiedenen Phasen des Gruppenprozesses
- Sie sind sich der Anforderungen an sie als Führungskraft bewusst, die in den verschiedenen Phasen auf sie zukommen

Zeit:
- 20 Minuten

Material:
- Pinnwand „Gruppendynamik: Phasen in Gruppen"

Überblick:
- Der Trainer stellt das Modell der Teamuhr kurz vor und fragt, wie sich das Verhalten von Gruppen im Verlaufe der Zeit verändert
- Der Trainer trägt die Aspekte in die Teamuhr ein und erläutert anschließend die Namen und Charakteristika der vier Phasen
- Er erarbeitet mit den Teilnehmern, welche Aufgaben Führungskräfte in den jeweiligen Phasen haben

Erläuterungen

Gerade für Führungskräfte sind grundlegende gruppendynamische Kenntnisse hilfreich, um die Entwicklung des eigenen Teams adäquat einschätzen, begleiten und steuern zu können. Ein anschauliches und praxisrelevantes Modell stellt die „Teamuhr" dar, welches auf den Untersuchungen von Tuckmann (1965) basiert. Auch wenn das Phasenmodell, welches er postuliert, in der Forschung nicht unumstritten ist, so ist es doch als grober Orientierungsrahmen zur Diagnose und Begleitung von Gruppenprozessen gut geeignet.

Vorgehen

Um das Modell der Teamuhr mit den Teilnehmern zu erarbeiten, zeigt der Trainer die Pinnwand mit dem – noch zu füllenden – Plakat „Gruppendynamik: Phasen in Gruppen".

Abb.: Der Trainer erarbeitet mit der Gruppe das Phasenmodell von Tuckmann.

Um das Interesse der Teilnehmer zu wecken, gibt der Trainer einige Hintergrundinformationen.

„Es gibt eine Reihe von Untersuchungen dazu, welche gruppendynamischen Prozesse in Teams ablaufen. Ein Teil dieser Studien bezieht sich auf die Frage, welche Veränderungen sich in Teams im Laufe der Zeit abspielen. Dabei hat man herausgefunden, dass sich bestimmte Phasen unterscheiden lassen, die Gruppen im Laufe ihrer Existenz durchlaufen. Diese Phasen sind durch bestimmte Verhaltensweisen und Emotionen gekennzeichnet.

Grob lassen sich vier Phasen unterscheiden. Dabei ist nicht immer gesagt, dass alle Phasen in genau dieser Reihenfolge durchlaufen werden. Manchmal kommt eine Gruppe über eine bestimmte Phase nicht hinaus, oder sie fällt von einer Phase auf eine frühere zurück. Manchmal wird auch eine Phase scheinbar übersprungen und ist nicht wahrnehmbar.

Dennoch lassen sich grundsätzlich vom Start einer Gruppe vier typische Phasen in Teams konstatieren. Wahrscheinlich werden Ihnen viele der damit beschriebenen Aspekte aus Ihren eigenen Erfahrungen in Gruppen bekannt vorkommen. Deshalb würde ich gerne mit Ihnen sammeln, welche Veränderungen sich typischerweise in Gruppen abspielen und Ihnen dann das Modell der ‚Teamuhr' erläutern."

Nach dieser Einführung leitet der Trainer die Erarbeitung des Phasenmodells mit einer aktivierenden Frage an:
„Wenn eine Gruppe, wie zum Beispiel eine Seminargruppe, zusammenkommt, wie lassen sich das Verhalten und die Emotionen der Personen in dieser Gruppe zu Beginn kennzeichnen?"

In der Regel nennen die Teilnehmer nun Aspekte wie „gegenseitiges Abtasten, Zurückhaltung, Unsicherheit, Small Talk, Neugierde etc.". Alle diese passenden Begriffe notiert der Trainer im ersten Viertel der Teamuhr.

Teamuhr

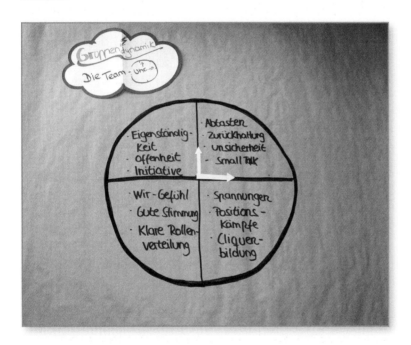

Abb.: Der Seminarleiter sammelt auf der Pinnwand die von den Teilnehmern genannten Aspekte zu den Phasen in Gruppen.

Falls Begriffe, die bereits in eine der nächsten Phasen fallen, genannt werden, schreibt der Trainer diese in das entsprechende Quartal – wenn beispielsweise „Auseinandersetzungen" oder „Konflikte" genannt werden, schreibt der Trainer diese Begriffe in das zweite Viertel und erläutert dies entsprechend:

„Konflikte und Auseinandersetzungen sind bereits Merkmale der zweiten Phase. Gibt es noch weitere Aspekte, die ganz zu Beginn eines Gruppenprozesses zu beobachten sind?"

Der Trainer fragt anschließend die Merkmale der weiteren Phasen ab und trägt die genannten Aspekte jeweils in das richtige Feld ein. Wenn von den Teilnehmern keine weiteren Aspekte mehr genannt werden, fasst der Trainer zusammen und ergänzt:

Forming – Orientierungsphase

„In der ersten Phase, dem so genannten ‚Forming' formiert sich die Gruppe. Man kennt sich noch nicht gut; man weiß nicht, wem man trauen kann und wem nicht, wer das Sagen hat und welche Normen gelten. Daher herrscht Unsicherheit vor und es gibt eine starke Fixierung auf den Leiter der Gruppe oder eine Person, die die Initiative ergreift und den Ton angibt. Ansonsten tastet man sich ab, ist eher höflich und jeder versucht, sich von seiner besten Seite zu zeigen und nicht negativ aufzufallen. Emotional ist diese Phase gekennzeichnet durch eine Mischung aus Unsicherheit und Neugier und das Suchen nach Orientierung und Struktur, weshalb diese Phase auch die ‚Orientierungsphase' genannt wird."

Der Trainer pinnt die Moderationskarten „Forming" und „Orientierungsphase" an.

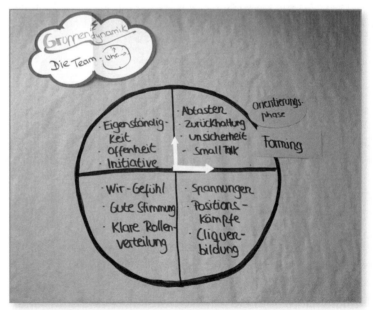

Abb.: Der Trainer ergänzt die Sammlung der Teilnehmer und pinnt die Namen der Phasen an.

Im weiteren Verlauf erläutert der Trainer die Phasen und pinnt jeweils die entsprechenden Karten an die Pinnwand:

„Nachdem ein erstes Abtasten stattgefunden hat, geht es nun darum, dass jedes Gruppenmitglied seinen Platz im Team finden möchte. Inhaltlich kann es um die unterschiedlichsten Sachthemen gehen, auf der psychologischen Ebene geht es darum, wer wofür Anerkennung erhält, wer sich durchsetzt, wer mit wem Koalitionen eingeht und sich dadurch in der informellen Hierarchie positioniert. Durch diese unterschwelligen Positionskämpfe kommt es in der Regel zu Spannungen und – offenen oder verdeckten – Konflikten. Deshalb wird diese Phase ‚Storming' – die ‚Konfliktphase' genannt.

Storming – Konfliktphase

Wenn die Spannungen in der Gruppe erfolgreich gelöst worden sind, bilden sich informelle Gruppennormen heraus, das heißt, die Gruppe hat eine klare Vorstellung davon, wie die Zusammenarbeit verlaufen sollte, was ihr Ziel ist und wie sie dort hingelangt. Es besteht – oft unausgesprochen – Einigkeit, welche Verhaltens- und Vorgehensweisen akzeptabel sind, und welche nicht. Deshalb wird diese Phase ‚Norming' genannt. Aus dieser Einigkeit entsteht zum ersten Mal ein Wir-Gefühl, weshalb man auch von der ‚Wir-Phase' spricht. Hier hat jeder seinen Platz gefunden, die Gruppe wird als Rückhalt und Gemeinschaft erlebt. Die Stimmung wird entspannter, es bildet sich oft eine eigene ‚Team-Sprache' heraus und es werden ‚Insider-Witze' gemacht, wodurch sich die Gruppe nach außen hin abgrenzt. Das Team ist dadurch eher auf sich bezogen und wenig offen für Außenstehende.

Norming – Wir-Phase

Wenn auch diese Phase erfolgreich durchlaufen wurde, ist die Energie schließlich für die eigentliche Aufgabenerfüllung voll verfügbar. Die zwischenmenschlichen Probleme sind gelöst, die Rollen werden flexibel und effektiv ausgefüllt. Die Arbeitsatmosphäre ist durch Offenheit, Eigenständigkeit und Initiative geprägt. Das Handeln ist ganz auf das Erreichen bestmöglicher Arbeitsergebnisse gerichtet. Auch die Rollen werden nicht mehr so starr wie in der Wir-Phase interpretiert. Je nach Bedarf und jeweiliger Kompetenz können unterschiedliche Personen die Führung übernehmen und wieder in den Hintergrund treten. Auch für Außenstehende ist die Gruppe hier offen und nimmt Feedback und Anregungen bereitwillig auf, um sich dadurch weiter verbessern zu können. Diese Phase wird ‚Performing' – die ‚Produktivphase' genannt. Welche Fragen oder Anmerkungen haben Sie zu dem Modell?"

Performing – Produktivphase

Hier wird von den Teilnehmern manchmal hinterfragt, inwiefern diese Phasen tatsächlich in allen Gruppen ablaufen und ob es nicht sein

kann, dass manche Phasen von einigen Gruppen niemals erreicht werden. Hier kann der Trainer etwa Folgendes ergänzen:
„Es gibt keinen Automatismus, dass diese Phasen immer genauso durchlaufen werden. Es kann sein, dass einzelne Phase nicht oder zumindest nicht offensichtlich stattfinden, so dass zum Beispiel die Konfliktphase sehr sanft verläuft und scheinbar gar nicht vorkommt – wobei dies unterschwellig in der Regel schon der Fall ist.

Es kann auch sein, dass eine Gruppe über eine bestimmte Phase, wie die Konfliktphase, nicht hinauskommt. Wenn es der Gruppe nicht gelingt, die Spannungen zu klären und für sich eine funktionierende Struktur mit anerkannten Spielregeln und Normen zu entwickeln, kann das leicht passieren. Dann wird die Arbeit dauerhaft dadurch beeinträchtigt, dass die interne Rollen- und Machtverteilung ungeklärt ist.

Um zu erreichen, dass alle Phasen durchlaufen werden und das Team schließlich optimal arbeiten kann, ist es wichtig, dass die Führungskraft die Phasen kennt und das Team entsprechend leiten kann."

Der Trainer leitet damit über zu der Frage, wie die Führungskräfte ihre Teams auf dem Hintergrund dieses Modells bewusst begleiten und steuern können.
„Was heißt das für Sie als Führungskräfte? Welche Aufgaben haben Sie in den unterschiedlichen Phasen – was sollten Sie jeweils tun und was besser lassen? Starten wir mit der Orientierungsphase?"

Aufgaben der Führungskraft

Der Trainer sammelt die Punkte der Teilnehmer zu allen Phasen und trägt sie mit einem farbigen Stift in das Modell unter der Überschrift „Aufgaben der Führungskraft" ein (siehe Folgeseite).

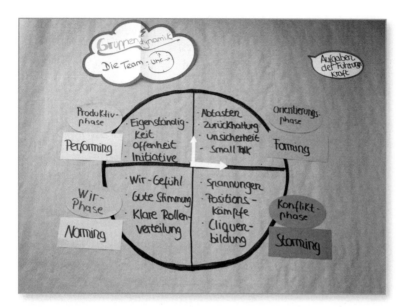

Abb.: Die Teilnehmer erarbeiten die Aufgaben der Führungskraft in den unterschiedlichen Teamphasen.

Anschließend ergänzt der Trainer bei Bedarf:

„In der Orientierungsphase geht es vor allem darum, ein möglichst hohes Maß an Struktur und Orientierung zu geben. Das bedeutet, dass die Führungskraft bei einem neuen Team – oder auch dann, wenn einzelne Mitglieder neu dazukommen – dafür sorgen muss, dass die Ziele, Aufgaben und Rahmenbedingungen den Teammitgliedern klar sind. Gleichzeitig ist es wichtig, ein intensives Kennenlernen, auch auf der persönlichen Ebene, zu ermöglichen. Hierbei ist es hilfreich, wenn die Führungskraft mit gutem Beispiel vorangeht und offen auf andere zugeht.

Orientierungsphase

Wenn dann in der Konfliktphase unterschiedliche Meinungen auftreten, ist es wichtig, diese nicht unter den Teppich zu kehren, sondern offen auszutragen und für eine Klärung zu sorgen. Wenn Spielregeln verletzt werden und es bei den Konflikten ‚unter die Gürtellinie' geht, muss die Führungskraft intervenieren und dafür sorgen, dass bei allen Auseinandersetzungen ein faires Miteinander gewahrt bleibt. Idealerweise sorgt die Führungskraft dafür, dass Feedback ausgetauscht und auf der Meta-Ebene kommuniziert werden kann, so dass das Team wichtige Konfliktmanagement-Kompetenzen übt und Konflikte zunehmend selbst regulieren kann. Außerdem muss die Führungskraft darauf achten, dass sich das Team nicht in Untergruppen zersplittert, sondern vielmehr eine breite Vernetzung stattfindet.

Konfliktphase

Wir-Phase In der Wir-Phase ist weniger Struktur notwendig; die Führungskraft kann die Gruppe etwas mehr ‚laufen lassen', muss aber auch dafür sorgen, dass Feedback von außen – etwa von Kunden – an die Gruppe dringt, um zu verhindern, dass sich eine ‚heile-Welt-Kultur' bildet, in der das Leistungsprinzip der Harmonie geopfert wird. Deshalb müssen die gemeinsamen Ziele und Herausforderungen immer wieder ins Bewusstsein gerückt werden, um dafür zu sorgen, dass das Team sich nicht nur mit sich selbst beschäftigt, sondern effektiv zusammenarbeitet.

Produktivphase In der Produktivphase hat es die Führungskraft am einfachsten; hier kann sie delegieren, das Team eigenständig arbeiten lassen und Feedback geben."

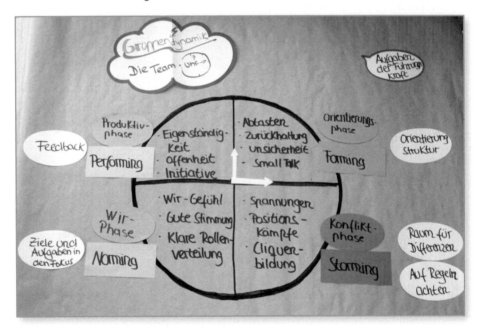

Abb.: Die Aufgaben der Führungskraft in den unterschiedlichen Teamphasen.

Hinweise

▶ Bei dem geschilderten Vorgehen lässt der Trainer den Input in hohem Maße von der Gruppe selbst erarbeiten. Dies hat den Vorteil, dass die Teilnehmer dadurch stärker involviert sind und sich die selbst erarbeiteten Inhalte besser einprägen, als wenn sie diese „serviert" bekommen. Andererseits kostet es auch deutlich mehr Zeit. Dennoch lohnt sich das dialogische Vorgehen – wo immer es

möglich ist – da es sich sowohl auf die Lern- als auch auf die Motivationskurve positiv auswirkt.
- Bei der vierten Phase kommt es häufig vor, dass Teilnehmer meinen, dass hiermit das „Ende" bzw. die Auflösung der Gruppe gemeint ist. Tatsächlich hat Tuckmann sein Modell 1970 um eine fünfte Phase, die *Auflösungsphase (adjourning)* ergänzt. Diese Phase wird in dieser Darstellung nicht explizit aufgeführt, kann aber vom Trainer bei Bedarf ergänzt werden.

Varianten
- Abschließend kann der Trainer die Teilnehmer zu einer Diagnose des Gruppenprozesses ihrer eigenen Teams einladen. Dies kann in kleinen Gruppen geschehen, in denen sich zu der Frage ausgetauscht wird, wo das jeweilige Team aktuell steht und welche Interventionen vonseiten der Führungskraft indiziert sind. Alternativ kann der Seminarleiter die Teilnehmer auffordern, mit einem Klebepunkt auf der Pinnwand zu kennzeichnen, in welcher Phase sich ihr Team befindet. Hierzu kann dann eine offene Diskussion stattfinden.

Literatur
- Tuckman, Bruce W. (1965): Developmental sequences in small groups. Psychological Bulletin, 63, 348-399.
- Gellert, Manfred/Nowak, Claus: Teamarbeit, Teamentwicklung, Teamberatung. Ein Praxisbuch für die Arbeit in und mit Teams. Limmer, 2007, 3. Aufl.

III.

Zusätzliche Seminarbausteine

Das Thema „Konfliktmanagement" ist ein weites Feld. Es gibt unzählige Veröffentlichungen zum Thema. Die Bandbreite an Theorien, Studien und methodischen Vorgehensweisen ist selbst für einen Fachmann kaum noch überschaubar. Von daher ist es kein leichtes Unterfangen, das Thema einzugrenzen und die wichtigsten Aspekte für ein Seminar auszuwählen. In den beiden Seminarabläufen habe ich Ihnen jene Themen vorgestellt, die nach meiner Erfahrung am wichtigsten und hilfreichsten sind.

Gleichzeitig ist jedes Seminar anders und jede Teilnehmergruppe ist es auch. Um sich angemessen auf die unterschiedlichen Bedürfnisse einzustellen, benötigt jeder Trainer ein ausreichendes Repertoire an Inhalten und Übungen, um bedarfsgerecht und variabel agieren zu können. Um Ihnen hierzu ausreichendes Material zur Verfügung zu stellen, habe ich weitere 20 Seminarbausteine ausgewählt und zusammengestellt. Auch diese Sequenzen habe ich in mehreren Seminaren erfolgreich erprobt, so dass ich Ihnen ihren Einsatz uneingeschränkt empfehlen kann.

Die ersten zehn Elemente stammen sämtlich aus der Transaktionsanalyse, die gerade für Konfliktmanagement-Seminare außerordentlich nützliche Theorien und Methoden bereithält. Die weiteren Bausteine sind eine Mischung verschiedener Inhalte und Übungen, die das Seminar bereichern, wenn sie an der passenden Stelle eingesetzt werden. Sie reichen von hochkomplexen gruppendynamischen Übungen („Prisoner's Dilemma") und Inputs („Gewaltfreie Kommunikation") über Anleitungen zur Reflexion (z.B. zur Konfliktanalyse) bis hin zu kurzen, knackigen Aktivierungsspielen sowie Geschichten zur Abrundung eines Seminartages.

Auf einen Blick

Transaktionsanalyse 381
1. Einführung in die Transaktionsanalyse – Input 381
2. Ich-Zustände – Input 385
3. Ich-Zustände erkennen – Übung 392
4. Transaktionen analysieren – Input 402
5. Transaktionen erkennen – Übung 410
6. Eigene Transaktionen analysieren – Übung 415
7. Psychologische Spiele – Input 419
8. Psychologische Spiele – Kleingruppenarbeit 428
9. Auswege aus psychologischen Spielen – Input 435
10. Drama-Dreieck – Input 438

Weitere Inhalte und Übungen 441
1. Konfliktanalyse – Paarübung 441
2. Prisoner's Dilemma – Übung 444
3. Umgang mit emotionalen Konfliktpartnern – Übung 457
4. Konflikten vorbeugen, Reizformulierungen vermeiden
   – Input und Übung 465
5. Gewaltfreie Kommunikation – Input 472
6. Ein Stuhl zu wenig – Warm-up 476
7. „Alle, die ..." – Warm-up 479
8. Die Geschichte „Die Schwierigkeit, es allen recht zu machen"... 481
9. Die Geschichte „Die Blinden und der Elefant" 482
10. Die Geschichte „Die Säge ist stumpf" 484

Transaktionsanalyse

Die Transaktionsanalyse ist unbestritten eine der bedeutsamsten psychologischen Theorien und Methoden für Beratung und Training. Jeder Trainer sollte mit den Grundmodellen vertraut und in der Lage sein, sie einsetzen zu können. So leicht verständlich die Modelle auch erscheinen, so komplex und vielschichtig sind sie gleichzeitig, weshalb die Lektüre der folgenden Bausteine eine fundierte Ausbildung sicherlich nicht ersetzen kann.

1. Einführung in die Transaktionsanalyse – Input

Orientierung

Ziele:
- Die Teilnehmer erhalten eine Einführung in die Transaktionsanalyse
- Sie kennen und verstehen die vier Grundeinstellungen des „Okay Corrals"

Zeit:
- 10 Minuten

Material:
- Flipcharts „Transaktionsanalyse" und „Transaktionsanalyse – Grundeinstellungen"

Überblick:
- Der Trainer fragt nach Vorkenntnissen zur Transaktionsanalyse
- Er gibt eine kurze Einführung in die Transaktionsanalyse und erläutert das „Okay Corral" jeweils am Flipchart

Erläuterungen

Der Block zur Transaktionsanalyse startet mit einer kurzen Einführung. Diese dient zur Vorbereitung der weiteren Bausteine und wird betont knapp gehalten, da die Seminarteilnehmer in der Regel weniger an abstrakten psychologischen Theoriegebäuden interessiert sind, sondern konkrete Handlungsstrategien erwarten, die sie in ihrem beruflichen Alltag umsetzen können.

Nach dieser kurzen Einführung wird das „Okay Corral" nach Ernst (1971) vorgestellt. Dieses Modell wurde in den siebziger Jahren des vergangenen Jahrhunderts durch die Publikation von Harris (2005) weltweit bekannt. So trivial es auch zunächst klingt, bringt es doch die grundlegenden Einstellungen auf den Punkt, die Menschen in Konflikten einnehmen können und deren Überprüfung und Veränderung ein Schlüssel zur erfolgreichen Konfliktlösung ist.

Vorgehen
Je nach Teilnehmergruppe kann es sinnvoll sein, nachzufragen, welche Vorkenntnisse es gibt, um auf diesen aufbauen zu können:
„Wer von Ihnen kennt die Transaktionsanalyse?"

Anschließend stellt der Trainer das Plakat „Transaktionsanalyse" vor.

Abb.: Der Trainer stellt das Flipchart „Transaktionsanalyse" vor.

Bei seinem Input kann der Trainer die Antworten der Teilnehmer aufgreifen. Wenn die Teilnehmer etwa anmerken, dass es sich doch bei der Transaktionsanalyse um „das Modell mit den Kreisen" handele, kann er sich darauf beziehen:
„Genau, das ist das Modell mit den Kreisen, darauf kommen wir gleich noch genauer zu sprechen. Die Transaktionsanalyse ist eine Methode

zur Analyse menschlicher Verhaltensmuster und Interaktionen. Mit ‚Transaktion' ist wie im Geschäftsleben ein Austausch gemeint. Nur dass es nicht um einen Austausch von Gütern, Dienstleistungen oder Geld geht, sondern um den Austausch von Kommunikation, also von verbalen und nonverbalen Botschaften. Mit ‚Transaktion' ist hier die kleinste Einheit einer Interaktion gemeint, also praktisch ein Impuls wie eine Äußerung und eine Reaktion darauf. Die Transaktionsanalyse untersucht Ketten solcher Transaktionen und beleuchtet die Ursachen von Kommunikationsstörungen und Konflikten, weshalb sie für unser Thema so interessant ist.

Bedeutung von ‚Transaktion'

Eine Ursache von Konflikten sieht die Transaktionsanalyse in der jeweiligen Grundeinstellung, mit der die Beteiligten in Interaktion miteinander treten. Mit ‚Grundeinstellung' ist die Haltung gemeint, die die Personen sich selbst und anderen gegenüber einnehmen. Die Transaktionsanalyse unterscheidet hierbei vier Grundeinstellungen."

Der Trainer erläutert das „Okay Corral" der Transaktionsanalyse.

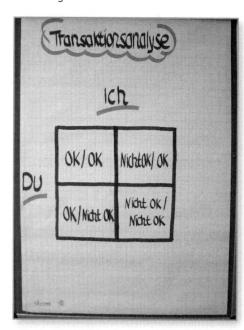

Abb.: Das Flipchart „Transaktionsanalyse – Grundeinstellungen".

„*Ich bin nicht O.K. – Du bist O.K.*: Das heißt, ich werte mich ab und den anderen auf. Wer diese Haltung einnimmt, traut sich selbst nichts zu, verhält sich fragend, vorsichtig, unsicher, zurückhaltend oder gehemmt.

Ich bin O.K. – Du bist nicht O.K.: Dies bedeutet, ich zweifle nicht an mir, sondern am anderen, gebe anderen die Schuld und fühle mich selbst *stark und überlegen. Wer diese Grundeinstellung einnimmt, verhält sich arrogant, überlegen, zupackend, selbstsicher, helfend oder überheblich. Der andere dagegen wird als unterlegen angesehen.*

Ich bin nicht O.K. – Du bist nicht O.K.: Diese Grundposition spiegelt ein Misstrauen mir selbst und anderen wider. Weder sich selbst, noch anderen wird Wert zugesprochen. Wer diese Haltung einnimmt, fühlt sich verzweifelt und mutlos und verhält sich zurückgezogen, depressiv oder manchmal auch zynisch.

Ich bin O.K. – Du bist O.K.: Das heißt, ich akzeptiere mich und den anderen. Wer diese Grundeinstellung einnimmt, geht gelassen mit Problemen um und setzt sich flexibel und konstruktiv mit seinen Mitmenschen auseinander. Dies ist natürlich die ideale Grundeinstellung. Sie einzunehmen, ist bei Freunden oder angenehmen Kollegen nicht schwer. Schwieriger wird es, diese Grundposition beizubehalten, wenn es einen Konflikt gibt und ich etwa Kritik üben möchte. Dann geht es darum, deutliche Kritik an der Sache zu üben, aber die Person des anderen unangetastet lassen und weiterhin wertschätzend zu behandeln.

Dieses Modell klingt zwar banal, aber es macht deutlich, dass es letztlich darum geht, sich selbst zu überprüfen, mit welcher Grundhaltung ich in einen Konflikt gehe. Nur dann, wenn es mir gelingt, mir selbst und dem anderen gegenüber wertschätzend zu begegnen, werde ich in der Lage sein, Konflikte konstruktiv zu lösen."

Literatur

- Berne, Eric: Was sagen Sie, nachdem Sie ‚Guten Tag' gesagt haben? Psychologie des menschlichen Verhaltens. Fischer, 1983.
- Ernst, Franklin: The OK Corral. The Grid for Get-on-with, Transactional Analysis Journal, Vol. 4.
- Harris, Thomas A.: Ich bin o.k., Du bist o.k.: Wie wir uns selbst besser verstehen und unsere Einstellung zu anderen verändern können. Eine Einführung in die Transaktionsanalyse. Rowohlt, 2005, 40. Aufl.

2. Ich-Zustände – Input

Orientierung

Ziele:
▶ Die Teilnehmer kennen und verstehen das Modell der Ich-Zustände

Zeit:
▶ 15 Minuten

Material:
▶ Pinnwand „Ich-Zustände"
▶ Drei Stühle

Überblick:
▶ Der Trainer illustriert die drei Ich-Zustände anhand des Beispiels „Die Sonne scheint – am liebsten würde ich an den See gehen, muss aber zur Arbeit"
▶ Dabei setzt er sich jeweils auf einen anderen Stuhl, wenn er den Ich-Zustand wechselt
▶ Er erläutert das kritische und fürsorgliche Eltern-Ich sowie das freie, angepasste und trotzige Kind-Ich an der Pinnwand und gibt Beispiele

Erläuterungen

Die Transaktionsanalyse unterteilt die menschliche Persönlichkeit in unterschiedliche Subsysteme, die so genannten „Ich-Zustände". Diese Differenzierung ist hilfreich, um die Dynamik in Konflikten, die in und zwischen Menschen abläuft, besser verstehen und steuern zu können. Deshalb wird das Modell der Ich-Zustände im Folgenden – anhand eines Beispiels, welches ich bei Gührs und Nowak (2006) gefunden habe – vorgestellt.

Vorgehen

Der Trainer stellt drei Stühle auf, anhand derer er die drei Ich-Zustände anschaulich erklären kann. *„Ich möchte Ihnen ein Modell aus der Transaktionsanalyse vorstellen, das zur Analyse von Konflikten außerordentlich hilfreich ist. Das Modell veranschaulicht, wie wir uns den Aufbau der menschlichen Psyche vorstellen können.*

Am einfachsten lässt es sich anhand eines Beispiels erläutern. Stellen Sie sich vor, es ist früh morgens, der Wecker hat gerade geklingelt, Sie schauen aus dem Fenster, die Sonne lacht Sie an, es ist der erste schöne Frühsommertag nach vielen trüben Wochen. Sie haben einige arbeitsintensive und anstrengende Wochen hinter sich und könnten etwas Erholung gut gebrauchen – aber es ist erst Mittwoch und es warten im Büro eine Reihe von Aufgaben auf Sie, die dringend erledigt werden müssen. Nun könnte es sein, dass sich folgender innerer Dialog in Ihrem Kopf entspinnt."

Der Trainer setzt sich auf einen der äußeren beiden Stühle:
„Herrliches Wetter. Ich könnte ja ein bisschen später ins Büro gehen und erst mal schön auf dem Balkon frühstücken. Hach, am schönsten wär's ja heute am See. Mal wieder den ganzen Tag ausspannen. Das hab ich mir doch verdient. Ich rufe einfach an und sage, ich bin krank. Huste ein bisschen. Spreche mit heiserer Stimme. Geniale Idee!"

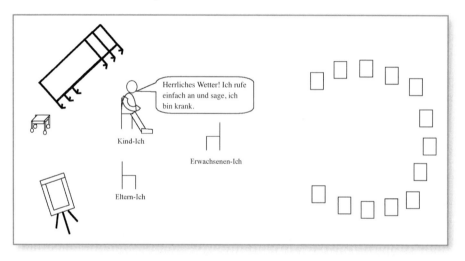

Abb.: Der Trainer erläutert das Konzept der Ich-Zustände anhand von drei Stühlen, auf die er sich abwechselnd setzt, wenn er anhand eines Beispiels jeweils einen Ich-Zustand verkörpert.

Der Trainer steht auf und setzt sich auf den anderen äußeren Stuhl:
„Das kannst Du doch nicht bringen! Einfach krankmachen – Du hast sie ja nicht mehr alle! Du solltest Dich schämen! Du fängst ja an wie der Meier, der ständig simuliert. Solche Leute sollte man rausschmeißen."

Der Trainer setzt sich nun auf den mittleren Stuhl:
„Also, am wichtigsten ist, dass ich heute die Terminarbeit für Schulze fertig mache und den Projektplan erstelle. Wenn das erledigt ist, kann ich heute in Absprache mit dem Chef sicher früher Schluss machen – und gehe dann an den See."

Der Trainer steht auf und fragt die Gruppe:
„Wie würden Sie diese unterschiedlichen Persönlichkeitsanteile beschreiben?"

Der Trainer sammelt die Beiträge der Teilnehmer und erläutert ergänzend:

„Auf dem linken Stuhl kamen die eigenen Wünsche und Bedürfnisse vollkommen ungefiltert zum Vorschein: ‚Ich gehe einfach an den See und kümmere mich nicht darum, was andere von mir erwarten.' Dieser Anteil wird in der Transaktionsanalyse das ‚Kind-Ich' genannt. Im Kind-Ich sind wir immer dann, wenn wir so denken, fühlen und handeln, wie wir es in unserer Kindheit getan haben.   *Kind-Ich*

Auf dem rechten Stuhl dagegen wurde deutliche Kritik an den Äußerungen des Kind-Ichs geübt. Es klang so, wie ein strenger Vater zu seinem aufsässigen Kind spricht. Deshalb wird diese Instanz das ‚Eltern-Ich' genannt. Im Eltern-Ich befinden wir uns dann, wenn wir denken, handeln oder fühlen wie es unserem Empfinden nach unsere Eltern oder andere Autoritätspersonen, wie z.B. ältere Geschwister, Großeltern oder Lehrer, taten, als wir noch Kinder waren.   *Eltern-Ich*

Auf dem mittleren Stuhl saß gewissermaßen die vermittelnde Instanz. Hier wurden die Anforderungen der Realität wie die Aufgaben, die noch zu erledigen sind, klar analysiert und überlegt, wie diese bewältigt werden können. Gleichzeitig wurden auch die eigenen Wünsche und Bedürfnisse berücksichtigt und versucht, einen Kompromiss zu finden zwischen den Anforderungen von außen und den inneren Bedürfnissen. Diese Instanz wird das ‚Erwachsenen-Ich' genannt. Im Erwachsenen-Ich befinden wir uns dann, wenn wir sachlich und realitätsbezogen Fakten abwägen, Entscheidungen treffen und dementsprechend handeln. Der Erwachsenen-Ich-Zustand ist nützlich bei Problemlösungen, Diskussionen und konstruktiver Kritik sowie zur Bewältigung von allen Sachproblemen. Im Erwachsenen-Ich-Zustand handeln wir nüchtern, realitätsbezogen und flexibel."   *Erwachsenen-Ich*

Der Trainer erläutert die Ich-Zustände an der Pinnwand.

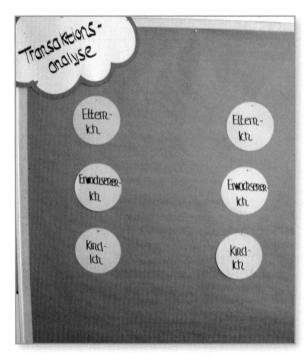

Abb.: Das Plakat „Ich-Zustände".

Nach dieser ersten Einführung in das Modell der Ich-Zustände werden diese nun weiter differenziert.
„An der Pinnwand sehen Sie die drei Ich-Zustände. Diese kann man nun noch weiter unterteilen. Der Eltern-Ich-Zustand wird untergliedert in ein kritisches Eltern-Ich" und ein „fürsorgliches Eltern-Ich".

Der Trainer pinnt die Kuller „kritisches Eltern-Ich" und „fürsorgliches Eltern-Ich" an und erläutert diese.

Kritisches Eltern-Ich „Im kritischen Eltern-Ich sind Gebote, Verbote, Normen, Regeln, Ethik, Kritik, aber auch sämtliche Vorurteile abgespeichert. Wenn wir uns im kritischen Eltern-Ich-Zustand befinden, werden wir ärgerlich, moralisch, kritisch, abwertend oder sarkastisch. Wir haben wenig Verständnis für das Verhalten unserer Mitmenschen, sondern bewerten es streng und negativ – und dieser strenge Blick kann sich auch auf das eigene Verhalten oder eigene Wünsche beziehen, so wie es in unserem Beispiel der Fall war."

Andere Beispiele sind:
- *Der Kundenbetreuer sagt zum Kunden: ‚Warum rufen Sie denn jetzt erst an? Da hätten Sie sich doch auch mal früher melden können!'*
- *Der Chef zur Sekretärin: ‚Sie haben die Unterlagen also immer noch nicht fertig? Vielleicht sollten Sie mal weniger Schwätzchen am Telefon halten, dann würden Sie auch mit Ihrer Arbeit zurande kommen!'*

Das fürsorgliche Eltern-Ich dagegen ist für menschliche Wärme, Ermutigung, Hilfsbereitschaft und Fürsorge verantwortlich. Wenn wir uns im fürsorglichen Eltern-Ich-Zustand befinden, übernehmen wir Verantwortung für andere, fühlen uns ein und versuchen, unserem Mitmenschen zu helfen. Das kann für den Kommunikationspartner angenehm sein, es kann ihm jedoch auch zu viel werden, wenn er sich ‚betütelt' oder gar entmündigt fühlt. Beispiele:

Fürsorgliches Eltern-Ich

- *Erfahrener Mitarbeiter zum neuen Kollegen: ‚Versuche es ruhig, Du schaffst das schon! Ich kann es Dir aber auch gerne noch mal zeigen. Und wenn Du eine Frage hast, kannst Du mich jederzeit ansprechen.'*
- *Chefin zur Mitarbeiterin: ‚Das macht nichts, dass Sie das noch nicht hingekriegt haben, Frau Meier. Das ist ja auch eine wirklich schwierige Aufgabe. Wie kann ich Sie denn unterstützen?'*

Auch das Kind-Ich lässt sich unterteilen, und zwar in das ‚brave', das ‚trotzige' und das ‚freie Kind-Ich'."

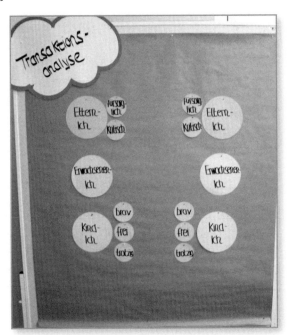

Abb.: Der Trainer hat das kritische und das fürsorgliche Eltern-Ich erläutert und stellt nun das brave, das trotzige und das freie Kind-Ich vor.

Freies Kind-Ich „Im freien Kind-Ich finden wir das unbeeinflusste, natürliche Kind wieder. Dies ist dann der Fall, wenn wir spielen, faulenzen, uns spontan freuen oder ärgern, wenn wir unseren Gefühlen freien Lauf lassen, lachen, weinen, uns nach unserem Gutdünken richten und uns nicht um Recht und Moral kümmern. Im freien Kind-Ich fühlen wir uns unabhängig vom dem, was die anderen wünschen, also von Verhaltensregeln und Normen. Wenn wir uns im freien Kind-Ich-Zustand befinden, sind wir in erster Linie an unseren eigenen Impulsen und Bedürfnissen orientiert. Das war in unserem Beispiel der erste Ich-Zustand: ‚Ich melde mich einfach krank und gehe an den See.' Andere Beispiele sind:
- Mitarbeiter zum Kollegen: ‚Mensch, die Neue sieht wirklich klasse aus, oder?'
- Mitarbeiter geht fröhlich pfeifend über den Flur.

Angepasstes Kind-Ich Im braven oder angepassten Kind-Ich befinden wir uns, wenn wir gehorchen, uns gut benehmen, uns anpassen, Anweisungen ausführen, die wir nicht wirklich nachvollziehbar finden, ein schlechtes Gewissen haben und uns besonders anstrengen, es anderen, z.B. dem Chef, recht zu machen. Im Wesentlichen orientiert sich dieser Ich-Zustand daran, was die anderen von uns erwarten. Beispiele sind:
- Junger Mitarbeiter zum erfahrenen Kollegen: ‚Tut mir echt Leid, dass ich das wieder falsch gemacht habe. Kommt nicht wieder vor.'
- Mitarbeiter zum Vorgesetzten, als er soeben eine neue Aufgabe erhält (geflissentlicher, unterwürfiger Ton): ‚Selbstverständlich, sehr gerne.'

Trotziges Kind-Ich Das trotzige Kind-Ich ist ebenfalls von den Forderungen oder Wünschen anderer beeinflusst. Nur entspricht es nicht den Wünschen anderer, sondern denkt, fühlt oder tut genau das Gegenteil. Im Grunde genommen handelt es sich beim trotzigen Kind-Ich um den gleichen Ich-Zustand wie beim braven Kind-Ich, jedoch mit umgekehrten Vorzeichen.

Eine – besonders in der Arbeitswelt häufig vorkommende – Variante dieses Ich-Zustandes ist der passiv-trotzige Kind-Ich-Zustand. Hier wird nicht laut schimpfend Anweisungen widersprochen, sondern der Erfolg der Zusammenarbeit blockiert, indem Anweisungen nicht ausgeführt oder die Verantwortung zur Erfüllung von Aufgaben und Zielen nicht übernommen wird, etwa indem etwas ‚vergessen' wurde oder man ‚nicht dazu gekommen' ist oder ‚andere Dinge wichtiger' waren. Beispiele sind:
- Mitarbeiter zum Kollegen: ‚Der Chef kann mich mal. Ich werde den Teufel tun und diese Liste anfertigen. Da kann er lange drauf warten.'
- Mitarbeiter zum Chef (trotziger Ton): ‚Na, wenn Sie meinen, dann machen wir es eben so.'"

Hinweise

▶ Die Terminologie hinsichtlich der Ich-Zustände ist in der Literatur uneinheitlich. So wird das „angepasste" auch als „braves" und das „trotzige" auch als „rebellisches Kind-Ich" bezeichnet, das „kritische" als „strenges" und das „fürsorgliche" auch als „nährendes Eltern-Ich" bezeichnet.

Varianten

▶ Interessant und lebendig wird der Input auch, wenn der Trainer eine Teilnehmer-Äußerung aufgreift und anhand dieser die verschiedenen Ich-Zustände durchspielt. Angenommen, ein Teilnehmer hatte zuvor folgende Frage gestellt: *„Ist die Transaktionsanalyse nicht ein ziemlich altes Modell?"*, so kann der Trainer bei dem Input zu den Ich-Zuständen auf diese Frage zurückkommen, zum Beispiel: *„Sie hatten ja gefragt, ob die Transaktionsanalyse nicht ein ziemlich altes Modell ist. Nun hatte ich geantwortet: Die Transaktionsanalyse wurde tatsächlich bereits in den sechziger Jahren begründet, aber die Modelle werden nach wie vor weiterentwickelt. Es hätte aber auch sein können, dass ich ganz anders reagiere, zum Beispiel: ‚Wenn Ihnen die Theorien, die ich hier vorstelle, nicht passen, können Sie auch gehen!' Oder: ‚Oh ja, das tut mir Leid, die anderen Theorien, die ich vorstelle, sind dafür viel neuer. Soll ich die Transaktionsanalyse lieber weglassen?' Wie würden Sie diese drei unterschiedlichen Antworten beschreiben?"*

Darauf aufbauend kann der Trainer die drei Ich-Zustände (Erwachsenen-Ich, kritisches Eltern-Ich und angepasstes Kind-Ich) erläutern. Anschließend kann er Antwortmöglichkeiten für alle weiteren Ich-Zustände durchspielen und sie auf diesem Hintergrund herausarbeiten.

Literatur

▶ Gührs, Manfred/Nowak, Claus: Das konstruktive Gespräch. Ein Leitfaden für Beratung, Unterricht und Mitarbeiterführung mit Konzepten der Transaktionsanalyse. Limmer, 2006, 6. Aufl.
▶ Schmidt, Rainer: Immer richtig miteinander reden. Transaktionsanalyse in Beruf und Alltag. Junfermann, 2009, 5. Aufl.

3. Ich-Zustände erkennen – Übung

Orientierung

Ziele:
- Die Teilnehmer kennen und verstehen die verschiedenen Ich-Zustände

Zeit:
- 30 Minuten

Material:
- Flipchart
- Sechs Karten mit Beschreibungen der Ich-Zustände

Überblick:
- Die Teilnehmer sitzen im Fishbowl
- Die Teilnehmer im Innenkreis führen eine Diskussion zum Thema „Planung einer Weihnachtsfeier", bei dem jeder einen spezifischen Ich-Zustand darstellt
- Die Beobachter im Außenkreis müssen identifizieren, wer aus welchem Ich-Zustand agiert

Erläuterungen

Im folgenden Abschnitt wird eine klassische Übung zum Training des eigenen Erlebens und Erkennens von Ich-Zuständen dargestellt. Es handelt sich hierbei um eine Variation der „Konferenz der Ich-Zustände", wie sie bei Gührs und Nowak (2008) zu finden ist. Bei dieser Variante wird mit dem „Fishbowl" gearbeitet („Innenkreis-Außenkreis-Methode vgl. Seite 454).

Vorgehen

„Im nächsten Schritt möchte ich gerne zusammen mit Ihnen die Theorie der Ich-Zustände mit Leben füllen. Dazu möchte ich Sie zunächst bitten, jeweils bis zwei abzuzählen."

Wenn dies geschehen ist, fährt der Trainer fort:
„Diejenigen, die eine eins haben, rücken bitte zwei Meter nach innen und setzen sich im Kreis zusammen, die mit der zwei rücken einen Meter nach außen, so dass ein Innen- und ein Außenkreis entsteht."

Der Trainer sorgt dafür dass ein Fishbowl entsteht. Bei Bedarf justiert er nach:
„Bitte achten Sie darauf, dass Sie im Kreis zusammensitzen."

Dann erläutert er den Auftrag. Dabei wendet er sich zunächst an den Innenkreis:
„Stellen Sie sich bitte vor, Sie sind eine Arbeitsgruppe zur Vorbereitung der Weihnachtsfeier. Sie treffen sich zur ersten Besprechung und wollen klären, wie Sie die Weihnachtsfeier gestalten. Dabei versetzt sich jeder von Ihnen in einen Ich-Zustand, aus dem heraus er agiert. Jeder von Ihnen zieht eine Karte, auf dem ein Ich-Zustand beschrieben wird."

Auftrag an den Innenkreis

Der Trainer hat sechs Karten vorbereitet, auf denen jeweils ein Ich-Zustand beschrieben wird. Er lässt jedes Gruppenmitglied eine Karte ziehen.

Abb.: Bei der Übung „Ich-Zustände erkennen" sitzen die Teilnehmer im „Fishbowl" zusammen. Die Teilnehmer im Innenkreis agieren jeweils aus einem spezifischen Ich-Zustand. Diejenigen im Außenkreis müssen herausfinden, wer welche Rolle übernommen hat.

Kritisches Eltern-Ich

Der Eltern-Ich-Zustand wird von uns besetzt, wenn wir denken, handeln oder fühlen wie es unserem Empfinden nach unsere Eltern oder andere Autoritätspersonen, wie z.B. ältere Geschwister, Großeltern oder Lehrer, taten, als wir noch Kinder waren. Im kritischen Eltern-Ich sind Gebote, Verbote, Normen, Regeln, Ethik, Kritik, aber auch sämtliche Vorurteile abgespeichert. Wenn wir uns im kritischen Eltern-Ich-Zustand befinden, werden wir ärgerlich, moralisch, kritisch, abwertend oder sarkastisch. Wir haben wenig Verständnis für das Verhalten unserer Mitmenschen, sondern bewerten es streng und negativ.

Beispiele:
- Sachbearbeiter zum Kunden: „Warum rufen Sie denn jetzt erst an? Da hätten Sie sich doch auch mal früher melden können!"
- Chef zur Sekretärin: „Sie haben die Unterlagen also immer noch nicht fertig? Vielleicht sollten Sie mal weniger Schwätzchen am Telefon halten, dann würden Sie auch mit Ihrer Arbeit zurande kommen!"
- Mitarbeiter über einen Kollegen: „Der kann aber auch nie mal ordentliche Telefonnotizen machen. Das ist doch eine Katastrophe, wie der rumschmiert!"

Fürsorgliches Eltern-Ich

Der Eltern-Ich-Zustand wird von uns besetzt, wenn wir denken, handeln oder fühlen wie es unserem Empfinden nach unsere Eltern oder andere Autoritätspersonen, wie z.B. ältere Geschwister, Großeltern oder Lehrer, taten, als wir noch Kinder waren. Das fürsorgliche Eltern-Ich ist für menschliche Wärme, Ermutigung und Hilfsbereitschaft verantwortlich, aber auch für übertriebene Fürsorge. Wenn wir uns im fürsorglichen Eltern-Ich-Zustand befinden, übernehmen wir Verantwortung für andere, fühlen uns ein und versuchen, unserem Mitmenschen zu helfen. Das kann für den Kommunikationspartner angenehm sein, es kann ihm jedoch auch zu viel werden, wenn er sich „betütelt" oder gar entmündigt fühlt.

Beispiele:
- Sachbearbeiter zum neuen Kollegen: „Versuche es ruhig, Du schaffst das schon! Ich kann es Dir aber auch gerne noch mal zeigen. Und wenn Du eine Frage hast, kannst Du mich jederzeit ansprechen. Das ist überhaupt kein Problem. Mache ich gerne."
- Sachbearbeiter zum Kunden: „Das tut mir wirklich Leid, dass Sie so viel Ärger hatten. Ich werde das jetzt für Sie regeln. Machen Sie sich keine Sorgen."
- Chef zur Mitarbeiterin: „Das macht nichts, dass Sie das noch nicht hingekriegt haben, Frau Meier. Das ist ja auch eine wirklich schwierige Aufgabe. Wie kann ich Sie denn unterstützen?"

Freies Kind-Ich

Im Kind-Ich-Zustand handeln, denken und fühlen wir so, wie wir es in unserer Kindheit getan haben. Im freien Kind-Ich finden wir das unbeeinflusste, natürliche Kind wieder. In diesem Ich-Zustand befinden wir uns, wenn wir spontan und kreativ sind, wenn wir vor Ideen nur so sprühen, kein Blatt vor den Mund nehmen und frei unsere Meinung äußern. Im freien Kind-Ich-Zustand sind wir unbekümmert, offen und begeisterungsfähig. Wir kümmern uns in diesen Momenten wenig um Moral, Normen und Verhaltensregeln, sondern sind in erster Linie an unseren eigenen Impulsen und Bedürfnissen orientiert.

Beispiele:
- Zum Kollegen: „Mensch, die Neue sieht wirklich klasse aus, oder?"
- Mitarbeiter geht fröhlich pfeifend über den Flur.
- Teammitglied in der Besprechung: „Das finde ich eine klasse Idee. Mir fällt dazu auch noch etwas ein, und zwar ..."

Braves (angepasstes) Kind-Ich

Im Kind-Ich-Zustand handeln, denken und fühlen wir so, wie wir es in unserer Kindheit getan haben. Im braven Kind-Ich befinden wir uns, wenn wir gehorchen, uns gut benehmen, uns anpassen, Anweisungen ausführen, die wir nicht wirklich nachvollziehbar finden, ein schlechtes Gewissen haben und uns besonders anstrengen, es anderen, z.B. dem Chef, recht zu machen. Im Wesentlichen orientiert sich dieser Ich-Zustand daran, was die anderen – zumindest vermeintlich – von uns erwarten.

Beispiele:
- Junger Mitarbeiter zum erfahrenen Kollegen: „Tut mir echt Leid, dass ich das wieder falsch gemacht habe. Kommt nicht wieder vor."
- Mitarbeiter zum Vorgesetzten, als er soeben eine neue Aufgabe erhält (geflissentlicher, unterwürfiger Ton): „Selbstverständlich, sehr gerne."

Trotziges Kind-Ich

Im Kind-Ich-Zustand handeln, denken und fühlen wir so, wie wir es in unserer Kindheit getan haben. Das trotzige Kind-Ich ist – wie das brave Kind-Ich – stark von den Forderungen oder Wünschen anderer beeinflusst. Nur entspricht es nicht deren Wünschen, sondern tut genau das Gegenteil. Im Grunde genommen handelt es sich beim trotzigen Kind-Ich um den gleichen Ich-Zustand wie beim braven Kind-Ich, jedoch mit umgekehrten Vorzeichen. Wenn wir im trotzigen Kind-Ich-Zustand sind, lehnen wir uns auf, rebellieren, gehen in die Opposition und fühlen uns ungerecht behandelt. Im Unterschied zum Erwachsenen-Ich fühlen wir uns im trotzigen Kind-Ich weniger souverän und es fällt uns schwer, ruhig und sachlich zu argumentieren. Stattdessen sind wir ärgerlich, wütend oder verletzt und können unsere Emotionen nur mit Mühe in den Griff kriegen, was sich in unserem Tonfall deutlich macht.

Ein besonders in der Arbeitswelt häufig vorkommender Anteil dieses Ich-Zustandes ist der „passiv" trotzige Kind-Ich-Zustand. Hier wird nicht laut schimpfend Anweisungen widersprochen, sondern die Zusammenarbeit verdeckt blockiert. Reaktionen sind dann z.B. „das habe ich vergessen", „ich bin nicht dazu gekommen" oder „das war von vornherein nicht zu schaffen".
Beispiele:
- Sachbearbeiter zum Kollegen: „Der Chef kann mich mal. Ich werde den Teufel tun und diese Liste anfertigen. Da kann er lange drauf warten."
- Mitarbeiter zum Chef (trotziger Ton): „Na, wenn Sie meinen, dann machen wir es eben so."

Erwachsenen-Ich

Im Erwachsenen-Ich-Zustand sind sämtliche Erfahrungen gespeichert, die wir selber und ganz bewusst erlebt haben. Hier haben wir nicht ungeprüft Verhaltensweisen oder Erfahrungen anderer übernommen. Vielmehr handelt sich beim Erwachsenen-Ich-Zustand um unser bewusstes, reflektiertes Verhalten und Erleben. Das Erwachsenen-Ich ist aktiv, wenn wir nüchtern, sachlich und realitätsbezogen Fakten überlegen oder Pro und Contra einer Situation abwägen. Formulierungen des Erwachsenen-Ich werden so vorgetragen, dass sie eine Diskussion zulassen. Sie haben nie einen dogmatischen Charakter, sondern sind offen für andere Argumente und Sichtweisen.

Der Erwachsen-Ich-Zustand ist nützlich bei Problemlösungen, Diskussionen und konstruktiver Kritik, die Positives und Negatives gleichzeitig darstellt, sowie zur Bewältigung von allen Sachproblemen. Im Erwachsenen-Ich-Zustand handeln wir nüchtern, realitätsbezogen und flexibel.
Beispiele:
- Abteilungsleiter zum Mitarbeiter (neutral, ohne Unterton): „Wie viel Zeit werden Sie für diese Aufgabe voraussichtlich benötigen?"
- Teammitglied innerhalb einer Besprechungsrunde: „Ich erkenne im Moment verschiedene Aufgaben. Was halten Sie davon, wenn wir diese auflisten und gemeinsam festlegen, wer welche Aufgaben übernimmt?"

Während die Teilnehmer im Innenkreis ihre Instruktionen lesen, wendet sich der Trainer an den Außenkreis:
„Ihre Aufgabe ist es, die Diskussion im Innenkreis zu beobachten und zu erkennen, wer welchen Ich-Zustand übernommen hat. Zur Unterstützung teile ich Ihnen noch eine Beschreibung der Ich-Zustände aus."

Der Trainer teilt den Gruppenmitgliedern des Außenkreises ein Übersichtsblatt aus, auf dem alle Ich-Zustände kurz beschrieben sind (siehe Folgeseite).

Auftrag an den Außenkreis

Transaktionsanalyse: Ich-Zustände

Gemäß dem Modell der Transaktionsanalyse besteht die menschliche Psyche aus drei Ich-Zuständen:

Eltern-Ich: Wer denkt, handelt und fühlt, wie er es an seinen Eltern beobachtet hat, befindet sich in seinem Eltern-Ich-Zustand.

Erwachsen-Ich: Wer sich mit der gegenwärtigen Realität auseinandersetzt, Tatsachen sammelt und sie objektiv verarbeitet, befindet sich in seinem Erwachsenen-Ich-Zustand.

Kind-Ich: Wer fühlt und handelt wie damals, als er ein Kind war, befindet sich in seinem Kind-Ich-Zustand.

Im **kritischen Eltern-Ich** sind Gebote, Verbote, Normen, Regeln, Ethik, Kritik, aber auch sämtliche Vorurteile abgespeichert. Wenn wir uns im kritischen Eltern-Ich-Zustand befinden, werden wir ärgerlich, moralisch, kritisch, abwertend oder sarkastisch. Wir haben wenig Verständnis für das Verhalten unserer Mitmenschen, sondern bewerten es streng und negativ. Das fürsorgliche Eltern-Ich dagegen ist für menschliche Wärme, Ermutigung und Hilfsbereitschaft verantwortlich, aber auch für übertriebene Fürsorge. Wenn wir uns im fürsorglichen Eltern-Ich-Zustand befinden, übernehmen wir Verantwortung für andere, fühlen uns ein und versuchen, unseren Mitmenschen zu helfen.

Im **Erwachsenen-Ich**-Zustand sind sämtliche Erfahrungen gespeichert, die wir selber und ganz bewusst erlebt haben. Hier haben wir nicht ungeprüft Verhaltensweisen oder Erfahrungen anderer übernommen. Vielmehr handelt es sich beim Erwachsenen-Ich-Zustand um unser bewusstes, reflektiertes Verhalten und Erleben. Das Erwachsenen-Ich ist aktiv, wenn wir nüchtern, sachlich und realitätsbezogen Fakten überlegen oder Pro und Contra einer Situation abwägen. Im Erwachsenen-Ich-Zustand handeln wir realitätsbezogen und flexibel.

Im **freien Kind-Ich** finden wir das unbeeinflusste, natürliche Kind wieder. In diesem Ich-Zustand befinden wir uns, wenn wir spontan und kreativ sind, wenn wir vor Ideen nur so sprühen, kein Blatt vor den Mund nehmen und frei unsere Meinung äußern. Im freien Kind-Ich-Zustand sind wir unbekümmert, offen und begeisterungsfähig. Im **braven (angepassten) Kind-Ich** befinden wir uns, wenn wir gehorchen, uns gut benehmen, uns anpassen und Anweisungen ausführen, auch wenn wir sie nicht wirklich nachvollziehen können. Im **trotzigen Kind-Ich** lehnen wir uns dagegen gegen die Erwartungen anderer – insbesondere von Autoritätspersonen – auf, rebellieren und gehen in die Opposition. Es kann auch sein, dass wir „passiven Widerstand" leisten, indem wir die Zusammenarbeit verdeckt blockieren. Reaktionen sind dann z.B. „das habe ich vergessen", „ich bin nicht dazu gekommen" oder „das war von vornherein nicht zu schaffen".

Transaktionsanalyse

Wenn alle Teilnehmer ihre Instruktionen gelesen haben, klärt der Trainer ab, ob es noch Fragen gibt und erteilt dann das Startsignal:
„Gibt es Fragen? Wenn nicht, dann können Sie im Innenkreis loslegen. Ich lasse die Diskussion sieben Minuten lang laufen. Ich möchte Sie bitten, dass Sie sich jeweils in Ihren Ich-Zustand versetzen, ohne dies allzu offensichtlich auszuleben. Es sollte schon noch erkennbar sein, dass Sie grundsätzlich ein erwachsener Mensch sind, auch wenn Sie sich – psychologisch gesehen – zum Beispiel in einem Kind-Ich-Zustand befinden."

Der Trainer lässt die Diskussion sieben bis acht Minuten lang laufen und beendet sie dann. Dann wendet er sich an die Außengruppe:
„Welche Ich-Zustände glauben Sie, erkannt zu haben?"

Abb.: Die Übung „Ich-Zustände erkennen" wird ausgewertet.

Der Trainer sammelt die Rückmeldungen des Außenkreises und sorgt dafür, dass die Beobachtungen konkretisiert werden:
„Woran machen Sie fest, dass Frau Sauer den trotzigen Kind-Ich-Zustand dargestellt hat?"

Wenn allen Teilnehmern des Innenkreises Ich-Zustände zugewiesen worden sind, spielt der Trainer den Ball an den Innenkreis weiter:
„Wie war es denn tatsächlich? Wer hat welchen Ich-Zustand dargestellt?"

Nach der Auflösung dieser Frage gibt der Trainer den Gruppenmitgliedern des Innenkreises Gelegenheit, ihr Erleben der jeweiligen Rolle zu reflektieren:
„Wie ging es Ihnen beim Darstellen Ihres Ich-Zustandes?"

Abschließend gibt der Trainer ein paar Hinweise zum Umgang mit dem Modell:
„Grundsätzlich kann man Ich-Zustände oft mehr an nonverbalen Signalen, wie der Gestik, der Körperhaltung und auch der Tonlage erkennen. Wichtig ist vor allem aber, bei sich selbst das Gespür dafür zu entwickeln, in welchem Ich-Zustand man sich befindet und zu erkennen, ob dieser für die momentane Situation angemessen ist. Wenn ich das rechtzeitig spüre, kann ich mich – etwa durch eine Veränderung meiner Körperhaltung – bewusst steuern und versuchen, einen passenden Ich-Zustand einzunehmen."

Hinweise

- ▶ Es kommt vor, dass die Mitglieder des Innenkreises – oft nach anfänglichen Schwierigkeiten – so viel Freude an der Darstellung der Ich-Zustände entwickeln, dass diese überzeichnet werden. Wenn dies der Fall ist, sollte der Trainer darauf hinweisen, dass sich die Ich-Zustände im Alltag oft nur subtil äußern und grundsätzlich alle Menschen irgendwann alle Ich-Zustände einnehmen, auch wenn es bevorzugte Ich-Zustände gibt.

- ▶ Es kann auch passieren, dass manche Teilnehmer im Innenkreis ihre Rollen nicht durchgängig beibehalten. Dann ist es wichtig, dass kein falsches Bild des jeweiligen Ich-Zustands zurückbleibt. Das lässt sich in der Regel in der Auswertung recht gut auffangen. Manchmal ist es notwendig, dass der Trainer die Charakteristika der Ich-Zustände noch einmal klarstellt: Oft kann er hierbei bei der Reflexion der „Darsteller" anknüpfen: *„Frau Sauer, Sie hatten ja gesagt, dass es Ihnen manchmal nicht leicht gefallen ist, die Rolle des trotzigen Kind-Ichs zu übernehmen. Tatsächlich haben Sie ja an einigen Stellen den ‚mahnenden Zeigefinger' erhoben und ihre Kollegen ermahnt. In der Tat ist dieses Ermahnen und der strenge Tadel für das kritische Eltern-Ich charakteristisch. Im trotzigen Kind-Ich fühlen wir uns dagegen eher aufsässig und lehnen uns gegen Autoritäten auf."*

Varianten

- Weitere Übungen zum Erkennen und Erleben der Ich-Zustände finden sich bei Gührs & Nowak (2008).
- An diese Übung lässt sich gut ein Egogramm anschließen. Beim Egogramm handelt es sich um eine strukturierte Selbsteinschätzung der eigenen Ich-Zustände. Eine Vorlage findet sich ebenfalls bei Gührs & Nowak (2008).

Literatur

- Gührs, Manfred/Nowak, Claus: Trainingshandbuch zur konstruktiven Gesprächsführung: 101 Übungen mit Anleitungen, Handouts und Theorie-Inputs. Limmer, 2008, 2. Aufl.

4. Transaktionen analysieren – Input

Orientierung

Ziele:
- Die Teilnehmer kennen die verschiedenen Arten von Transaktionen
- Sie können konkrete Beispiele von Transaktionen analysieren

Zeit:
- 15 Minuten

Material:
- Pinnwand „Transaktionsanalyse", Flipchart „Kommunikationsregeln der Transaktionsanalyse"

Überblick:
- Der Trainer stellt parallele, gekreuzte und verdeckte Transaktionen anhand von Beispielen an der Pinnwand vor
- Die Kommunikationsregeln der Transaktionsanalyse hält er am Flipchart fest

Erläuterungen

Wenn zwei Personen mit ihren jeweiligen Ich-Zustandssystemen aufeinandertreffen, sind grundsätzlich drei Formen von Transaktionen möglich. Diese werden im Folgenden erläutert. Die Erkenntnis dieser Transaktionsmuster bietet ein tieferes Verständnis für ineffektive Kommunikation und für konstruktive Lösungen – zum Beispiel durch bewusste Kreuzungen.

Vorgehen

Der Trainer hat das Plakat „Transaktionsanalyse" bereitgestellt und führt in das Modell der Analyse von Transaktionen ein. Zunächst erläutert er parallele Transaktionen.

Transaktionsanalyse

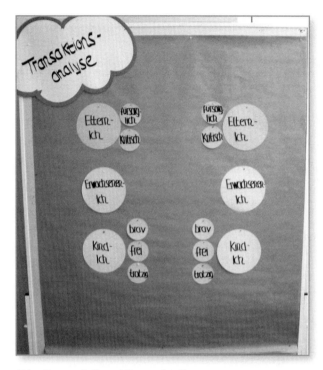

Abb.: Pinnwand „Transaktionsanalyse".

„Jetzt haben Sie das Modell der Ich-Zustände kennengelernt. Im nächsten Schritt geht es darum, die Kommunikation in Bezug auf diese Ich-Zustände zu analysieren. Das ist hilfreich, um zu erkennen, durch welche Kommunikationsmuster Konflikte entstehen können – und wie man sie lösen kann.

Grundsätzlich lassen sich drei Arten von Transaktionen unterscheiden: parallele, gekreuzte und verdeckte Transaktionen. Parallele Transaktionen erkennen Sie daran, dass der Gesprächspartner jeweils aus dem Ich-Zustand reagiert, den der Gesprächspartner angesprochen hat. Wenn wir uns das dann mit dem Modell der Ich-Zustände anschauen, läuft die Kommunikation parallel.

Nehmen wir ein Beispiel:
Der Chef sagt zum Mitarbeiter: ‚Wie oft muss ich Ihnen das jetzt eigentlich noch erklären? Können Sie nicht mal aufpassen?'
Darauf der Mitarbeiter: ‚Das tut mir echt Leid. Da war ich wohl gerade mit meinen Gedanken woanders. Könnten Sie es mir bitte noch ein letztes Mal erklären?'

Chef: „Das ist aber das allerletzte Mal. Dann müssten selbst Sie es kapiert haben!'
Mitarbeiter: „Ja, ich geb mir wirklich Mühe. Das kommt nicht wieder vor.'

Welche Ich-Zustände sind hier beteiligt?"

In der Regel haben die Teilnehmer keine Schwierigkeiten, die Ich-Zustände korrekt zuzuordnen. Der Trainer greift dies auf und erläutert den Charakter paralleler Transaktionen an der Pinnwand:
„Genau. Der Chef agiert jeweils aus dem kritischen Eltern-Ich und richtet sich an das brave Kind-Ich. Der Mitarbeiter reagiert dementsprechend. Wenn wir das nun mit Pfeilen darstellen, welche die Richtung der Kommunikation darstellen, sieht man, dass die Kommunikation parallel verläuft."

Der Trainer pinnt die Pfeile, die er vorbereitet hat, an.

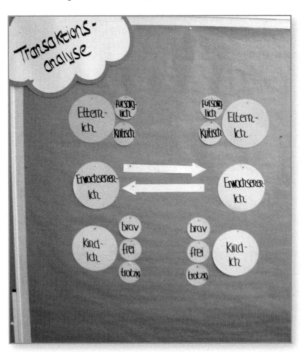

Abb.: An der Pinnwand erläutert der Trainer anhand von vorbereiteten Pfeilen die Merkmale paralleler Transaktionen.

Parallele Transaktionen

„Bei parallelen Transaktionen können die Gesprächspartner sowohl zwei unterschiedliche Ich-Zustände, wie in dem Beispiel eben, einnehmen,

sie können sich aber auch beide im gleichen Ich-Zustand befinden. Zum Beispiel:
A: ‚Wie spät ist es?'
B: ‚Kurz vor zwei.'

Hier befinden sich beide im Erwachsenen-Ich-Zustand und richten sich an das Erwachsenen-Ich des anderen.

Solche parallelen Transaktionen bestimmen den Großteil unserer alltäglichen Kommunikation. Das Gespräch ist im Fluss, es könnte im Grunde ungehindert so weitergehen, da die Erwartungen und Reaktionen der Gesprächspartner einander entsprechen. Deshalb ist eine Grundregel, dass parallele Transaktionen unendlich weitergehen können."

Der Trainer zeigt das Flipchart „Transaktionen". Die Regeln an sich sind zunächst zugedeckt, indem der Trainer das Flipchart-Papier mithilfe eines Klebebandes umgeklappt hat. Während er die erste Grundregel erläutert, klappt er diese auf.

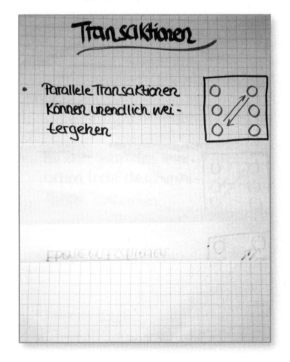

Abb.: Der Trainer stellt die Kommunikationsregeln der Transaktionsanalyse am Flipchart vor. Dabei sind die Regeln zunächst verdeckt und werden gezeigt, während der Trainer sie erläutert.

Gekreuzte Transaktionen

Dann fährt er fort und leitet zu gekreuzten Transaktionen über. „Dass parallele Transaktionen unendlich weitergehen können, sagt allerdings nichts über die Qualität der jeweiligen Gespräche aus. Sie können unerfreulich und destruktiv verlaufen wie in dem Beispiel von dem strengen Chef und dem angepassten Mitarbeiter, sie können aber auch sachlich und effektiv sein, wie in dem letzten Beispiel.

Bleiben wir mal bei diesem Beispiel und nehmen wir an, B reagiert ganz anders. A fragt: ‚Wie spät ist es?' Darauf B (in strengem Tonfall): ‚Höchste Zeit! Du bist ja immer noch da?!' Wie kann man hier die Transaktion beschreiben?"

Je nachdem, wie die Antworten ausfallen, bestätigt oder korrigiert er: „A agiert weiterhin aus dem Erwachsenen-Ich und richtet sich an das Erwachsenen-Ich von B. Der reagiert jedoch nicht, wie erwartet, aus dem Erwachsenen-Ich, sondern aus dem kritischen Eltern-Ich und richtet sich an das Kind-Ich von A."

Er erläutert das Prinzip der gekreuzten Transaktion an der Pinnwand: *„Wenn wir uns diese Transaktion bildlich anschauen, dann sehen Sie, dass sich die Kommunikationsrichtung hier kreuzt. Deswegen spricht man von einer gekreuzten Transaktion. Bei einer gekreuzten Transaktion reagiert A nicht aus dem Ich-Zustand, an den A sich gerichtet hat."*

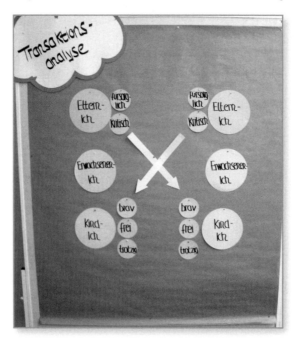

Abb.: Der Trainer erläutert das Prinzip der gekreuzten Transaktion an der Pinnwand.

„Darauf folgt in der Regel eine Irritation. Deshalb bricht die Kommunikation nach einer gekreuzten Transaktion für einen Moment zusammen."

Der Trainer deckt die zweite Kommunikationsregel der Transaktionsanalyse auf.

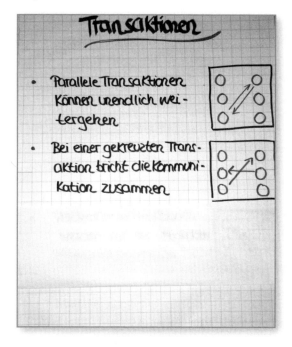

Abb.: Der Trainer zeigt die zweite Kommunikationsregel am Flipchart.

„Ein anderes Beispiel aus dem beruflichen Alltag ist:
Personalleiter zum Vorstand: ‚Wann kann ich Ihnen das neue HR-Konzept vorstellen?'
Vorstand: ‚Ach, hören Sie doch auf mit Ihren esoterischen Konzepten. Sie sollen Kosten reduzieren, sonst gar nichts!'
Auch hier kreuzt der Vorstand, indem er sich aus dem kritischen Eltern-Ich an das Kind-Ich wendet.

Ein weiteres Beispiel:
Vorgesetzter zum Mitarbeiter: ‚Wie ist denn der aktuelle Stand Ihres Projektes?'
Mitarbeiter (hilfloser Tonfall): ‚Ich bin leider noch gar nicht weitergekommen. Das ist aber auch alles furchtbar komplex!'
Welche Ich-Zustände sind hier beteiligt?"

Auch hier ergänzt der Trainer.
„Der Vorgesetzte möchte sich aus dem Erwachsenen-Ich ans Erwachsenen-Ich des Mitarbeiters wenden. Aber dieser reagiert aus dem braven Kind-Ich und richtet sich an das Eltern-Ich, vermutlich das fürsorgliche Eltern-Ich des Vorgesetzten.

Bei diesen Beispielen sehen Sie, dass gekreuzte Transaktionen häufig zu Irritationen führen – und dazu, dass Spannungen und Konflikte entstehen können. Allerdings können bewusste Kreuzungen auch produktiv sein, um eine fruchtlose Kommunikation zu verändern. Bleiben wir dazu bei unserem Beispiel:
Der Mitarbeiter sagt, er sei nicht weitergekommen und das Projekt sei furchtbar komplex. Der Vorgesetzte könnte nun aus dem fürsorglichen Eltern-Ich reagieren, ihm helfen und Arbeit abnehmen. Dann hätten wir eine parallele Transaktion. Diese würde sich fortsetzen und der Mitarbeiter bliebe weiterhin im Kind-Ich.
Wie könnte der Vorgesetzte nun alternativ reagieren?"

Der Trainer sammelt die Vorschläge der Teilnehmer und ergänzt:
„Der Vorgesetzte kann aus dem Erwachsenen-Ich reagieren und sich an das Erwachsenen-Ich des Mitarbeiters wenden: ‚Wo genau sehen Sie Schwierigkeiten?' und anschließend: ‚Wie könnte eine Lösung aussehen?'

Natürlich kann es sein, dass der Mitarbeiter hartnäckig im Kind-Ich-Zustand verharrt, aber das Beispiel zeigt, dass gekreuzte Transaktionen nicht unbedingt negativ sein müssen, sondern auch aus Sackgassen herausführen können. Gibt es Fragen oder Anmerkungen?"

Verdeckte Transaktionen Schließlich thematisiert der Trainer die verdeckten Transaktionen.
„Es gibt Transaktionen, bei denen es schwierig ist, die Ich-Zustände zu erfassen, weil das Gespräch anscheinend ganz vernünftig – meist auf der Erwachsenen-Ich-Ebene – verläuft und man gleichzeitig spürt, dass nicht ausgesprochene, zusätzliche Botschaften gesendet werden. Hier spricht man von verdeckten Transaktionen. Stellen Sie sich zum Beispiel vor, der Abteilungsleiter sieht den Gruppenleiter, der heute mit Turnschuhen auf der Arbeit erschienen ist und fragt ihn:
Abteilungsleiter: ‚Wollen Sie heute noch zum Sport?'
Gruppenleiter (schuldbewusst): ‚Nein, aber ich habe eine Nagelbettentzündung, deswegen habe ich heute bequeme Schuhe angezogen.'
Vermeintlich haben wir eine Transaktion auf der Erwachsenen-Ebene, aber gleichzeitig gibt es eine verdeckte Botschaft. Wie würden Sie diese interpretieren?"

Der Trainer greift die Äußerungen der Teilnehmer auf und ergänzt:
„Während scheinbar auf der Erwachsenen-Ich-Ebene kommuniziert wird, sendet der Abteilungsleiter eigentlich eine Botschaft aus dem kritischen Eltern-Ich. Sie könnte in etwa lauten: Wie laufen Sie denn hier rum? Das ist ja völlig deplatziert! Der Gruppenleiter antwortet verdeckt aus dem braven Kind-Ich und rechtfertigt sich schuldbewusst.
Ein weiteres Beispiel: Chef: ‚Herr Schulze, wo liegt denn eigentlich der Jahresbericht?' Herr Schulze: ‚Haben Sie heute schon mal auf Ihren Schreibtisch geschaut?' Wie lässt sich diese Transaktion kennzeichnen?"

Wenn auch diese Transaktion korrekt benannt wurde – offen kommunizieren beide auf der Erwachsenen-Ich-Ebene, verdeckt aber jeweils aus dem kritischen Eltern-Ich heraus und richten sich an das Kind-Ich des anderen – fährt der Trainer fort:
„Wir sehen, dass die verdeckte Botschaft jeweils die Kommunikation bestimmt und der Gesprächspartner darauf reagiert. Die dritte Kommunikationsregel lautet: Verdeckte Transaktionen werden auf der verdeckten Ebene entschieden."

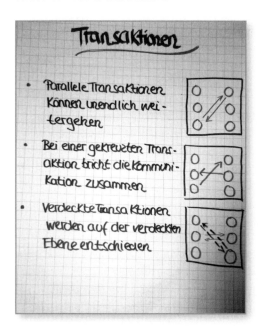

Abb.: Der Trainer zeigt die dritte Kommunikationsregel der Transaktionsanalyse am Flipchart.

Literatur

▶ Hagehülsmann, Ute/Hagehülsmann, Heinrich: Der Mensch im Spannungsfeld seiner Organisation. Junfermann, 2007, 3. Aufl.

5. Transaktionen erkennen – Übung

> **Orientierung**
>
> **Ziele:**
> ▶ Die Teilnehmer kennen und verstehen Transaktionen
>
> **Zeit:**
> ▶ 35 Minuten (5 Min. Instruktion, 15. Min. Kleingruppenübung, 10 Min. Auswertung im Plenum, 5 Min. Puffer)
>
> **Material:**
> ▶ Instruktionen und Beobachtungsbögen
>
> **Überblick:**
> ▶ In Dreiergruppen demonstrieren jeweils zwei Teilnehmer eine bestimmte Transaktion, die ihnen vorgegeben wird. Die dritte Person muss jeweils erkennen, um welche Transaktion es sich handelt
> ▶ Es gibt drei Durchgänge
> ▶ Anschließend wird die Übung im Plenum reflektiert

Erläuterungen

Aus welchem Ich-Zustandssystem heraus kommuniziert wird, ist für Ungeübte in der Praxis oft nicht sofort erkennbar. Noch schwieriger wird es, wenn die Ebene der Transaktion hinzukommt. Um Verhalten identifizieren und darauf angemessen reagieren zu können, ist es sinnvoll, die Transaktionen in Kleingruppen durchzuspielen.

Vorgehen

„Im nächsten Schritt geht es darum, die unterschiedlichen Transaktionen zu erkennen. Deshalb möchte ich Sie zu einer Übung einladen, bei der Sie zu dritt zusammengehen. Zwei spielen anhand von Instruktionen jeweils eine Transaktion durch und die dritte Person beobachtet und versucht, zu erkennen, wie die Transaktion verlaufen ist."

Um die Kleingruppen zu bilden, kann der Trainer – bei zwölf Teilnehmern – bis vier durchzählen lassen, um vier Gruppen á drei Teilnehmer zu erhalten: *„Bitte zählen Sie bis vier durch und setzen sich dann mit den Personen mit der gleichen Nummer zusammen."*

Wenn sich die Kleingruppen gefunden haben, fährt der Trainer fort:
„Bitte vereinbaren Sie, wer A, B und C ist."

Dann teilt der Trainer die Instruktionen für den ersten Durchgang aus und erläutert:
„A und B erhalten den gleichen Instruktionsbogen, auf dem steht, welche Transaktion sie darstellen sollen. C erhält einen Beobachtungsbogen, auf dem er einzeichnen kann, wie die Transaktion verläuft. Bitte lesen Sie sich jeweils Ihre Anweisungen kurz durch und spielen Sie die Transaktion, anschließend gibt C Rückmeldung, was er beobachtet hat."

Der Trainer beobachtet die Kleingruppen und steht für Fragen zur Verfügung. Wenn alle Gruppen die Auswertung beendet haben, teilt er die Instruktionen für den zweiten Durchgang aus. *„Jetzt führen B und C das Gespräch und A beobachtet."* Er geht zu den Kleingruppen und verteilt die Instruktionen.

Im dritten Durchgang führen A und C das Gespräch, während B beobachtet.

Übung „Transaktionen erkennen" – Transaktion 1

A berichtet aus dem Erwachsenen-Ich von einer kritischen beruflichen Situation und schildert, wie er/sie sich verhalten hat.

B reagiert zunächst ebenfalls aus dem Erwachsenen-Ich, fragt nach und hört aufmerksam zu.

B kreuzt dann die Transaktion und reagiert aus dem kritischen Eltern-Ich mit Kritik oder Zurechtweisung, zum Beispiel: „Wie konnten Sie nur so etwas Dämliches tun?" oder „Da sind Sie aber selbst schuld!"

A reagiert daraufhin entweder aus dem braven Kind-Ich, zum Beispiel: „Stimmt, das war wirklich dumm von mir." oder aus dem trotzigen Kind-Ich, zum Beispiel „Dann erzähle ich jetzt gar nichts mehr!"

Übung „Transaktionen erkennen" – Transaktion 2

B jammert aus dem trotzigen Kind-Ich über etwas Beliebiges, zum Beispiel über einen schwierigen Kollegen, Kunden, Vorgesetzten oder Bekannten, Nachbar etc.

C reagiert aus dem fürsorglichen Eltern-Ich, indem er Verständnis zeigt, zum Beispiel: „Das ist ja wirklich eine sehr schwierige Situation.", Hilfe anbietet oder Vorschläge macht, zum Beispiel: „Haben Sie schon mal daran gedacht, …?"

B bleibt im trotzigen Kind Kind-Ich und beklagt sich weiter.

C kreuzt die Transaktion und reagiert aus dem Erwachsenen-Ich und richtet sich an das Erwachsenen-Ich von B, zum Beispiel: „Welche Lösungen sehen Sie?" oder „Welche ähnliche Situation haben Sie schon gemeistert?"

B bleibt zunächst im trotzigen Kind-Ich und jammert, wechselt dann jedoch auf die Erwachsenen-Ich-Ebene und äußert erste Lösungsmöglichkeiten.

Übung „Transaktionen erkennen" – Transaktion 3

C erzählt aus dem freien Kind-Ich begeistert von einem tollen Urlaubserlebnis.

B hört zu und ist begeistert voller Anteilnahme und teilt ebenfalls tolle Urlaubserlebnisse aus dem freien Kind-Ich mit.

C steigert sich immer mehr in seine Begeisterung hinein (freies Kind-Ich).

B reagiert verdeckt aus dem kritischen Eltern-Ich, zum Beispiel: „Das kling ja wirklich großartig. Das ist ja schon erstaunlich, dass Sie so viel verdienen, dass Sie sich solche Urlaube leisten können."

C reagiert nun verdeckt aus dem trotzigen Kind-Ich, zum Beispiel: „Na ja, von nichts kommt nichts. Das habe ich mir hart erarbeitet."

Transaktionsanalyse

Übung „Transaktionen erkennen" – Beobachtungsbogen

Ihre Aufgabe ist es, die Transaktion zu beobachten und zu erkennen, aus welchem Ich-Zustand die Gesprächspartner kommunizieren und an welchen Ich-Zustand sie sich jeweils richten. Beobachten Sie bitte, wie die Transaktion verläuft: parallel, gekreuzt oder verdeckt. Es kann sein, dass sich dies im Laufe des Gesprächs verändert. Deshalb haben Sie bis zu drei Schaubilder zur Verfügung, in die Sie die Transaktionen einzeichnen können. Rechts können Sie festhalten, woran Sie dies konkret festmachen:

EL — *fürsorglich / kritisch* — *fürsorglich / kritisch* — EL
ER — ER
K — *angepasst / frei / trotzig* — *angepasst / frei / trotzig* — K

EL — *fürsorglich / kritisch* — *fürsorglich / kritisch* — EL
ER — ER
K — *angepasst / frei / trotzig* — *angepasst / frei / trotzig* — K

EL — *fürsorglich / kritisch* — *fürsorglich / kritisch* — EL
ER — ER
K — *angepasst / frei / trotzig* — *angepasst / frei / trotzig* — K

© managerSeminare

Auswertung der Übung

Nach dem dritten Durchgang kommt die Gruppe wieder im Plenum zusammen. Der Trainer leitet zur Auswertung der Übung an. Hier kann er folgende Fragen stellen:
- *„Wie haben Sie die Übung erlebt?"*
- *„Wie ist es Ihnen gelungen, die Transaktionen darzustellen?"*
- *„Wie ist es Ihnen gelungen, die Transaktionen zu erkennen?"*
- *„Welche Transaktionen kommen Ihnen aus dem Alltag bekannt vor?"*
- *„Was könnte Ihnen im Alltag helfen, Transaktionen zu erkennen?"*

Literatur
- Gührs, Manfred/Nowak, Claus: Trainingshandbuch zur konstruktiven Gesprächsführung: 101 Übungen mit Anleitungen, Handouts und Theorie-Inputs. Limmer Verlag, 2008, 2. Aufl.
- Hagehülsmann, Ute und Heinrich: Der Mensch im Spannungsfeld seiner Organisation. Junfermann Verlag, 2007, 3. Aufl.

6. Eigene Transaktionen analysieren – Übung

Orientierung

Ziele:
▶ Eigene und fremde Gespräche auf dem Hintergrund der Transaktionsanalyse verstehen können

Zeit:
▶ 50 Minuten (5 Min. Instruktion, 30 Min. Kleingruppenübung, 10 Min. Auswertung im Plenum, 5 Min. Puffer)

Material:
▶ Flipchart „Transaktionen analysieren"

Überblick:
▶ Jeder Teilnehmer überlegt eine schwierige Gesprächssituation
▶ In einer Dreiergruppe stellt A seine Situation vor
▶ B übernimmt die Rolle des Gesprächspartners und spielt mit A das Gespräch durch
▶ C beobachtet und analysiert die Transaktionen
▶ Anschließend Wechsel
▶ Auswertung im Plenum

Erläuterungen

Nachdem die Analyse von Transaktionen zunächst anhand konstruierter Fallsituationen geübt worden ist, geht es im Folgenden darum, eigene Gespräche transaktionsanalytisch „unter die Lupe zu nehmen". Dies ist ein wichtiger Schritt, um den anschließenden Transfer in den Alltag zu ermöglichen.

Vorgehen

„Damit Sie die Transaktionsanalyse für Ihren eigenen beruflichen Alltag nutzen können, möchte ich Sie nun zu einer Übung einladen, bei der es darum geht, eigene Gespräche zu reflektieren. Als ersten Schritt möchte ich Sie bitten, sich einen Moment lang Zeit zu nehmen und eine Gesprächssituation aus dem eigenen Berufsalltag auszusuchen, in der Sie den Eindruck hatten, dass gewisse Spannungen vorhanden waren. Es müssen keine massiven Konflikte sein, aber vielleicht ein paar

Irritationen, die Sie gespürt haben. Es kann eine Situation sein, die sich wiederholt, etwa mit einem bestimmten Kunden, mit dem Sie regelmäßig zu tun haben oder auch eine einmalige Situation, die Sie in irgendeiner Weise schwierig fanden.

Ich möchte Sie bitten, sich ein Blatt Papier und einen Kuli oder Bleistift zu nehmen und die Situation anhand der folgenden Leitfragen zu definieren."

Der Trainer zeigt das Flipchart „Eigene Transaktionen analysieren".

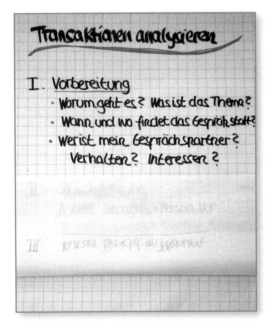

Abb.: Das Flipchart „Eigene Transaktionen analysieren" – der Trainer erläutert die Vorbereitung der Übung.

„Worum geht es? Was ist das Thema? Wo und wann findet das Gespräch statt? Wer ist mein Gesprächspartner? Welches Interesse hat er? Wie verhält er sich?"

Der Trainer gibt den Teilnehmern ein paar Minuten Zeit, um sich Notizen zu machen. Er fragt nach, ob alle Teilnehmer eine Situation gefunden haben und unterstützt diejenigen, denen es schwer fällt, eine zu finden (siehe Hinweise).

Kleingruppenarbeit Nach drei bis vier Minuten leitet der Trainer die Kleingruppenarbeit an: *„Bitte setzen Sie sich gleich zu dritt zusammen und nehmen sich pro Person 10 Minuten Zeit, um jeweils ein Gespräch zu spielen und anschließend die Transaktionen zu analysieren.*

Dabei gehen Sie folgendermaßen vor: A stellt seine Situation kurz vor. B übernimmt die Rolle des Gesprächspartners. Damit er das tun kann, demonstriert A kurz, wie der Gesprächspartner sich verhält und ahmt seine Körperhaltung, Gestik und Sprache nach. Dann spielen A und B das Gespräch durch. Nach spätestens fünf Minuten unterbricht C und gibt A und B Feedback, welche Transaktionen er gesehen hat. Dazu erhalten Sie gleich Beobachtungsbögen."

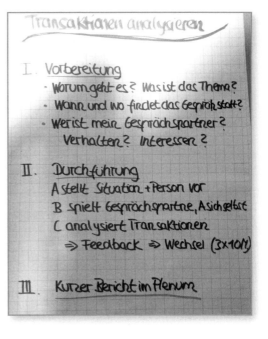

Abb.: Das Flipchart „Eigene Transaktionen analysieren" – der Trainer erläutert die Durchführung und Auswertung der Übung.

„Um die Kleingruppen zu bilden, verteilen Sie sich bitte gleichmäßig auf die vier Ecken des Raums."

Der Trainer teilt jeder Kleingruppe drei Beobachtungsbögen aus. Hierzu kann die gleiche Vorlage wie bei der vorangegangenen Übung verwendet werden.

Der Trainer geht anschließend in die Kleingruppen, um bei Bedarf zu unterstützen. Dies ist oft notwendig, denn es fällt mancher Kleingruppe schwer, ins Spiel zu kommen. Oft wird nur über die Situationen geredet, statt sie durchzuspielen. Hier sollte der Trainer darauf bestehen, dass das Gespräch real geführt wird, weil nur dann Transaktionen direkt wahrgenommen werden können.

Nach 30 Minuten hakt der Trainer nach, ob alle Kleingruppen fertig sind. Dann wertet er die Übung im Plenum aus. Dies kann er unterschiedlich gestalten. Hat er genügend Zeit zur Verfügung, kann er alle Kleingruppen separat zu Wort kommen lassen, etwa in einer Auswertung im Fishbowl. Ansonsten fragt er einfach in die Runde: *„Wie lief die Übung?"*

Anschließend kann er bei Bedarf seine Fragen konkretisieren:
- „Wie ist es gelungen, Ich-Zustände zu erkennen?"
- „Welche Transaktionen haben Sie beobachtet?"
- „Welche Beobachtungen waren für diejenigen hilfreich, die ihre Gesprächssituation dargestellt haben?"
- „Welche Erkenntnisse nehmen Sie aus der Übung mit?"

Hinweise

Es kommt vor, dass es einigen Personen schwerfällt, eine Situation zu finden. Hier kann der Trainer unterstützend Fragen stellen:
- „Mit welchen Personen haben Sie im Beruf regelmäßig zu tun?"
- „Mit wem ist das Verhältnis zum Teil angespannt?"
- „Wer bringt Sie zuweilen auf die Palme?"
- „Was müsste ich tun, um Sie ärgerlich zu machen? Von wem kennen Sie das?"
- „Welche Personen sind Ihnen nicht wohlgesonnen? Woran merken Sie das?"
- „Wer hat andere Interessen als Sie? Worin drückt sich das aus?"

7. Psychologische Spiele – Input

> **Orientierung**
>
> **Ziele:**
> ▶ Die Teilnehmer kennen die Grundprinzipien psychologischer Spiele
> ▶ Sie verstehen, dass das Modell der psychologischen Spiele vorwiegend zur Selbstreflexion eingesetzt werden sollte
>
> **Zeit:**
> ▶ 15 Minuten
>
> **Material:**
> ▶ Flipchart „Psychologische Spiele"
>
> **Überblick:**
> ▶ Der Trainer inszeniert das psychologische Spiel „Ja, aber" in der
> ▶ Gruppe
> ▶ Er veranschaulicht ein zweites psychologisches Spiel („Meins ist besser als Deins.")
> ▶ Er erläutert die Grundmerkmale psychologischer Spiele

Erläuterungen

Während es in den Abschnitten über Transaktionen um kleine, überschaubare Kommunikationssequenzen geht, wird in dem folgenden Baustein die Komplexität weiter erhöht. Mit psychologischen Spielen sind eingefahrene, unbewusst ablaufende Interaktionssequenzen gemeint, die sich regelmäßig wiederholen und bei denen das – meist bittere – Ende vorhersagbar ist. Die Theorie der psychologischen Spiele geht ebenfalls auf Eric Berne, den Begründer der Transaktionsanalyse, zurück, der in seinem Buch „Spiele der Erwachsenen" (2002) typische Interaktionsmuster, die zu Spannungen und Konflikten führen, analysiert, beschrieben und klassifiziert hat. Der Bezeichnung „psychologische Spiele" wohnt allerdings die Gefahr inne, dass diese als bewusst ablaufende Manipulationen verstanden werden und die laienhafte Kenntnis dieser Interaktionsmuster dazu führen kann, den anderen als Initiator von Spielen „entlarven" zu wollen. Eric Berne definierte die psychologischen Spiele jedoch explizit als unbewusst ablaufende Interaktionsmuster. Es ist sehr wichtig, dass der Trainer dies betont, denn nur wenn die Seminarteilnehmer versuchen, eigene Anteile an psychologischen Spielen zu reflektieren und Handlungsoptionen zu entwickeln, um aus Spielen auszusteigen, hat sich die Arbeit an diesem Thema gelohnt. Wenn die Seminarteilnehmer hingegen die Kenntnis psychologischer Spielmuster anwenden, um andere besser zu „durchschauen" und ihnen einen „Spiegel vorzuhalten", trägt dies nur zur Verschärfung von Konflikten bei. Transaktionsanalytisch gesprochen übernimmt man dann die Rolle des „kritischen Eltern-Ichs" bzw. des „Verfolgers", der dem anderen Vorwürfe zum eigenen Verhalten macht – und startet damit selbst ein psychologisches Spiel. Deshalb spreche ich gegenüber Teilnehmern lieber von „psychologischen Konfliktmustern" als von „psychologischen Spielen".

Vorgehen

Wenn der Trainer sich sowohl in Bezug auf das Thema als auch hinsichtlich der Tragfähigkeit seiner Beziehung zur Gruppe sicher ist, kann er das Thema „psychologische Spiele" eröffnen, indem er im Hier und Jetzt ein solches „Spiel" inszeniert. Da es in der Natur des psychologischen Spiels liegt, dass hierdurch Irritationen entstehen, sollte er sich allerdings sicher sein, dass diese aufgefangen, reflektiert und aufgelöst werden können. Vorteil dieses Vorgehens ist, dass die Gruppe den Verlauf und die Wirkung eines „Spiels" am eigenen Leib erlebt und in hohem Maße das Interesse am Thema geweckt werden kann.

Eine relativ leicht handhabbare Variante ist das Spiel „Ja, aber". Der Trainer kann etwa folgendermaßen einsteigen:
„Was mir beim Thema ‚Konfliktmuster' einfällt: Es gibt ja bestimmte Muster, die sich immer wiederholen, zum Beispiel mit Kindern – wer von Ihnen hat eigentlich Kinder?"

Wenn einige der Seminarteilnehmer Kinder haben, kann er sich an diese richten, aber auch die anderen miteinbeziehen:
„Mein Sohn räumt nämlich nie das Zimmer auf. Es ist zum Verzweifeln. Also, haben Sie eine Idee, was ich da machen kann?"

Abb.: Der Trainer leitet in das Thema „Psychologische Spiele" ein, indem er das Spiel „Ja, aber" inszeniert.

Nun melden sich in der Regel einige Teilnehmer mit Vorschlägen zu Wort. Egal, wie gut diese sind, der Trainer findet stets einen Grund, warum dieser nicht umsetzbar ist. Zum Beispiel:

Teilnehmer: *„Vielleicht sollten Sie ihn belohnen, wenn er aufgeräumt hat."*

Trainer: *„Ja, aber er räumt ja gar nicht erst auf – wie soll ich ihn da belohnen?"*

Teilnehmer: *„Sie müssen klare Regeln vereinbaren, zum Beispiel, dass er jeden Samstag aufräumt."*

Trainer: *„Ja, das habe ich auch in den ganzen Erziehungsratgebern gelesen, aber das klappt vielleicht ein, zwei Mal, dann weigert er sich oder er muss so viel für die Schule machen, dass er keine Zeit hat und dann gibt es doch wieder Ärger."*

Teilnehmer: *„Oder Sie räumen einfach für ihn auch nicht mehr auf und machen auch ansonsten nichts, was er sich von Ihnen wünscht, zum Beispiel mit ihm spielen, bevor er nicht aufgeräumt hat."*

Trainer: *„Das habe ich auch schon probiert. Das hat aber nichts geholfen. Das war ihm dann völlig egal, dass ich nichts für ihn gemacht habe. Und gespielt hat er halt mit seinen Freunden."*

III. Seminarbausteine

Abb.: Wie gut die Vorschläge der Teilnehmer auch sein mögen, stets hat der Trainer Einwände – wie es für das psychologische Spiel „Ja, aber" charakteristisch ist.

Das „Spiel" kann der Trainer abschließen, indem er kurz den Ich-Zustand – hier: ins kritische Eltern-Ich – wechselt und damit ein weiteres charakteristisches Merkmal eines psychologischen Spiels demonstriert.

Trainer: „Ich sehe schon, Sie können mir alle nicht helfen. Das sind natürlich alles Ideen, die ich selbst schon hatte. Hätte ich mir ja denken können, dass da nichts Neues kommt."

Anschließend löst der Trainer das Spiel auf. Um das Ende dieser Interaktion deutlich zu machen und auf die Meta-Ebene zu wechseln, kann er dies durch eine Veränderung seiner Position deutlich machen und beispielsweise aufstehen, wenn er zuvor gesessen hat. Er leitet die Reflexion des „Spiels" an:

Trainer: „Was ist da eben passiert? Was ist da zwischen mir und Ihnen eben abgelaufen? Wie würden Sie diese Interaktion analysieren?"

Transaktionsanalyse

Abb.: Zur Reflexion des psychologischen Spiels, das der Trainer initiiert hat, wechselt er auf die Meta-Ebene, um die Interaktion zu reflektieren.

Aufgrund der bereits erfolgten transaktionsanalytischen „Vorbildung" äußern die Seminarteilnehmer an dieser Stelle in der Regel einige Ideen. An diesen Äußerungen anknüpfend, baut der Trainer seinen Input zu psychologischen Spielen auf:
„Was Sie eben erlebt haben, ist ein typisches Konfliktmuster, das in der Transaktionsanalyse ein ‚psychologisches Spiel' genannt wird. Psychologische Spiele sind wiederkehrende Abläufe, also Muster, in zwischenmenschlichen Beziehungen. Diese werden nicht böswillig oder geplant initiiert, sondern laufen unbewusst, quasi automatisch ab. Das Muster, das ich eben mit Ihnen – in diesem Fall ausnahmsweise ganz bewusst und geplant – ‚gespielt' habe, wird ‚Ja, aber' genannt. Ich habe zunächst um eine Hilfestellung gebeten, um dann aber jede Unterstützung und jeden Rat abzulehnen. Was auch immer Sie an Ideen hatten, meine Antwort lautete im Grunde immer ‚Ja, aber'. Sie hatten also keine Chance, mir weiterzuhelfen.

„Ja, aber"

Wenn wir den Ablauf dieser Interaktion Revue passieren lassen, zeigen sich folgende Merkmale, die für unbewusst ablaufende psychologische Konfliktmuster charakteristisch sind."

Der Trainer schlägt das Flipchart „Psychologische Spiele" auf. Der Verweis auf den psychologischen Nutzeffekt bleibt zunächst verdeckt.

Abb.: Das Flipchart „Psychologische Spiele".

„Wie erwähnt, handelt es sich um wiederkehrende Abläufe in Beziehungen, die unbewusst ablaufen. Das ist wichtig zu wissen, weil man sonst denkt, dass andere böswillig ‚Spielchen' mit einem spielen. Das ist jedoch nicht gemeint. Vielmehr hat man in der Transaktionsanalyse festgestellt, dass solche psychologischen Konfliktmuster oft im Laufe der Biografie angenommen wurden und ursprünglich einen bestimmten Sinn hatten, mittlerweile aber problematisch geworden sind.

Einladung

Ein typisches Konfliktmuster beginnt mit einer ‚Einladung', in unserem Beispiel die Frage nach dem Rat bezüglich des Zimmer-Aufräumens. Diese Einladung kann man sich bildlich als ‚Köder' vorstellen, den der eine auswirft. Nimmt der andere die Einladung an, schluckt er gewissermaßen den Köder. In unserem Beispiel geben Sie die Ratschläge. Dagegen ist zunächst auch nichts einzuwenden. Am Anfang war das Spiel als solches nicht zu erkennen. Erst nachdem klar wurde, dass ich keinen Rat annehme, wurde das Ganze unbefriedigend. Psychologische

Verdeckte Transaktionen

Spiele führen also regelmäßig zu unguten Gefühlen wie Verwirrung oder Ärger. Dies geschieht häufig durch verdeckte Transaktionen.

Scheinbar lief unser Gespräch auf der inhaltlichen Ebene, im Erwachsenen-Ich ab – wir tauschten uns zu einem pädagogischen Thema sachlich aus. Verdeckt aber lief die Transaktion zunächst zwischen angepasstem Kind-Ich und fürsorglichem Eltern-Ich ab: ‚Sagt mir, was ich tun soll – Wir geben Dir Hilfestellung.' Dann wechselte ich zunehmend ins trotzige Kind-Ich: ‚Eure Ratschläge taugen alle nichts. Ihr habt ja keine Ahnung!' Schließlich – und auch das ist typisch für solche Konfliktmuster – wechselte ich ins Kritische Eltern-Ich: ‚Hätte ich mir denken können, dass nichts Neues kommt – Sie haben keine Ahnung!'

So unbefriedigend solche Gespräch auch sind, dennoch werden sie geführt. Wie kommt das? Welchen – vielleicht auch irrationalen – Nutzen hat jemand davon, der so agiert, wie ich eben?"

Nutzen

Der Trainer versucht, die Teilnehmer mit dieser Frage für unbewusste, irrationale Hintergründe von Konflikten zu sensibilisieren und knüpft dann an die Äußerungen der Teilnehmer an:
„Da solche Gespräche negative Gefühle produzieren, ist der psychologische, irrationale Nutzen zunächst nicht leicht zu verstehen. Dennoch gibt es immer einen unbewussten, irrationalen Nutzen für die Konfliktpartner, wie etwa Zuwendung oder Bestätigung der eigenen Grundposition. So bekomme ich eben zunächst Hilfe und Unterstützung, also emotionale Zuwendung und Aufmerksamkeit, was ein menschliches Grundbedürfnis ist. Aus der psychologischen Forschung ist bekannt, dass Kinder, aber auch Erwachsene, auf Dauer negative Aufmerksamkeit gar keiner Aufmerksamkeit vorziehen. Außerdem wird meine Grundannahme bestätigt, dass es nicht meine Schuld ist, dass mein Sohn nicht aufräumt. Ich bin unschuldig, mein Sohn ist schuld. Ich bin das Opfer. Außerdem erhalte ich die Bestätigung, dass ich schlauer bin als Sie, weil Sie mir keine vernünftigen Vorschläge machen können. Gibt es bis hierhin Fragen oder Anmerkungen?"

Dann fährt der Trainer fort, indem er ein zweites Spiel exemplarisch darstellt:
„Nehmen wir ein anderes psychologisches Konfliktmuster – denn ‚Ja, aber' war ja nur ein Beispiel. Stellen Sie sich folgende Situation vor: Zwei Männer, beides Väter vierjähriger Kinder, treffen sich auf dem Kinderspielplatz. Es entspinnt sich folgender Dialog:
A: Also, mein Kleiner ist ja jetzt seit nem halben Jahr im Fußball-Verein. Der spielt super. Das ist unglaublich, was der für ein Ballgefühl hat. Der macht die Jungs nass, die doppelt so alt sind wie er.
B (kühl, herablassend): Meine Kleine spielt ja lieber Klavier. Seit einem Jahr. Und spielt wie Mozart. Ihr Lehrer, ein Musikprofessor, hat gesagt, so etwas hat er im Leben noch nicht erlebt. Sie spielt wie eine kleine Göttin. Fabelhaft.

„Meins ist besser als Deins"

A (verstimmt): Aha. Also, meiner ist ja intellektuell auch schon unheimlich weit. Er lernt jetzt gerade französisch. Das hat er von seinem Au-pair-Mädchen aufgeschnappt. Eine 1a-Aussprache. Und dabei spricht er schon Deutsch und Englisch. Wir haben ihn ja zweisprachig aufgezogen. Also sein Englisch ist schon fast besser als meins.

B (noch herablassender): Na ja, Fremdsprachen werden für diese Generation ohnehin kein Problem mehr sein. Über den Erfolg wird wohl eher die allgemeine Intelligenz entscheidend sein. Unsere Kinderärztin meint ja, wir sollten unsere Kleine auf jeden Fall auf eine Hochbegabten-Schule geben. Sonst wird sie unterfordert und langweilt sich nur."

Abb.: Der Trainer demonstriert das psychologische Spiel „Meins ist besser als Deins".

„Kennen Sie solche Gespräche? Was läuft hier ab?"

Der Trainer sammelt die Äußerungen der Teilnehmer und ergänzt diese: *„In dem Dialog geht es darum, wessen Kind toller, intelligenter, sportlicher usw. ist. Das Muster können wir „Meins ist besser als Deins" nennen. Natürlich gibt es von diesem Konfliktmuster sehr viel subtilere Ausprägungen. Insgesamt handelt es sich aber um ein – auch in der Arbeitswelt – häufig vorkommendes psychologisches Muster."*

Hinweise

▶ Das am Anfang beschriebene Vorgehen – zu dem ich von meinem geschätzten Kollegen Rainer Korossy inspiriert wurde – sollte der Trainer nur wählen, wenn er sich sicher ist, dass die kurzfristige Irritation, die er auslöst, sich nicht negativ auf die Beziehung zu den Teilnehmern auswirkt.

Literatur

▶ Berne, Eric: Spiele der Erwachsenen. Psychologie der menschlichen Beziehungen. Rowohlt, 2002, 9. Aufl.
▶ Schmidt, Rainer: Immer richtig miteinander reden. Transaktionsanalyse in Beruf und Alltag. Junfermann, 2009, 5. Aufl.

8. Psychologische Spiele – Kleingruppenarbeit

Orientierung

Ziele:
- Die Teilnehmer kennen und verstehen typische Abläufe psychologischer Spiele
- Sie erkennen psychologische Spiele im Unternehmensalltag

Zeit:
- 45 Minuten

Material:
- Flipchart „Kleingruppenarbeit psychologische Spiele", Instruktionen für die Kleingruppen, Flipchart-Papier und Stifte

Überblick:
- Die Teilnehmer teilen sich auf drei Kleingruppen auf
- Jede Kleingruppe befasst sich mit einem psychologischen Spiel und beantwortet vier Fragen hierzu auf Flipchart
- Präsentation der Ergebnisse im Plenum

Erläuterungen

Nachdem erste Beispiele und Grundmerkmale psychologischer Spiele im vorigen Abschnitt vermittelt wurden, geht es nun darum, ein tieferes Verständnis der Thematik zu entwickeln und sich mit der Frage auseinanderzusetzen, wie man psychologische Spiele erkennen und auflösen kann. Um dieses Ziel zu erreichen, eignet sich eine Kleingruppenarbeit, in der sich die Gruppenmitglieder exemplarisch mit einzelnen psychologischen Spielen auseinandersetzen.

Vorgehen

„Jetzt haben Sie zwei Beispiele psychologischer Spiele kennengelernt. Es gibt zahlreiche weitere Varianten. Entscheidend ist es, solche Muster zu erkennen und aus ihnen aussteigen zu können. Deshalb habe ich für Sie drei weitere typische Konfliktmuster, die in der Arbeitswelt häufig vorkommen, zusammengestellt und möchte Sie einladen, sich mit diesen etwas näher zu beschäftigen. Ihre Aufgabe wird es sein, in Kleingruppen folgende Fragen auf einem Plakat zu erarbeiten:

- ▸ *Wie ist der Verlauf des jeweiligen ‚Spiels'?*
- ▸ *Wie könnte das jeweilige Konfliktmuster in Ihrer Firma aussehen? Finden Sie eigene Beispiele.*
- ▸ *Welchen irrationalen, psychologischen Nutzen könnte dieses ‚Spiel' für die Beteiligten haben?*
- ▸ *Wie können die Beteiligten aus dem ‚Spiel' aussteigen? Wie sehen mögliche Lösungen aus?*

*Für diese Aufgabe haben Sie **20 Minuten Zeit**. Bitte setzen Sie sich hierzu in drei Kleingruppen zusammen. Um die Gruppen zu bilden, zählen Sie bitte bis drei durch."*

Der Trainer teilt die Instruktionen aus; jede Kleingruppe erhält die Beschreibung eines psychologischen Spiels. Außerdem stellt der Trainer jeder Gruppe Flipchart-Papier und Stifte zur Verfügung (siehe Folgeseite).

Kleingruppenarbeit psychologische Konfliktmuster: „Gerichtssaal"

Erläuterung
Ein typisches psychologisches Konfliktmuster („Spiel") im Sinne der Transaktionsanalyse besteht aus einer Reihe verdeckter Transaktionen, die zu negativen Gefühlen, wie Ärger, Irritation und Unzufriedenheit bei allen Beteiligten führen.

Verlauf
Bei dem Konfliktmuster „Gerichtssaal" spricht einer der Interaktionspartner eine „Einladung" aus, welche auf der verdeckten Ebene ausdrückt: „Sag mir, dass ich im Recht bin." Varianten dieser Einladung lauten: „Sie sind schuld", „Jetzt erzähle ich Ihnen mal, was XY wieder angestellt hat" oder „Jetzt sagen Sie mal, wie Sie das finden". Die Interaktionspartner nehmen diese Einladung an – und schlucken gewissermaßen den „Köder" -, wenn sie sich auf die Diskussion der Schuldfrage einlassen.

Beispiel
Eine Maschine funktionierte nach der Montage beim Kunden nicht. Das Leitungsteam sitzt zusammen. Es entspinnt sich folgende Diskussion:
Leiter Qualitätssicherung: *„Unsere Tests verliefen absolut störungsfrei. Der Defekt muss also durch den Transport verursacht worden sein."*
Leiter Logistik: *„Ausgeschlossen. Wir hatten Sie ja noch gefragt, mit welchen Transportsicherungen wir transportieren sollen. Wir haben uns strikt an Ihre Vorgaben gehalten. Hier habe ich noch die abgezeichnete Checkliste des Kontrolleurs. Chef, schauen Sie selbst. Die Maschine hat den Transport einwandfrei überstanden, aber was in der Produktion passiert ist, kann ich nicht sagen."*
Leiter Produktion: *„Die Maschine hat die Produktion in einwandfreiem Zustand verlassen. Glauben Sie etwa, wir merken es nicht, wenn eine Maschine defekt ist? Aber wir haben immer darauf hingewiesen – das steht schon im Protokoll vom 1. April – dass hinsichtlich der Konstruktion noch Optimierungsbedarf besteht, nicht wahr, Chef?"*
Bereichsleiter: *„Es ist eine Schande, dass das passiert ist. Ich denke, letztlich hat hier die Qualitätssicherung versagt – vielleicht auch noch andere. Das müssen wir herausfinden."*

Aufgabe
Bitte beantworten Sie die folgenden Fragen auf einem Flipchart:
- Welche Merkmale kennzeichnen das jeweilige Konfliktmuster?
- Wie könnte das Konfliktmuster „Gerichtssaal" in Ihrer Firma aussehen? Finden Sie eigene Beispiele.
- Welchen irrationalen, psychologischen Nutzen könnte dieses „Spiel" für die Beteiligten haben?
- Wie können die Beteiligten aus dem „Spiel" aussteigen? Wie sehen mögliche Lösungen aus?

Kleingruppenarbeit psychologische Konfliktmuster: „Ich bin dumm"

Erläuterung
Ein typisches psychologisches Konfliktmuster („Spiel") im Sinne der Transaktionsanalyse besteht aus einer Reihe verdeckter Transaktionen, die zu negativen Gefühlen, wie Ärger, Irritation und Unzufriedenheit bei allen Beteiligten führen.

Verlauf
Bei dem Konfliktmuster „Ich bin dumm" spricht einer der Interaktionspartner eine „Einladung" aus, welche auf der verdeckten Ebene ausdrückt „Ich weiß nicht weiter. Kannst Du mir helfen?", obwohl diese Botschaft im Gegensatz zu den tatsächlichen Kompetenzen steht. Varianten dieser Einladung sind häufiges unnötiges Nachfragen, das Vergessen einfacher oder auch wichtiger Tatsachen oder das Verlegen von Gegenständen. Die Interaktionspartner nehmen diese Einladung an – und schlucken gewissermaßen den „Köder" -, wenn sie ärgerlich und gereizt reagieren und dem „Dummen" widerwillig weiterhelfen oder ihn streng für sein „Versagen" tadeln.

Beispiel
Ein neuer Kollege in der Buchhaltung hat seine Einarbeitungszeit abgeschlossen. Im Großen und Ganzen leistet er sehr gute Arbeit. Allerdings fällt auf, dass er immer wieder Fragen stellt, die er sich eigentlich selbst beantworten könnte – wenn er erst überlegen würde, bevor er spricht. Insbesondere gegenüber einem wichtigen IT-System scheint er eine regelrechte „Blockade" zu haben und vergisst bereits nach kurzer Zeit die Anwendungen, die ihm die erfahrene Kollegin kurz davor erklärt hatte. Diese ist mittlerweile genervt über die vielen unnützen Fragen und die Unterbrechungen, die hierdurch entstehen. Als der Kollege nun noch wichtige Terminunterlagen verlegt hatte und diese nicht finden konnte, platzte der erfahrenen Kollegin der Kragen und sie stauchte den neuen Kollegen vor den Augen des Chefs regelrecht zusammen. Der Kollege schaute lediglich schuldbewusst zu Boden und stammelte, dass dies nicht wieder vorkomme.

Aufgabe
Bitte beantworten Sie die folgenden Fragen auf einem Flipchart:
- Welche Merkmale kennzeichnen das jeweilige Konfliktmuster?
- Wie könnte das Konfliktmuster „Ich bin dumm" in Ihrer Firma aussehen? Finden Sie eigene Beispiele.
- Welchen irrationalen, psychologischen Nutzen könnte dieses „Spiel" für die Beteiligten haben?
- Wie können die Beteiligten aus dem „Spiel" aussteigen? Wie sehen mögliche Lösungen aus?

Kleingruppenarbeit psychologische Konfliktmuster: „Makel"

Erläuterung

Ein typisches psychologisches Konfliktmuster („Spiel") im Sinne der Transaktionsanalyse besteht aus einer Reihe verdeckter Transaktionen, die zu negativen Gefühlen, wie Ärger, Irritation und Unzufriedenheit bei allen Beteiligten führen.

Verlauf

Bei dem Konfliktmuster „Makel" spricht einer der Interaktionspartner eine „Einladung" aus, welche auf der verdeckten Ebene ausdrückt „Sie haben schon wieder etwas falsch gemacht" oder – über Dritte – „Er/Sie hat schon wieder etwas falsch gemacht." Stets wird ein Fehler, ein Makel an einer anderen Person entdeckt. Spielarten dieser Einladung lauten „Können Sie nicht ein einziges Mal, ..." oder „Das ist ja mal wieder typisch für ...". Auch Ironie und Sarkasmus sind häufig gebrauchte Mittel, um Makel an anderen deutlich zu machen. Die Interaktionspartner nehmen diese Einladung an – und schlucken gewissermaßen den „Köder" -, wenn sie angepasst, schuldbewusst und zustimmend reagieren (was oft den Hang, Makel zu entdecken, noch anspornt) oder trotzig und ärgerlich dagegenargumentieren (was den anderen erst recht dazu antreibt, noch mehr Makel zu identifizieren).

Beispiel

Der Vertriebsleiter hat seine Mitarbeiter zur monatlichen Teambesprechung eingeladen. Wie immer stehen die Verkaufszahlen zu Beginn der Sitzung auf dem Programm. Und wie jedes Mal herrscht angespannte Stimmung in der Runde. Es ist bekannt, dass der Chef mit klarem, analytisch geschärftem Blick sofort erkennt, wo die Schwachstellen liegen. Dann legt er gerne den Finger in die Wunde und spricht deutlich an, was es zu verbessern gilt, wobei seine Konfrontationen zuweilen unter die Gürtellinie gehen. Jeder fragt sich, wen es diesmal trifft.

Vertriebsleiter: *„Sagen Sie mal, Schmalhans, was haben Sie eigentlich diesen Monat getrieben? Sie haben sich wohl eine Auszeit gegönnt, oder?"*
(Nervöses Lachen in der Runde)
Schmalhans: *„Warum? Meine Zahlen liegen im Durchschnitt. Außerdem ist Urlaubszeit, da war nicht mehr drin."*
Vertriebsleiter: *„Ich spreche nicht vom Gesamtumsatz. Der ist schon schwach genug. Ich spreche vom Global Finance Fonds Super Plus. Das ist schließlich unser Fokus in diesem Jahr. Wissen Sie überhaupt, wo Sie da stehen?"*
Schmalhans: *„Nicht genau, na ja, das könnte sicher noch besser sein."*
Vertriebsleiter (wird laut): *„Könnte besser sein? Kennen Sie das Produkt überhaupt? Können Sie es uns mal erklären?!"*

Aufgabe

Bitte beantworten Sie die folgenden Fragen auf einem Flipchart:
▶ Welche Merkmale kennzeichnen das jeweilige Konfliktmuster?
▶ Wie könnte das Konfliktmuster „Makel" in Ihrer Firma aussehen? Finden Sie eigene Beispiele.
▶ Welchen irrationalen, psychologischen Nutzen könnte dieses „Spiel" für die Beteiligten haben?
▶ Wie können die Beteiligten aus dem „Spiel" aussteigen? Wie sehen mögliche Lösungen aus?

Anschließend werden die Ergebnisse im Plenum präsentiert.
„Bitte stellen Sie kurz Ihre Ergebnisse vor."

Der Trainer kann, insbesondere bei den Lösungen/Ausstiegsmöglichkeiten, Ergänzungen anfügen. Hier die wichtigsten Aspekte:

Gerichtssaal – mögliche Lösungen: *„Gerichtssaal"*
- Die Konfliktpartner dazu bewegen, selbst Lösungen zu finden
- Für Sachlichkeit sorgen und Anschuldigungen unterbinden
- Fokus von der Vergangenheit auf die Zukunft und von der Schuldfrage hin zu Lösungen richten

Ich bin dumm – mögliche Lösungen: *„Ich bin dumm"*
- Fragen, wie die Person das Problem lösen würde, z.B.: *„Wie haben Sie es bisher gemacht, wie würden Sie es lösen?"*
- Fragen, welche Informationen noch fehlen und wie das Problem in Zukunft eigenständig gelöst werden kann.
- Klares Feedback geben: *„Mir ist aufgefallen, dass ich Ihnen diesen Sachverhalt schon des Öfteren erklärt habe. Ich erkläre es Ihnen gerne noch einmal. In Zukunft möchte ich das nicht mehr tun, weil ich die Zeit dafür nicht habe. Wie können Sie es sich denn am besten merken?"*

Makel – mögliche Lösungen: *„Makel"*
- Sachlich reagieren und Erwartungen klären: *„Es ist angekommen, dass die Zahlen hier nicht O.K. sind. Wie sind denn Ihre Erwartungen?"*
- Sachlich reagieren und Fokus verändern: *„Ich habe verstanden, dass Sie in diesem Bereich unzufrieden sind. Wie sehen Sie die übrigen Zahlen?"*
- Abgrenzung: *„Auf der Ebene möchte ich nicht weiter diskutieren. Mir fällt grundsätzlich auf, dass der Fokus nur auf dem Negativen liegt. Ich finde, es sollte eher um Lösungen gehen."*

Der Trainer kann an dieser Stelle zum Thema „Auswege aus psychologischen Spielen" überleiten.

Varianten

▶ Anschaulicher wird die Übung, wenn die Kleingruppen zusätzlich den Auftrag erhalten, das psychologische Spiel anhand eines Beispiels aus dem Unternehmen darzustellen.

Literatur

▶ Dehner, Hannsjörg/Labitzke, Frank: Praxishandbuch für Verhaltenstrainer. managerSeminare, 2007.
▶ Dehner, Renate/Dehner, Ulrich: Schluss mit diesen Spielchen. Manipulationen im Alltag erkennen und wirksam dagegen vorgehen. Campus Verlag, 2007.

9. Auswege aus psychologischen Spielen – Input

Orientierung

Ziele:
- Die Teilnehmer wissen, wie sie aus psychologischen Spielen aussteigen können

Zeit:
- 10 Minuten

Material:
- Flipchart „Aussteigen aus Spielen", Pinnwand „Ich-Zustände"

Überblick:
- Der Trainer erläutert: Um aus psychologischen Spielen auszusteigen, ist es notwendig, diese zu erkennen
- Schlüssel zum Ausstieg ist es, auf die Erwachsenen-Ebene zu kreuzen und zur O.K.-O.K.-Grundhaltung zurückzukehren

Erläuterungen

Der folgende Input zum Erkennen von und Aussteigen aus psychologischen Spielen knüpft an die Kleingruppenarbeit zu psychologischen Spielen an. Idealerweise werden hier die Beiträge der Teilnehmer aufgegriffen und abstrahiert.

Vorgehen

Der Trainer erläutert am Flipchart, wie es gelingt, aus psychologischen Spielen auszusteigen.

Abb.: Das Flipchart „Aussteigen aus psychologischen Spielen".

„Die wichtigste Voraussetzung für das Beenden von psychologischen Spielen ist das Erkennen dieser Mechanismen. Dabei ist es wichtig, auf die eigenen Gefühle zu achten und zu spüren, dass offenbar eine verdeckte Transaktion abläuft, bei der abzusehen ist, dass am Ende alle unzufrieden sind, ungute Gefühle haben werden und Konfusion entsteht.

Weitere Hinweise auf ein typisches psychologisches Konfliktmuster sind, dass ...
- ▶ *es nicht um die Sache, sondern „um etwas anderes" zu gehen scheint,*
- ▶ *nach Schuldigen gesucht wird,*
- ▶ *jemand meint, sich rechtfertigen oder verteidigen zu müssen,*
- ▶ *jemand über einen anderen herzieht, ihn runtermacht,*
- ▶ *jemand ungewünscht Hilfe aufdrängt oder*
- ▶ *jemand sich oder andere abwertet.*

Aus welchen Ich-Zuständen wird kommuniziert?

Um nun aus dem Spiel auszusteigen, ist es wichtig, zu überprüfen, aus welchen Ich-Zuständen kommuniziert wird. Beim Spiel „Ich bin dumm" beispielsweise kommuniziert der Initiator des Spiels aus dem angepassten Kind-Ich und richtet sich an das fürsorgliche Eltern-Ich. So sehr man sich als „Unterstützer" dann auch anstrengt, die Hilfe nutzt nichts, so dass man versucht ist, ins kritische Eltern-Ich zu wechseln, weil der andere sich weiterhin „dumm" anstellt. Hier spätestens ist es wichtig, aus dem Spiel auszusteigen und weder aus dem fürsorglichen, noch aus dem kritischen Eltern-Ich zu kommunizieren, sondern ins Erwachsenen-Ich zu wechseln. Der Wechsel ins Erwachsenen-Ich ist meist der Schlüssel, um aus dem Muster auszusteigen. Denn erst damit kehre ich zu der Grundeinstellung ‚Ich bin O.K. – Du bist O.K.' zurück, die notwendig ist, um Konflikte konstruktiv zu lösen. Denn bei allen psychologischen Konfliktmustern herrscht stets eine der destruktiven Grundhaltungen vor: Entweder ich oder der andere oder beide werden abgewertet. Dies führt zu Ärger und verführt dazu, ‚mitzuspielen', weil man selbst ärgerlich und verstimmt reagiert. Der Ausstieg ist deshalb nicht leicht und gelingt nur, wenn ich konsequent zur O.K.-O.K.-Grundhaltung des Erwachsenen-Ich zurückkehre."

Hier kann der Trainer auf die Beispiele aus der Kleingruppenarbeit zurückkommen, sofern er dies nicht zuvor schon getan hatte:
„Dabei gibt es etwa folgende Möglichkeiten:
- ▶ *Bei ‚Ich bin dumm' fragen, wie die Person das Problem lösen würde, z.B.: ‚Wie haben Sie es bisher gemacht, wie würden Sie es lösen?'*
- ▶ *Klares Feedback geben, wieder am Beispiel ‚Ich bin dumm': ‚Mir ist aufgefallen, dass ich Ihnen diesen Sachverhalt schon öfter erklärt*

habe. Ich erkläre es Ihnen gerne noch einmal. In Zukunft möchte ich das nicht mehr tun, weil ich die Zeit dafür nicht habe.'
- Den verdeckten Teil der Botschaft offenlegen, zum Beispiel beim ‚Gerichtssaal': ‚Mein Eindruck ist, dass Sie möchten, dass ich nun entscheide, wer Schuld hat. Das ist aber gar nicht das, was mich interessiert. Mich interessiert, wie eine Lösung aussieht.'
- Die verdeckte Botschaft ignorieren, zum Beispiel:
Kunde: ‚Ich hänge jetzt schon 10 Min. in der Warteschleife'.
Kundenberater: ‚Was kann ich denn für Sie tun?'

Der Grundsatz ist: Kreuzen Sie die Transaktion. Ob der andere nun aus dem kritischen oder fürsorglichen Eltern-Ich oder aus dem angepassten oder trotzigen Kind-Ich kommuniziert, versuchen Sie, aus der Erwachsenen-Ich-Ebene zu kommunizieren und den Gesprächspartner auf dieser Ebene zu erreichen."

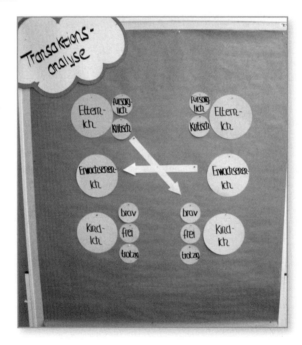

Abb.: Um psychologische Spiele zu beenden, ist das Kreuzen auf der Erwachsenen-Ich-Ebene das beste Mittel.

„Und falls dies alles nichts hilft, ist es am besten, die Situation zu verlassen. Welche Fragen und Anmerkungen haben Sie?"

Literatur
- Schmidt, Rainer: Immer richtig miteinander reden. Transaktionsanalyse in Beruf und Alltag. Junfermann, 2009, 5. Aufl.

10. Drama-Dreieck – Input

> **Orientierung**

Ziele:
- Die Teilnehmer kennen und verstehen das Modell des „Drama-Dreiecks"

Zeit:
- 10 Minuten

Material:
- Flipchart „Drama-Dreieck

Überblick:
- Der Trainer erläutert die Rollen des Drama-Dreiecks: Opfer, Retter und Verfolger
- Er erläutert, wie es gelingt, aus diesen Rollen auszusteigen

Erläuterungen

Das Konzept des „Drama-Dreiecks" geht auf den Transaktionsanalytiker Karpman (1978) zurück. Er stellte fest, dass in Theater-Dramen ebenso wie in zwischenmenschlichen Konflikten – den „Dramen" des täglichen Lebens – immer wieder drei zentrale psychologische Rollen besetzt werden: die des Opfers, des Verfolgers und des Retters. Das Modell des Drama-Dreiecks ist insofern hilfreich, als es in prägnanter Form die Theorie der psychologischen Spiele bündelt.

Vorgehen

Der Trainer präsentiert das „Drama-Dreieck" an der Pinnwand.

Abb.: Das Drama-Dreieck.

Drei charakteristische Rollen

„Es lässt sich feststellen, dass in psychologischen Spielen immer wieder drei charakteristische Rollen vorkommen. Nehmen wir als Beispiel das Spiel ‚Ja, aber', das ich Ihnen demonstriert habe. Die Botschaft auf der verdeckten Ebene ist ‚Ich weiß nicht weiter. Kannst Du mir helfen?' ‚Ich leide, ich fühle mich hilflos, vielleicht kannst Du mir ja helfen.' Diese Rolle können wir als die des ‚Opfers' bezeichnen.

Opfer

Als Opfer habe ich die Hoffnung, dass mir jemand hilft, dass mich jemand gewissermaßen rettet. Die Rolle des ‚Retters' wird eingenommen, wenn jemand etwas für einen anderen erledigt, was dieser eigentlich auch selbst tun könnte. Wenn etwa bei dem Konfliktmuster ‚Ja, aber' absehbar ist, dass wirkliche Hilfe nicht erwünscht ist und man sich immer mehr bemüht, dem anderen zu helfen, ist man bereits in die Rolle des Retters hineingeraten.

Retter

In dem Moment, in dem man sich als ‚Retter' jedoch bewusst wird, dass der andere sich partout nicht retten lässt, ja nicht einmal die Hilfe, die er anfragt, in Anspruch nimmt, wird man leicht ärgerlich und verstimmt. Dadurch kann es passieren, dass man von der Rolle des ‚Retters' in die des ‚Verfolgers' wechselt, der sich über die Bockigkeit und Widerspenstigkeit des ‚Opfers' beklagt. Ähnlich ist es bei dem Spiel ‚Ich bin dumm', wenn der andere sich immer wieder hilflos und ungeschickt

Verfolger

anstellt und man ebenfalls leicht ärgerlich und sauer wird. Auch dann agiert man leicht nicht mehr aus dem ‚Erwachsenen-Ich', sondern aus dem ‚kritischen Eltern-Ich', nimmt die ‚Verfolger-Position' ein, wird streng, wütend, sarkastisch und treibt den anderen dadurch noch stärker in die Opfer-Rolle hinein.

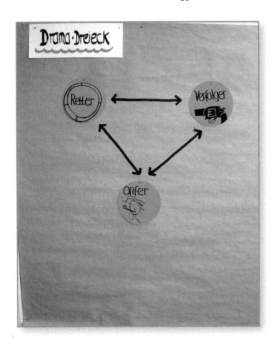

Abb.: Die drei Rollen im Drama-Dreieck.

Diese drei Rollen sind nicht statisch, sondern dynamisch. Jemand kann zunächst aus der Opfer-Rolle agieren, dann aber in die Verfolger-Rolle wechseln. Beim Spiel ‚Ja, aber' kann das vermeintliche ‚Opfer' etwa zum ‚Verfolger' werden, wenn er irgendwann sagt: ‚Ihr habt ja keine einzige vernünftige Idee. Das hätte ich mir ja schenken können, Euch zu fragen. Ich dachte, Ihr hättet mehr auf dem Kasten.'

Alle drei psychologischen Rollen drücken jeweils eine destruktive Grundeinstellung aus: entweder ‚Ich bin nicht O.K. – Du bist O.K. (Opfer') oder ‚Ich bin O.K. – Du bist nicht O.K. (Verfolger und Retter'). Deshalb provozieren sie ungute Gefühle und führen dazu, dass die Kommunikation destruktiv verläuft. Auch hier gelingt der Ausstieg nur, wenn die Transaktion gestoppt oder gekreuzt wird und man auf die Erwachsenen-Ich-Ebene wechselt."

Literatur

- Karpman, Stephen (1978): Fairy tales and skript drama analysis. Transactional Bulletin 7, 26. S. 39-43.
- Schmidt, Rainer: Immer richtig miteinander reden. Transaktionsanalyse in Beruf und Alltag. Junfermann, 2009, 5. Aufl.

Weitere Inhalte und Übungen

Die folgenden Bausteine sind eine Mischung verschiedener Inhalte und Übungen, die das Seminar bereichern, wenn sie an der passenden Stelle eingesetzt werden. Sie reichen von hochkomplexen gruppendynamischen Übungen („Prisoner's Dilemma") und Inputs („Gewaltfreie Kommunikation") über Anleitungen zur Reflexion (z.B. zur Konfliktanalyse) bis hin zu kurzen, knackigen Aktivierungsspielen sowie Geschichten zur Abrundung eines Seminartages.

1. Konfliktanalyse – Paarübung

Orientierung

Ziele:
▶ Die Teilnehmer lernen, Konflikte systematisch zu analysieren

Zeit:
▶ 30 Minuten

Material:
▶ Handouts mit Fragen zur Konfliktanalyse für jeden Teilnehmer

Überblick:
▶ Die Teilnehmer interviewen sich gegenseitig zu ihren Konfliktsituationen und verwenden hierzu den Leitfaden zur Konfliktanalyse

Erläuterungen

Bei dieser Übung geht es darum, dass die Seminarteilnehmer die Gelegenheit erhalten, einen eigenen Konflikt anhand eines strukturierten Leitfadens systematisch zu analysieren. Zeitlich passt diese Übung am besten, nachdem erste grundlegende theoretische Fragen (Definition, Arten und Dynamik von Konflikten) geklärt sind, um die Teilnehmer für die Praxisberatung „anzuwärmen".

Vorgehen

"Wir kommen jetzt zum Thema ‚Konfliktanalyse'. Hierzu möchte ich Ihnen einen Leitfaden anbieten, den Sie direkt anhand einer eigenen Konfliktsituation anwenden können. Ziel der Konfliktanalyse ist es, das eigene Blickfeld in Bezug auf Konfliktsituationen zu erweitern. Da – wie bereits erläutert – unsere Wahrnehmung in Konflikten verzerrt und eingeschränkt ist, ist dies ein wichtiger Zwischenschritt zur Lösung von Konflikten.

Zunächst möchte ich Sie bitten, sich einen eigenen Konflikt oder eine Spannungssituation vor Augen zu führen. Am besten nehmen Sie eine der Situationen, die Ihnen heute Morgen – beim Malen Ihrer Plakate – eingefallen ist."

Anschließend leitet der Trainer die Paarübung an:
"Bitte setzen Sie sich zu zweit zusammen und interviewen sich gegenseitig zu Ihren Konfliktsituationen anhand des Handouts, das ich Ihnen mitgebe. Für das Interview haben Sie jeweils 10 Minuten Zeit, wobei es am Ende jeweils hilfreich ist, wenn der Interviewte ein kurzes Feedback gibt, was für ihn durch die Konfliktanalyse klarer geworden ist."

Anschließend erhält jeder Seminarteilnehmer ein Handout mit Fragen zur Konfliktanalyse (siehe Folgeseite).

Nach Beendigung der Paarübung schließt der Trainer im Plenum eine kurze Auswertungsrunde an:
"Welche Erkenntnisse nehmen Sie aus der Konfliktanalyse mit?"

Literatur
- Berkel, Karl: Konflikttraining. Konflikte verstehen, analysieren, bewältigen. Recht und Wirtschachaft, 2008, 9. Aufl.
- Kreyenberg, Jutta: Handbuch Konfliktmanagement. Cornelsen, 2005, 2. Aufl.

Leitfaden zur Konfliktanalyse

1. Beteiligte
▶ Wer war direkt beteiligt? Wer war sonst noch davon betroffen?
(Personen, die direkt oder indirekt betroffen sind oder davon profitieren, „Stellvertreterkriege", Abteilungsleiterkämpfe, ...)

2. Anfang
▶ Gibt es eine Vorgeschichte? Vielleicht eine Abteilungsgeschichte?
▶ Gab es erste Anzeichen? (z.B. eigenes Unwohlsein, jemanden meiden etc.)
▶ Wann und wo fing es richtig an? Und worum geht es bei dem Konflikt? Wie heißt das Thema?

3. Verlauf
▶ Wie ging es weiter? Womit hing das zusammen?
Gab es eine Eskalation? Offene und verdeckte Phasen? Vorübergehende Beruhigung oder Verständigung? Verschärfung?

4. Auswirkungen des Konflikts
▶ Welches waren bisher die Auswirkungen des Konflikts? Was sind die Auswirkungen auf mich? Auf die anderen am Konflikt Beteiligten? Auf – zunächst – unbeteiligte Dritte? Die Abteilung? Die Arbeit? Gab es negative Auswirkungen? Oder auch positive? Und wenn ja, für wen?
▶ Was wäre, wenn es den Konflikt nicht gäbe? Was wäre anders, wenn es den Konflikt nicht gäbe? Für wen? Wäre alles nur besser? Für alle?

5. Bedürfnisse
▶ Worum ging es im Grunde für die Einzelnen (oder die Konfliktparteien)?
Worum ging es bei erstem Hinsehen? Welche Bedürfnisse und Interessen der Beteiligten lassen sich ausmachen?

6. Lösungsversuche
▶ Welche Lösungen wurden bereits versucht? (z.B. jemanden schmoren lassen? Den Konflikt einfach vergessen? Verbündete suchen? Ein klärendes Gespräch? Hinzuziehen von Vorgesetzten, Autoritäten? etc.)

7. Auswirkungen der Lösungsversuche
▶ Welche unterschiedlichen Auswirkungen hatten die Lösungsversuche?
Gab es nur positive Auswirkungen von Lösungsversuchen? Oder auch unerwünschte, eher problematische Nebenwirkungen? Und wenn ja, für wen?

8. Auswirkungen möglicher Lösungen bei noch ungelösten Konflikten
▶ Wie würden sich verschiedene Lösungen des Konflikts auswirken?
Auf mich? Auf andere im Konflikt? Auf zunächst Unbeteiligte? Auf die Arbeit? Auf das Klima? Auf gemeinsame Ziele? Welche erwünschten und unerwünschten Auswirkungen könnte es geben?

2. Prisoner's Dilemma – Übung

Orientierung

Ziele:
- Konflikte in der Gruppe erleben und reflektieren
- Eskalationsstufen von Konflikten erleben und reflektieren

Zeit:
- ca. 90 Minuten (10 Min. Instruktion, 30 Min. Übung, 20 Min. Auswertung in der Kleingruppe, 20 Min. Auswertung im Plenum, 10 Min. Puffer)

Material:
- Instruktionen
- Auswertungsbögen für die Beobachter
- Auswertungsbögen für die Teammitglieder
- Lose für jedes Teammitglied, wobei auf der einen Hälfte der Lose „A" steht und auf der anderen Hälfte „B"
- Moderationskarten für beide Gruppen, auf denen „Wir gestehen" bzw. „Wir gestehen nicht" steht

Überblick:
- Zwei Teilnehmer fungieren als Beobachter. Sie erhalten die Instruktion und die Auswertungsbögen
- Die anderen Teilnehmer werden in zwei Gruppen aufgeteilt und räumlich getrennt
- Die Beobachter teilen sich auf die beiden Gruppen auf
- Die Teammitglieder erhalten die Instruktionen
- Das Szenario der Instruktion sieht vor, dass beide Gruppen Teil des „AB-Teams" sind, das eines Verbrechens bezichtigt wird
- Die Gruppen haben die Möglichkeit, sich in 7 Runden jeweils kooperativ („Wir gestehen nicht") oder nichtkooperativ („Wir gestehen") gegenüber dem anderen Team zu verhalten, wobei die 4. Runde dreifach gewertet wird
- Von den Entscheidungen der Gruppen hängt die Dauer der Haftstrafen ab
- Der Trainer fungiert als „Untersuchungsausschuss" und nimmt die Beschlüsse der Unterhändler entgegen
- Die Gruppen haben drei Minuten Zeit, um ihr Vorgehen abzustimmen; ein „Unterhändler" gibt dann den Beschluss bekannt
- Die Unterhändler können lediglich vor der 4. Runde miteinander kommunizieren

> - Nach dem 7. Durchgang werden den Gruppen die Dauer ihrer Haftstrafen verkündet
> - Die Beobachter leiten die Auswertung der Zusammenarbeit innerhalb der Gruppen an
> - Im Plenum erfolgt die Auswertung der Übung in Form eines „metakommunikativen Fishbowls"

Erläuterungen

Das „Gefangenendilemma" ist ein Paradoxon, das zentraler Bestandteil der Spieltheorie ist. Die folgende klassische gruppendynamische Übung baut auf diesem Dilemma auf und stellt zwei Untergruppen vor die Wahl, sich mehrfach zwischen kooperativem und nichtkooperativem Verhalten entscheiden zu müssen. Die Übung wird in Seminaren häufig zum Thema „Entscheidungsfindung in Gruppen" eingesetzt. Nach meiner Erfahrung ist sie aber auch in Konflikt-Seminaren hervorragend geeignet, um Konflikte auf eine spielerische Art erlebbar und bearbeitbar zu machen. Sowohl eigene Konfliktbewältigungsstrategien, gruppendynamische Phänomene als auch Eskalationsmuster von Konflikten können am eigenen Leib erlebt und anschließend reflektiert werden. Die Übung kann etwa zu Beginn des zweiten Tages eingesetzt werden, bevor die Eskalationsstufen nach Glasl (ab Seite 137) vorgestellt werden.

Vorgehen

Vor Beginn legt der Trainer die Unterlagen für die Übung bereit: Instruktionen, Beobachtungsbögen, Auswertungsbögen, Blöcke, Stifte und die Lose für die beiden Gruppen (5 x A, 5 x B).
„Wir steigen ein mit einer Übung, bei der es um Entscheidungen von Gruppen mit unterschiedlichen Interessen geht. Die Übung heißt ‚Prisoner's Dilemma'. Wer kennt sie?"

Wenn ein oder zwei Personen die Übung kennen, so können diese Personen gebeten werden, als Beobachter zu fungieren. Ansonsten überlässt der Trainer die Auswahl der Beobachter den Teilnehmern selbst: *„Bei dieser Übung werden zwei Beobachter benötigt, deren Aufgabe es ist, die Interaktionen der anderen Teilnehmer zu beobachten und hinterher eine Rückmeldung zu geben. Wer möchte die Rolle der Beobachter übernehmen?"*

Auswahl der Beobachter

Wenn sich zwei Personen bereiterklärt haben, als Beobachter zu fungieren, teilt der Trainer diesen einen Block, einen Stift und die Instruktionen für eine Gruppe sowie den Beobachtungsbogen für die Beobachter aus.
„Bitte lesen Sie sich die Instruktionen und Ihren Beobachtungsbogen durch."

Aufteilung in zwei Untergruppen

Danach wendet er sich den anderen Teilnehmern zu und leitet die Aufteilung in zwei Untergruppen an:
„Alle anderen werden an der Übung als Teammitglieder teilnehmen und sich in zwei Teams aufteilen. Bitte ziehen Sie dazu jeweils ein Los."

Instruktionen

Der Trainer verteilt die Lose, auf denen jeweils zur Hälfte „A" und zur Hälfte „B" steht. Anschließend verteilt der Trainer die Instruktionen. Er fragt hierzu jeden Teilnehmer, ob er zu Gruppe A oder B gehört und teilt dann die entsprechenden Instruktionen aus.

Prisoner's Dilemma – Instruktionen für Gruppe A

Sie gehören zum **AB-Team**. Das AB-Team besteht aus den Untergruppen A und B.
Sie selbst sind Mitglied der Gruppe **A**.

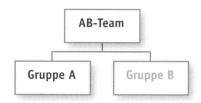

Das AB-Team wurde verhaftet und voneinander getrennt. Sie werden mehrerer schwerwiegender Verbrechen angeklagt. Der Staatsanwalt ist sich sicher, dass Sie insgesamt sieben schwerwiegende Verbrechen gemeinsam begangen haben, aber er hat keine genügenden Beweise, um Sie im Prozess zu überführen.

Er teilt jeder Gruppe mit, dass Sie zwei Alternativen haben: Die Verbrechen zu gestehen oder nicht zu gestehen. Im Falle, dass Sie beide nicht gestehen, würde er Sie einiger geringerer Vergehen überführen, wie z.B. Diebstahl oder illegaler Waffenbesitz, und Sie würden beide eine Strafe von einem Jahr erhalten. Wenn Sie beide gestehen, würde Ihnen beiden zwar der Prozess gemacht, aber der Staatsanwalt würde dann nicht die Höchststrafe, sondern eine Haftstrafe von 7 Jahren vorschlagen. Wenn eine Gruppe gesteht und die andere nicht, würde diejenige, die gestanden hat, wegen Erleichterung des Verfahrens lediglich eine Strafe von 3 Monaten erhalten, die andere Gruppe, die nicht gestanden hat, wird dagegen die Höchststrafe von 10 Jahren erhalten.

Es gibt also vier Möglichkeiten:
1. A und B gestehen nicht: beide erhalten 1 Jahr
2. A und B gestehen: beide erhalten 7 Jahre
3. A gesteht, B nicht: A erhält 3 Monate, B 10 Jahre
4. B gesteht, A gesteht nicht: B erhält 3 Monate, A 10 Jahre

Es wird für jede Straftat eine Vernehmung geben, insgesamt gibt es also sieben Runden. In jeder Runde haben Sie drei Minuten Zeit, sich innerhalb Ihrer Gruppe zu einigen, ob Sie gestehen oder nicht gestehen.

Sie bestimmen jeweils einen Unterhändler, der Ihr Ergebnis dem Untersuchungsausschuss mitteilt. Dazu nimmt der Unterhändler eine der beiden Karten mit, auf denen „Wir gestehen" oder „Wir gestehen nicht" steht. Der Unterhändler erfährt im Untersuchungsausschuss auch die Entscheidung der anderen Gruppe und kann diese an die eigene Gruppe weitergeben.

Besondere Bedeutung kommt dem fünften Durchgang zu. Denn dieser zählt dreifach!
Vor dem fünften Durchgang können die Unterhändler beider Gruppen ausnahmsweise für max. drei Minuten miteinander reden, um ihre Vorgehensweisen miteinander abzusprechen. Ansonsten dürfen sie nur die Entscheidung der Gruppe verkünden.

Vor dem fünften Durchgang gibt es nach der Diskussion innerhalb der Gruppen also eine Unterredung der Unterhändler (die von den Beobachtern begleitet wird), woran sich erneut ein Gespräch innerhalb der Gruppen anschließt, in dem die endgültige Entscheidung für das jeweilige Vorgehen im fünften Durchgang fesgelegt wird. Diese Entscheidung wird dann durch die Unterhändler wieder an den Untersuchungsausschuss berichtet.

Um die gesamte Haftstrafe zu ermitteln, muss die Dauer der Strafen addiert und anschließend durch zehn geteilt werden. Jedes Gruppenmitglied erhält dann diese Haftstrafe. Sie können folgende Übersicht nutzen, um die Dauer Ihrer Haftstrafe zu ermitteln:

	Gruppe A	Gruppe B	Haftstrafe Gr. A	Haftstrafe Gr. B
1	Gesteht: … Gesteht nicht: …	Gesteht: … Gesteht nicht: …		
2	Gesteht: … Gesteht nicht: …	Gesteht: … Gesteht nicht: …		
3	Gesteht: … Gesteht nicht: …	Gesteht: … Gesteht nicht: …		
4	Gesteht: … Gesteht nicht: …	Gesteht: … Gesteht nicht: …		
5*	Gesteht: … Gesteht nicht: …	Gesteht: … Gesteht nicht: …	x 3 =	x 3 =
6	Gesteht: … Gesteht nicht: …	Gesteht: … Gesteht nicht: …		
7	Gesteht: … Gesteht nicht: …	Gesteht: … Gesteht nicht: …		
		Jahre insgesamt =		
		Geteilt durch 10 = Haftstrafe pro Person:		

* zählt dreifach: Haftstrafe mit drei multiplizieren

Prisoner's Dilemma – Instruktionen für Gruppe B

Sie gehören zum **AB-Team**. Das AB-Team besteht aus den Untergruppen A und B. Sie selbst sind Mitglied der Gruppe **B**.

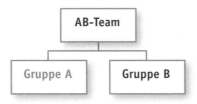

Das AB-Team wurde verhaftet und voneinander getrennt. Sie werden mehrerer schwerwiegender Verbrechen angeklagt. Der Staatsanwalt ist sich sicher, dass Sie insgesamt sieben schwerwiegende Verbrechen gemeinsam begangen haben, aber er hat keine genügenden Beweise, um Sie im Prozess zu überführen.

...

Alle weiteren Ausführungen sind identisch mit den Instruktionen für die **Gruppe A**.

Prisoner's Dilemma – Auswertungsbogen für die Beobachter

I. Achten Sie während der Übung auf folgende Aspekte:

- Wie ist die Strategie der Gruppe? Wie verändert sie sich?
- Versucht die Gruppe eher, kooperativ gegenüber der anderen Gruppe zu sein oder versucht sie eher, die eigenen Interessen auf Kosten der anderen Gruppe durchzusetzen?
- Wie wird die andere Gruppe von den Teammitgliedern eingeschätzt? Welche Meinungen und Urteile gibt es?
- Welche unterschiedlichen Ansichten und Meinungen treten innerhalb der Gruppe auf? Wie wird damit umgegangen? Wer setzt sich durch und warum?
- Wie verhalten sich die einzelnen Gruppenmitglieder? Welche Konfliktbewältigungsstrategien (im Umgang mit der anderen und der eigenen Gruppe) lassen sich bei den Einzelnen feststellen?

Beachten Sie: Vor dem fünften Durchgang gibt es eine Unterredung der Unterhändler. Begleiten und beobachten Sie diese!

II. Gehen Sie bei der Auswertung folgendermaßen vor:

Nachdem die Übung beendet wurde, werten Sie die Übung gemeinsam mit den Teammitgliedern aus. Teilen Sie den Teammitgliedern dazu ihre Auswertungsbögen aus und bitten Sie sie, reihum ihre Sichtweise zu schildern. Achten Sie darauf, dass jeder seine Meinung äußern kann, ohne dass er unterbrochen wird. Es soll nicht diskutiert werden.

Anschließend geben Sie der Gruppe Feedback anhand oben genannten Aspekte.

Prisoner's Dilemma – Auswertungsbogen für die Teammitglieder

Schildern Sie der Reihe nach kurz Ihre Sichtweise zu folgenden Aspekten:

- Wie haben Sie die Strategie Ihrer Gruppe erlebt? Wie hat sie sich verändert?
- Hat Ihre Gruppe eher versucht, kooperativ gegenüber der anderen Gruppe zu sein oder versuchte sie eher, die eigenen Interessen auf Kosten der anderen Gruppe durchzusetzen?
- Wie wurde die andere Gruppe von den Teammitgliedern eingeschätzt? Welche Meinungen und Urteile gab es?
- Welche unterschiedlichen Ansichten und Meinungen traten innerhalb der Gruppe auf? Wie wurde damit umgegangen? Wer setzte sich durch und warum?
- Wie haben Sie Ihr eigenes (Konflikt-)Verhalten erlebt?

Bitte achten Sie darauf, dass jeder seine Sichtweise schildern kann, ohne dass es zu einer Diskussion kommt. Anschließend erhalten Sie ein Feedback von Ihrem Beobachter.

Während die Teammitglieder ihre Instruktionen lesen, bleiben sie alle zusammen im Plenum sitzen, damit sichergestellt ist, dass die Teams noch nicht beginnen, in die Übung einzusteigen, ehe die Beobachter bereit sind.

Während die Teilnehmer lesen, fragt der Trainer bei den Beobachtern nach, ob sie die Instruktionen, ihre Beobachtungsaufgabe und das Vorgehen bei der Auswertung verstanden haben. Wenn dies der Fall ist, gibt er ihnen auch die Auswertungsbögen für die Teammitglieder und bittet sie, diese nach Ablauf der Übung und vor Beginn der Auswertung zu verteilen.

Anschließend wendet sich der Trainer an die anderen Teilnehmer und fragt, ob sie Fragen haben. Meistens gibt es einige Personen, die das System nicht gleich durchschauen. In der Regel erklären es ihnen dann andere Gruppenmitglieder, die das Prinzip verstanden haben.

Aufteilung der Untergruppen auf zwei Räume

Anschließend leitet der Trainer die Aufteilung der Untergruppen auf zwei Räume an.
„Alle, die ein ‚A' gezogen haben, bleiben hier im Raum. Alle, die ein ‚B' gezogen haben, gehen gleich in den Kleingruppenraum nebenan. Die Beobachter teilen sich ebenfalls auf, so dass jede Kleingruppe einen Beobachter hat."

Falls nur ein Raum zur Verfügung steht, verteilen sich die Gruppen in unterschiedliche Ecken des Seminarraums, die durch Pinnwände o.Ä. voneinander abgegrenzt sind.

Der Seminarleiter teilt jeder Untergruppe Moderationskarten aus, auf denen „Wir gestehen" bzw. „Wir gestehen nicht" steht. Er fordert die Gruppen jeweils auf: *„Bitte einigen Sie sich, wer die Rolle des Unterhändlers übernimmt."*

Außerdem erklärt er, dass er selbst den Untersuchungsausschuss bildet: *„Der Untersuchungsausschuss bin ich. Ich sitze vor der Tür, zwischen beiden Gruppen. Sie haben ja vor jedem Durchgang drei Minuten Zeit, sich abzusprechen. Nach drei Minuten gebe ich ein Signal und rufe laut ‚Zeit'. Dann müssen die Unterhändler kommen und die Karte, auf der Ihre Entscheidung steht, abgeben. Das Ergebnis wird notiert, ebenso wie die Haftstrafen, die sich aus den Entscheidungen der Gruppen ergeben. Nur vor dem fünften Durchgang können die Unterhändler miteinander reden. Sie haben jetzt drei Minuten Zeit, sich abzusprechen."*

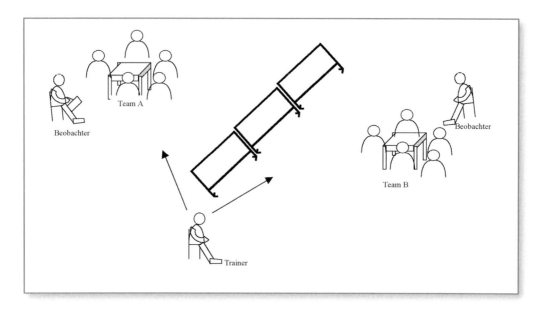

Abb.: Bei der Übung „Prisoner's Dilemma" haben sich die Teilnehmer in zwei Untergruppen aufgeteilt und werden jeweils von einem Seminarteilnehmer beobachtet.

Der Trainer achtet nun exakt auf die Zeit und ruft nach exakt drei Minuten:
„Die Zeit ist um! Ich bitte die Unterhändler in den Untersuchungsausschuss."

Er fragt die Unterhändler, wie sich ihre Untergruppe entschieden hat und nimmt zum Beleg die jeweilige Moderationskarte. Ein Gespräch zwischen den Unterhändlern ist nicht erlaubt, sie dürfen nur die Entscheidung ihrer Gruppe verkünden. Der Seminarleiter trägt die jeweiligen Antworten und die daraus resultierenden Haftstrafen in die folgende Übersicht ein:

Weitere Inhalte und Übungen

	Gruppe A	Gruppe B	Haftstrafe Gr. A	Haftstrafe Gr. B
1	Gesteht: … Gesteht nicht: …	Gesteht: … Gesteht nicht: …		
2	Gesteht: … Gesteht nicht: …	Gesteht: … Gesteht nicht: …		
3	Gesteht: … Gesteht nicht: …	Gesteht: … Gesteht nicht: …		
4	Gesteht: … Gesteht nicht: …	Gesteht: … Gesteht nicht: …		
5*	Gesteht: … Gesteht nicht: …	Gesteht: … Gesteht nicht: …	x 3 =	x 3 =
6	Gesteht: … Gesteht nicht: …	Gesteht: … Gesteht nicht: …		
7	Gesteht: … Gesteht nicht: …	Gesteht: … Gesteht nicht: …		
	Jahre insgesamt =			
	Geteilt durch 10 = Haftstrafe pro Person:			

* zählt dreifach: Haftstrafe mit drei multiplizieren

Nur vor dem fünften Durchgang dürfen die Unterhändler beider Gruppen für max. drei Minuten miteinander reden, um ihre Vorgehensweisen miteinander abzusprechen. Nach dieser Unterredung der Unterhändler (die von den Beobachtern begleitet wird) kehren die Unterhändler zu ihren Untergruppen zurück, stimmen sich erneut mit dieser ab und verkünden nach weiteren drei Minuten die Entscheidung der Untergruppe für den fünften Durchgang.

Die letzten beiden Runden laufen wieder ganz normal – ohne Gespräch der Unterhändler – ab.

Nach der siebten Runde ermittelt der Seminarleiter die Haftstrafen pro Person für beide Gruppen und teilt sie den Unterhändlern mit. Diese berichten wieder an ihre Untergruppen.

Dann steht die Auswertung der Übung in den Untergruppen an. Diese wird von den Beobachtern in beiden Gruppen geleitet. Der Trainer geht abwechselnd in beide Gruppen, um einen Eindruck von den Diskussionen zu erhalten. Er schaltet sich jedoch hierbei nicht ein. Die Auswertung sollte 15 bis maximal 20 Minuten dauern.

Auswertung der Übung in den Untergruppen

Abb.: Bei der Auswertung der Übung „Prisoner's Dilemma" werden zunächst die Interaktionen in den Untergruppen reflektiert.

Auswertung im Plenum

Fishbowl

Anschließend findet eine Auswertung im Plenum statt. Diese erfolgt in Form eines „Fishbowls". Bei dieser – auch Innen-Außenkreis-Methode genannten – Technik diskutiert die eine Gruppe im Innenkreis (im „Goldfisch-Glas"), während die übrigen Teilnehmer in einem Außenkreis die Diskussion beobachten. Möchte ein Teilnehmer aus dem Außenkreis zur Diskussion beitragen, kann er sich auf den freien Platz im Stuhlkreis setzen und seine Frage stellen.

„Jetzt geht es darum, dass jede Untergruppe Gelegenheit hat, zu erfahren, wie die jeweils andere Gruppe die Übung erlebt hat und welche Schlüsse sie aus der Auswertung gezogen hat. Dazu möchte ich zunächst Untergruppe A bitten, sich in einem kleinen Kreis in der Mitte zusammenzusetzen. Ich erkläre gleich, wie's weitergeht."

Weitere Inhalte und Übungen

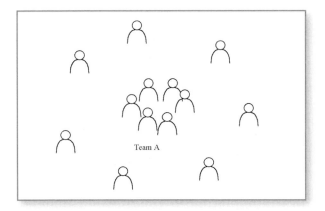

Abb.: Bei der Auswertung im Fishbowl setzen sich die Mitglieder einer Kleingruppe in die Mitte des Kreises und sprechen miteinander darüber, wie sie den Prozess ihrer Zusammenarbeit erlebt haben. Sie tun dabei so, als seien sie unter sich. Wenn jemand aus dem Außenkreis eine Frage hat, setzt er sich in den Innenkreis.

Die Mitglieder der Gruppe A nehmen im Innenkreis Platz. Der Trainer stellt noch einen freien Stuhl dazu und fährt dann fort.

„Ich möchte Sie bitten, sich innerhalb der Gruppe darüber auszutauschen, wie Sie die Übung und den Prozess in Ihrer Gruppe erlebt haben. Sie wechseln dabei auf die Meta-Ebene, das heißt, Sie sprechen darüber, wie Sie die Kommunikation innerhalb der Gruppe und die Absprachen mit der anderen Untergruppe erlebt haben. Dabei tun Sie so, als wären wir außen gar nicht da."

An die Außengruppe gewandt, ergänzt der Leiter:
„Wie Sie sehen, gibt es einen freien Stuhl im Innenkreis. Wenn Sie sich auf diesen setzen, haben Sie die Möglichkeit, eine Frage an Gruppe A zu richten. Wenn Sie eine Antwort erhalten haben, setzen Sie sich wieder zurück in den Außenkreis."

Zum Abschluss kommen alle Teilnehmer wieder im Kreis zusammen. Der Seminarleiter gibt Gelegenheit, offene Themen zu besprechen:
„Was ist für Sie noch offen? Welche Anmerkungen oder Fragen gibt es?"

Dann wird die Übung „Prisoner's Dilemma" beendet.

Hinweise

▶ Hin und wieder kommt es vor, dass Teilnehmer das Gefangenen-Dilemma aus dem Studium kennen und sich daran erinnern, welche Strategie die „optimale" ist und dominieren dann gegebenenfalls die Gruppe aufgrund ihres „Expertenwissens". Um dies zu verhindern, kann es hilfreich sein, wenn der Trainer vor Beginn der Übung fragt, wer das Gefangenen-Dilemma bereits kennt und diese Personen dann als Beobachter einsetzt.

▶ Eine wirkungsvolle Vorgehensweise im „Prisoner's Dilemma" ist etwa die sog. „tit-for-tat"-Strategie („wie Du mir, so ich Dir"): Hier kooperiert man in der ersten Runde und kopiert in den nächsten Runden jeweils den vorherigen Spielzug des Spielpartners. Diese Strategie ist prinzipiell kooperationswillig, übt aber bei Verrat Vergeltung. Bei erneuter Kooperation des Mitspielers ist sie nicht nachtragend, sondern reagiert ihrerseits wieder mit Kooperation. Allerdings sollten bei der Auswertung der Übung nicht die inhaltlichen, taktischen Überlegungen im Fokus stehen, sondern die Interaktion der Teilnehmer reflektiert werden.

▶ Die Seminargruppen unterscheiden sich stark voneinander, welche Strategie sie wählen und welche Dynamik dadurch in der Gruppe entsteht. Es kann passieren, dass beide Untergruppen über alle sieben Durchgänge hinweg die kooperative Lösung wählen und sich sämtliche Teammitglieder dabei einig sind. Dann entsteht kein Konflikt und keinerlei Dynamik in der Gruppe. Dadurch bleibt die Auswertung meist auch wenig ergiebig. Dies ist allerdings eher die Ausnahme. Meistens gibt es zumindest einige Teilnehmer, die dafür plädieren, die „unkooperative" Taktik auch einmal einzusetzen – und schon entsteht ein leichter Konflikt in der Untergruppe. Und wenn sich eine Untergruppe dazu entschließt, das unkooperative Vorgehen zu wählen, entwickelt sich ein Konflikt zwischen den Gruppen.

▶ Die Konflikte, die beim Prisoner's Dilemma entstehen, sind in der Regel gut handhabbar. Ich habe es allerdings auch schon erlebt, dass ernsthafte Unstimmigkeiten entstanden sind. Dann ist es wichtig, die Konflikte in aller Ruhe austragen zu lassen und auf eine konstruktive Konfliktbearbeitung zu achten.

Literatur

▶ Antons, Klaus: Praxis der Gruppendynamik. Hogrefe, 2000, 8. Aufl.
▶ Axelrod, Robert: Die Evolution der Kooperation. Oldenburg, 2000.

Weitere Inhalte und Übungen

3. Umgang mit emotionalen Konfliktpartnern – Übung

Orientierung

Ziele:
- Die Teilnehmer entwickeln ihre Bewältigungsstrategien im Umgang mit emotionalen und aggressiven Gesprächspartnern weiter

Zeit:
- 120 Minuten (5 Min. Einzelarbeit, 15 Min. Paaraustausch, 75 Min. Übung im Plenum, 15 Min. Auswertung, 10 Min. Puffer)

Material:
- Flipchart „Umgang mit emotionalen Konfliktpartnern – Übungsinstruktion"
- Blöcke und Stifte für die Teilnehmer

Überblick:
- In einer Einzelarbeit machen die Teilnehmer sich Notizen zu einer erlebten oder ausgedachten Situation mit einem emotionalen Konfliktpartner
- Sie tauschen sich zu zweit aus und bereiten eine Situation für die Übung im Plenum vor
- Im Plenum bringt jedes Paar eine Situation als Rollenspiel ein, wobei jeweils eine/r den emotionalen Konfliktpartner spielt
- Bei jeder Szene muss ein anderer Teilnehmer auf diesen emotionalen Konfliktpartner reagieren
- In der Auswertung werden Strategien für den Umgang mit emotionalen Konfliktpartnern herausgearbeitet

Erläuterungen

Viele Seminarteilnehmer beschäftigt die Frage, wie sie im Alltag mit emotionalen, aufgebrachten oder aggressiven Konfliktpartnern angemessen umgehen können. Gerade wenn solche Situationen im Berufsalltag häufig vorkommen, sind die Teilnehmer sehr daran interessiert, die eigenen Bewältigungsstrategien im Umgang mit „schwierigen" Konfliktpartnern zu trainieren und weiterzuentwickeln. Dazu dient die folgende Übung, bei der an konkreten Fallbeispielen aus der Gruppe gearbeitet wird. Die Teilnehmer können ihre Spontaneität und Flexibilität im Umgang mit heiklen Konfliktsituationen im geschützten

Rahmen des Seminars erproben und gleichzeitig voneinander lernen. Darüber hinaus werden die Erkenntnisse aus der Übung abstrahiert und festgehalten.

Vorgehen

Einzelarbeit Der Trainer leitet als Erstes eine Einzelarbeit an, die dazu dient, Situationen zu generieren, in denen die Teilnehmer mit emotionalen Konfliktpartnern konfrontiert waren:
„Es geht jetzt um die Frage, wie Sie mit emotionalen Konfliktpartnern, die etwa verärgert, aufgebracht oder wütend sind, am besten umgehen können. Ich möchte Ihnen dazu eine Übung anbieten, in der Sie den Umgang mit solch emotionalen Konfliktpartnern trainieren können.

Zu Beginn möchte ich Sie bitten, sich zu überlegen, wann Sie in der Vergangenheit mit einem emotionalen Konfliktpartner zu tun hatten, etwa mit einem verärgerten Kunden oder Geschäftspartner. Vielleicht waren die Emotionen des Gegenübers nur unterschwellig spürbar, vielleicht ist der Gesprächspartner einfach nur sehr bestimmt und dominant aufgetreten. Oder vielleicht fällt Ihnen eine Szene ein, in der der Gesprächspartner offen aggressiv, vielleicht sogar herabsetzend oder beleidigend aufgetreten ist.

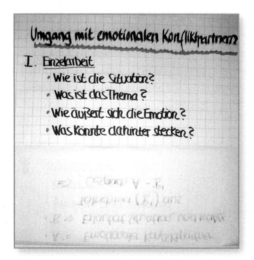

Abb.: Das Flipchart „Umgang mit emotionalen Konfliktpartnern – Übungsinstruktion". Der untere Teil des Flipcharts bleibt anfangs verdeckt.

Am besten, Sie wählen spontan eine Situation aus, die Ihnen einfällt. Falls Ihnen überhaupt kein Beispiel einfällt, können Sie sich auch eine Szene ausdenken oder eine nehmen, die Sie aus zweiter Hand kennen. Ich möchte Sie bitten, sich einen Kugelschreiber und einen Block zu nehmen."

Der Trainer präsentiert das Flipchart „Umgang mit emotionalen Konfliktpartnern – Übungsinstruktion". Zunächst zeigt er nur den Teil des Plakats, der sich auf die Einzelarbeit bezieht.

Weitere Inhalte und Übungen

„Bitte machen Sie sich zu folgenden Aspekten Notizen:
- *Wie ist die Situation? Wann und wo findet sie statt, wer ist in welchen Rollen beteiligt?*
- *Was ist das Thema? Worum geht es – grob – inhaltlich?*
- *Wie äußert sich die Emotion des Konfliktpartners? Welche Emotionen sind spürbar? Wie kommt sie ‚rüber'? Im Tonfall, in der Lautstärke, in der Wortwahl etc.?*
- *Welche Bedürfnisse könnten dahinterstecken? Worum geht es dem Konfliktpartner eigentlich? Wenn er sich beispielsweise beschwert, geht es ihm vor allem darum, dass er eine finanzielle Entschädigung erhalten möchte? Oder geht es ihm vielleicht auch darum, dass sein Ärger ernst genommen wird? Oder ist er einfach daran interessiert, in Zukunft besser behandelt zu werden?*

Bitte nehmen Sie sich fünf Minuten Zeit und machen sich einige Notizen zu diesen Punkten."

Paararbeit

Nach fünf Minuten fährt der Trainer fort und leitet die Paararbeit zur Vorbereitung der Szenen, die anschließend im Plenum gespielt werden, an. Dazu präsentiert er den zweiten Teil des Flipcharts, der bislang verdeckt war.

Abb.: Das Flipchart „Umgang mit emotionalen Konfliktpartnern – Übungsinstruktion". Der Trainer leitet den Paaraustausch an.

„Bitte setzen Sie sich nun zu zweit zusammen. Berichten Sie sich gegenseitig kurz von Ihren Szenen. Wählen Sie dann eine der beiden Situationen aus, die Sie hier ins Plenum einbringen möchten. Wählen Sie eine Szene, die anspruchsvoll, aber lösbar ist. Und vereinbaren Sie, wer von Ihnen den emotionalen Konfliktpartner spielt. Das kann, muss aber

nicht die Person sein, die die Szene eingebracht hat. Die Person, die den emotionalen Konfliktpartner spielt, ist A. Die andere ist B. B erläutert im Plenum kurz die Situation und sucht dann einen Teilnehmer aus, der die Aufgabe hat, in die Situation hineinzugehen und auf A zu reagieren. Dafür stehen alle anderen Bs bereit, also diejenigen, die selbst keinen emotionalen Konfliktpartner spielen. Dadurch wird jeder die Gelegenheit zu einem ‚Auftritt' haben. Ist das Vorgehen klar?

Dann gehen Sie bitte zu zweit zusammen. Bitte tun Sie sich mit jemand zusammen, mit dem Sie bislang noch wenig in Kleingruppenübungen zusammen gewesen sind. Für den Austausch und die Vorbereitung haben Sie 15 Minuten Zeit."

Übung im Plenum

Bevor die Übung im Plenum beginnt, stellt der Trainer zwei Stühle bereit, auf denen die Konfliktszene gespielt werden kann.

Wenn sich alle Teilnehmer im Plenum eingefunden haben, erklärt der Trainer den Ablauf der Übung im Plenum:
„Die Übung läuft folgendermaßen ab: A setzt sich hier vorne auf den einen Stuhl und spielt den schwierigen Gesprächspartner. B erklärt die Situation und sucht sich dann aus dem Kreis der anderen Bs, also derjenigen, die ebenfalls keinen emotionalen Konfliktpartner spielen, jemand aus, der in die Szene einsteigt und die Aufgabe hat, mit A umzugehen. Dabei ist es wie im echten Leben, wo man sich ja auch nicht aussuchen kann, wann man mit welchen Emotionen konfrontiert wird."

Wenn es keine Fragen gibt, fährt der Seminarleiter fort:
„Wer von Ihnen mag beginnen?"

Wenn sich das erste Paar meldet, bittet der Seminarleiter denjenigen, der die Rolle von A übernommen hat, nach vorne und bittet B, die Situation zu erläutern:
„Prima, Frau Winter, Sie sind also A, dann möchte ich Sie bitten, auf dem Stuhl hier vorne Platz zu nehmen. Herr Sommer, Sie sind B, dann möchte ich Sie bitten, uns die Situation zu erklären."

Weitere Inhalte und Übungen

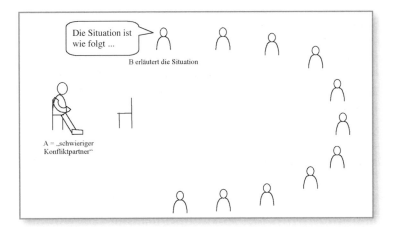

Abb.: B erläutert die Situation, während A anschließend den emotionalen Konfliktpartner darstellt.

Sobald die Situation klar geworden ist, wendet sich der Leiter an die Gruppe:
„Wer von Ihnen ist alles B und spielt anschießend keinen emotionalen Konfliktpartner? Würden Sie bitte die Hand heben?"

Nun kann es gut sein, dass sich einige zunächst „zieren", die Hand zu heben, weil sie wissen, dass sie dann „dran" sind und mitspielen müssen. Deshalb achtet der Seminarleiter darauf, ob sich genügend Personen melden:
„Ich sehe nur drei Hände, es müssten sich aber fünf melden. Wer fehlt noch? Herr Sommer, wählen Sie bitte eine Person aus."

Abb.: B wählt eine Person aus der Gruppe aus, welche sich anschließend mit A als emotionalem Konfliktpartner auseinandersetzen muss. Hierfür stehen alle anderen Bs zur Verfügung.

Es kann an dieser Stelle zu Widerstand kommen, weil die Seminarteilnehmer wenig begeistert sind, auf die „Bühne" zu müssen. Der Seminarleiter stellt jedoch klar:
„Es kommt jeder dran. Schließlich geht es darum, dass wir voneinander lernen und mitbekommen, wie andere mit solch schwierigen Situationen umgehen. Sie müssen auch nicht besonders souverän oder vorbildlich auf den Konfliktpartner reagieren, sondern können einfach etwas ausprobieren. Anschließend werden wir das zusammen auswerten, so dass jeder für die nächste schwierige Situation gut gewappnet ist."

Etwas ausprobieren

Sobald eine Person gefunden ist, kann die Szene beginnen:
„Vielen Dank, Frau Marx. Legen Sie nun einfach los. Ich werde die Szene laufen lassen und sie spätestens nach fünf Minuten beenden. Wenn Sie früher fertig sind, ist das selbstverständlich auch in Ordnung."

Abb.: Bei der Übung „Umgang mit emotionalen Konfliktpartnern" wird der Umgang mit aggressiven Gesprächspartnern anhand von Teilnehmersituationen trainiert.

Auswertung

Nach der Szene folgt die Auswertung. Der Trainer befragt zunächst die Person, die auf den emotionalen Konfliktpartner reagieren musste:
„Wie haben Sie das Gespräch erlebt?"

Dann wendet er sich an die Person, die den emotionalen Konfliktpartner gespielt hat:
„Wie haben Sie das Gespräch aus der Rolle des emotionalen Konfliktpartners erlebt? Wie haben Sie sich behandelt gefühlt?"

Anschließend erhalten die Beobachter Gelegenheit, Feedback zu geben. Der Seminarleiter begrenzt aus Zeitgründen die Anzahl der Feedback-Geber auf drei Personen und weist auf die wichtigsten Feedback-Regeln hin:
„Nun ist die Frage, was Ihnen von außen aufgefallen ist. Ich würde gerne noch zwei oder drei Rückmeldungen hören und möchte Sie bitten, darauf zu achten, dass Sie möglichst konkret Ihre Wahrnehmungen schildern und sagen, welche Wirkung dies auf Sie hatte. Bitte wenden Sie sich dabei direkt an Frau Marx."

Diejenigen Aspekte, die von allgemeingültiger Natur sind, hält der Trainer auf Flipchart fest.

Anschließend laufen die weiteren Durchgänge nach dem gleichen Schema durch. Der Trainer achtet dabei jeweils auf die Zeit, so dass sowohl die Durchführung als auch die Auswertung kurz und prägnant bleibt. Die Durchführung darf nicht länger als fünf Minuten dauern, die Auswertung sollte noch schneller gehen.

Nach dem sechsten Durchgang liest der Trainer vor, welche Aspekte auf dem Flipchart zusammengetragen wurden und fragt, ob es Ergänzungen gibt.

Zum Abschluss kann es sinnvoll sein, den Teilnehmern Gelegenheit zu geben, die Vielzahl der Handlungsalternativen zu reflektieren und zu komprimieren:
„Bitte setzen Sie sich zu zweit zusammen und tauschen Sie sich dazu aus, welche drei Aspekte zum Umgang mit emotionalen Konfliktpartnern Ihnen am wichtigsten sind und worauf Sie in solchen Situationen künftig achten möchten."

Abschluss

Die Übung schließt mit einer Runde ab, in der jeder Teilnehmer seine wichtigsten Punkte nennen kann.

Hinweise
▶ Damit die Übung gelingt, ist es wichtig, dass die Auswertung kurz und prägnant gehalten wird. Auf keinen Fall sollte der Trainer allgemeine Betrachtungen zulassen, die sich ins Feedback mischen. Jegliche Diskussionen während der Auswertung unterbindet der Trainer strikt und verschiebt sie aufs Ende der Übung.

▶ Bei der Einzelarbeit kann es passieren, dass einigen Teilnehmern keine Situation einfällt. Wenn dies der Fall ist, fragt der Trainer vor dem Paaraustausch, wer ein Beispiel gefunden hat und wer nicht. Dann können sich jeweils Pärchen finden, bei denen mindestens einer der Teilnehmer eine Szene beitragen kann.

4. Konflikten vorbeugen, Reizformulierungen vermeiden – Input und Übung

Orientierung

Ziele:
- Die Teilnehmer sind dafür sensibilisiert, mit welchen Formulierungen unbeabsichtigt Störungen in der Kommunikation ausgelöst werden können
- Sie überprüfen, zu welchen Reizformulierungen sie selbst neigen
- Sie entwickeln positive Alternativen zu einigen verbreiteten Reizformulierungen

Zeit:
- 45 Minuten (10 Min. Input und Instruktion, 15 Min. Kleingruppenarbeit, 10 Min. Präsentation, 10 Min. Puffer)

Material:
- Pinnwand „Reizformulierungen", Moderationskarten und -stifte

Überblick:
- Der Trainer präsentiert Reizformulierungen auf Pinnwand
- Er erläutert anhand von Beispielen: Reizformulierungen implizieren negative Botschaften auf der Beziehungsebene
- In Kleingruppen á drei Personen sammeln die Teilnehmer auf Karten Alternativen zu verbreiteten Reizformulierungen
- Die Kleingruppen pinnen ihre Formulierungsvorschläge an
- Der Trainer liest sie vor und ergänzt den eigenen Vorschlag
- Die Teilnehmer erhalten ein Handout mit Reizformulierungen und Alternativen

Erläuterungen

Die Sequenz, die ich Ihnen im Folgenden vorstelle, kommt bei den Seminarteilnehmern meistens sehr gut an, weil sie sich direkt in den Alltag transportieren lässt und einen unmittelbaren Nutzen bietet. Insbesondere in Dienstleistungsberufen ist das Vermeiden von Reizwörtern unerlässlich, um die Beziehung zum Kunden nicht zu belasten. Deshalb sollte dieser Baustein einen festen Platz in jedem Training haben, in dem es um „kundenorientierte Kommunikation" geht. Aber auch in einem Konfliktmanagement-Seminar passt dieses Thema sehr gut – geht es doch darum, unnötige Störungen und Spannungen auf der Beziehungsebene zu vermeiden.

Vorgehen

„Manchmal wundern wir uns darüber, dass unsere Mitmenschen scheinbar ohne Grund gereizt oder aggressiv reagieren. Es kann sein, dass das mit unserem Verhalten gar nichts zu tun hat, sondern mit der Stimmung oder der Persönlichkeit des anderen. Es ist aber auch möglich, dass wir, ohne das zu beabsichtigen, Formulierungen verwenden, die andere auf subtile Art reizen oder aufbringen. Bei diesen Sätzen handelt es sich um so genannte Reizformulierungen. Bei diesen Begriffen oder Redenwendungen hat man festgestellt, dass die meisten Menschen emotional negativ auf sie reagieren. Das liegt daran, dass sie stets eine negative Botschaft auf der Beziehungsebene beinhalten.

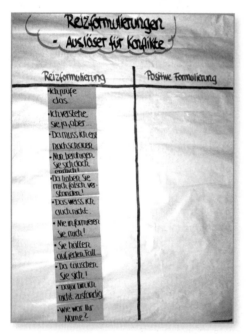

Einige verbreitete Reizformulierungen möchte ich Ihnen im Folgenden vorstellen."

Abb.: Der Trainer präsentiert das Plakat „Reizformulierungen".

„Beginnen wir mit der ersten Formulierung: ‚Ich prüfe das' ist eine Reizformulierung. Warum? Weil sie für die meisten Menschen nach typischem Behördendeutsch klingt. Der Empfänger ist darauf angewiesen, dass der Sender der Botschaft etwas überprüft. Derjenige, der prüft, hat die Macht, der andere kann nur darauf hoffen, dass die Prüfung, bei der unklar ist, wie lange sie dauert, wohlwollend ausfällt.

Die Botschaften, die auf der Beziehungsebene mitschwingen, sind: ‚Ich habe hier das Sagen, und Sie haben sich gefälligst zu gedulden. Sie sind nicht so wichtig, es geht hier nur um die Sache.' Eine alternative Formulierung, die beim Empfänger positiv und wertschätzend ankommt und eine dienstleistungsorientierte Einstellung ausdrückt ist etwa ‚Ich schaue das gerne für Sie nach' oder ‚Ich kümmere mich gerne darum'."

Der Trainer pinnt die alternative Formulierung an.

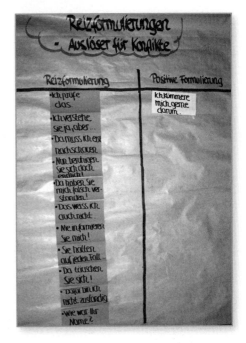

Abb.: Der Trainer präsentiert zur ersten Reizformulierung eine positive Alternative.

„Sehen wir uns die zweite Formulierung an: ‚Ich verstehe Sie ja, aber ...' Was ist daran negativ? Welche negative Botschaft schwingt auf der Beziehungsebene mit?"

Der Trainer sammelt einige Stimmen der Teilnehmer und ergänzt: „Genau, das ‚aber' ist problematisch. Es kommt negativ beim Empfänger an, weil es den ersten Satz in Frage stellt oder ihn sogar negiert. Wenn ich beispielsweise meiner Frau sage ‚Ich liebe Dich, Schatz, aber ...', wird sie nicht wirklich begeistert sein über meine Liebesbekundung. Weil diese durch das ‚aber' sofort wieder infrage gestellt wird. Auch der Empfänger des Satzes ‚Ich verstehe Dich ...' weiß beim ‚aber', dass das Verständnis nur relativ ist. ‚Aber' ist grundsätzlich eine Reizformulierung, weil sie Widerspruch und Dissens ausdrückt. Auf der Beziehungsebene kommt an: ‚Du bist im Unrecht. Ich widerspreche Dir.'
Was wäre eine bessere Alternative zu ‚ich verstehe Sie ja, aber ...'?"

Auch hier geht der Trainer auf die Äußerungen der Teilnehmer ein und bestätigt oder ergänzt diese:

> „Wichtig ist es, das Verständnis nicht zu relativieren oder aufzuheben. Das heißt, ‚Ich verstehe Sie. Punkt' zu sagen. Und dann fortzufahren. Oder das ‚aber' durch ein ‚und' zu ersetzen: ‚Ich verstehe Sie und gleichzeitig ist für mich noch eine Frage offen.' Ist das nachvollziehbar?"

Abb.: Der Trainer präsentiert zur zweiten Reizformulierung eine positive Alternative.

Hier kann es Diskussionsbedarf geben, ob ‚aber' tatsächlich eine problematische Formulierung ist. Diese Diskussion kann der Trainer an die Gruppe weitergeben. Es ist produktiv, wenn das Wesen von Reizformulierungen hinterfragt und kontrovers diskutiert werden kann. Schließlich geht es hier darum, das eigene Verhalten zu hinterfragen und gegebenenfalls zu verändern. Das geht niemals ohne Widerstände. Deshalb muss hier Raum für eine Diskussion gegeben werden. Wenn Teilnehmer einräumen, dass sie häufig das Wort ‚aber' verwenden, ist dies ein Zeichen von Selbstreflexionsfähigkeit und Offenheit. Der Trainer kann dies entsprechend honorieren:

„Das Wort ‚aber' hat durchaus seine Berechtigung, weil es den eigenen Widerspruch deutlich macht. Man grenzt sich klar und deutlich vom anderen ab. Wenn man das möchte, ist es völlig in Ordnung. Wenn man allerdings Verständnis ausdrücken will und die Beziehungsebene durchweg positiv gestalten möchte, dann ist es ratsam, das ‚aber' wegzulassen. Denn oft verwenden wir es unbewusst und wundern uns, dass der andere bockig oder trotzig reagiert. Das liegt daran, dass ‚aber' auf der Beziehungsebene immer heißt: ‚Ich widerspreche Ihnen' – und dabei schwingt mit: ‚Sie sind im Unrecht.'

Anschließend leitet der Trainer zur Kleingruppenarbeit über:
„Bitte setzen Sie sich zu dritt zusammen und überlegen Sie bei jedem Satz, warum es sich um eine Reizformulierung handelt, was also die negative Botschaft auf der Beziehungsebene ist. Und finden Sie eine alternative positive Formulierung.

Stehen Sie dazu bitte auf und teilen Sie sich in vier Kleingruppen auf. Verteilen Sie sich dazu bitte gleichmäßig auf die vier Ecken dieses Raumes und gehen Sie am besten mit Personen zusammen, mit denen Sie bislang noch wenig zusammengearbeitet haben und versorgen Sie sich dann mit Stiften und Moderationskarten. Sie haben für diese Aufgabe 15 Minuten Zeit."

Kleingruppenarbeit

Wenn die ersten Kleingruppen fertig sind, fordert der Trainer sie auf:
„Diejenigen von Ihnen, die fertig sind, können bereits ihre Karten anpinnen."

Wenn alle Kleingruppen ihre Moderationskarten angepinnt haben, hängt der Trainer auch die Karten mit den eigenen Vorschlägen auf. Anschließend fährt er fort.
„Lassen Sie uns die Formulierungen zusammentragen. Ich lese die Sätze vor. Wenn Sie etwas anmerken möchten, dann ergänzen Sie das bitte. Ich sage immer auch dazu, welche Alternative ich vorschlagen würde. Das muss aber natürlich nicht heißen, dass diese besser ist als Ihre Formulierung oder gar, dass das die ‚richtige' Formulierung ist. Es geht für jeden darum, Sätze zu finden, die für einen selbst stimmig sind.

Zum Schluss schauen wir noch mal drüber, ob sich bei den Alternativen versteckte negative Beziehungsbotschaften eingeschlichen haben."

Der Trainer erläutert bei jedem negativen Satz, warum er eine Reizformulierung ist und stellt anschließend die Alternativen vor:
„Der Satz ‚Da muss ich erst nachschauen' drückt aus ‚Ich muss nachschauen, habe aber keine Lust dazu. Es ist mir lästig. Letztlich: Sie sind mir lästig'. Alternativen sind: ‚Ich schaue das nach', ‚Ich werde versuchen, eine Lösung zu finden' und ‚Ich schaue das gerne für Sie nach', was auch mein Vorschlag wäre."

Hier der Überblick über die negativen Beziehungsbotschaften, welche die Reizformulierungen beinhalten (nach meiner Interpretation. Wenn Sie andere Deutungen treffender finden, dann ist das selbstverständlich völlig in Ordnung. Die Liste soll Ihnen erleichtern, die negativen Beziehungsbotschaften zu identifizieren):

Reizformulierung	Negative Beziehungsbotschaft
Ich prüfe das.	Ich habe hier das Sagen, und Sie haben sich gefälligst zu gedulden.
Ich verstehe Sie ja, aber ...	Ich verstehe Sie nicht wirklich. Sie sind im Unrecht.
Da muss ich erst nachschauen.	Ich muss es nachschauen, tue es aber nicht gerne. Ihre Anfrage ist mir lästig.
Nun beruhigen Sie sich doch endlich!	Ihr Ärger ist nicht angemessen.
Da haben Sie mich falsch verstanden.	Sie haben den Fehler gemacht, nicht ich.
Das weiß ich auch nicht.	Es interessiert mich nicht. Ihr Anliegen ist mir egal.
Nie informieren Sie mich!	Sie machen es immer falsch.
Sie hätten auf jeden Fall ...	Sie haben es falsch gemacht.
Da täuschen Sie sich!	Sie sind im Irrtum, ich habe Recht.
Dafür bin ich nicht zuständig.	Ihr Anliegen interessiert mich nicht.
Wie war Ihr Name?	Keine explizit negative Beziehungsbotschaft. Aber: Die Formulierung klingt, als sei der Name bereits Vergangenheit. Deshalb reagieren viele Menschen negativ auf diesen Satz.
Das ist kein Problem.	Keine explizit negative Beziehungsbotschaft. Aber: Die unbewusste Wahrnehmung kennt keine Verneinung und hört das negativ behaftete Wort ‚Problem'. Daher reagieren wir emotional negativ auf diese Formulierung.
Das geht nicht.	Ihr Anliegen interessiert mich nicht.

Nachdem alle Formulierungen vorgestellt wurden, regt der Trainer an: *„Lassen Sie uns noch mal schauen, ob es bei den Alternativen auch Sätze gibt, die als versteckte negative Beziehungsbotschaft ankommen könnten."*

Das ist ab und an der Fall. Dann sollte dies mit der Gruppe diskutiert werden. Die entsprechenden Formulierungen werden vom Trainer mit einem Blitz gekennzeichnet.

Abschließend teilt der Trainer das Handout mit den Formulierungen aus.
„Hier bekommen Sie die Reizformulierungen mit Alternativ-Vorschlägen auf einen Blick."

Reizformulierungen vermeiden – Positiv formulieren:

Reizwörter bzw. -formulierungen führen häufig dazu, dass Sie den Gesprächspartner verärgern, ihn (wenn auch ungewollt) herabsetzen oder aggressiv machen.

Auf der folgenden Übersicht finden Sie verbreitete Reizformulierungen und Alternativen, die eine ähnliche inhaltliche Botschaft beinhalten, aber eine negative Beziehungsbotschaft vermeiden.

Reizformulierung	Positive Formulierung
Ich prüfe das.	Ich schaue das gerne für Sie nach.
Ich verstehe Sie ja, *aber* ...	Ich verstehe Sie, *und* ...
Da muss ich erst nachschauen.	Ich schaue das gerne für Sie nach.
Nun beruhigen Sie sich doch endlich!	Ich kann Ihren Ärger verstehen (sofern dies ehrlich gemeint ist!).
Da haben Sie mich falsch verstanden.	Das war ein Missverständnis/Da habe ich mich missverständlich ausgedrückt.
Das weiß ich auch nicht.	Ich schaue gern für Sie nach.
Nie informieren Sie mich!	Bitte informieren Sie mich das nächste Mal! Können wir das so vereinbaren?
Sie hätten auf jeden Fall ...	Ich möchte, dass Sie das nächste Mal ...
Da täuschen Sie sich!	Das sehe ich anders.
Dafür bin ich nicht zuständig.	In dieser Frage wird Ihnen ... gerne Auskunft geben. Darf ich Sie verbinden?
Wie war Ihr Name?	Sagen Sie mir bitte (noch einmal) Ihren Namen.
Das ist kein Problem.	Gerne.
Das geht nicht.	Was ich Ihnen anbieten kann ...

Literatur
- Schuler, Helga: Kundenservice am Telefon. Gabal, 1996.
- Weisbach, Rainer: Professionelle Gesprächsführung. Deutscher Taschenbuch Verlag, 2008, 7. Aufl.

5. Gewaltfreie Kommunikation – Input

Orientierung

Ziele:
- Die Teilnehmer kennen und verstehen die wichtigsten Prinzipien der „gewaltfreien Kommunikation" nach Rosenberg

Zeit:
- 15 Minuten

Material:
- Flipchart „Gewaltfreie Kommunikation"

Überblick:
- Der Trainer führt in die Gewaltfreie Kommunikation ein
- Er fordert die Teilnehmer auf, sich eine Situation zu überlegen, in der sie dazu beigetragen haben, dass es anderen Menschen besser ging
- Darauf aufbauend erläutert er die Grundzüge und die vierstufige Methodik der Gewaltfreien Kommunikation

Erläuterungen

Die „gewaltfreie Kommunikation" nach Rosenberg (2007) fasst eine Reihe von Theorien und Interventionsmethoden – zum Beispiel Ich-Botschaften und aktives Zuhören – zusammen, die in diesem Buch vorgestellt werden und bietet ein ganzheitliches Konzept zum konstruktiven Umgang mit Konflikten an. Ausgangspunkt ist die Frage, wie es kommt, dass sich manche Menschen destruktiv und gewalttätig verhalten und es anderen gelingt, selbst unter schwersten Bedingungen einfühlsam und konstruktiv – „gewaltfrei" – zu handeln. Rosenberg definiert „Gewaltfreiheit" im Sinne Gandhis als unser „einfühlsames Wesen, das sich wieder entfaltet, wenn die Gewalt in unserem Herzen nachlässt" (Rosenberg 2007). Sein Konzept steht in der Tradition der klientenzentrierten Gesprächstherapie, die von Rosenbergs Lehrer Carl Rogers begründet wurde. Rosenberg entwickelte die GFK in Auseinandersetzung mit der amerikanischen Bürgerrechtsbewegung in den frühen 1960ern. Er arbeitete daran mit, die Rassentrennung an Schulen und Institutionen auf friedvollem Wege zu überwinden. Zu diesen Zwecke gründete er das „Center for nonviolent communication".

Weitere Inhalte und Übungen

Vorgehen
„Ich möchte Ihnen nun eine Methode zur konstruktiven Konfliktlösung vorstellen, die sich aus dem Kontext der politischen Jugend- und Erwachsenenbildung entwickelt hat und mittlerweile in vielen gesellschaftlichen Bereichen, unter anderem auch in Unternehmen, eingesetzt wird.

Es handelt sich dabei um die Methode der gewaltfreien Kommunikation nach Marshall Rosenberg. Ziel der gewaltfreien Kommunikation ist es, Menschen dafür zu sensibilisieren, wie sie ihre Kommunikation so gestalten können, dass sie Konflikten vorbeugen oder sie konstruktiv lösen können.

Rosenberg entwickelte seinen Ansatz im Zusammenhang mit der amerikanischen Bürgerrechtsbewegung und führte Trainings in gewaltfreier Kommunikation in zahlreichen Ländern durch, unter anderem in Krisengebieten wie Israel, Palästina, Serbien und Ruanda. In seinen Seminaren führte er oft folgende kleine Übung durch, zu der ich Sie nun einladen möchte:

Bitte denken Sie an eine Situation in der letzten Zeit, in der Sie dazu beigetragen haben, dass es einem anderen Menschen besser ging. Nehmen Sie sich einen Moment Zeit."   *Übung*

Der Seminarleiter wartet einen Moment, bis er den Eindruck hat, dass die meisten Teilnehmer eine Situation vor Augen haben.
„Wie haben Sie sich dabei gefühlt, an die Situation zu denken?"

Der Trainer sammelt ein paar Stimmen. Es kann nun sein, dass die Teilnehmer eher scherzhaft-ironisch auf die Frage antworten. Dennoch ist meistens zu sehen, dass einige bei dem Gedanken anfangen zu lächeln. Darauf kann sich der Trainer nun beziehen.
„Rosenberg stellte fest, dass die meisten Menschen bei dieser Aufgabe anfangen, zu lächeln – so wie das gerade eben auch einige von Ihnen getan haben. Rosenberg folgert daraus, dass Menschen von Natur aus gerne zum Wohlergehen von sich selbst, aber auch von anderen beitragen. Damit uns dies gelingt, so seine These, ist es entscheidend, dass wir es vermeiden, andere Menschen zu analysieren, zu diagnostizieren oder zu beurteilen und stattdessen versuchen, uns aufrichtig in andere hineinzuversetzen und unser Einfühlungsvermögen zu entwickeln. Dazu hat er eine vierstufige Methodik entwickelt, die ich Ihnen nun vorstellen möchte."

Abb.: Das Flipchart „Gewaltfreie Kommunikation".

1. Schritt: *Beobachten, nicht bewerten*
„Das bedeutet, konkrete Wahrnehmungen zu beschreiben (‚Ich sehe, höre, rieche, schmecke', nicht zu verallgemeinern (z.B. durch Worte wie ‚immer' und ‚nie') und keine Zuschreibungen vorzunehmen (z.B. ‚Du bist unzuverlässig ...').

2. Schritt: *Eigene Gefühle beschreiben, die bei der Beobachtung entstehen*
Gefühle sollen möglichst offen ausgedrückt werden, so dass der andere die Möglichkeit hat, Verständnis zu entwickeln. Unpersönliche Formulierungen (z.B. ‚man' oder ‚es') sollten eher vermieden und stattdessen Ich-Botschaften eingesetzt werden.

3. Schritt: *Bedürfnisse ausdrücken, die für unsere Gefühle verantwortlich sind*
Entscheidend ist es, dass ich Verantwortung für meine Gefühle übernehme und sie nicht auf das Verhalten des anderen zurückführe (z.B. ‚ich bin irritiert, weil ich ...' und nicht ‚Du machst mich irre, wenn Du...'). Wenn ich meine Gefühle erläutere und meine Bedürfnisse offenlege, wird deutlich, dass nicht der andere die ‚Schuld' an meinen negativen Gefühlen trägt, sondern diese aus meinen Bewertungen und Bedürfnissen resultieren.

4. Schritt: *Bitten, nicht fordern*
Wenn ich etwas fordere, zwinge ich dem anderen etwas auf und setze ihn unter Druck. Stattdessen geht es in der gewaltfreien Kommunikation darum, die Autonomie des anderen zu respektieren und meine Wünsche

offenzulegen. Hilfreich ist es, die Wünsche und Bitten positiv zu formulieren – zu sagen was ich will, nicht was ich nicht will und den anderen direkt anzusprechen (z.B. ‚ich möchte Dich bitten, dass Du … tust') und Wege zur Erfüllung des Wunsches vorschlagen.

Jenseits dieser Techniken geht es darum, eine aufrichtige wertschätzende Grundhaltung einzunehmen, die auf Offenheit, Ehrlichkeit und Empathie beruht und zum Ziel hat, Lösungen zu finden, die die Bedürfnisse aller Beteiligten berücksichtigen. Rosenberg nennt diesen Ansatz die ‚Sprache des Herzens' und hat die Giraffe als Symboltier für die gewaltfreie Kommunikation gewählt, weil die Giraffe das Tier mit dem größten Herzen ist."

Hinweise
- Die wesentlichen Elemente der GFK werden im Seminar ohnehin vorgestellt, etwa in den Abschnitten „Konflikte konstruktiv ansprechen", „Identifikation mit dem Konfliktpartner", „Umgang mit Kritik" und dem „Harvard-Konzept". Deshalb stelle ich den Ansatz der GFK normalerweise in meinen Seminaren nicht explizit vor, es sei denn, es wird ausdrücklich von Teilnehmern danach gefragt. Der „Geist" der GFK deckt sich allerdings mit den Theorien und Methoden, die in den Kapiteln dieses Buchs präsentiert werden.

Variante
- Nach der Vorstellung der vierstufigen Methodik bietet es sich an, die Teilnehmer aufzufordern, die vier Schritte anhand eines eigenen Beispiels durchzuführen – etwa in kleinen Gruppen à zwei oder drei Personen.

Literatur
- Holler, Ingrid: Trainingsbuch gewaltfreie Kommunikation. Junfermann, 2008, 4. Aufl.
- Rosenberg, Marshall B.: Gewaltfreie Kommunikation. Junfermann, 2007, 6. Aufl.

6. Ein Stuhl zu wenig – Warm-up

Orientierung

Ziele:
- Aktivierung der Teilnehmer
- Einstieg ins Thema „Konfliktarten"

Zeit:
- ca. 10 Minuten

Material:
- Zettel, auf denen (bei 12 Teilnehmern und einem Trainer) die Nummern 1-13 stehen

Überblick:
- Die Teilnehmer setzen sich im Stuhlkreis zusammen
- Alle Personen ziehen verdeckt eine Nummer
- Der Trainer steht in der Mitte und versucht, einen Stuhl zu erobern
- Dazu sagt er zwei Nummern zwischen 1 und 13
- Die beiden Personen, die diese Nummern haben, müssen die Plätze tauschen
- Wer übrig bleibt, nennt erneut zwei Nummern usw.

Erläuterungen

Bei der folgenden Übung stellt die Ausgangssituation einen „Verteilungskonflikt" dar: Es gibt zu wenig Stühle für die Teilnehmer. Jeder versucht, einen zu erobern. Auf diese spielerische Weise wird eine der verschiedenen Konfliktarten thematisiert. Deshalb ist diese Übung als Einstieg in das Thema „Konfliktarten" (siehe Seite 69 ff.) geeignet.

Vorgehen

„Wir kommen jetzt zum Thema ‚Konfliktarten'. Zum Einstieg machen wir eine Übung, bei der es um einen so genannten ‚Verteilungskonflikt' geht. Setzen Sie sich dazu bitte im Kreis zusammen. Stellen Sie Gläser, Taschen und alle anderen Gegenstände hinter Ihren Stuhl."

Der Trainer achtet darauf, dass zwischen den Teilnehmern mindestens ein Meter Platz ist, so dass der Kreis groß genug ist. Wenn der Kreis zu eng ist, korrigiert er entsprechend.

Dann teilt der Trainer die Zettel aus, die er vorbereitet hat. Bei zwölf Teilnehmern hat er 13 Zettel vorbereitet, auf denen verdeckt die Nummern 1-13 stehen. Er lässt jeden Teilnehmer einen Zettel ziehen.
„Nehmen Sie sich einen Zettel und merken Sie sich die Zahl, die darauf steht. Lassen Sie niemand anderen Ihre Nummer wissen."

Schließlich zieht auch der Seminarleiter einen Zettel und geht in die Mitte des Kreises. Dann erklärt er die Übung:
„Ein Verteilungskonflikt besteht darin, dass nicht genügend Ressourcen für alle zur Verfügung stehen. Sie alle haben einen Stuhl und ich nicht. Um einen zu bekommen, kann ich zwei Nummern sagen und die beiden, die diese Nummern haben, müssen die Plätze tauschen, während ich versuche, einen der Stühle zu erobern. Die beiden müssen nicht sofort aufspringen, sondern können sich hinter meinem Rücken verständigen. Wenn es mir aber zu lange dauert, kann ich von drei bis auf null rückwärts zählen, und dann müssen die beiden tauschen. Alles klar?"

Dann beginnt der Trainer:
„7 und 4."

Abb.: Bei der Übung „Ein Stuhl zu wenig" müssen die Teilnehmer, deren Nummern genannt werden, die Plätze tauschen, während die Person in der Mitte versucht, einen der beiden frei werdenden Plätze zu erobern.

Der Trainer wartet einen Moment, bis er dann signalisiert, dass die beiden Personen ihre Plätze nun tauschen müssen:
„3-2-1-0."

Nun müssen die beiden Personen mit den Nummern 4 und 7 die Plätze tauschen und der Seminarleiter versucht, einen der beiden frei werdenden Plätze zu ergattern. Die Person, die keinen Stuhl bekommen hat, nennt erneut zwei Zahlen und die betreffenden Teilnehmer müssen die Plätze tauschen.

Der Trainer beendet die Übung nach etwa sieben bis zehn Minuten bzw. dann, wenn der Spannungsbogen nachzulassen beginnt.

Hinweise
- Falls jemand allzu lange in der Mitte steht, nachdem er die beiden Nummern genannt hat, erinnert der Trainer daran, dass er die Möglichkeit hat, von drei auf null zu zählen, so dass die beiden Personen mit den genannten Nummern aufstehen müssen.
- Manchmal kommt es vor, dass es der Person in der Mitte mehrfach nicht gelingt, einen Stuhl zu erobern. Damit dies nicht zu frustrierend für sie ist, führt der Trainer eine der unten genannten Varianten ein.

Varianten

Der Trainer kann zusätzliche Varianten einführen:
- Es dürfen drei Zahlen genannt werden, deren „Inhaber" dann die Plätze tauschen
- Die Person, die in der Mitte steht, darf auch „Alle" rufen, so dass alle die Plätze tauschen müssen. Dabei ist es verboten, auf den Nachbarstuhl zu rücken.

Literatur

Weitere Anwärmspiele und -übungen Spiele finden Sie in den folgenden Büchern:
- Seifert, Josef: Games. Spiele für Moderatoren und Gruppenleiter. Gabal, 2004.
- Weber, Hermann: Arbeitskatalog der Übungen und Spiele. Windmühle, 2008, 7. Aufl.
- Röschmann, Doris: Arbeitskatalog der Übungen und Spiele, Band 2. Windmühle, 1990.
- Röschmann, Doris: 111 x Spaß am Abend. Windmühle, 2006, 4. Aufl.
- Vopel, Klaus W.: Anwärmspiele: Experimente für Lern- und Arbeitsgruppen. Iskopress, 2007, 8. Aufl.

Weitere Inhalte und Übungen

7. „Alle, die ..." – Warm-up

Orientierung

Ziele:
- Aktivierung der Teilnehmer
- Die Teilnehmer lernen sich besser kennen

Zeit:
- ca. 10 Minuten

Material:
- Eventuell ein Flipchart mit Beispielsätzen

Überblick:
- Die Teilnehmer sitzen im Kreis, der Trainer steht in der Mitte
- Er sagt einen Satz, der mit „Alle, die ..." beginnt, z.B. „Alle, die schwarze Schuhe tragen"
- Alle, die schwarze Schuhe tragen, suchen sich einen neuen Platz
- Der Trainer setzt sich ebenfalls einen Stuhl, so dass eine Person übrig bleibt
- Diese sagt erneut einen Satz, der mit „Alle, die ..." beginnt, die betreffenden springen auf und suchen sich einen neuen Stuhl usw.

Erläuterung

„Alle, die ..." ist eine weitere Übung, in der ein „Verteilungskonflikt" abgebildet wird. Darüber hinaus dient sie nicht nur zur Aktivierung, sondern auch dazu, dass die Teilnehmer etwas übereinander erfahren können. Deshalb bietet es sich an, diesen Warm-up am ersten Seminartag – etwa nach der Mittagspause – einzusetzen.

Vorgehen

„Stellen Sie bitte Ihre Stühle in einem Kreis auf." Der Trainer wartet, bis der Stuhlkreis steht. Dann geht er in die Mitte des Kreises und erklärt den Ablauf der Übung:

„Die Situation ist folgendermaßen: Sie haben einen Stuhl, ich habe keinen. Und ich will, dass sich das ändert. Wir haben also einen Verteilungskonflikt. Es stehen nicht genügend Ressourcen für alle zur Verfügung.

Damit ich eine der begehrten Ressourcen abbekomme, muss ich einen Satz sagen, der mit ‚Alle, die …' beginnt, z.B. ‚Alle, die eine Uhr tragen'. Dann müssen alle, die eine Uhr tragen, einen neuen Platz finden. Ich versuche auch, mir einen Stuhl zu erobern. Derjenige, der dann übrig bleibt und in der Mitte steht, muss nun auch wiederum die anderen von ihren Plätzen locken. Dies tut er, indem er einen neuen Satz bildet, der mit ‚Alle, die …' beginnt und dann versucht er ebenfalls, einen neuen Platz zu bekommen.

Man kann dabei etwas Offensichtliches wählen wie die Uhr, Brille, schwarze Socken, Zöpfe usw. Oder man wählt etwas, das nicht so offensichtlich ist, z.B. ‚Alle, die länger als drei Jahre im Unternehmen sind, Fußball spielen, im Chor singen, Kinder haben, verheiratet sind' oder was auch immer Sie interessiert."

Abb.: Der Trainer leitet die Übung „Alle, die" an.

Wenn es keine Fragen gibt, legt der Trainer los:
„Alle, die schwarze Schuhe tragen."

Die entsprechenden Teilnehmer springen auf, der Trainer setzt sich rasch auf einen frei werdenden Platz und der Teilnehmer, der keinen Stuhl „ergattert", macht weiter. Der Trainer beendet die Übung nach etwa sieben bis zehn Minuten bzw. dann, wenn der Spannungsbogen nachzulassen beginnt.

Hinweise

▶ Manchmal kommt es vor, dass dem Teilnehmer, der in der Mitte steht, partout nichts einfällt. Dann kann die Übung etwas „zäh" werden. Um dies zu verhindern, kann der Trainer ein Flipchart vorbereiten, auf dem zahlreiche Möglichkeiten stehen, wie der Satzanfang „Alle, die" fortgesetzt werden kann (z.B. Brille, schwarze Socken, Ohrringe etc. tragen, Tattoos haben, Golf spielen, die FAZ lesen, Musik machen, Kinder haben, verheiratet sind, Haustiere haben, französisch sprechen, gerne reisen etc.).

8. Die Geschichte „Die Schwierigkeit, es allen recht zu machen"

Erläuterungen

Die folgende Geschichte von Nossrat Peseschkian passt gut zum Thema „Umgang mit Kritik und Feedback".

Vorgehen

„Zum Thema ‚Umgang mit Kritik' möchte ich Ihnen eine Geschichte vorlesen."

> Ein Vater zog mit seinem Sohn und einem Esel in der Mittagsglut durch die staubigen Gassen von Keshan. Der Vater saß auf dem Esel, den der Junge führte. „Der arme Junge", sagte da ein Vorübergehender. „Seine kurzen Beine versuchen mit dem Tempo des Esels Schritt zu halten. Wie kann man so faul auf dem Esel herumsitzen, wenn man sieht, dass das kleine Kind sich müde läuft." Der Vater nahm sich dies zu Herzen; stieg hinter der nächsten Ecke ab und ließ den Jungen aufsitzen. Gar nicht lange dauerte es, da erhob schon wieder ein Vorübergehender seine Stimme: „So eine Unverschämtheit. Sitzt der kleine Bengel wie ein Sultan auf dem Esel, während sein armer, alter Vater nebenherläuft." Dies schmerzte den Jungen und er bat den Vater, sich hinter ihm auf den Esel zu setzen. „Hat man so etwas schon gesehen?", keifte eine schleierverhangene Frau, „solche Tierquälerei! Dem armen Esel hängt der Rücken durch, und der alte und der junge Nichtsnutz ruhen sich auf ihm aus, als wäre er ein Diwan, die arme Kreatur!" Die Gescholtenen schauten sich an und stiegen beide, ohne ein Wort zu sagen, vom Esel herunter. Kaum waren sie wenige Schritte neben dem Tier hergegangen, machte sich ein Fremder über sie lustig: „So dumm möchte ich nicht sein. Wozu führt ihr denn den Esel spazieren, wenn er nichts leistet, euch keinen Nutzen bringt und noch nicht einmal einen von euch trägt?" Der Vater schob dem Esel eine Handvoll Stroh ins Maul und legte seine Hand auf die Schulter seines Sohnes. „Gleichgültig, was wir machen", sagte er, „es findet sich doch jemand, der damit nicht einverstanden ist. Ich glaube, wir müssen selbst wissen, was wir für richtig halten."

Literatur

▶ Peseschkian, Nossrat: Der Kaufmann und der Papagei. Orientalische Geschichten als Medien in der Psychotherapie. Mit Fallbeispielen zur Erziehung und Selbsthilfe. Fischer, 1979.

9. Die Geschichte „Die Blinden und der Elefant"

Erläuterungen
Die folgende indische Erzählung kann an verschiedenen Stellen des Seminars eingesetzt werden. Besonders passend ist sie nach der Übung „Rohrbombe" und dem anschließenden Input zur „Konfliktdynamik" (Seite 76 ff.). Hier bietet die Geschichte einen zusätzlichen Aha-Effekt. Sie macht deutlich, wie begrenzt und subjektiv die menschliche Wahrnehmung ist und wie wichtig es ist, unterschiedliche Perspektiven zu berücksichtigen.

Vorgehen
Der Trainer liest die Geschichte vor.

Es waren einmal fünf weise Gelehrte. Sie alle waren blind. Diese Gelehrten wurden von ihrem König auf eine Reise geschickt und sollten herausfinden, was ein Elefant ist. Und so machten sich die Blinden auf die Reise nach Indien. Dort wurden sie von Helfern zu einem Elefanten geführt. Die fünf Gelehrten standen nun um das Tier herum und versuchten, sich durch Ertasten ein Bild von dem Elefanten zu machen.

Als sie zurück zu ihrem König kamen, sollten sie ihm nun über den Elefanten berichten. Der erste Weise hatte am Kopf des Tieres gestanden und den Rüssel des Elefanten betastet. Er sprach: „Ein Elefant ist wie ein langer Arm."

Der zweite Gelehrte hatte das Ohr des Elefanten ertastet und sprach: „Nein, ein Elefant ist vielmehr wie ein großer Fächer."

Der dritte Gelehrte sprach: „Aber nein, ein Elefant ist wie eine dicke Säule." Er hatte ein Bein des Elefanten berührt.

Der vierte Weise sagte: „Also ich finde, ein Elefant ist wie eine kleine Strippe mit ein paar Haaren am Ende", denn er hatte nur den Schwanz des Elefanten ertastet.

Und der fünfte Weise berichtete seinem König: „Also ich sage, ein Elefant ist wie ein riesige Masse, mit Rundungen und ein paar Borsten darauf." Dieser Gelehrte hatte den Rumpf des Tieres berührt.

> Nach diesen widersprüchlichen Äußerungen fürchteten die Gelehrten den Zorn des Königs, konnten sie sich doch nicht darauf einigen, was ein Elefant wirklich ist. Doch der König lächelte weise: „Ich danke Euch, denn ich weiß nun, was ein Elefant ist: Ein Elefant ist ein Tier mit einem Rüssel, der wie ein langer Arm ist, mit Ohren, die wie Fächer sind, mit Beinen, die wie starke Säulen sind, mit einem Schwanz, der einer kleinen Strippe mit ein paar Haaren daran gleicht und mit einem Rumpf, der wie eine große Masse mit Rundungen und ein paar Borsten ist."
>
> Die Gelehrten senkten beschämt ihren Kopf, nachdem sie erkannten, dass jeder von ihnen nur einen Teil des Elefanten ertastet hatte und sie sich zu schnell damit zufriedengegeben hatten.

Literatur

▶ Reifahrt, W./Scherpner, M.: Der Elefant. Texte für Beratung und Fortbildung. Lambertus, 1993, 3. Aufl.

10. Die Geschichte „Die Säge ist stumpf"

Erläuterungen
Die folgende Geschichte verdeutlicht die Notwendigkeit, gelegentlich aus dem eigenen Alltag auszusteigen und das eigene Handeln zu reflektieren und zu überdenken. Es wird deutlich, wie wichtig es ist, die eigenen Kompetenzen zu verbessern, um die täglichen Herausforderungen effektiver bewältigen zu können. Aus diesem Grund kann die Geschichte sowohl zu Beginn als auch am Ende des Seminars eingesetzt werden.

Vorgehen
Der Trainer liest die Geschichte vor.

Ein Mann geht durch den Wald und stößt auf zwei Waldarbeiter, die gerade dabei sind, einen Baum umzusägen. Die beiden plagen sich sehr. Der Schweiß rinnt ihnen über die Stirn und es scheint kaum vorwärtszugehen. Der Spaziergänger schaut den beiden eine Weile zu, tippt dem einen dann auf die Schulter und sagt: „Ich sehe, Sie mühen sich sehr. Kann es sein, dass die Säge stumpf ist?"

Der Arbeiter gibt jedoch keine Antwort. Der Spaziergänger ist einen Moment ratlos und setzt dann nochmals an. „Hallo, Sie beide, wollen Sie nicht nachsehen, ob Ihre Säge stumpf ist?", worauf ihn einer der beiden Arbeiter unwirsch anfährt: „Sie sehen doch, dafür haben wir jetzt keine Zeit – wir müssen sägen!"

Danksagung

Mein Dank gilt den Menschen, die mich bei der Arbeit zu diesem Buch unterstützt haben.

Zuerst möchte ich mich bei den vielen Menschen bedanken, die an meinen Seminaren teilgenommen haben und von denen ich ebenso lernen konnte, wie sie (hoffentlich) von mir.

Wichtige fachliche und menschliche Inspirationen habe ich von verschiedenen „Lehrmeistern" erhalten – vorneweg von Prof. Dr. Friedemann Schulz von Thun, von dem ich viel über Kommunikation und Konfliktlösung lernen durfte. Die Seminare von Dr. Christoph Thomann haben mir sehr geholfen, Konflikte konstruktiv zu moderieren. Von Dr. Manfred Dietl, Marlies Arping, Dr. Manfred Gellert und Ulla Fangauf habe ich die Kunst der Psychodramaleitung gelernt – die mir sehr hilft, Gruppen und Individuen auf ihrem Entwicklungsweg wirksam zu begleiten.

Außerdem danke ich meinen Kolleginnen und Kollegen, mit denen ich in den letzten Jahren zusammenarbeiten durfte und von deren Ideen und Anregungen ich sehr profitiert habe: Kerstin Kuhn, Ulla Raith, Remona Nelke, Jana Seiferth, Verena Troidl, Rainer Korossy, Dr. Johannes Löhr und das HR/PE-Team von Linklaters.

Zahlreiche hilfreiche Rückmeldungen zu meinem Manuskript habe ich von Karin Hofmann erhalten. Außerdem bedanke ich mich herzlich bei meinem Verleger Ralf Muskatewitz für die überaus angenehme und konstruktive Zusammenarbeit.

Mein innigster Dank gilt meiner Familie, meiner Frau Kathrin und meinem Sohn Philipp für ihre Liebe und Unterstützung – und ihr Verständnis für die vielen Stunden, die ich – statt mit ihnen – beim Schreiben dieses Buches verbracht habe.

Thomas Schmidt

Stichwortverzeichnis

A
Anliegen 48
Ablaufplan 31
Abschlussrunde 292
Abschluss eines Konfliktgesprächs 238
Actstorming 171
Aktives Zuhören 194, 329
Aktivierung 26
Alle, die 479
Ampel-Modell 203
Andersen, Tom 93
Art der Zusammenarbeit 33
Assertiveness 210
Auswege aus psychologischen Spielen 435

B
Bedürfnisse spiegeln 194
Bedürfnis nach Distanz 113
Bedürfnis nach Wechsel 114
Begrenzte Vernichtungsschläge 142
Begrüßung der Teilnehmer 20, 23
Benien, Karl 239
Berne, Eric 384, 419
Beurteilungskonflikt 67, 71
Bewerten, belehren, befehlen 157
Beziehungskonflikt 67, 71
Blinder Fleck 192
Boal, Augusto 171, 355
Braves (angepasstes) Kind-Ich 390

C
Chancen von Konflikten 73
Cooperativeness 210

D
Debatte 139
Die Konfliktmoderation 350
Drama-Dreieck 438
Du-Botschaften 157
Durchsetzung 211

E
Ebenen von Konflikten 60
Eigene Transaktionen analysieren 415
Einführung in die Transaktionsanalyse 381
Einstieg in ein Konfliktgespräch 235
Ein Stuhl zu wenig 476
Eltern-Ich 387
Emotionen benennen 274
Emotionen verbalisieren 271
Empathie 272
Erwachsenen-Ich 387
Eskalationsdynamik 85
Eskalationsstufen von Konflikten 137

F
Fishbowl 392, 454
Fisher, Roger 224
Forming 372
Formulieren der Lernziele 47
Forumtheater 355
Fragen stellen 194
Freies Kind-Ich 390
Führungskraft als Konfliktmanager 311
Fürsorgliches Eltern-Ich 389

G
Geeigneten Gesprächsrahmen schaffen 349
Gekreuzte Transaktionen 406
Gemeinsam in den Abgrund 143
Geschichten 481, 482, 484
Gesichtsangriff 140
Gesichtsverlust 140
Gewaltfreie Kommunikation 472
Glasl, Friedrich 59, 85, 137, 445
Goleman, Daniel 273
Gordon, Thomas 329
Grid-Modell 210
Gruppendynamik 369

H
Harvard-Konzept 222
Häufigkeit von Konflikten 40

I
Ich-Botschaften 159
Ich-Zustände 385
Ich-Zustände erkennen 392
Identifikation mit dem Konfliktpartner 185
Improvisationstheater 318
Ingram, Harry 191
Innerer Konflikt 64
Inneres Team 248, 277
Intervenieren bei Konflikten 311
Ironie, Sarkasmus 158
Irritation, Frustration, Ärger 88

J
Jagd 285
Johari-Fenster 191

K
Karpman, Stephen 438
Kettenrollenspiel 356
Kind-Ich 387
Klärungsphase eines Konfliktgesprächs 236
Klärung der Anrede 36
Klientenzentrierte Gesprächstherapie 472
Koalitionen 140
Kognitive Kurzsichtigkeit 89
Kollegiale Beratung 287
Kompromiss 211
Konfliktanalyse 441
Konfliktarten 63
Konfliktdefinition 54, 57
Konfliktdynamik 85
Konfliktentstehung 121
Konflikten vorbeugen 465
Konflikte ansprechen 147, 156
Konflikte erkennen und verstehen 300
Konfliktgespräche 232
Konfliktgespräche führen 335
Konfliktlösung 90
Konfliktlösungsprofil 209
Konfliktmanagement 126
Konfliktmerkmale 89
Konfliktmoderation 342, 346
Konfliktphase 375
Konfliktstile 205, 210
Konfliktsymptome 309
Kontakt zu den Teilnehmern herstellen 25
Kritik äußern 327
Kritisches Eltern-Ich 388
Kritisches Feedback geben 318
Kundenorientierte Kommunikation 465

L
Leitfaden zur Konfliktanalyse 443
Lernziele konkretisieren 50
Limbisches System 268
Lose-lose-Lösungen 144
Luft, Joe 191

M
McConflict 290
Mediator 347
Metakommunikation 129
Moreno, Jacob Levi 35, 248

N
Nachgeben 211
Norming 373

O
Öffentliche Person 191
Okay Corral 382
Opfer 439
Orientierungsphase 375

P
Parallele Transaktionen 404
Patton, Bruce 224
Performing 373
Perls, Frederick 248
Persönlichkeitsmodell von Riemann 111
Persönlichkeitsstile 126
Postkarten-Methode 26
Praxisberatung 92, 171, 247, 287
Prisoner's Dilemma 444
Privatperson 191
Produktivphase 376
Projektion 71
Psychodrama 35
Psychologische Spiele 419, 423
Punktabfrage 45

R
Rahmenbedingungen 49
Reflecting Team 92
Reflexion des Konfliktverhaltens 46
Reizformulierungen 465
Retter 439
Riemann, Fritz 112
Rogers, Carl 472
Rohrbombe 76
Rollenkonflikt 67, 72
Rollenspiel: Konfliktgespräch 336, 357
Rollenwechsel 185
Rolle als neutraler Vermittler 347
Rolle als Vorgesetzter 347
Rosenberg, Marshall B. 472

S

SAG ES! 159, 232, 327
Schulz von Thun, Friedemann 131, 248, 277
Selbsteinschätzungsbogen 207
Selbstvorstellung des Trainers 28
Selbstwahrnehmung 269
Seminarfahrplan Grundlagenseminar 17
Seminarmethoden 33
Seminarziele 30
Sozialer Konflikt 64
Soziale Ansteckung 89, 90
Soziometrie 35
Spiel: Gerichtssaal 430
Spiel: Ich bin dumm 431
Spiel: Ja, aber 423
Spiel: Makel 432
Spiel: Meins ist besser als Deins 425
Standpunkt vertreten 220
Storming 373
Störungen bereinigen 129
Struktureller Konflikt 65
Stuhlarbeit 247
Stühle kippen 181

T

Taten statt Worte 140
Teamuhr 369
Thomann, Christoph 112
Thomas, Kenneth W. 205, 210
Transaktionen analysieren 402
Transaktionen erkennen 410
Transaktionen erkennen - Beobachtungsbogen 413
Transaktionsanalyse 381
Transfer 292
Transferübung 290
Trotziges Kind-Ich 390
Tuckmann, Bruce W. 369

U

Überblick über das Seminar 24
Übertragung 72
Ultimatum 141
Umgang mit emotionalen Konfliktpartnern 457
Umgang mit Emotionen 265
Umgang mit Kritik 190
Unsicherheiten 24
Unterstellungen 157
Ury, William 224

V

Verdeckte Transaktionen 408
Verfolger 440
Verlust von Empathie 89
Vermeidung 211
Verstimmung/Verhärtung 139

Verteilungskonflikt 66, 70
Verzerrte Wahrnehmung 88, 90
Vier-Augen-Gespräche führen 348
Vorbereitung eines Konfliktgesprächs 234
Vorstellung im Plenum 29
Vor dem Seminarbeginn 20

W

Wahrnehmung, Wirkung, Wunsch 162
Warm-up 35, 181, 220, 285, 342, 476, 479
Wäscheklammerspiel 285
Watzlawick, Paul 133
Wertschätzen 194
Win-lose-Lösungen 144
Win-win-Lösungen 143
Wir-Phase 376
Wunsch nach Dauerhaftem 113
Wunsch nach Nähe 113
Wut 270

Z

Zeitpuffer 23
Zerstörung des gegnerischen Systems 142
Zielkonflikt 66, 71
Zirkularität von Konflikten 86, 90